Buch

Geraldine Brooks arbeitete lange Jahre als Auslandskorrespondentin in der islamischen Welt und erwarb sich allmählich das Vertrauen von Frauen, die sonst durch ihren Tschador vor den Augen westlicher Beobachter verborgen sind. Diese Frauen gehören allen Bevölkerungsschichten an – angefangen von Jordaniens Königin Noor über die Tochter Khomeinis bis zu eritreischen Guerillafrauen und Studentinnen der Universität Gaza. Aber überall stößt die Journalistin an die Grenzen weiblicher Entfaltungsmöglichkeiten, da der Islam in vielen Ländern noch immer mit einer weitgehenden Unterwerfung der Frau einhergeht. Sie findet jedoch auch Betroffene, die zur Rebellion bereit sind, mutige Frauen, die sich den bestehenden Verhältnissen nicht beugen wollen. So ist dieses Buch zugleich eine Bestandsaufnahme und ein Plädoyer für den Kampf um Gleichberechtigung.

Autorin

Geraldine Brooks, 1955 in Sydney geboren, ist eine weltweit renommierte Journalistin. Für ihre Reportagen über die palästinensische Intifada, den Iran-Irak-Konflikt und den Golfkrieg erhielt sie mehrere Preise. Derzeit arbeitet sie als UN-Sonderkorrespondentin in New York.

GERALDINE BROOKS

Die Töchter Allahs

Ins Deutsche übertragen von
Bernhard Robben

GOLDMANN VERLAG

Die Originalausgabe erschien 1994
unter dem Titel »Nine Parts of Desire«
bei Bantam Doubleday Dell Publishing Group Inc., New York

Der Goldmann Verlag
ist ein Unternehmen der Verlagsgruppe Bertelsmann

Taschenbuchausgabe 6/96
Copyright © der Originalausgabe 1994 by Geraldine Brooks
Copyright © der deutschsprachigen Ausgabe 1994
by C. Bertelsmann Verlag GmbH, München
Umschlaggestaltung: Design Team München
Umschlagfoto: Superbild/Simon-Scope
Druck: Elsnerdruck, Berlin
Verlagsnummer: 43388
AB · Herstellung: Ludwig Weidenbeck
Made in Germany
ISBN 3-442-43388-6

3 5 7 9 10 8 6 4

Für Gloria,
die ihre Töchter davon überzeugte,
daß sie einfach alles können.
Und natürlich für Tony.

Inhaltsverzeichnis

»*Gott, der Allmächtige,*
schuf sexuelles Begehren zu zehn Teilen;
neun Teile davon gab er an die Frau,
einen an den Mann.«

Ali, Gatte von Fatima,
der Tochter Mohammeds,
und Gründer der schiitischen Sekte
des Islam

Einleitung

Der Empfangschef hielt mein Anmeldeformular in der Hand. »Mr. Geraldine Brooks«, las er. »Aber Sie sind eine Frau.«

Ja, stimmte ich zu, das sei der Fall.

»Tut mir leid, aber meinem Mitarbeiter an der Rezeption ist ein Fehler unterlaufen.«

»Das macht nichts«, sagte ich. »Hängen Sie nur ein ›s‹ an, und Sie haben eine ›Mrs.‹.«

»Nein«, sagte er. »Sie verstehen nicht. Ich kann Ihnen kein Zimmer geben. Das verstößt gegen das geltende Gesetz für Frauen.«

Ich sah mich in der glitzernden Lobby um. »Was ist mit denen?« fragte ich und wies mit einem Kopfnicken auf die beiden schwarz verhüllten, zum Fahrstuhl strebenden Saudis.

»Die sind mit ihren Gatten hier«, erklärte der Empfangschef. »In Saudi-Arabien reist man als Frau nicht allein. Dazu besteht kein Anlaß. Es sei denn, es sind Prostituierte.«

Noch vor ein, zwei Jahren hätte ich die Geduld verloren. Doch nun seufzte ich nur und kehrte der Rezeption den Rücken zu. Es war nach elf Uhr abends. Ich kannte keinen Menschen in der Stadt Dhahran. Ich hätte mit einem Taxi zurück zum Flughafen fahren und die Nacht dort auf einem der Plastikstühle verbringen können. Doch vor dem Hoteleingang standen keine Taxen.

Die Plüschsofas in der leeren Halle sahen recht verlockend aus. Ich machte es mir hinter einer Topfpflanze bequem und zog meinen schwarzen Tschador aus der Tasche, um mich damit zuzudecken. Kaum schloß ich die Augen, da hüstelte hinter mir der Empfangschef.

»Sie können hier nicht bleiben.«

Ich machte ihn ruhig darauf aufmerksam, daß mir keine andere Wahl blieb.

»Dann«, sagte er, »muß ich die Polizei rufen.«

Das Polizeirevier in Dhahran hatte die gleichen harten Bänke und grellen Lichter wie die Polizeireviere überall auf der Welt. Der einzige Unterschied bestand darin, daß die Zivilbeamten lange, weiße *thobes* trugen. Bisher hatte ich Polizeireviere nur aufgesucht, um ein Verbrechen anzuzeigen; heute betrat ich ein Revier zum ersten Mal als Kriminelle.

Hinter einem quer im Raum stehenden Tisch blätterte ein junger Polizeileutnant in meinen Papieren. Ich besaß Presseausweise aus Ägypten, Australien, England, Iran, Irak, den Vereinigten Staaten und Jemen. Ich konnte Einladungen zu arabischen Gipfeltreffen und Passierscheine für Präsidentenpaläste vorweisen. Ich verfügte sogar über ein Plastikpresseabzeichen vom saudiarabischen Informationsministerium. Der Leutnant sah sich alle Ausweise genau an. Zuerst ordnete er sie untereinander an, dann nebeneinander. Schließlich stapelte er sie zu einem ordentlichen Haufen, als wolle er ihren Wert durch die Höhe des Stapels abschätzen.

Endlich schaute er auf und richtete seinen Blick auf einen Flecken an der Wand dicht über meinem Kopf. Wie die meisten strenggläubigen Moslems scheute er das Risiko, sich durch den Anblick einer fremden Frau zu verunreinigen. Er redete mich in der dritten Person an. »Ich glaube, die Dame hält sich noch nicht sehr lange in Saudi-Arabien auf. Sie kennt unsere Bräuche nicht.« Er machte sich wieder an die stumpfsinnige Durchsicht meiner Papiere, dann fischte er einen Ausweis aus dem Stapel, ließ ihn zwischen Daumen und Zeigefinger baumeln und sagte mit einem schmalen, triumphierenden Lächeln: »Der hier ist gestern abgelaufen.«

Irgendwann in den frühen Morgenstunden gab mir der Leutnant meine Ausweise zurück und ergänzte sie um eine Genehmigung, die es mir gestattete, die nächsten Stunden in einem Hotel zu verbringen. Als ich zur Rezeption zurückkehrte, rief der Empfangschef einen Pagen, einen Filipino, der mich auf mein Zimmer bringen sollte. Es lag auf einem gänzlich unbelegten Stockwerk. Am Fahrstuhl stand ein bewaffneter Posten.

»Die halten mich für gefährlich«, murmelte ich. Der Page lächelte nicht.

»Die halten alle Frauen für gefährlich«, erwiderte er, ließ meine Tasche gleich hinter der Tür fallen und zog sich unter dem aufmerksamen Blick des Wachtpostens zurück.

Ich lag auf dem Bett und starrte auf das Abziehbild am Spiegel, das den Moslems angab, in welche Richtung sie sich beim Beten wenden sollten. Ein ähnlicher Pfeil hatte in fast allen Hotelzimmern, in denen ich in den letzten drei Jahren übernachtet hatte, am Nachtschränkchen geklebt, an der Gardine gesteckt oder an der Decke gehangen. In wenigen Minuten würde die Dämmerung anbrechen. Ich ging ans Fenster und wartete. Als eine blasse Lichtscheibe am dunstigen Horizont aufstieg, zerriß die Stille wie an jedem Morgen in den letzten dreizehnhundert Jahren.

»Kommt zum Gebet!« riefen die Muezzins von den hundert Moscheen der Stadt. »Beten ist besser als schlafen!« Und während sich die Sonne langsam auf ihrer Bahn gen Westen schob, taten eine Milliarde Moslems, was auch die Einwohner Dhahrans in diesem Augenblick taten: Sie erhoben sich von ihren Betten und verneigten sich gen Mekka, das etwa tausend Kilometer westlich von meinem Hotelzimmer lag.

Der Grund für meine schlaflose Nacht lag in dieser Wüstenstadt. Ich konnte in den neunziger Jahren dieses Jahrhunderts in keinem saudischen Hotelzimmer übernachten, weil dreizehnhundert Jahre zuvor ein Mekkaner namens Mohammed Probleme mit seinen Frauen gehabt hatte.

Der Prophet des Islams liebte die Frauen. Er heiratete seine erste Frau mit fünfundzwanzig. Als Waise, ungebildet und arm, dürfte er kaum mit einem Antrag seiner Chefin, Khadija, gerechnet haben, einer reichen mekkanischen Geschäftsfrau, die mindestens zehn Jahre älter war als er und die ihn als Geschäftsführer ihrer internationalen Handelsgesellschaft eingestellt hatte. Zwar war es in Mekka nicht gerade üblich, daß Frauen Männern einen Antrag machten, doch Khadija besaß für ein solches Vorgehen genügend Einfluß. Sie schenkte Mohammed Geld, Ansehen und vier Töchter, die einzigen Nachkommen Mohammeds, die das frühe Kindesalter überlebten. Ayatollah Ruhollah Khomeini, König Hussein von Jordanien und Tausende von Scheichs und Mullahs, die heute den schwarzen Turban als Zeichen ihrer Abstammung vom Propheten tragen, führen alle ihren Stammbaum auf eine jener Töchter zurück.

Und Khadija war es auch, zu der Mohammed zitternd gekrochen kam, als ihm zum ersten Mal die Stimme des Erzengels Gabriel das Wort Gottes verkündete. Mohammed zweifelte an seinem Verstand und wiederholte immer nur den Anfang des Korans, der schlicht »Aufsagen« bedeutet. Auf Händen und Knien näherte er sich dann seiner Frau und warf sich ihr in den Schoß. »Bedecke mich! Bedecke mich!« bat er und flehte sie an, ihn vor dem Engel zu schützen. Khadija versicherte ihm, daß er nicht verrückt sei, und machte ihm Mut, an seine Vision zu glauben. Sie war die erste, die sich zur neuen Religion bekehrte, deren Name »Islam« Unterwerfung bedeutet.

Die Lehre des Islams verbreitete sich im Arabien des siebten Jahrhunderts, als man weibliche Säuglinge, denen in der rauhen Hirten- und Räuberkultur nur geringer Wert beigemessen wurde, in der Wüste zum Sterben aussetzte. Auf Mekkas Sklavenmarkt verkauften Soldaten ihre weiblichen Gefangenen, die sie im Krieg erbeutet hatten. Doch einige wenige Frauen, so wie Khadija, besaßen genügend Geld und Macht, um ihre Gatten wählen und ihr Leben selbst gestalten zu können.

Vierundzwanzig Jahre lang war Khadija Mohammeds einzige Frau. Erst nach ihrem Tod, neun Jahre nach jener ersten Vision, empfing Mohammed göttliche Offenbarungen über die Stellung der Frau. So wurde von Khadija, der ersten Moslime, nie verlangt, daß sie einen Schleier tragen oder abgeschieden leben sollte, und sie mußte auch jenes Wort Gottes nicht mehr erleben, das da verkündete: »Männer sind für die Frauen verantwortlich, denn Gott schuf die einen, auf daß sie die anderen übertreffen, und da sie sie von ihrem Besitz geben müssen, [um sie zu ernähren].« Als Khadija noch lebte und seine Rechnungen beglich, hätte solch eine Offenbarung aus Mohammeds Mund recht seltsam geklungen.

Sechs Jahre nach ihrem Tod und nach einer Schlacht zwischen den Moslems und den Herrschern von Mekka, die etwa fünfundsechzig Frauen zu Witwen machte, hatte Mohammed eine Offenbarung, derzufolge es einem Mann zustand, sich bis zu vier Frauen zu nehmen: »Von den Frauen, die dir rechtschaffen scheinen, heirate zwei, drei oder vier; und fürchtest du, [so vielen] nicht Genüge tun zu können, so heirate [nur] eine.« Da er aber auf Bündnisse mit besiegten Feinden angewiesen war, kam ihm eine weitere Offenbarung, die ihn selbst von der Beschränkung auf vier Frauen ausnahm. Jedesmal, wenn er sich eine weitere Frau nahm, fügte man seinen Räumen in der ersten Moschee des Islams ein neues Zimmer an. So wurden es allmählich immer mehr Räume, bis schließlich acht oder neun Frauen in ihnen wohnten.

Bald kam es zu Eifersucht, Streit und Skandal. Die Verwandten untergeordneter Frauen intrigierten, um die Lieblinge des Propheten in Mißkredit zu bringen. Jeder kleine Zwischenfall bot Anlaß zu Klatsch und Tratsch. Eine Frau streifte beim Essen die Hand eines männlichen Gastes, als sie ihm einen Teller reichte; einer anderen galt eine rüde Bemerkung, als sie des Nachts aus dem Haus und zur Latrine ging; eine dritte verursachte allerlei Zwistigkeiten, weil ihr erster Mann Mohammeds Adoptivsohn Said gewesen war.

Gleich nach diesen Vorfällen sandte Gott seinem Propheten eine Verkündigung, die ihm befahl, seine Frauen ein abgeschiedenes Leben führen zu lassen. Einige der Frauen waren Krankenschwestern auf den Schlachtfeldern gewesen; andere hatten den neuen Glauben in der Moschee gepredigt. Nun erwartete man von ihnen, daß sie hinter einem Vorhang auf ihren Zimmern blieben und sich in der Öffentlichkeit nur von Kopf bis Fuß verschleiert zeigten.

Nach und nach wurden die Vorschriften, die eigentlich das Ansehen der Frauen des Propheten schützen sollten, auch auf die übrigen moslemischen Frauen angewandt. Als sich die Lehre des Islams in Arabien und den benachbarten Ländern ausbreitete, traf die Idee eines zurückgezogenen Lebens auf offene Ohren. Anders als die Araber hielten die Perser ihre Frauen schon seit langem abgesondert: Im alten Assyrien trugen Edelfrauen einen Schleier als Zeichen ihrer Stellung, während Frauen niederer Herkunft unverschleiert zu bleiben hatten. Erwischte man eine Sklavin mit einem Schleier, bestrafte man sie mit flüssigem Pech, das ihr über den Kopf gegossen wurde. Diese Bräuche kehrten bald ins arabische Kernland des Islams zurück und setzten sich dort fest. In Saudi-Arabien leben die meisten Frauen auch heute noch von der Welt abgeschieden. Eine Frau kann in keinem modernen saudischen Hotel absteigen, weil sie sich, wie die Frauen des Propheten, zurückgezogen in ihrem Haus aufhalten sollte.

Doch einige Meilen weiter, jenseits einer unsichtbaren Wüstengrenze, gelten diese Regeln nicht mehr. In Saudi-Arabiens Nachbarstaat, den Vereinigten Arabischen Emiraten, binden sich moslemische Soldatinnen das Haar mit islamischen Schleiern zurück, springen aus Hubschraubern und schultern Sturmgewehre. Noch etwas weiter, auf der anderen Seite des Persischen Golfs, wählen die gestrengen iranischen Moslems Frauen ins Parlament und schicken sie als Diplomatinnen ins Ausland. Pakistan war das erste islamische Land, das sich eine Frau zum Staatsoberhaupt wählte; die Türkei hat heute eine Frau, eine Ökonomin, als Staatspräsidentin, während Bangladesch sowohl über eine Premierministerin wie auch über eine Oppositionsführerin verfügt. Statt sich an Regeln zu klammern, die für die Frauen des Propheten erlassen wurden, berufen sich diese Frauen auf andere Vorbilder aus der Geschichte des frühen Islams. Die Soldatinnen halten es mit Nusaybah, die half, Mohammeds Leben in der Schlacht zu retten, und nicht von seiner Seite wich, als die männlichen Soldaten flohen. Die Politikerinnen führen Fatima an, Mohammeds scheue Tochter, die nach dem Tod des Propheten einen politischen Machtkampf führte.

Islam hätte für die Frauen keine Unterdrückung bedeuten müssen. Warum also werden so viele moslemische Frauen unterdrückt?

An einem warmen Herbstabend des Jahres 1987 begann mein Leben unter den Frauen des Islams. Ich kam als westliche Journalistin, die einzig für die täglichen Nachrichten lebte. Es dauerte fast ein Jahr, bis ich begriff, daß den Menschen meiner Umgebung die Ereignisse des siebten Jahrhunderts weit mehr bedeuteten als alles, was sie in der morgendlichen Zeitung lasen.

Eine Moslime, Sahar, gab mir den ersten Hinweis.

Sahar war bereits seit zwei Jahren Büroassistentin beim *Wall Street Journal* in Kairo, als ich dort als Korrespondentin für den Mittleren Osten begann. Mein erstes Jahr in Ägypten wurde vom Trommelwirbel ihrer Pfennigabsätze untermalt, die ihre unsichere Bahn über Kairos holpriges Pflaster zogen. Sie war fünfundzwanzig, sechs Jahre jünger als ich, doch mir an Haltung und Raffinement zehn Jahre voraus. Ihr Englisch war höflich und korrekt, und so gab sie sich auch. Welcher Geschichte wir auch nachgingen – einem Hauseinsturz in einem überbevölkerten Slum, einem Rohrbruch bei den Pyramiden –, Sahar war stets angezogen wie für eine Soiree. Ihr Make-up war so dick aufgetragen, daß es einer archäologischen Ausgrabung bedurft hätte, wollte man ihr wahres Aussehen feststellen. Ihre Haaraufbauten gehörten eigentlich eingeschalt. Wenn ich in meinen Turnschuhen neben ihr herschlurfte, kam ich mir wie ein Spatz in Begleitung eines Pfaus vor.

Ihr Vater arbeitete für eine amerikanische Autofirma in Kairo. Sahar hatte ein Jahr in Amerika als Austauschschülerin an einer High-School verbracht und ihr Examen an der Amerikanischen Universität von Kairo als Jahrgangsbeste abgeschlossen. Sie wollte nach Harvard. Ich fand Sahar zugleich wohltuend vertraut und enttäuschend unexotisch. Ich hatte mir den Mittleren Osten anders vorgestellt. Emire in weißen Gewändern. Mandeläugige Perser. Kamele am Horizont wie Schnörkel arabischer Kalligraphie. Eine ägyptische Yuppie hatte nicht in dieses Bild gehört.

Während der Arbeit fiel es mir ebenso schwer, den Mittleren Osten meiner Träume aufzuspüren. Ich merkte, wie ich am Fliegenpapier arabischer Bürokratie klebenblieb, fand mich in vergoldeten Salons von Vizestellvertretern der Unterstaatssekretäre eines Informationsministers wieder, nippte an winzigen Tassen nach Kardamom duftenden Kaffees und lauschte den Lügen. Diese Männer waren weltgewandt und hatten im Ausland studiert, mit einer westlichen Frau zu reden bereitete ihnen keinerlei Schwierigkeiten. Doch auf den Straßen, unter jenen gewöhnlichen Menschen, die ich eigentlich kennenlernen wollte, sprachen die meisten Männer nur zu Frauen, mit denen sie verwandt waren. Von einer einzelnen Journalistin angesprochen zu werden, brachte sie entweder in Verlegenheit oder bot ihnen eine Chance, die weitverbreitete Annahme zu überprüfen, nach der alle westlichen Frauen Huren sind. Ich haßte die Art Reportage, die mir aufgezwungen wurde: die Interviews mit Staatsoberhäuptern, die hochtrabenden Ergüsse über amerikanische Politik im Mittleren Osten. Ich hatte mich als Korrespondentin in den Mittleren Osten versetzen lassen, weil ich Risiken und Abenteuer suchte, doch schien mich keine größere Gefahr zu erwarten als die, an Langeweile zu sterben.

Tony, mein Mann, der seine Arbeit bei einer Zeitung aufgegeben hatte, um mich als freischaffender Journalist begleiten zu können, kannte solche Probleme nicht. Einige Wochen nach unserer Ankunft sah ich Sahar über die Schulter, als sie meinen neuesten Artikel »Aussöhnung zwischen Irak und Syrien scheint brüchig« ausschnitt und neben Tonys »Ägyptens Kamelkorps auf der Jagd nach Schmugglern in der Wüste« in eine Mappe klebte. Tony hatte nicht lockergelassen, bis man ihn schließlich auf eine Patrouille des letzten ägyptischen Kamelkorps mitnahm. Einer Frau verweigerte die Armee die entsprechende Erlaubnis. In den verminten Gewässern des Persischen Golfs schloß sich Tony der Mannschaft eines Versorgungsschiffes an und kehrte mit Geschichten von omanischen Fischern mit Turbanen, Daus wie aus Sindbads Erzählungen und persischen

Teppichschmugglern zurück. Ich konnte nicht mit: Der Schiffsagent wollte keine Frau auf See schicken.

Fast ein Jahr lang rannte und trat ich gegen die verschlossenen Türen des Mittleren Ostens. Und dann, Sahar sei Dank, blickte ich auf und sah das Fenster, das allein mir offenstand.

Sahar und ich arbeiteten Seite an Seite in einem großen hellen Zimmer in meinem Apartment am Nil. Wenn ich nicht unterwegs war, saßen wir an unseren Tischen, nur wenige Schritte voneinander getrennt. Während ich meine Artikel schrieb, übersetzte Sahar Nachrichten aus der arabischen Presse, traf Verabredungen für mich oder kümmerte sich um meine Visa. Ich fand, nach einem Jahr gemeinsamer Arbeit hatten wir einander recht gut kennengelernt.

Doch eines Morgens zu Beginn des heiligen Monats Ramadan, in dem Moslems von der Morgen- bis zur Abenddämmerung fasten, öffnete ich die Tür, und vor mir stand eine Fremde. Die kunstvollen Löckchen waren verschwunden, verborgen unter einem schlichten blauen Schal. Das Make-up war abgeschrubbt, und das hautenge Kleid hatte einem schlottrigen Sack Platz gemacht. Sahar trug die Uniform der moslemischen Fundamentalisten. Fast meinte ich, einen Naturfilm rückwärts ablaufen zu sehen: Sie hatte ihre schimmernden Flügel eingezogen und sich in einen matten Kokon gehüllt.

Man konnte unmöglich ein Jahr im Mittleren Osten leben, ohne die Erschütterungen der religiösen Erneuerung zu spüren. Überall auf der Arabischen Halbinsel und in Nordafrika bedeckten immer mehr Frauen ihr Haar, gingen immer mehr Männer in die Moschee und ließen sich Bärte wachsen. Ich hatte die Wende zum Islam für den verzweifelten Ausweg der Armen gehalten, die es nach himmlischem Trost verlangte, doch Sahar war weder verzweifelt noch arm. Sie zählte eher zur Stratosphäre der sorgsam gegliederten Gesellschaft Ägyptens.

An diesem Morgen im Ramadan stand ich an der Tür und starrte Sahar verblüfft an. Die Ägypterinnen hatten zu den ersten Frauen des Mittleren Ostens gehört, die den Schleier *ablegten*. 1923, nach ihrer Rückkehr von einer Konferenz über das Frauenstimmrecht in Rom, hatten die Vorläuferinnen der arabischen Feministinnen, Huda Sharawi und Saiza Nabarawi, ihre Verhüllungen auf dem Kairoer Bahnhof fortgeworfen, und viele Frauen in der Menge, die zu ihrer Begrüßung erschienen waren, taten es ihnen gleich. Sahars Mutter war unter dem Einfluß von Sharawi und deren Anhängerinnen groß geworden und hatte nie einen Schleier getragen.

Die islamische Kleidung *hidschab,* die zu tragen Sahar trotz der drückenden Hitze beschlossen hatte, bekundete ihr Einverständnis mit einem Rechtskodex, demzufolge Sahars Zeugenaussage nur halb so viel wert war wie die eines Mannes, mit einer Erbschaftsregelung, die ihr vom Erbe nur halb so viel zusprach wie ihrem Bruder sowie einem zukünftigen Familienleben, das es ihrem Gatten erlaubte, sie zu schlagen, falls sie ihm nicht gehorchte. Er konnte seine Aufmerksamkeiten auch drei weiteren Frauen schenken und sich nach Gutdünken von ihr scheiden lassen mit der Gewißheit, daß das ausschließliche Sorgerecht für die Kinder stets ihm zufallen würde.

In jenen Wochen des Ramadan sprach ich stundenlang mit Sahar über ihren Entschluß. Sahar hielt mir den Wahlspruch des Islamischen Dschihad und der Moslemischen Bruderschaft entgegen: »Islam ist die Antwort.« Die Frage war jedenfalls klar: Wie sollte ihr verzweifelt armes Land in Zukunft eine Bevölkerung ernähren, ausbilden und beschäftigen, die sich alle neun Monate um eine Millionen Menschen vermehrte? Liebäugeleien mit Sozialismus und Kapitalismus hatte den Verfall der ägyptischen Ökonomie nicht aufhalten können. Deshalb wollte sich die islamische Bewegung von diesen erst kürzlich importierten Ideologien lossagen und jenem System folgen, das vor so langer Zeit im Koran niedergelegt worden war. Wenn Gott sich schon die Mühe gemacht hatte, ein vollständiges Gesetzbuch zu Fragen des Rechts, der Moral und der sozialen Organisation zu offenbaren, so argumentierte Sahar, warum sollten wir uns dann nicht daran halten?

Sahar hatte sich einer Frauenstudiengruppe der örtlichen Moschee angeschlossen und stand unter dem Einfluß der jungen, verschleierten Ausbilderin. »Ich saß da und las im heiligen Koran, daß Frauen sich bedecken sollen, und ging dann hinaus auf die Straßen mit bloßen Armen«, sagte sie. »Ich hatte das Gefühl, daß ich mich nur so anzog, weil es im Westen Mode war. Aber warum sollen wir alles Westliche nachmachen? Warum nicht etwas Eigenes probieren?«

Dieses »Etwas« nahm vielerlei Gestalt an. Extremisten zogen lärmend durch die Straßen zu den Pyramiden und ließen Touristenklubs, die Alkohol ausschenkten, in Flammen aufgehen. Im ländlichen Ägypten drängte ein Scheich auf ein Verkaufsverbot für Auberginen und Zucchini, da das Füllen dieses langen, fleischigen Gemüses die Frauen auf lüsterne Gedanken bringen mochte. In Kairo wurde ein Schriftsteller, der sich darüber lustig gemacht hatte, vor seinem Büro niedergeschossen. Doch als ein Erdbeben die Stadt erzittern ließ, da errichteten die Fundamentalisten Zelte, organisierten Suppenküchen und kümmerten sich rascher und aufmerksamer um die Betroffenen, als es die Regierung vermocht hatte.

Die Wochen vergingen, und Sahar überließ sich immer mehr ihrer neuen Identität. Ich begann, mich in meinem alltäglichen Leben anzupassen, verzichtete an den Vormittagen im Ramadan auf Kaffee für den Fall, daß der Geruch ihr das Fasten schwerer machen sollte, und bewegte mich leise, wenn sie ihre mittägliche Andacht auf einem Gebetsteppich in unserem Wohnzimmer verrichtete. Überall lauerten verborgene Fallen. »Was ist eine Maraschinokirsche?« fragte sie und las mißtrauisch die Inhaltsangabe auf einer Pralinenschachtel. »Ich darf nichts essen, was Alkohol enthält.« Allmählich wurde ich mit den Rhythmen und Tabus ihres neuen Lebens vertraut. Die beziehungsreichen Namen ihrer Festtage tauchten auf unserem Kalender auf: die Nacht der Macht; das Fest des Opfers, der Hadsch.

Sahar schien zufrieden mit ihrem neuen Dasein. »Ich habe fast die ganze Nacht genäht«, sagte sie eines Morgens, als sie mit verquollenen Augen zur Arbeit erschien. Sie hatte beinahe all ihre bunten Kleider fortgegeben, seit sie sich für den Hidschab entschieden hatte, konnte sich aber nicht von ihrer gesamten Garderobe trennen. »An jedem Stück hat irgendwas nicht gestimmt – der Schlitz hinten, der Hüftgummi zu eng –, es war wirklich eine ganz schöne Arbeit, die paar Kostüme zu retten.«

Hidschab, sagte sie, gäbe ihr Sicherheit auf Kairos überfüllten Straßen. »Man hat noch nie von verschleierten Mädchen gehört, die vergewaltigt wurden«, sagte sie. Dabei war es eigentlich ungewöhnlich, überhaupt von einer Vergewaltigung in Kairo zu hören, wo Gewaltverbrechen aller Art im Vergleich zu westlichen Städten selten vorkamen. Doch Begrabschen und zweideutige Kommentare waren eine Plage, vor allem in dichten Menschenmengen und vor allem für Frauen in westlicher Kleidung.

Sahar meinte, Hidschab verschaffe ihr auch Zugang zu einem ungewöhnlichen Netzwerk von Frauen. Genehmigungen und Gesprächstermine bei Regierungsstellen ließen sich leichter einholen, wenn sie sich unter den dort arbeitenden Büroangestellten an eine ebenfalls verschleierte Frau wandte. Da man einer islamischen Schwester in ihrer Arbeit Erfolg wünschte, wurden ihre Gesuche vorrangig behandelt. Gleichzeitig fiel es Sahar leichter, mit Männern umzugehen. »Sie müssen sich jetzt mit meinem Verstand beschäftigen, nicht mit meinem Körper«, sagte sie.

Kleidung sei erst der Anfang, meinte Sahar. Die hohe Kriminalitätsrate im Westen, die Zahl der alleinerziehenden Mütter und Väter sowie die Vernachlässigung der Alten seien ihr Beweis genug für den Zusammenbruch unserer westlichen Lebensart. Die Wurzel allen Übels liege im beharrlichen Festhalten des westlichen Feminismus an der Gleichheit der Geschlechter, die ihrer Meinung nach die wahre Natur der Frau ignoriere. »Der Islam besagt nicht, daß Frauen den Männern unterlegen sind; er sagt nur, daß sie anders sind«, argumentierte sie in dem Versuch, das Verbot von Richterinnen an islamischen Gerichten zu rechtfertigen. »Frauen sind gefühlvoller als Männer, denn Gott hat ihnen die Fürsorge für die Kinder anvertraut. Im Gericht könnte eine Frau daher Gnade zeigen, wo die Vernunft hartes Durchgreifen verlangt.«

Meine Gespräche mit Sahar gaben mir ein Gefühl von *déja vu*. Als ich vierzehn Jahre alt und eine Schülerin an einer katholischen Klosterschule in Sydney gewesen war, berief die stellvertretende Direktorin, eine Nonne, die Schulversammlung ein und las uns die »Aufruhrakte« vor. Man hätte einige von uns auf der Straße in Schulpullovern, aber ohne Uniformjacke gesehen. Pullover, sagte sie, seien unanständig, da sie Jungen ermöglichten, die Konturen unserer Brüste wahrzunehmen. Die Jacke gehöre zur Schuluniform, und wenn irgend jemand von uns das Schulgelände in einem Pullover ohne dazugehörige Jacke verlasse, wisse sie, was sie von uns zu halten habe. Dieselbe Nonne bestand darauf, daß wir in der Kirche Hüte trugen. Den heiligen Paulus zitierend, erzählte sie uns, daß die Frau im Paradies das Werkzeug des menschlichen Sündenfalls gewesen sei und es ihr daher nicht anstehe, barhäuptig im Hause des Herrn zu erscheinen.

Für mich war die Nonne ein Fossil. Ich hörte auf, zur Kirche zu gehen, sobald ich begriff, wie stark die kirchlichen Verbote von Geburtenkontrolle und Scheidung das Leben einer Frau ruinieren konnten. Sahar, eine Frau meines Alters, hatte eine gegensätzliche Entscheidung getroffen. Irgend etwas ging hier vor, und ich war fest entschlossen, der Sache auf den Grund zu gehen.

Ich begann, Arabisch zu lernen, die Sprache des Korans. Nur jeder fünfte Moslem ist ein Araber; dennoch ist Arabisch die Sprache, in der mehr als eine Milliarde Moslems – ein Fünftel der Weltbevölkerung – mit Gott spricht.

Die arabische Sprache ist so sehr vom Stammesleben geprägt wie die Wüstenkultur, die sie hervorgebracht hat. Jedes Wort zieht ein Heer von verwandten Worten nach, deren Wurzel jeweils aus derselben Traube von drei Konsonanten besteht. Nimm irgendein Wort im Arabischen, und eine Schar ungerufener Bedeutungen platzt ins Gespräch. Ich lernte, daß *hormah*, eines der Worte für Frauen, sich vom selben Stamm wie »heilig, unantastbar« und »sündig, verboten« ableitet. Das Wort für Mutter *umm* ist der Stamm für die Worte: Ursprung, Nation, Gnade, Ursache, Schmarotzer, reiche Ernte, dumm, ungebildet, charakterschwach und willenlos. Am Anfang war das Wort, und das Wort – im Arabischen – war wunderbar vieldeutig.

Es liegt in der Natur der arabischen Sprache, daß eine genaue Übersetzung des Korans nicht erhältlich ist. Ich selbst beziehe mich immer wieder auf zwei ziemlich verschiedene englische Interpretationen – die von George Sale, um ein Gefühl für die Lyrik der Sprache zu bekommen, und die von Mohammed Marmaduke Pickthall, um einen klaren Begriff von dem zu bekommen, was der Text tatsächlich über Sex und Ehe, Arbeit und Heiligen Krieg aussagt. Doch selbst wenn die Sprache eindeutig ist, bleibt die Botschaft oft widersinnig. »Achtet die Frauen, die euch geboren haben«, sagt der Koran. Doch wenn Frauen ungehorsam sind, »ermahnt sie, verweist sie eures Bettes und züchtigt sie«.

In dem Bemühen, solch widersprüchliche Anweisungen in Einklang zu bringen, besuchte ich den Unterricht in den neuen Religionsschulen für Frauen, die überall im Land gegründet wurden. Hier erfuhr ich von jenen Frauen, die die frühe Geschichte des Islams geprägt haben. Erneut ging es um Gegensätzliches: Frauen hinter dem Vorhang der Abgeschiedenheit – Frauen in der vordersten Reihe im heiligen islamischen Krieg.

Unterdessen kämpften in Afghanistan, Algerien und Sudan islamische Fundamentalisten um die Macht. In Ägypten und Jordanien drängten starke Minderheiten ihre Regierungen zur *scharia* – eigentlich ist damit der Pfad zum Wasserloch gemeint, hier aber bedeutet es den unmittelbaren Weg zum islamischen Gesetz. In den Westen ausgewanderte Moslems erhoben ebenfalls Forderungen: Verbannt beleidigende Bücher; laßt unsere Töchter in der Schule Schleier tragen; gebt uns nach Geschlechtern getrennte Klassenzimmer.

War es möglich, sich auf die fortschrittlichen Lehren aus dem Koran und der islamischen Geschichte zu beziehen und eine Art moslemischen Feminismus zu entwickeln? Konnten moslemische Fundamentalisten mit westlichen Liberalen zusammenleben, oder war eine gegenseitige Anpassung nur auf Kosten der jeweiligen Prinzipien möglich?

Auf der Suche nach Antworten tat ich etwas so Naheliegendes, daß ich kaum glauben konnte, erst nach einem Jahr darauf gekommen zu sein. Ich begann, mit den Frauen zu reden.

1. KAPITEL

Der heilige Schleier

*»Und sprich zu den gläubigen Frauen,
daß sie ihre Blicke zu Boden schlagen und
ihre Keuschheit wahren sollen, und daß sie
ihre Reize nicht zur Schau tragen sollen,
bis auf das, was davon sichtbar sein muß,
und daß sie ihre Tücher über ihre Busen
ziehen sollen.«*

Der Koran: Das Licht; 24. Sure; 32.

Als sich der Bus voller Frauen quietschend durch das Teheraner Verkehrsgewühl auf Khomeinis Haus zuschob, war ich die einzige, die nicht weinte. Behutsam bremste der Bus vor einer schwarz beflaggten Gasse. Das schrille Wehklagen wurde lauter, glich einem Wasserkessel kurz vor dem Kochen. Am Ende der Gasse lag Khomeinis Haus und der kleine angrenzende *husseiniya*, in dem er bis zu seinem Tode vor fünf Wochen gearbeitet und gepredigt hatte. Schweißüberströmt und krampfhaft bemüht, nicht über meinen Tschador zu stolpern, stieg ich aus dem Bus und schloß mich der dichten, schwarzen Reihe an, die unter schluchzendem Singsang »O Khomeini! O Imam!« durch die Gasse zog.

Vor uns betrat eine Gruppe von Männern den *husseiniya*. Es waren Fabrikarbeiter aus der Stadt Mashad; sie rieben sich die tränenüberströmten Gesichter mit schwieligen Fäusten. Der Balkon, von dem herab Khomeini so oft seine Reden gehalten hatte, war eilends verglast worden, seit Trauergäste nach seinem Tod über das Geländer geklettert waren, um seinen Stuhl zu küssen und zu liebkosen. Unsere Gruppe wandte sich vom *husseiniya* ab und einem verhängten Eingang zu, der von weiblichen Revolutionswachen flankiert wurde. Unter ihren Tschadors – die großen schwarzen, über den Kopf geworfenen Tuchbahnen fielen bis auf die Fußknöchel – trugen die Wachen die gleichen olivbraunen Uniformen mit dem Emblem eines Gewehrs, eines Korans und der geballten Faust wie ihre männlichen Kollegen. Hinter dem Vorhang wartete Khomeinis Witwe darauf, uns Tee einschenken zu können.

In einer Ecke des Hofes, einer rissigen Betonfläche, saß sie zwischen Tochter und Schwiegertochter. Die Tschadors eng um die hockenden Gestalten gezogen, wirkten die drei wie Kegel, die auf die Kugel warteten. Khomeinis Frau Khadija war fünfundsiebzig und hatte das zerknitterte Gesicht einer freundlichen Großmutter. Sie lugte durch ihre Drahtbrille, lächelte und streckte mir die knorrige Hand zur Begrüßung entgegen. Als sie meine Hand hielt und sie sanft tätschelte, glitt ihr Tschador zur Seite und gab den Blick auf einen Zentimeter silberner Haarwurzeln unter einem karottenroten Lockenschopf frei. Bis zum Tod ihres Mannes hatte sich Khadija die Haare gefärbt.

Irgendwie hatte ich nie daran gedacht, daß der Ayatollah mit dem steinernen Gesicht eine Frau haben könnte – jedenfalls keine mit vamproten Haaren. Und ich hatte ihn mir nie im Kreis seiner niedlichen, kichernden Urenkel vorgestellt, die um uns durch den mit vereinzelten Teppichen ausgelegten Hof tollten. »Ich weiß, als ihr ihn gesehen habt, da wirkte er sehr ernst, manchmal sogar wütend«, sagte Zahra Mostafavi, Khomeinis zweiundvierzig Jahre alte Tochter. »Aber mit uns war er nicht so. Mit den Kindern hatte er oft gescherzt. Wir durften uns immer unter seinen Gewändern verkriechen, wenn wir Verstekken spielten.«

Wir hockten neben den Khomeinis auf roten persischen Teppichen, die man auf dem Beton ausgebreitet hatte. »Die Teppiche sind alle geliehen. Die Familie besitzt keine derartigen Kostbarkeiten«, erklärte eine der Revolutionswachen, die seit sechs Jahren für Khadija als Haushaltshilfe und Leibwache arbeitete. Sie reichte uns Datteln und Wassermelonenscheiben auf Plastiktellern, die Entenbilder zierten. »Es tut mir leid, daß wir euch so einfach empfangen müssen«, sagte Khadija. »Aber in all den siebenundachtzig Jahren seines Lebens hat mein Gatte auf Einfachheit bestanden.«

Ruhollah, ein verarmter Theologiestudent aus dem staubigen Dorf Khomeini, war siebenundzwanzig Jahre alt, als er um die Hand der fünfzehnjährigen Khadija Saqafi anhielt. Ihr Vater, ein angesehener Ayatollah (eigentlich »Abbild Gottes«, ein Wort, das die gelehrtesten Geistlichen der Schiiten benennt), hielt nicht viel von dieser Verbindung. Doch Khadija war anderer Ansicht. Sie hatte einen Blick auf ihn werfen können, als sie ihm ein Glas Tee brachte, und konnte ihren Vater überreden, der Ehe zuzustimmen, nachdem sie ihm einen Traum erzählt hatte, in dem ihr die Propheten kundtaten, daß es Ruhollah aus Khomeini bestimmt sei, ein großer Religionsführer zu werden.

Sie war seine einzige Frau geblieben und hatte so zurückgezogen gelebt, daß die meisten Iraner nicht einmal ihren wahren Namen kannten. »Einmal ist einem Mann ein Fehler unterlaufen, und er schrieb, sie heiße Batul, dabei war dies der Name ihrer Dienerin«, erklärte Zahra. »Meine Mutter *haßt* den Namen Batul.« Trotzdem blieb der Name haften, denn den Ayatollah hätte es verdrossen, durch eine Bitte um Korrektur die allgemeine Aufmerksamkeit auf seine Frau zu lenken. Trotz ihrer öffentlichen Anonymität wußten Eingeweihte, daß Khadijas Einfluß zählte. Männer, die Khomeinis Gehör wünschten – auch in Fragen der Staatspolitik –, baten ihre Frauen, die Angelegenheit vor Khadija zur Sprache zu bringen.

Das kastenförmige, zweistöckige Haus der Khomeinis bot einen scharfen Kontrast zum üppigen, grünen Marmorpalast des ehemaligen Schahs, der heute jedermann als Museum für Umkehr und Ermahnung zugänglich ist. In Khomeinis Haus blätterte die grüne Farbe von den Wänden, und am Fenster baumelte ein zerbrochenes Fliegengitter. In einem kahlen Zimmer lagen die dünnen Matten, die als Betten dienten, aufgerollt und in eine Ecke geräumt. Die einzigen Geräte in der Küche waren ein altertümlicher Herd und ein elektrischer Samowar. »Als der Imam einmal zwei Granatapfelsamen sah, die mir ins Abwaschbecken gefallen waren, ermahnte er mich, keine Lebensmittel zu verschwenden«, sagte die Revolutionswache, die uns bedient hatte. »Er erinnerte uns stets daran, das Licht zu löschen, wenn wir aus einem Zimmer gingen.«

Jede noch so kleine Erinnerung rief bei den übrigen Gästen neue Tränenfluten hervor. Eine der lautesten Klagefrauen, eine Frau der libanesischen Hisbollah – der Partei Gottes –, erhob sich und begann eine rührselige Dankesrede an die Witwe des Imams, die uns Zugang zum geheiligten Bezirk seines Heims gewährt hatte. »O Gott, bitte schenke uns Geduld«, schluchzte sie. »Wir sind an diesen Ort gekommen, an dem der große Imam geatmet hat. Wir haben uns alle an diesem heiligen Ort versammelt, um seinem Beispiel unsere Ergebenheit zu beweisen.«

Der Ruf zum Abendgebet, der von der nahen Moschee über die Hofmauer wehte, deutete uns an, daß die Teeparty zu Ende war. Khadija hatte sich in ihrer Ecke schon aufgerichtet und bereitete sich auf die Waschungen zum Gebet vor. Als wir wieder in den Bus gestiegen waren, der sich dann seinen Weg zurück durch den Verkehr bahnte, ereiferte sich die Frau von der Hisbollah noch immer. »Wir müssen unser Leben in zwei Hälften teilen – in die Zeit vor und die Zeit nach dem Tod des Imam«, schluchzte sie. »Wir haben noch gar nicht recht begriffen, welchen Verlust wir erlitten haben.«

Ich jedenfalls hatte es noch nicht begriffen. Nach der Besetzung der amerikanischen Botschaft im Jahre 1979 hielt der Iran seine Tore für US-Medien praktisch verschlossen. Die selten bewilligten Visa gewährten zumeist nur einen sechsunddreißigstündigen Aufenthalt zur Berichterstattung über ein bestimmtes Ereignis. Vor Khomeinis Tod hatte man mich nur einmal ins Land gelassen, um 1988 über die Beerdigung der zweihundertneunzig iranischen Zivilisten berichten zu können, die starben, als der US-Kreuzer *Vincennes* einen iranischen Airbus auf seinem Linienflug über den Persischen Golf abschoß.

Doch ich mußte es einfach begreifen. Was mit Moslimen von Algerien bis Afghanistan geschah, hatte hier seine Wurzeln, in diesem kargen, kastenförmigen Haus im Norden Teherans. Irgendwie hatte Khomeini den Frauen weisgemacht, daß es revolutionär sei, einen mittelalterlichen Umhang zu tragen. Irgend etwas in seiner Lehre hatte Tausende von Frauen auf die Straßen gebracht, um der Armee des Schahs die Stirn zu bieten und das

Leben für den Ruf nach Wiedereinführung eines Rechtssystems zu riskieren, das Ehen zwischen Kindern, Polygamie und die Prügelstrafe für die Frauen guthieß.

Khomeini sprach mit einer Stimme, die ihre Autorität aus den frühesten Tagen des Islams bezog. Khomeini war Schiite, ein Mitglied jener Minderheit des Islams, die sich in den Jahren nach dem Tod des Propheten Mohammed von der Hauptströmung des Islams abgespalten hatte. Die Mehrheit der ersten Moslems kam überein, den Anführer durch einstimmigen Beschluß der Ältesten zu ernennen, wie es von alters her Tradition in der Wüste war. Da »Tradition« im Arabischen *sunni* heißt, wurden sie als die Sunniten bekannt. Eine Minderheit war jedoch der Auffassung, Mohammeds Nachfolger müsse seiner eigenen Familie entstammen, und so wählten sie seinen Schwiegersohn und Neffen Ali. Sie waren die Shiat Ali oder Partisanen Alis, die man heute als Schiiten kennt. Durch ihre Herkunft als Rebellen sehen es die Schiiten als ihre Pflicht an, die Machthaber gegebenenfalls an den Pranger zu stellen und gegen sie zu revoltieren. Und da ihre Anfänge auf die Niederlage Alis und seiner Söhne zurückgehen, identifizieren sich die Schiiten besonders mit den Unterlegenen und Armen. Khomeini machte sich all diese tiefverwurzelten Überzeugungen zunutze, als er 1978 zur Revolution gegen den Schah aufrief.

Nach dem Tod Khomeinis im Juni 1989 öffnete der Iran seine Tore allen Journalisten, die sich blicken ließen. Im Anschluß an die hektische Beerdigung hielt Hashemi Rafsanjani eine der seltenen Pressekonferenzen für ausländische Journalisten. Ich kam im schwarzen Tschador. Da solche Ereignisse im Iran stets im Fernsehen übertragen werden, wußte ich, daß die Organisatoren der Pressekonferenz mich nicht in die Nähe eines Mikrofons lassen würden, wenn auch nur ein Haar von mir zu sehen war. Doch als ich schließlich aufstand, um meine Frage nach den Machtstrukturen in der Zeit nach Khomeini zu stellen, schaute Rafsanjani mich an, und die Andeutung eines Lächelns huschte über sein Mondgesicht. »Ich habe eine Frage an Sie«, sagte er. »Warum tragen Sie den schweren Schleier, wenn doch ein einfaches Kopftuch genügen würde?«

Die riesigen, altmodischen Kameras des iranischen Fernsehens richteten sich auf mich. Was sollte ich sagen? Daß der Tschador eine hervorragende Tarnung war, wenn ich an Orte gelangen wollte, an denen ich eigentlich unerwünscht war? Daß ich sein wehendes Tuch nicht so entsetzlich heiß fand wie die Kopftuch-und-Mantel-Alternative? Daß sogar der Tschador nur einen Tag zuvor von einem Funktionär des Ministeriums für Islamische Führung für unzureichend befunden worden war? (Ich war zu einem Hubschrauber gelaufen, der mich an Khomeinis Grab bringen sollte, als ein Windstoß der Rotorblätter für einen Augenblick den Tschador zur Seite blies und meine Hose und mein Hemd entblößte. »Bedecke dich!« schrie der Beamte, das Gesicht wutverzerrt.)

Rafsanjanis Frage war hinterhältig. Ein einfaches Kopftuch reichte nicht aus, um der Strafe von achtzig Peitschenhieben zu entgehen, die im Iran Frauen, auch Ausländerinnen, drohte, wenn sie die islamischen Kleidervorschriften mißachteten. Das Haar, alle Hautflächen bis auf Gesicht und Hände sowie die Rundungen des Körpers mußten verdeckt sein. Eine Sekunde lang fragte ich mich, ob ich wie die italienische Journalistin Oriana Fallaci in einem Interview mit Khomeini reagieren und das Kleidungsstück herunterreißen sollte, das sie einen »dreckigen, mittelalterlichen Fetzen« genannt hatte.

»Ich trage den Tschador«, sagte ich, »im Geiste gegenseitigen Respekts.«

Rafsanjani schien verblüfft. Die beiden anderen westlichen Journalistinnen auf der Pressekonferenz rollten mit den Augen. Später wünschte ich mir, ich hätte deutlicher gesagt, was ich sagen wollte, nämlich: Wenn *ich* bereit war, die Forderungen der iranischen Gesellschaft zu respektieren, dann sollte der *Iran* auch bereit sein, die meinen zu achten. Doch für die meisten Iraner, die zu Millionen daheim an ihren Bildschirmen auf einen Hinweis darauf warteten, wie ihr Leben nach Khomeini aussehen würde, war unwichtig, was ich gesagt hatte. Entscheidend war, daß Rafsanjani ihnen ein Signal der Mäßigung geschickt hatte. Im Basar zog der Riyal im Vergleich zum Dollar kräftig an, als sich herumsprach, daß Rafsanjani eine Reporterin aufgefordert hatte, den Tschador abzulegen. Für die Händler bedeutete jedes Signal der Liberalisierung eine gute Nachricht fürs Geschäft.

Doch für ein oder zwei Menschen *war* es wichtig, was ich gesagt hatte. An jenem Abend rief mich ein Mitglied der kleinen christlichen Gemeinde Irans in meinem Hotel an und warf mir vor, eine Gelegenheit vertan zu haben, mich im Namen all jener Frauen gegen Hidschab auszusprechen, die diesen Kleiderzwang haßten. Und einige Tage später lud mich Khomeinis Tochter Zahra zu einem Kongreß ein, der von der Frauenvereinigung der Islamischen Republik gefördert wurde und den Titel »Seine Hoheit Imam Khomeini – Aspekte seiner Persönlichkeit« trug. Nachdenklich las ich den Titel. Die einzigen Aspekte der Persönlichkeit seiner Hoheit Imam Khomeinis, von denen ich etwas wußte, waren seine Neigung, Schriftsteller zum Tode zu verurteilen, sein Hang zum Verschicken kleiner Jungen als menschliche Minensucher an die Kriegsfront und seine Vorliebe für die Einwilligung in die Heirat kleiner, neunjähriger Mädchen.

Ort der Tagung war Teherans Revolutionshotel. Ein vorrevolutionärer gläserner Aufzug, der eigentlich einen Ausblick auf den Swimming-pool bieten sollte, war für die Dauer des Kongresses mit Zeitungspapier überklebt, damit die frommen Frauen nicht durch den Anblick glänzender Männeroberkörper beleidigt wurden. Seit der Revolution war es nur noch Männern erlaubt, in öffentlichen Bädern zu schwimmen.

Eine Cocktailparty am ersten Abend – nur Fruchtsaftcocktails, kein unislamischer Alkohol – sollte das Eis brechen, doch dauerte es keine fünf Minuten, bis ich begriff, daß ich die Ausnahme in einem weiblichen *who's who* der vom Iran exportierten Revolution war. Zur libanesischen Delegation zählten die Frauen jener Männer, deren Namen im Zusammenhang mit der Geiselaffäre am häufigsten genannt wurden. Der türkischen Abordnung gehörte eine Studentin an, die sich einen gewissen Ruf erworben hatte, seit sie für ihr beharrliches Tragen des islamischen Kopftuches von der Architekturschule verwiesen worden war. Außerdem waren da noch moslemische

Fanatikerinnen aus Pakistan, Sudan, Guinea, Tansania, Indien und Südafrika. Diese Versammlung hatte viele Feinde, und das Hotel war umringt von bewaffneten Revolutionswachen. Niemand ging ohne Erlaubnis ein oder aus.

Die Kleiderordnung für den Abend schrieb schwarz vor – ballenweise. Die Tschadors waren nur die sichtbare Hülle über langen Hosen, Söckchen, wadenlangen Jacken und *magnehs* genannten Hauben – kreisrunde Tücher, ähnlich den Schleiern der Nonnen, die über Kopf und Schulter fallen und nur eine Öffnung für das Gesicht freilassen. Als sich die schwarzgewandeten Gestalten um mich drängten, da war mir, als hätte man mich versehentlich in ein Höllenkloster gesperrt.

Etwas hilflos lauschte ich dem Partytratsch. »Natürlich wurden die Menschen Hongkongs von den Kolonialzionisten einer Gehirnwäsche unterzogen und trauern daher nicht um das Hinscheiden des Imams«, sagte eine winzige Chinesin namens Khatima Ma, die sich als Berufskollegin vorstellte und für den *Muslim Herald* in Hongkong arbeitete. »Die Feinde des Islams, allen voran die Amerikaner, wollen die iranische Nation führerlos sehen. Jedermann rechnet damit, daß hier ein Chaos ausbricht, aber davon ist, Gott sei Dank, keine Spur zu sehen. Und obwohl die Medien in Hongkong ausnahmslos unter dem Diktat der Zionisten stehen, konnten sie doch keinen Artikel über irgendwelche Unruhen im Iran bringen.«

Ich fragte die türkische Architekturstudentin, die bis auf Augen und Nase verschleiert ging, warum ein moslemisches Land wie die Türkei sich so beharrlich für westliche Kleidung einsetzt. »Sie wissen natürlich, daß es zwei Sorten Islam gibt – den amerikanischen Islam und den von Mohammed –, und in der Türkei herrscht der amerikanische Islam. Der amerikanische Islam trennt die Religion von der Politik, da dies den Interessen der Supermächte entgegenkommt. Unsere Regierung hat solche Angst vor einer islamischen Revolution, daß sie lieber dem Westen zu Kreuze kriecht.«

Man hatte mir für den Kongreß eine Dolmetscherin zugeteilt, eine hochgewachsene, blasse junge Frau namens Hamideh Marefat. Als ich ihr zu ihrem ausgezeichneten Englisch gratulierte,

erzählte sie mir, sie hätte sich während der Zeit »im Nest«
fortgebildet.

»Wie bitte?«

»Im Nest. Im Spionagenest – in der amerikanischen Botschaft«, erklärte sie. Hamideh hatte zu den schwarz verschleierten Scharen gehört, die vierhundertvierundvierzig Tage lang die
Botschaft besetzt und ihr Personal gefangenhielten. Ihre Aufgabe war es gewesen, die Post der Geiseln zu »übersetzen«. Ich
fragte sie, ob sie je Mitleid mit ihnen gehabt hätte. »Manchmal«,
sagte sie, wenn sie Briefe von amerikanischen Schulkindern las,
die man den Geiseln zur Aufmunterung geschickt hatte. »Aber
ich wußte ja, daß sie Spione waren, die unser Land vernichten
wollten, und war enttäuscht, als wir sie freiließen. Ich persönlich
hätte sie lieber umgebracht.«

Eine südafrikanische Studentin von der Universität Kapstadt
nickte wehmütig. Dann hellte sich ihre Miene auf. »Wenigstens
werden wir Rushdie umbringen.« Sie hatte geholfen, in Kapstadt eine Moschee für den Unterricht über die »Gundsätze des
Islams« zu gründen. Doch hatte es kürzlich einen Rückschlag
gegeben, als man zwei der führenden Persönlichkeiten der Moschee des Verrats anklagte.

Die Südafrikanerin warf immer wieder unbehagliche Blicke
auf ihre islamische Schwester aus Guinea. Diese große, stattliche
Frau wäre in jeder Menschenmenge aufgefallen, in dieser aber
war sie ein ganz besonderer Blickfang. Statt formlos schwarzer
Kleidung trug sie langes, lilafarbenes, eng um die geschmeidigen
Rundungen gewickeltes Tuch. Einen Zipfel davon hatte sie sich
locker um den Kopf geschlungen, so daß ihre weichen, kupfer-
farbenen Schultern frei blieben. Nackte Zehen lugten unter dem
Saum ihres herrlichen Gewandes hervor. Im Verlauf der nächsten Tage sollte mir immer wieder die eine oder andere islamische Schwester auffallen, die sich auf Zehenspitzen stellte, um
das Gewand über die Schulter zu zupfen oder den Kopfzipfel
enger ums Haar zu schlingen. Guineaner und Iraner hatten
offensichtlich unterschiedliche Vorstellungen von Hidschab.

Das Wort »Hidschab« bedeutet eigentlich »Vorhang« und schreibt im Koran den Gläubigen zu Zeiten Mohammeds vor, wie die Frauen des Propheten zu behandeln sind: »Und wenn ihr sie (die Frauen des Propheten) um irgend etwas zu bitten habt, so bittet sie hinter einem Vorhang. Das ist reiner für eure und ihre Herzen.« Die Offenbarung zum Hidschab kam Mohammed in einer seiner Hochzeitsnächte, als er mit Zeinab, seiner heftig angefeindeten Braut, ins Bett gehen wollte.

Islamische Gelehrte stimmen gewöhnlich darin überein, daß die Ehe des Propheten mit Zeinab den schwersten aller Skandale um die stetig wachsende Zahl seiner Frauen verursacht hat. Bei einem Besuch im Hause seines Adoptivsohnes hatte Mohammed einen Blick auf die nur teilweise bekleidete Frau des jungen Mannes geworfen. Die Frau war schön. Rasch wandte Mohammed seine Augen ab und murmelte ein Gebet gegen alle Versuchung. Doch der junge Mann glaubte, Mohammed begehre sein Weib, und trennte sich von ihr. Mohammeds anschließende Heirat mit Zeinab verursachte einen Aufruhr in der Gemeinde, da er die Vorschriften gegen den Inzest verletzte, wie sie bereits im Koran festgelegt worden waren. Der Aufruhr legte sich erst, als Mohammed in einer neuen Offenbarung alle Adoptionen für unrechtmäßig erklärte und sich selbst somit von jener Regel ausnahm, die es einem Vater verbot, die Frau seines Sohnes zu heiraten.

Die Offenbarung zum Hidschab zwang die Frauen des Propheten, Zeinab nicht ausgenommen, in Abgeschiedenheit zu leben, wo sie vor Skandalen besser geschützt waren. Die Anweisungen des Korans für Frauen, die nicht zum Hause des Propheten gehörten, waren nicht so streng: »Und sprich zu den gläubigen Frauen, daß sie ihre Blicke zu Boden schlagen und ihre Keuschheit wahren sollen und daß sie ihre Reize nicht zur Schau tragen sollen, bis auf das, was davon sichtbar sein muß, und daß sie ihre Tücher über ihre Busen ziehen sollen...«

Als Sahar in Kairo begann, ihren Hidschab zu tragen, grub ich dieses Zitat aus und behauptete, dort stünde kein Wort darüber, daß sie die Haare zu bedecken habe. Für mich schien der Koran an dieser Stelle die Frauen nur aufzufordern, sich an eine konservative Kleiderordnung zu halten – zu heutiger Zeit also zum Beispiel keine durchsichtigen Blusen und knappen Miniröcke zu tragen. Doch Sahar erwiderte, für eine Antwort auf solche Fragen sei es notwendig, außer dem Koran noch andere Quellen hinzuzuziehen. Sie sagte, daß die *sunna,* der »ausgetretene Pfad« Mohammeds – all das, was er gesagt oder getan, oder alle Taten, die er in seiner Anwesenheit gestattet hatte –, deutlich besage, daß mit dem »bis auf das, was davon sichtbar sein muß«, nur Gesicht und Hände einer Frau gemeint seien. Ihre übrigen »Reize« – also auch Fuß- und Handgelenke sowie der Hals – sollten allen Männern verborgen sein, den Ehemann sowie eine sorgsam aufgelistete Reihe aller engen männlichen Verwandten ausgenommen, mit denen der Koran eine Ehe verbietet, also Vater, Brüder, Schwiegervater, Neffen, Söhne und Schwiegersöhne. Der Koran sagt, daß sie sich auch vorpubertären Jungen unverschleiert zeigen könne sowie den »männlichen Dienern, denen es an Geschlechtskraft mangele«, womit zu Mohammeds Zeiten vermutlich Eunuchen und alte Sklaven gemeint waren.

Doch Sahars Auslegung galt nicht allgemein. Manche Moslimen waren mit mir der Meinung, daß ihr Glaube von ihnen nur verlange, sich innerhalb zeitgemäßer Anstandsgrenzen zu kleiden. Andere bestanden darauf, außer einer Kopfbedeckung auch noch Handschuhe zu tragen und die Gesichter zu verschleiern, da, so ihr Argument, die Verworfenheit der modernen Welt heute extremere Maßnahmen verlange als zu Mohammeds Zeiten.

Auf dem Flughafen von Kairo, dem großen Knotenpunkt der islamischen Welt, ließ sich beinahe jede Auslegung der islamischen Kleidervorschriften beobachten. Frauen aus Pakistan auf dem Weg zur Arbeit am Golf schwebten in herrlich bequemen *salwar kamees* vorbei, seidige Gewänder, die lang über bauschigen Hosen herabhingen, dazu weite Tücher in passenden Stoffen locker um den Kopf geschlungen. Saudische Frauen trippelten vorsichtig hinter ihren Männern her, lugten unter Gesichtsschleiern aus Gaze und ihren rundum geschlossenen schwarzen Umhängen hervor, so daß sie – mit Guy de Maupassants Worten – wie »der Tod auf einem Spaziergang« aussahen. Afghanische Frauen trugen ebenfalls geschlossene Hüllen namens *chad-ris,* farbige, raschelnde Umhänge mit einer rechteckigen, löchrigen Häkelarbeit vor den Augen. Frauen aus Dubai trugen steife, vogelähnliche Masken in schwarz und gold, die spitz über ihre Nase hervorsprangen, die glutvollen, sirupfarbenen Augen aber freiließen. Manche Palästinenserinnen und Ägypterinnen trugen eintönige, bodenlange, durchgeknöpfte Mäntel und weiße Kopftücher, andere wiederum helle, wadenlange Röcke mit passenden Tüchern, die von Kopfbändern aus Staubperlen gehalten wurden.

Der seltsamsten Auslegung der islamischen Kleiderordnung bin ich in den dürren Weiten der algerischen Sahara begegnet, wo die nomadischen Stämme, bekannt als Tuareg, der Tradition folgen, laut der es den Männern zukommt, sich nach der Pubertät die Gesichter zu verschleiern, die Gesichter der Frauen aber unverdeckt bleiben. Sobald sie so alt sind, daß sie sich rasieren und das Ramadanfasten ertragen können, müssen sich die Männer bis auf die Augen vollständig mit einem ellenlangen Indigotuch bedecken. »Wir Krieger verbergen unsere Gesichter, damit der Feind nicht erfährt, was wir im Schilde führen, ob Frieden oder Krieg, doch Frauen haben nichts zu verbergen«, so erklärte mir ein Tuareg den Brauch. Die Tuareg sind Moslems, aber ihr Glaubensverständnis läßt den Frauen beträchtliche sexuelle Freiheiten vor der Ehe und erlaubt ihnen auch danach noch enge platonische Freundschaften mit Männern. Ein Sprichwort der Tuareg lautet: »Männer und Frauen sind einander fürs Auge und fürs Herz, nicht nur fürs Bett.« In den Augen anderer Moslems grenzen die Bräuche der Tuareg an Ketzerei. Tatsächlich kommt das Wort Tuareg aus dem Arabischen für »Die von Gott verworfenen«.

Wo Frauen den Schleier tragen, da läßt sich Geld mit der islamischen Mode machen. In Kairo steht das Salam Shopping Center für Verschleierte Frauen, ein dreistöckiges Warenhaus, das nur islamisch korrekte Damenbekleidung führt. Der größte Teil der Verkaufsfläche ist dem vorbehalten, was die Geschäftsführung »Anfänger-Hidschab« nennt – die farblich aufeinander abgestimmten langen Röcke und Kopftücher sowie die weiten, mit Rheinkiesel besetzten Jacken, deren Schultern überdimensionale Polster ausbeulen, genügen dem islamischen Minimum. Idealerweise, so erklärte ein Geschäftsführer, beginnen die Kundinnen mit derartiger Kleidung, werden allmählich erleuchteter und schreiten voran zu matteren Farben und längeren, formloseren Kleidungsstücken, um sich letztlich vollständig in schwarze Mäntel, schwarze Handschuhe und Gesichtsschleier zu hüllen. Doch diese einfache Kleidung zum Preis von etwa zehn Dollar war kaum an den Kleiderständern mit profitablerem »modischem« Hidschab zu finden, wo der Preis für eine islamisch korrekte Abendbekleidung das Drei- bis Vierfache eines monatlichen Beamtengehaltes betragen konnte.

In Beirut, im Basement der Moschee des Großen Propheten, errichtete die Hisbollah eine Fabrik für islamische Mode, um an der weltweit wachsenden Nachfrage nach Hidschab zu profitieren. »Für mich ist der Islam keine Bande von Kämpfern. Es ist eine Revolution der Kultur, der Ideen«, schwärmte die Fabrikdirektorin, eine rundliche Frau, die sich als Hajjia Zahra vorstellte. Sie blätterte durch einen deutschen Modekatalog und zeigte mir, wie die neueste Entwicklung in Reißverschlüssen, Taschen und Ärmeln jenen weiten, körperverhüllenden Kleidern aufgepfropft wurde, die die Fabrik zu Hunderten herstellte. Um uns stapelten sich Stoffballen bis unter die Decke. Sie erklärte mir, die leuchtend bunten Stoffe, die roten und gelben, seien für die Kinderbekleidung, Hisbollahs Verkaufsschlager. Die stumpfen braunen, grauen und moosgrünen Farben waren der Frauenmode vorbehalten. »Dies sind ruhige Farben«, erklärte sie. »Es gehört zur Philosophie der islamischen Bekleidung, daß die Frau eine Aura der Ruhe und Gelassenheit ausstrahlen soll.«

Hidschab war das sichtbarste Anzeichen der islamischen Erneuerung, der sich Sahar wie so viele junge Frauen angeschlossen hatte. Alles begann 1967, nach Ägyptens katastrophaler Niederlage im Sechs-Tage-Krieg gegen Israel. Um sich die Demütigung zu erklären, wiesen moslemische Philosophen auf die Weltlichkeit der Regierung von Gamal Abdel Nasser und drängten die Ägypter, zu den islamischen Geboten zurückzukehren, von denen sie sich abgewandt hatten. Nach und nach stieg die Zahl der verschleierten Frauen.

Doch der wahre Auftrieb kam mit der theokratischen Revolution im Iran, als das Tragen des Hidschab nicht nur zur religiösen, sondern auch zur politischen Tat wurde. 1935 hatte der Vater des Schahs den Tschador verbannt. Schah Reza wünschte sich ein modernes Land und meinte, der alte schwarze Umhang passe nicht in dieses Bild. Doch fromme Frauen, vor allem die älteren, waren von solch plötzlichen und drastischen Veränderungen überfordert. In ihren Lebenserinnerungen *Tochter Persiens* beschreibt Sattareh Farman Farmaian die Verzweiflung ihrer Mutter. »Als meine Mutter hörte, daß sie die uralte Bescheidenheit ihres Schleiers verlieren sollte, war sie außer sich. Sie und alle traditionell gesinnten Menschen hielten Rezas Anordnung für das Schlimmste, was er bisher getan hatte – schlimmer noch als seine Angriffe auf die Rechte der Priesterschaft; schlimmer sogar noch als seine Beschlagnahmungen und Morde.« Aus Angst vor dem Mißfallen des Schahs befahl ihr Gatte, sie solle unverschleiert ausgehen. »Am nächsten Tag weinte sie vor Wut und Scham und zog sich in ihr Schlafzimmer zurück ... Tränenüberströmt bemühte sie sich vergeblich, ihr herrliches, hüftlanges Haar unter dem unzureichenden Schutz eines kleinen, französischen Glockenhutes zu verbergen.«

Für andere wurde der sogenannte Liberalisierungserlaß zu einer Art Haftstrafe. Männer, die ihren Töchtern gerade erst erlaubt hatten, zur Schule zu gehen, widerriefen diese Erlaubnis, da sie ihre Mädchen nicht unbedeckt zur Schule gehen lassen wollten. Frauen, die gegen die Anordnung des Schahs aufbegehrten und sich verschleiert auf die Straßen wagten, riskierten, daß ihnen der Schleier vom Kopf gerissen und von Soldaten zerschnitten wurde. Frauen in Tschadors war es verboten, öffentliche Transportmittel zu benutzen, und viele Geschäfte blieben ihnen verschlossen. Statt solche Demütigungen auf sich zu nehmen, gingen viele Frauen einfach nicht mehr hinaus. Khomeinis Frau Khadija zum Beispiel verließ ihr Haus überhaupt nicht mehr. Eine derartige Einschränkung bedeutete eine besondere Härte zu einer Zeit, als die meisten Häuser noch keine

Badezimmer hatten und die Frauen sich stets zum Baden und geselligen Beisammensein während der Frauenstunden in den örtlichen Badehäusern, den *hamams*, trafen. Das Verbot galt ausnahmslos von 1935 bis 1941, danach verzichtete man auf seine strikte Durchsetzung, befürwortete aber weiterhin ein Ablegen des Schleiers; Frauen, die den Schleier tragen wollten, verspottete man als rückständig.

Als der revolutionäre Druck in den späten siebziger Jahren zunahm, wurde der Tschador zum Symbol des Protestes gegen den Schah und seine westlichen Verbündeten. Manche Geistliche rieten aus verständlichen Gründen zum Tschador. Wird er getragen, so argumentierte der iranische Geistliche Ibrahim Amini, können »Frauen beruhigt sein, daß ihre Männer, wenn sie nicht daheim sind, keiner lüsternen Frau begegnen, die seine Aufmerksamkeit erregt.« In England präsentierte der moslemische Gelehrte Shabbir Akhtar einen anderen Grund. »Das Ziel des Schleiers«, schrieb er, »ist es, eine wahrhaft erotische Kultur zu schaffen, in der jener Drang nach künstlicher Erregung, wie sie die Pornographie vermittelt, entbehrlich wird.« In beiden Fällen wird von den Frauen erwartet, die eigene Bequemlichkeit und Freiheit zugunsten der Bedürfnisse männlicher Sexualität aufzugeben: Sie sollen den männlichen Sexualtrieb entweder unterdrücken oder ihn stimulieren.

Doch diese Argumente fielen bei jungen Intellektuellen wie meiner iranischen Dolmetscherin Hamideh Marafat kaum ins Gewicht. Für sie bedeutete das Tragen des Tschadors zu allererst eine politische Tat. Sie war in einem mittelständischen Haus aufgewachsen und hatte den Schleier für sich nie in Betracht gezogen, bis sie heimlich die Vorlesungen eines charismatischen jungen Intellektuellen namens Ali Schariati besuchte. Schariati war im Iran geboren, hatte an der Sorbonne studiert, verknüpfte seine Kenntnis vom Marxismus mit dem iranisch schiitischen Islam, der in der Rebellion gegen den Status quo nach Mohammeds Tod wurzelte, und schuf so ein revolutionäres Kredo, das es sich zur Aufgabe stellte, die Massen zu mobilisieren und die Despoten herauszufordern. Westliche Kleidung, sagte er, sei eine Form des Imperialismus; sie verwandle die weibliche

Schönheit in ein Produkt des Kapitalismus, das man kaufen und verkaufen könne, und mache die Frauen der Dritten Welt zugleich zu abhängigen Konsumentinnen rasch wechselnder Moden. Moslemische Frauen, so drängte er, sollten die islamische Kleidung annehmen und damit ihre Freiheit behaupten. Für junge Frauen wie Hamideh Marafat erfüllte der Tschador den gleichen Zweck wie der Jeans-Overall, der von amerikanischen militanten Feministinnen wie Andrea Dworkin getragen wurde. Der Tschador bedeutete für Hamideh eine Befreiung. Sie hatte ihn ein Jahr vor der iranischen Revolution im Jahre 1978 angelegt und bei der Besetzung der amerikanischen Botschaft wie eine Flagge getragen.

Als ich sie zehn Jahre später kennenlernte, hatte die revolutionäre Begeisterung bereits nachgelassen. Jedesmal, sobald wir außer Sichtweite der Männer waren, streifte sie erleichtert das große schwarze Tuch ab. »Ich wünschte, ich hätte es nie angezogen«, gestand sie eines Tages. »Anfangs war es wichtig, um die eigene revolutionäre Überzeugung zu demonstrieren. Aber heute müssen wir die nicht mehr beweisen. Man kann auch nur in Kopftuch und Mantel revolutionär sein.«

Als ich sie zu Hause besuchte, wirkte Hamideh beinahe schulmädchenhaft in Faltenrock, Seidenbluse und diskretem Goldschmuck, doch wenn sie ausging, zog sie sich die volle Uniform des revolutionären Islams über. Mir fiel es leichter, mit der Hamideh im Tschador umzugehen. Was sie sagte, wirkte nicht so schockierend, wenn es aus dieser anonymen Dunkelheit kam. Im geschmackvoll eingerichteten Wohnzimmer ihrer Familie, in dem wir über neutrale Dinge wie persische Lyrik oder über die Schwierigkeit redeten, Männer im heiratsfähigen Alter kennenzulernen, konnte ich sie ohne weiteres für eine kluge Frau meines Alters halten, mit der mich viele Gemeinsamkeiten verbanden. Doch dann fuhr sie sich mit der Hand durch ihr kurzes kastanienbraunes Haar und verkündete eine Ansicht, die in ihrer Radikalität niederschmetternd war. »Israel muß ausgelöscht werden«, sagte sie dann etwa, griff nach ihrer Teetasse und nippte behutsam daran. »Ich freue mich schon auf den Krieg, der es zerstören wird.«

Während die sunnitischen Moslems an eine unmittelbare Kommunikation zwischen den Gläubigen und Gott glauben, halten die Schiiten die Vermittlung eines gelehrten Geistlichen für notwendig. Gewöhnlich sucht sich jeder Schiite einen bedeutenden geistlichen Denker und folgt all seinen religiösen Anweisungen, den *fatwas*. Hamideh hatte sich für Khomeini entschieden, also richtete sie ihr Leben in allen Details nach seinen Ansichten aus, die er in den achtzehn Bänden seiner religiösen Interpretation niedergelegt hatte. »Manche Ayatollahs behaupten, Frauen müßten Handschuhe tragen«, erklärte sie, »aber Imam Khomeini sagt, der untere Teil der Hand könne unbedeckt bleiben.« Andere Ayatollahs fanden die weibliche Stimme erregend und verboten Frauen, in gemischten Versammlungen das Wort zu erheben, wenn sie sich nicht zuvor einen Stein in den Mund legten, um den Klang ihrer Stimme zu verzerren. Khomeini berief sich auf die Begegnungen des Propheten mit gemischten Gruppen von Männern und Frauen und hatte keine Probleme mit der weiblichen Stimme.

Ich fragte Hamideh, ob Khomeini sich je in seinen religiösen Entscheidungen habe irren können. »Sicher«, sagte sie. »Wir glauben nicht daran, daß irgendein menschliches Wesen unfehlbar ist. Doch wenn ich seine Fatwa befolge, und sie ist falsch – sagen wir, er befiehlt mir, jemanden umzubringen, und hinterher erweist sich diese Person als unschuldig –, dann wird das Opfer ins Paradies eingehen, und die Sünde des Mordes liegt bei dem, der die Fatwa erlassen hat, und nicht bei mir.«

Da Khomeini nun tot war, glaubte Hamideh, den Tschador nicht aufgeben zu dürfen. Würde sie nach seinem Tod plötzlich aufhören, ihn zu tragen, könnte man meinen, ihr Glaube an seine Lehre hätte nachgelassen. Zeitungsartikel erinnerten die Frauen ständig daran, daß der Tschador »ein Schützengraben gegen westliche Werte« sei. Auch Männer in einflußreichen Positionen waren noch immer davon überzeugt. Eine Freundin hatte sich zu einem Vorstellungsgespräch für eine Regierungsstelle das Haar und ihre Rundungen mit Mantel und Kopftuch bedeckt. »Sie sind nackt«, fauchte der Personalleiter und weigerte sich, sie einzustellen.

Zuerst hatte ich einfältigerweise angenommen, daß Hidschab die Frauen wenigstens von der Tyrannei der Modeindustrie befreien würde. Doch Tag und Nacht eingesperrt in ein Hotel voller radikaler Moslimen, erfuhr ich auf dem Iranischen Frauenkongreß bald, wie sehr ich mich geirrt hatte.

Ich hatte Hamideh gebeten, ein Treffen mit den Frauen der libanesischen Hisbollah für mich zu organisieren. Die Hochburgen dieser Gruppierung waren das Bekaa-Tal und Beiruts südliche Vororte – ein Sperrgebiet für westliche Journalisten seit der Entführung von Terry Anderson, Bürochef der *Associated Press*. Ich wollte sie nach Anderson fragen, der seine Tage an einen Heizkörper gefesselt in einem lichtlosen Keller in Beirut verbrachte. Die Frauen zu treffen, die mit seinen Gefangenenwärtern verheiratet waren, schien mir die beste Gelegenheit, einige Informationen für seine verzweifelte Familie zu erhalten.

Ich erfuhr letztlich dann doch nichts über sein Los, aber das Treffen mit diesen Frauen war in anderer Hinsicht lehrreich. Sie luden mich ein, ihnen am kommenden Abend zum Tee in ihrer Suite Gesellschaft zu leisten, allerdings unter der Voraussetzung, daß ich ihnen versprach, sie in keinem Artikel namentlich zu erwähnen. Als man auf mein Klopfen hin die Tür öffnete, dachte ich, ich hätte mich im Zimmer geirrt. Die Frau vor mir hatte aschblondes Haar, das ihr bis auf die Hüften fiel, und trug ein Negligé aus Seide mit tiefem Ausschnitt. Auf dem Bett hinter ihr räkelte sich eine Frau in einem brustbetonten, scharlachroten Satinnachthemd mit seitlichem Schlitz. Durch die hauchdünnen Stoffe war deutlich zu sehen, daß sie wie Barbie-Puppen kein einziges Haar am Körper trugen. Es sei verheirateten Frauen, so erklärten sie, *sunnat,* also vom Islam empfohlen, alle zwanzig Tage ihr Körperhaar zu entfernen. Das traditionelle Enthaarungsmittel sei eine Paste aus Zucker und Zitronensaft, mit der man sich die Härchen samt Wurzeln herausreiße. Moslemische Männer, so erzählten sie, sollten ihr Körperhaar ebenfalls entfernen. Für die Männer betrage der empfohlene zeitliche Abstand zwischen den Enthaarungen vierzig Tage.

Es dauerte eine Weile, bis ich in der künstlichen Blondine jene Frau wiedererkannte, die im Hause Khomeini eine so gefühlvolle Klage angestimmt hatte. Als ich ihr sagte, wie sehr mich ihr Aussehen überraschte, lachte sie. »So sind wir, wenn wir zu Hause sind«, sagte sie und warf sich in eine verführerische Pose. »Der Islam ermuntert uns, für unsere Männer schön zu sein.« Plötzlich verstand ich, warum Khadija, Khomeinis Witwe, sich das Haar karottenrot gefärbt hatte und warum ein Zentimeter graues Haar nachgewachsen war, seit sie sich nach dem Tod ihres Mannes das Haar nicht mehr färbte.

Ihre Tochter Zahra schien allerdings nicht zum karottenfarbenen Löckchentyp zu gehören, und ebensowenig zum Typ Negligé mit tiefem Ausschnitt. Unter ihrem Tschador trug sie matronenhafte Twinsets und Tweedröcke – oberlehrerinnenhafte Kleider für eine oberlehrerinnenhafte Frau, die Philosophie an der Universität von Teheran lehrte.

Es kostete mich drei Jahre und viele Treffen, bis sie sich so weit gehenließ, daß ich sie in etwas anderem als dem Tschador zu sehen bekam. Selbst in einem Zimmer voller Frauen gab sie den Tschador selten aus der geballten Faust frei, mit der sie den Stoff über die Augenbrauen herunter- und über die Lippen hinaufzog. Diese Mode führte zu verwirrenden Bildern in den Zeitschriften der Frauenvereinigung. Ihr war daran gelegen, die prominenten Frauen zu fördern – die Parlamentarierinnen, Künstlerinnen und Autorinnen –, doch auf Fotografien sahen sie alle vollkommen gleich aus: ein kleines, weißes Dreieck, Spitze nach unten, in einem großen, schwarzen Dreieck, Spitze nach oben.

Einmal ließ Zahra auf der Teheraner Konferenz einen Augenblick lang ihren Tschador fallen und entblößte ihre Lippen und ein wenig Kinn. Ein Blitzlicht zuckte. Bestürzung. Würde, wer auch immer das Foto gemacht habe, bitte den Film aushändigen? Die Frauenvereinigung wolle ihn entwickeln, das anstößige Bild herausschneiden und die übrigen Aufnahmen zusammen mit einem angemessenen Bild von Frau Mostafavi zurückschicken. Alle Blicke im Raum richteten sich auf mich. Als Journalistin war ich die Hauptverdächtige. Ich wedelte mit meinem Tschador, um zu beweisen, daß ich nichts in den Ärmeln verbarg, und erklärte, daß ich keine Kamera dabeihätte. Eine verschüchtert dreinblickende Khatima bekannte, die Schuldige zu sein. Als sie den Film aushändigte, schaute sie ein wenig geknickt auf den Knüller, der dem *Muslim Herald* in Hongkong entgangen war.

Zahra Mostafavi war eine blasse, stämmige Frau mit wuchtigem Kinn sowie dem scharfen Profil und der eindringlichen Physiognomie ihres Vaters. Eine strenge Halbglasbrille mit Drahtgestell saß auf ihrer Nase, an ihrer Hand blitzte ein kunstvoll gearbeiteter, mit Diamanten übersäter Goldring. Als Vorsitzende der Frauenvereinigung war sie die politisch aktivste der drei überlebenden Töchter Khomeinis. Sedigheh, eine Witwe, führte mit ihren sieben Kindern ein ruhiges Leben. Farideh, eine Theologin, war mit einem Teppichhändler in Qum verheiratet.

Für eine Frau, die nie eine Schule besucht hatte, war die Ernennung zur Philosophieprofessorin ein beachtlicher Erfolg. Wie so viele religiöse Iraner vor der Revolution hatte Khomeini sich geweigert, seine Kinder dem in seinen Augen korrupten staatlichen Bildungssystem anzuvertrauen. Zahra wurde daheim von handverlesenen Religionsgelehrten erzogen. Auf ihre Bitte hin wurde sie jeden Tag eine halbe Stunde lang von ihrem Vater unterrichtet. Zahra entdeckte, daß sie sich zur Metaphysik und zu westlichen Philosophen wie Bertrand Russell und Immanuel Kant hingezogen fühlte.

Als Vater, sagte sie, sei Khomeini zumeist recht locker gewesen, nur in islamischen Dingen war er unnachgiebig. »Wenn ich in einem Haus spielen wollte, in dem seines Wissens ein Junge wohnte, sagte er: ›Geh da nicht hin, spiel zu Hause‹«, erinnerte sie sich. »Man konnte nicht antworten: ›Ach, komm schon, Papa, laß mich gehen‹, denn was er dachte, basierte auf dem Islam und war nicht seine eigene Meinung.«

Sobald Zahra ihr Studium beendet hatte, begann Khomeini potentielle Ehemänner auszusuchen. Sie lehnte drei der vorgeschlagenen Bewerber ab, ehe sie den vierten akzeptierte. »Mein Vater kam zu mir und sagte: ›Ich habe einen für dich; ich glaube, der ist nicht schlecht; er hat die und die Eigenschaften, aber es ist deine Entscheidung.‹« Sie hatte alle Männer durch die Familie kennengelernt. »Sie waren mir nicht gerade fremd. Ich kannte sie, aber ich habe auf den gewartet, von dem ich wußte, daß er zu mir passen würde.« Sie entschied sich für einen Akademiker, der inzwischen einer Kommission für Erziehungsfragen vorstand. Als verheiratete Frau blieb sie daheim, als der Schah ihren Vater ins Exil beorderte. Doch sie besuchte ihn einmal im Jahr und brachte versteckt unter ihren Kleidern revolutionäre Traktate und Tonbänder zurück. In Teheran ging sie dann abends aus, um das Material zu verteilen. »Ich nahm meinen Sohn mit und ließ ihn Bäume hinaufklettern und Flugblätter über Zäune werfen«, erinnerte sie sich.

Ihre eigene Tochter, die nach der islamischen Revolution mündig wurde, mußte nicht mehr unter jenen Einschränkungen leiden, die Zahra so oft gezwungen hatten, daheim zu bleiben. Sobald die Revolutionäre die Macht innehatten und öffentliche Einrichtungen wie Schulen, Universitäten, Banken und Geschäfte gesäubert waren, hatte Khomeini gegen eine Mitarbeit der (korrekt verschleierten) Frauen in Politik und Wirtschaft nichts einzuwenden. So ging seine Enkelin etwa auf eine Rechtsakademie, heiratete einen Herzspezialisten und zog schließlich nach London, wo ihr Mann seine Ausbildung beendete.

Als Khadija im Winter 1993 die ärztliche Behandlung eines Spezialisten brauchte, zögerte Zahra nicht, sie nach London zu bringen. Ich war inzwischen von Kairo nach London umgezogen und wurde von einem Anruf überrascht, der mich zum Essen ins iranische Konsulat einlud. In diese Woche fiel der vierte Jahrestag des von ihrem Vater verhängten Todesurteils über Salman Rushdie, und um das britische Mißfallen kundzutun, hatte sich der Außenminister mit Rushdie getroffen. Die verstimmten Iraner hoben daraufhin die Visagebühren für britische Reisende in den Iran auf schwindelerregende fünfhundertundvier Pfund an.

Doch Zahra wischte all das mit einer raschen Geste ihrer drallen Hand zur Seite. Sie hatte noch nie etwas für Plaudereien übrig gehabt: Alle Gespräche, die ich je mit ihr geführt hatte, begannen mit den Worten: »*Bismillah al rahman al rahim*« (Im Namen des mitleidsvollen, barmherzigen Gottes) – stets eine wirksame Abschreckung gegen allen Tratsch. Außerdem hatte die Kindheit im Haus eines Predigers zusammen mit der Arbeit als Universitätsdozentin in ihr einen Hang zum Monologisieren aufkommen lassen. Hatte sie erst einmal angefangen, ließ sich nur noch schwer eine Frage einwerfen, ganz abgesehen von dem Problem, so etwas wie ein Gespräch zu führen.

Doch beim Mittagessen in London schien sie wesentlich entspannter. Sie forderte mich auf, mir noch vom Reis, vom Huhn und Kebab zu nehmen, lud sich selbst eine kräftige Portion auf den Teller und erzählte vergnügt von den Freuden Londons: den Bäumen, den breiten Alleen, den höflichen Menschen. Ich wußte, daß Khomeini auf seinem Weg ins französische Exil während der Fahrt vom Flughafen zu seinem Wohnort die Augen niedergeschlagen hatte, um nicht vom westlichen Milieu verseucht zu werden. In seinem Haus außerhalb von Paris ließ er das Toilettenbecken entfernen und eine bescheidenere Version im orientalischen Hockstil installieren. Zahra lächelte, als ich sie fragte, ob sie unter der unislamischen Atmosphäre Londons leide. »Ich habe hier keine Probleme«, sagte sie. Die einzige leichte Unannehmlichkeit habe es gegeben, als ein Exiliraner sie auf der Straße erkannt und eine abfällige Bemerkung über ihren Vater geschrien habe. »Natürlich mag ich es nicht, wenn man meinen Vater beleidigt, aber er war stets gewillt, alles zu verzeihen, was sich gegen ihn persönlich richtete. Nur die Angriffe gegen den Islam konnte er nicht vergeben.«

In ihrem Tschador war Zahra auf den Straßen Londons eine auffällige Erscheinung. Deshalb trugen auch viele gläubige Iranerinnen im Westen keinen Tschador, da Hidschab vor allem darauf abzielt, Frauen *un*auffälliger zu machen. In London zog ein Tschador viel mehr Blicke auf sich, als es Mantel und Kopftuch getan haben würden, doch für Zahra war der Tschador wie eine zweite Haut, die sie nicht abwerfen konnte.

Zahra hatte mich unter anderem ins Konsulat eingeladen, um mit den dort arbeitenden Diplomatinnen angeben zu können: Die eine war zuständig für internationales Recht, eine andere erforschte die Stellung der Frau in Großbritannien. Ihre Arbeit in London war ein Triumph der Frauenvereinigung, die sich für den Einsatz von Frauen im Ausland stark gemacht hatte.

Diese Frauen unterschieden sich deutlich von jener modernen Minderheit aus der Mittel- und Oberschicht, die unter der Liberalisierung des Schahs gediehen und größtenteils von der Revolution vernichtet worden war. Eine von ihnen, Esfand Farrokhrou Parsa, die erste Frau im iranischen Kabinett, war in einen Sack gesteckt und für die Verbrechen der »Korruption auf Erden, Förderung der Prostitution und Auflehnung gegen Gott« mit dem Maschinengewehr niedergemäht worden. Ihr Vergehen hatte darin bestanden, Schulmädchen anzuweisen, sich nicht zu verschleiern; außerdem hatte sie Schulbücher überarbeiten lassen, um ein moderneres Bild der Frau wiederzugeben. Hunderte von Frauen wurden verhaftet, da sie sich weigerten, den revolutionären Geboten Folge zu leisten; Tausende flohen ins Exil.

Andere aber, aus armen, konservativen, ländlichen Familien, traten zum erstenmal hinter den hohen Wänden des *andarun* hervor – des Frauenquartiers traditioneller Häuser, in dem die große Mehrheit der iranischen Frauen zumeist ihr ganzes Leben verbracht hatte. Khomeini ermunterte diese Frauen, auf die Straßen zu gehen, wo sie bislang nie erwünscht gewesen waren, um für die Revolution zu demonstrieren. Er erklärte sogar, daß sie keine Einwilligung ihres männlichen Beschützers brauchten, wenn sie zu diesem Zweck das Haus verlassen wollten. Seine Ansichten zu diesem Thema, sagte er, seien keineswegs *seine* Ansichten, sondern das buchstäbliche Gesetz des Islams. Wenn Mohammeds *sunna* besagte, daß Frauen mit neun Jahren heiraten konnten, dann konnten sie natürlich mit neun Jahren heiraten. Wenn es hieß, sie konnten keine Richterinnen sein, dann waren sie natürlich vom Richteramt ausgeschlossen. Doch wenn es hieß, daß sie auch anderes konnten – etwa ein Geschäft führen, so wie es die erste Frau des Propheten Mohammed getan hatte, die Kranken betreuen oder gar in die Schlacht reiten wie die Frauen zu Zeiten des Propheten – dann mußte es iranischen Frauen natürlich auch erlaubt sein, es ihnen gleichzutun. Und da der Imam gesprochen hatte, mußten konservative Väter, Gatten und Brüder plötzlich gehorchen. Für Frauen, die ihr Leben ansonsten in Abgeschiedenheit verbracht hätten, war das Tragen einer Kopfbedeckung nur ein geringer Preis für die neugewonnenen Freiheiten.

Dennoch fand ich es interessant, daß man mittels öffentlichen Drucks und staatlicher Gesetze Frauen zum Hidschab zwingen konnte, niemand aber den islamischen Vorschriften für männliche Kleidung besondere Aufmerksamkeit zu schenken schien. Der Koran verlangt vom Mann ebenso wie von der Frau, sich sittsam zu kleiden. In dieser Frage ist Mohammeds *sunna* eindeutig: So wie die Frauen bis auf Hände und Gesicht den ganzen Körper verdecken sollen, sind die Männer aufgefordert, sich vom Nabel bis zum Knie bedeckt zu halten. Das Kleidungsstück sollte undurchsichtig und weit genug sein, das vorwölbende männliche Genital verdecken zu können.

Doch überall in der islamischen Welt mißachteten Männer dieses Gebot. Hautenge Jeans waren unter den Jugendlichen am Golf groß in Mode. Fußballspieler – nationale Helden – wetteiferten miteinander in kurzen Shorts. Ringkämpfe, die zu den besten Fernsehzeiten übertragen wurden, zeigten schwitzende Männerleiber in Suspensorien. Am Kaspischen Meer, wo die iranischen Frauen im Tschador schwimmen mußten, bestand niemand darauf, daß die Männer bauchnabelverhüllende Badehosen trugen.

Bei iranischen Fußballspielen trat die Heuchelei besonders deutlich zutage, wenn tschadortragende Frauen ihre Söhne nicht zu den Spielen begleiten konnten, da die männlichen Spieler nicht islamisch korrekt gekleidet waren. Dabei wurden die Spiele abends in jenem Staatsfernsehen übertragen, das sich *Bild und Stimme der islamischen Republik* nannte. Sooft ich Iraner dazu befragte, lachten sie einfach nur oder zuckten die Achseln. »Frauen sollten eigentlich das Zimmer verlassen, wenn ihre Männer Fußball sehen«, sagte eine Freundin. »Aber selbst diese Regierung weiß, daß es Grenzen gibt. Man kann von einem Land viele Opfer verlangen, aber würde man von den Männern erwarten, auf Fußball zu verzichten, triebe man die Dinge zu weit.«

Der wahre Grund war natürlich viel komplexer. In moslemischen Gesellschaften bedeutet der männliche Körper bei weitem nicht die gleiche Bedrohung für die soziale Stabilität wie der weibliche. Zur Wahrheit über Hidschab vorzudringen, gliche ein wenig dem Gefühl, Schritt für Schritt die vielen vorgeschriebenen Hüllen abzulegen, eine nach der anderen. Letztlich fände man unter all den verbergenden Schichten – dem Tschador, der *julabiyya* oder *abaya*, der *magneh, roosarie* oder *shayla* – den Körper. Und hinter all dem Gerede über Hidschab als Befreiung der Frau von kommerzieller oder sexueller Ausbeutung, all der Diskussion über Hidschabs Bedeutsamkeit als politisches und revolutionäres Symbol der Selbstbestimmung steckte der Körper: der gefährliche weibliche Körper, der in moslemischen Gesellschaften irgendwie dazu gebracht worden war, die schwere Bürde der männlichen Ehre zu tragen.

... die kein Mann vor ihnen besessen haben soll

»Weib und Mann,
die des Ehebruchs schuldig sind,
geißelt beide mit einhundert Streichen.
Und laßt nicht Mitleid mit den beiden euch
überwältigen vor dem Gesetze Allahs...«

Der Koran: Das Licht; 24. Sure, 3.

Der Operationssaal war eine weiß getünchte, aus einem afrikanischen Berghang herausgehauene Höhle. Im grellen Licht glich der Leib der Patientin einem Klumpen Wachs. Bis übers Handgelenk faßt die Chirurgin in den Unterleibsschnitt und griff nach dem schlüpfrigen, schimmernden Uterus.

Nach dem erbarmungslosen Urteil dieser äthiopischen Provinz war die Patientin mit ihren vierzig Jahren eine alte Frau. Sie hatte Hungersnöte, Kriege und jene alltägliche Gewalt überlebt, die die uralten Bräuche des Landes den Frauen zufügten. Im Alter von acht Jahren hatte man sie festgehalten, als ihre Klitoris mit einem schmutzigen Messer ausgeschabt und das wunde Fleisch mit zollangen Akaziendornen vernäht wurde. In ihrer Hochzeitsnacht hatte sich ihr Mann mit dem Messer einen Weg durch das zerklüftete Narbengewebe schneiden müssen, zu dem ihre Genitalien verwachsen waren. Jener Schmerz war das Vorspiel zu den Qualen gewesen, die bei den Geburten ihrer vier Kinder wiederkehrten, die sie durch einen mit Narbenfleisch verstopften Geburtskanal zur Welt brachte. In diesem Land endete jede fünfte Geburt mit dem Tod der Mutter.

Doch wenigstens diese Gefahr sollte bald vorüber sein. Mit ihren behandschuhten Fingern umklammerte die Chirurgin den erkrankten Uterus, hieb mit unvermuteter Kraft auf die letzten

Gewebefäden ein, an denen das Organ noch hing, und stemmte einen Fuß gegen den Operationstisch, als sie es schließlich losriß. In dem engen, von Felswänden umgebenen Raum hing ein beißender Geruch aus einem Gemisch von Äther, Desinfektionsmitteln und frisch geschlachtetem Fleisch.

Die Ärztin hantierte mit alten, verbogenen Wundnadeln und mit Klammern, die für Beckenoperationen die falsche Form hatten. Von Zeit zu Zeit hielt sie inne, um das Blut aus den Tupfern im Unterleib der Patientin auszuwringen. »Uns fehlen Mullbinden«, erklärte sie.

Abrehet Gebrekidan war es gewohnt, daß es außer an Patienten an nahezu allem fehlte. 1977 hatte sie ihre Stelle am Syracuse Medical Center in New York aufgegeben, um sich einer bunt zusammengewürfelten Sezessionsbewegung in Afrikas ältestem Krieg anzuschließen. Sie wußte, daß man ihre Fähigkeiten als Geburtshelferin und Gynäkologin in den Bergverstecken gebrauchen konnte, von wo aus ihr Volk, die Eritreer, von 1962 bis zum Sturz der Zentralregierung im Jahre 1991 gegen die äthiopische Annektierung kämpfen sollten.

Als ich sie gegen Ende des Jahres 1989 traf, arbeitete Dr. Abrehet in einem Krankenhaus, dessen »Stationen« – strohgedeckte Unterstände, in denen die Tröpfe mit Natronlösungen an Ästen aufgehängt wurden – sich fast drei Meilen weit durch ein steiles Bergtal zogen. Ein Großteil ihrer Arbeit hatte nichts mit dem Krieg zu tun; oft genug mußte sie Frauen vor den schlimmsten Folgen genitaler Verstümmelung retten. In Eritrea unterzog man Mädchen nicht nur einer Klitoridektomie – dem Herausschneiden der Klitoris –, sondern auch der Infibulation – Entfernung der Schamlippen und Verschluß der Wunde bis auf eine schmale Öffnung für Urin und Menstruationsblut. Wenn die unterernährten kleinen Mädchen nicht an den Folgen dieser Prozedur verbluteten, so starben sie oft an den nachfolgenden Infektionen, an Entkräftung oder Blutarmut. In anderen Fällen hielt das Narbengewebe Urin oder Menstruationsblut zurück und führte so zu Beckenentzündungen. Frauen mit vernarbten Geburtskanälen litten unter gefährlichen und qualvollen Entbindungen. Manchmal rief der eingeklemmte Kopf des Kindes tödliche Blutungen hervor oder zerriß die Blase, so daß die Frau ihren Urin nicht mehr halten konnte, wie ein Abtritt stank und ihre späteren Feten vergiftete.

Mit veralteten Instrumenten brauchte man für jede Handhabung länger als nötig. Die Hysterektomie, die im Syracuse Medical Center etwa anderthalb Stunden dauerte, zog sich die ganze Nacht hin. Vom ersten Schnitt bis zur letzten, unbeholfenen Naht benötigte Dr. Abrehet fast fünf Stunden. Draußen wartete die nächste Patientin, ein dreizehnjähriges Mädchen, geduldig auf eine Operation, die ihre vaginale Scheidewand wiederherstellen sollte. Das Mädchen, eine moslemische Nomadin, war mit zehn Jahren verheiratet worden. Der grobe Geschlechtsverkehr ihres Mannes war für den unreifen Körper zuviel gewesen und hatte das Gewebe zerrissen, das die Vagina vom Rektum trennt. Das Mädchen war ihrem Mann davongelaufen und hatte sich den eritreischen Rebellen angeschlossen. Von ihnen wurde sie zur Schule angemeldet – zum ersten Mal in ihrem Leben – und zu Dr. Abrehet gebracht.

Eritrea, ein Landkeil entlang der äthiopischen Küste von der Größe Englands, hat dreieinhalb Millionen Einwohner, die sich gleichermaßen auf die Christen im Hochland und die Moslems an der Küste verteilen. Im ganzen Land ging der Brauch, die weiblichen Genitalien zu verstümmeln, der Ankunft beider Religionen voraus, und seit Jahrhunderten hat keine Religion diese Sitte hinterfragt. Die eritreische Guerillabewegung gehörte zu den ersten afrikanischen Organisationen, die versuchte, diese Tradition abzuschaffen.

Diese Kampagne gehörte zu umfassenderen Forderungen nach einer Ausweitung weiblicher Rechte, zu denen eine Reform der Landverteilung gehörte, damit Frauen ihren Anteil an Land erhielten, sowie ein Eintreten für weibliche Präsenz in der Politik. »Wir können sie nicht zwingen, wir können sie nur aufklären«, sagte Amina Nurhussein, eine von sechs Frauen im zweiundsiebzig Mitglieder umfassenden Führungsgremium Eritreas. Infibulation wurde im Hochland bereits seltener, da die christliche Bevölkerung in diesem Brauch eher eine kulturelle Pflicht als ein religiöses Gebot sah, doch im moslemischen Tiefland blieb sie ein heikles Thema. Amina war selbst Moslime und verstand die Hindernisse, die es zu überwinden galt. »Den Frauen wurde erzählt, es stehe im Koran geschrieben, daß sie diese Dinge tun müssen«, sagte sie. Zwar konnte Amina behaupten, daß dergleichen nicht geschrieben stand, doch als Außenseiterin und Frau trug ihr Wort nur wenig Gewicht gegen das des Dorfscheichs.

Grundpfeiler der beharrlichen Kampagne Eritreas gegen genitale Verstümmelung war die Bildung der Frauen, damit diese den Koran selbst lesen konnten. Ein Jahr bevor ich Aset Ibrahim kennenlernte, hätte sie jedem auf eine entsprechende Frage geantwortet, daß Klitoridektomie und Infibulation für Schönheit und Wohlbefinden einer Frau entscheidend seien. »Meine Mutter, meine Großmutter und meine Urgroßmutter haben mir alle erzählt, daß es richtig sei, daß eine Frau sich ansonsten nicht beherrschen könne und als Hure enden würde«, sagte Aset, eine hübsche Achtundzwanzigjährige, der man die Genitalien im Alter von sieben Jahren verstümmelt hatte. »Mir wurde sogar beigebracht, daß es so besser aussehe. Wir wuchsen mit dem Spruch auf, daß ›ein Haus ohne Tür nicht schön ist‹.«

Es sollte sich jedoch zeigen, daß sie die Infibulation nicht vor der Prostitution bewahren konnte. Aufgrund ihrer Schönheit hatte man Aset zum Dienst in der äthiopischen Armee gezwungen und sie als Haushaltshilfe und Gelegenheitsprostituierte in einer Kaserne arbeiten lassen. Als die Stadt an Eritrea fiel, boten die Guerillas Aset an, sich in vier Monaten zur Geburtshelferin ausbilden zu lassen und etwas über Ernährung, Hygiene, Familienplanung und Hebammendienste zu lernen. Bestandteil dieses Lehrgangs waren Belehrungen über die Gefahren genitaler Verstümmelung – Informationen, die Aset nun an ihre Patientinnen weitergab.

Asets Arbeit war nicht leicht: Sie mußte ihren Patientinnen uralte Bräuche ausreden, wie etwa die Angewohnheit, auf Frauen in Wehen schwere Steine zu häufen, um die Geburt zu beschleunigen, oder Gewehrschüsse dicht bei ihren Ohren abzufeuern, um das Baby aus dem Schoß »hervorzuschrecken«. Traditionell werden infibulierte Frauen nach jeder Geburt neu vernäht, eine unerträgliche Qual, die eine Genesung erschwert und das Infektionsrisiko erhöht.

»Ich weiß jetzt, daß all das keinen Sinn hat, und da man mich überzeugen konnte, hoffe ich, auch andere Frauen überzeugen zu können. Aber es ist ziemlich mühsam«, erzählte Aset. Manchmal verlangen die Frauen, vernäht zu werden, da sie fürchten, ihr Mann würde sie sonst ablehnen. Manche glauben Asets Beteuerungen einfach nicht, daß der Brauch schädlich sei. Wenn eine Frau darauf beharrt, vernäht Aset sie wieder und hofft, daß ihre sauberen Instrumente wenigstens geringeren Schaden anrichten als die der traditionellen Dorfhebamme, die man gewiß rufen würde, wenn sie sich weigern sollte.

Da manche Christen und einige animistische Religionen die genitale Verstümmelung ebenfalls praktizieren, reagieren viele Moslems verstimmt, wenn dieser Brauch vor allem mit ihrem Glauben in Zusammenhang gebracht wird. Doch jedes fünfte moslemische Mädchen lebt heute in einer Gemeinschaft, die den einen oder anderen Eingriff in seinen Genitalbereich gutheißt.

Ursprünglich scheint die Verstümmelung aus dem steinzeitlichen Zentralafrika zu stammen und dann nordwärts, den Nil entlang, bis ins alte Ägypten gezogen zu sein. Doch erst als im achten Jahrhundert die arabisch-moslemischen Armeen Ägypten eroberten, dehnte sich dieser Brauch parallel mit der Verbreitung der islamischen Lehre systematisch außerhalb Afrikas bis in so entfernte Länder wie Pakistan und Indonesien aus. Mit der Zeit kehrte der Brauch an einige Orte der Arabischen Halbinsel zurück: So war es in der Oase Buraimi in den Vereinigten Arabischen Emiraten noch bis vor kurzem üblich, bei allen sechsjährigen Mädchen etwa drei Millimeter der Klitoris zu entfernen. Nach den Gründen befragt, konnten die Frauen von Buraimi keine Antwort geben. Da sie in ihrer Religion gut bewandert waren, wußten sie, daß kein derartiger Brauch im Koran befürwortet wurde, und auch, daß er vielen Nachbarstämmen unbekannt war. Mit Gewißheit konnten sie nur sagen, daß sie sich von der Operation den Schutz der Keuschheit ihrer

Töchter versprachen, denn auf dieser Keuschheit ruhte die Ehre der Väter und Brüder dieser Mädchen.

Obwohl manche Moslems gegen einen Zusammenhang zwischen der Verstümmelung und ihrem Glauben protestierten, sprechen sich nur wenige religiöse Persönlichkeiten gegen diesen Brauch aus, und zahlreiche islamische Texte empfehlen ihn bis heute. In Australien hörte ich einmal eine gebildete und kultivierte junge Moslime, die dankbar über die Entfernung eines Teils ihrer eigenen Klitoris war: »So werde ich stets daran erinnert, daß es in meiner Ehe um wichtigere Dinge als um das Vergnügen geht«, sagte sie.

Donu Kogbara, eine Journalistin der *Sunday Times*, fand noch 1992 in London problemlos einen Arzt, der sich bereiterklärte, ihre Klitoris zu entfernen, obwohl diese Operation in Großbritannien seit der Verabschiedung des Gesetzes zum Verbot der weiblichen Beschneidung im Jahr 1985 nicht mehr erlaubt ist. Die Journalistin erzählte dem Arzt Farouk Siddique aus der Harley Street einfach, daß ihr Verlobter auf dieser Operation bestehe.

In den meisten moslemischen Ländern sind die Frauen die Hüter der Ehre ihrer männlichen Verwandten. Wenn eine Frau Ehebruch begeht, eine Tochter vorehelichen Sex hat oder dessen auch nur verdächtigt wird, so entehren sie ihren Vater, ihre Brüder und manchmal die ganze Familie, die ihren Namen trägt. Das sexuelle Vergnügen zu schmälern oder zu verhindern heißt, die Versuchung zu mindern; ein letztes Mittel, falls die religiösen Gebote hinsichtlich Verschleierung und weiblicher Abgeschiedenheit ihre Aufgabe nicht erfüllen.

Doch das sexuelle Vergnügen der Frauen zu schmälern steht im direkten Widerspruch zu den Lehren Mohammeds.

Für die Moslems ist jedes Wort des Korans heilig. »Es ist kein Zweifel in diesem Buch«, heißt es im Koran, und alle Moslems glauben, daß seine sechstausend Verse die unmittelbare Lehre Gottes wiedergeben. Doch *gibt* es Debatten über die zweite Quelle der islamischen Lehre: die umfangreiche Sammlung der Hadith, Anekdoten und Überlieferungen aus Leben und Lehren des Propheten, die mit beachtlichem Forschungsaufwand von den frühen Moslems der ersten zwei Jahrhunderte nach Mohammeds Tod erstellt wurden. Da es einem moslemischen Ideal entspricht, Mohammed in allen Dingen nachzueifern, hielt man jede kleinste Eigenheit, wie belanglos auch immer, aus den Erzählungen seiner überlebenden Gefährten fest. Das Ergebnis ist eine Vielzahl von Anekdoten, die allesamt mit einer Genealogie versehen sind, die nicht nur die Herkunft der Geschichte dokumentiert, sondern auch wie und von wem sie überliefert wurde. Zu jeder Geschichte gehört die Einschätzung »wahr«, »gut« oder »unzuverlässig«. So können sich moslemische Gelehrte ihr eigenes Urteil darüber bilden, ob eine Kette der Überlieferung verläßlich ist oder nicht.

Aus dem Studium der Hadith sind diverse Schulen der islamischen Lehre hervorgegangen, und innerhalb dieser Schulen konnten einzelne Lehrer große Anhängerschaften um sich versammeln. Zumeist ist man sich darin einig, was *haram* oder verboten ist, etwa Schweinefleisch essen oder Alkohol trinken, auch darin, was *wajib* oder verpflichtend ist, etwa Text und Zeiten der fünf täglichen Gebete. Ein Moslem sündigt entweder, wenn er eine verbotene Tat begeht oder wenn er eine Pflicht vernachlässigt. Doch es gibt auch Handlungsweisen, die sind *makruh,* also ungehörig, Taten, von denen abzuraten ist, oder sie sind *sunnat,* Taten, die wünschenswert, aber nicht verpflichtend sind.

Sich einen Bart wachsen zu lassen ist für die meisten moslemischen Männer *sunnat* – eine wünschenswerte Tat, die Demut bekundet und mit der man dem Propheten nacheifert. Ein Mann wird dafür belohnt, aber er wird nicht bestraft, wenn er dergleichen versäumt. In den moslemischen Gemeinden, in denen die weibliche Geschlechtsverstümmelung praktiziert wird, ist es vergleichbar, die Klitoris zu entfernen oder sich einen Bart wachsen zu lassen – es ist *sunnat.* Manche Moslems glauben, Mohammeds Sunna – die Tradition oder der »ausgetretene Pfad« – empfehle die Entfernung eines Drittels der Klitoris des weiblichen Kindes. Die Mehrheit der Moslems sagt, eine solche Sunna existiere nicht. Die Beweislage spricht für letztere Ansicht, denn es gibt eine enorme Anzahl von Hadiths, in denen Mohammed und seine engsten Jünger die Sexualität der Frauen und ihr Recht auf sexuelles Vergnügen preisen.

Viele Hadiths lassen erkennen, daß Mohammed jene sexuelle Unterdrückung verabscheute, wie sie etwa die mönchisch-christliche Tradition verlangt. Als eines Abends eine Frau zu Mohammeds Haus kam, um sich darüber zu beklagen, daß ihr Mann Othman zu eifrig bete, um an Sex zu denken, war Mohammed so erzürnt, daß er sich nicht einmal die Schuhe anzog. Er eilte schnurstracks zu Othmans Haus, die Schuhe in der Hand, und schalt: »Ach, Othman! Allah hat mich nicht gesandt, um Askese zu predigen, vielmehr schickte er mich mit einem klaren und einfachen Gesetz. Ich faste, bete und pflege auch zärtlichen Umgang mit meinem Weib.« Man vergleiche diese Stelle mit dem Brief des heiligen Paulus an die Korinther: »Es ist dem Menschen gut, daß er kein Weib berühre... So sie aber sich nicht mögen enthalten, so laß sie freien; es ist besser freien denn Brunft leiden.« Moslems halten die sexuelle Revolution des Westens für eine unvermeidliche Reaktion auf die Kirchen, die den gottgegebenen Sexualtrieb unterdrücken wollten und schändlich fanden.

Laut Mohammed sollten beide, Mann und Frau, den Sex in der Ehe genießen. Vor allem ermunterte er zum Vorspiel: »Wenn ihr Sex mit eurem Weib habt, dann solltet ihr nicht wie die Vögel zu ihr kommen; vielmehr solltet ihr hinauszögern und langsam sein«, sagte er. In einem Gespräch über Grausamkeit gab er einmal an, daß Geschlechtsverkehr ohne Vorspiel eine Form der Grausamkeit gegenüber Frauen sei.

Außerdem setzt der Islam den Spielarten des Sex, an denen sich verheiratete Paare erfreuen können, keine Grenzen. »Dein Weib ist dein Acker«, sagt der Koran. »Bearbeite also deinen Acker, wie es dir gefällt.« Nach Ansicht der meisten islamischen Gelehrten bedeutet diese Stelle, daß alle Arten von Geschlechtsverkehr, inklusive oralem Sex, statthaft sind. Und bezüglich der Stellungen beim Geschlechtsverkehr gibt es für die leidenschaftlichen Liebhaber nur wenige Tabus. Es ist *makruh*, also unerwünscht, Liebe im Stehen zu machen oder Kopf oder Hinterteil nach Mekka weisen zu lassen. Die wenigen eindeutigen Verbote im islamischen Eheleben – etwa: Ihr sollt nach ihrem Tode keinen Beischlaf mit eurem Weibe vollziehen – zeigen die Bereitschaft der Religion, die gesamte Bandbreite sexueller Möglichkeiten zu bedenken.

Der Islam gehört zu den wenigen Religionen, in denen Sex zu den Belohnungen des ewigen Lebens zählt – wenn auch nur für die männlichen Gläubigen. Eine der vielen Beschreibungen des Paradieses im Koran liest sich wie eine Broschüre für ein himmlisches Bordell. In einem fruchtbaren Garten mit Springbrunnen und schattigen Plätzen werden die männlichen Gläubigen von herrlichen übernatürlichen Wesen umsorgt, deren »Haut wie Rubinen und Perlen« schimmert, deren Augen außerstande sind, einen anderen Mann wahrzunehmen, und »die kein Mann vor ihnen entjungfert hat«.

Wenn die Teilnahme moslemischer Frauen in diesem sexuellen Leben nach dem Tode nicht erwähnt wird, so wird doch auf Erden für sie gesorgt. In vielen moslemischen Ländern zählt zu den wenigen Gründen, aus denen eine Frau nach islamischem Gesetz eine Scheidung beantragen kann, das Versäumnis ihres Mannes, wenigstens einmal in vier Monaten Sex mit ihr gehabt zu haben. Der Grund: Eine sexuell frustrierte Frau läßt sich leichter zum Ehebruch verführen, und der wiederum führt zu *fitna,* dem sozialen Chaos eines Bürgerkrieges.

»Gott, der Allmächtige, schuf sexuelles Begehren zu zehn Teilen; neun Teile davon gab er an die Frau, einen an den Mann«, sagte Ali, der Mann von Mohammeds geliebter Tochter Fatima und der Begründer des schiitischen Islams. In meiner katholischen Schule hatte man uns das Gegenteil gelehrt: Mädchen sind das sexuell passivere Geschlecht und müssen auf ihr Betragen achten, da die Jungen, verrückt vor Lust, unfähig sind, sich zu beherrschen. Doch in beiden Kulturen haben die Frauen irgendwie den kürzeren gezogen. In der katholischen Tradition tragen die Frauen die Hauptlast an der Vermeidung sozialer Unruhe, da man sie sexuell für *nicht* aktiv hält, und in der moslemischen Tradition, da sie sexuell aktiv *sind.* Diese Vorstellung von der kaum beherrschbaren weiblichen Lust liegt oft den Rechtfertigungen der Klitoridektomie sowie dem Zwang zur

Abgeschiedenheit und zum Verschleiern zugrunde. »Du denkst, wir verbergen unsere Frauen, weil wir in Sachen Sex verwirrt sind«, sagte ein saudischer Freund namens Abdulaziz eines Tages zu mir. »Im Gegenteil. Wir verbergen sie, weil wir *nicht* verwirrt sind.«

Doch ich fand diese Fragen auch weiterhin verwirrend. In Saudi-Arabien lernte ich ein Paar kennen, das sich am Telefon ineinander verliebt hatte. Er gab eine Zeitschrift heraus; sie schickte ihm ein Gedicht. Er rief sie an, um mit ihr die Veröffentlichung zu besprechen, und schon bald führten die beiden lange, intime Gespräche über Lyrik und Politik. Sie einigten sich auf eine Heirat, ohne sich gesehen zu haben.

Wie die meisten saudischen Heime hatte auch ihr Haus zwei Eingänge – einen für Männer, einen für Frauen. Eines Abends war ich auf einer Party eingeladen und betrat die von hohen Mauern umschlossene Villa. Weißgekleidete Männer strebten der Haustür zu, während ihre Frauen, mit schwarzen Schleiern und bunt angezogenen Kleinkindern am Arm, zum Seiteneingang gingen.

Die Türen führten jeweils in einen großen Salon; bei den Frauen war er mit geblümten, rosafarbenen Plüsch- und Baumwollteppichen ausgelegt, bei den Männern wirkte er etwas karger und formeller. Die beiden Gruppen blieben getrennt, doch gab es einen Gast, den meine Gastgeber mir unbedingt vorstellen wollten: einen Akademiker, der für seine politischen Ansichten, die ihn in Opposition zur saudischen Monarchie gebracht hatten, eingesperrt worden war. Um mit ihm reden zu können, mußte ich die Tradition durchbrechen und mich zu den Männern setzen. Als ich in den Salon der Frauen zurückkehrte, winkte mich die Frau des Mannes zu sich. »Sie haben mir gerade einen großen Gefallen getan«, sagte sie. »Mein Mann *liebt* es, über Politik zu reden. Und mit einer *Frau* über Politik zu reden hat ihn bestimmt erregt. Jetzt kann ich es kaum erwarten, nach Hause zu kommen. Ich weiß, heute nacht habe ich großartigen Sex mit ihm.« Ich errötete. Die Frau lachte. »Ihr Westler seid so prüde, wenn es um Sex geht«, sagte sie. »Hier reden wir ständig darüber.«

Obwohl sich saudische Frauen große Familien wünschten, hätten sie die katholische Vorstellung nicht verstanden, daß der Sex einzig der Fortpflanzung zu dienen hat. Der Prophet Mohammed hatte Kinder nur aus erster Ehe, unterhielt sexuelle Beziehungen aber mit all seinen späteren Frauen, von denen einige bereits über das gebärfähige Alter hinaus waren. Außerdem sprach er sich für den Coitus interruptus aus, die seinerzeit übliche Methode der Geburtenkontrolle.

Das Thema der Empfängnisverhütung kam auf, als moslemische Soldaten ihre ersten großen Siege feierten. Frauen gehörten zum Beutegut des Krieges, und der Koran räumte den Männern sexuelle Rechte über ihre Kriegssklavinnen ein, doch Mohammed beschränkte diese Rechte. Zuerst einmal forderte der Koran die Moslems auf, ihre Sklaven freizulassen, »wenn ihr Gutes an ihnen erkennt«, eine neue und höchst unpopuläre Idee in einer Gesellschaft, deren Wohlstand auf Sklavenhandel basierte. Außerdem schrieb der Koran den Moslems vor, daß sie die Sklavinnen nicht zum Sex zwingen sollten, wenn die Frauen ihre Keuschheit bewahren wollten.

Empfängnisverhütung war so wichtig, weil jede moslemische Sklavin, die von ihrem Eigentümer ein Kind gebar, nicht wieder verkauft werden konnte und nach dem Tode des Mannes zwangsläufig freigelassen wurde. Ihr Kind wurde derweil zum Erben des Eigentümers. Für einen Soldaten, der den Marktwert seiner Gefangenen nicht verlieren oder sein Hab und Gut nicht unter den Nachkommen der Sklavinnen aufgeteilt sehen wollte, war Empfängnisverhütung eine Frage der Wahrung seines Reichtums. Mohammed sagte einem Soldaten, er solle nicht zögern und sich rechtzeitig zurückziehen, denn wenn Gott wirklich etwas zeugen wolle, könne dies keine menschliche Tat verhindern.

Die islamische Rechtsprechung versucht, moderne sexuelle Dilemmas zu bewältigen, indem sie alte Gedankengänge an neuzeitliche Umstände anpaßt. Islamische Gelehrte haben zum Beispiel entschieden, daß künstliche Befruchtung statthaft ist, allerdings nur mit dem Sperma des Ehemannes der Frau. Unter Berufung auf eine Verfügung des Korans, nach der die Gläubigen »ihr Geschlecht vor allen Menschen mit Ausnahme ihrer Ehegefährten verbergen sollen«, schließen die meisten Moslems die Verwendung von Samenspendern aus. Doch wie ist es mit einem Paar, das sich verzweifelt ein Kind wünscht, dieses Gebot übertritt und ein Baby durch einen Spendersamen bekommt? Wem gehört das Kind dann im Sinne des islamischen Sorgerechtes und Erbgesetzes?

Als man den schiitischen Richter Muhammad Jawad al-Nughniyah bat, in einem solchen Fall zu urteilen, berief er sich auf einen alten Erbschaftsstreit, in dem eine Frau mit ihrem Mann Geschlechtsverkehr hatte und gleich darauf zu ihrem Sklavenmädchen ging, um sich mit ihr auf lesbische Beziehungen einzulassen. Der Same des Gatten der Frau sei dann, so hieß es, in die Vagina der Sklavin geflossen und habe sie geschwängert.

Nach der Festsetzung der Strafe für die beiden Frauen, die verbotenerweise lesbischen Sex miteinander gehabt hatten, bestimmte der Imam, daß das Kind der Sklavin Erbe des Sameneigners sei. Unter Berufung auf dieses Urteil beschloß Scheich al-Nughniyah, daß das Kind einer Befruchtung durch Samenspender stets als ein vom Samenspender gezeugtes Kind zu betrachten sei. Es ist daher nicht verwandt mit dem Gatten der Mutter und auch nicht sein Erbe.

Je länger ich in moslemischen Ländern lebte, desto mehr verwunderte mich der Widerspruch zwischen sexueller Freizügigkeit und ihrer Unterdrückung. Einmal reiste ich im Iran an einem heißen Sommertag mit Nahid Aghtaie, einer Medizinstudentin, die ihr Studium in London aufgegeben hatte, um an der islamischen Revolution in ihrem Land teilnehmen zu können, zum religiösen Zentrum von Qum. Das flache Relief der Wüstenstadt Qum wird von der goldenen Kuppel einer Moschee beherrscht, deren mit Spiegelfliesen ausgelegtes Inneres die sterblichen Überreste einer heiligen Schiitin namens Fatima Massoumah (Fatima, die Keusche) beherbergt. Iraner lassen gewöhnlich keine Ungläubigen in ihre bedeutenden Heiligtümer, doch Nahid meinte, diese Regel entstamme nicht dem

Islam, sondern der Engstirnigkeit, und sie beharrte darauf, daß ich mich nicht daran halte.

Als Nahid sich zum Gebet wusch, wanderte ich über den riesigen Vorhof und sah Familien zu, die in den blau gefliesten Nischen ihr Picknick ausbreiteten. Schließlich merkte ich, daß mir ein Mann mit Turban folgte. Er war jung und trug einen strähnigen Bart zum blaßgrünen Talar und dem dünnen, schwarzen Mantel eines angehenden iranischen Priesters. Als ich mich umwandte, trat er einen Schritt näher und flüsterte mir in drängendem Ton auf *farsi* ins Ohr: »*Honim sigheh mishi?*« Da ich fürchtete, er habe mich als Ungläubige erkannt und mich bitte, die Moschee zu verlassen, zog ich meinen Tschador tiefer ins Gesicht und entfernte mich raschen Schrittes und mit niedergeschlagenen Augen. Kaum hatte ich Nahid wiedergefunden, schloß ich mich dem dichten Gedränge an, das auf den Fraueneingang zustrebte. An der Tür gaben wir unsere Schuhe ab und betraten den glitzernden Schrein.

Die Lichtzungen des Kronleuchters tanzten über gläsernes Mosaik und ergossen sich über die in behauenen Marmor eingelassenen, verschlungenen Emaillemedaillons. Nahid bahnte sich ihren Weg durch die Menge der Frauen und umfaßte mit den Händen die silberbeschlagenen Säulen, die einen hohen Käfig um Fatimas Grab bildeten. Sie stand zwischen einer zahnlosen Vettel und einem schwangeren Mädchen und brachte ihre Gebete dieser Heiligen dar, die für frauliche Probleme Verständnis haben mochte. Monate später beschrieb ich einem iranischen Freund die Schönheit dieses Ortes, erzählte ihm, wie sehr ich mich freuen würde, ihn gesehen zu haben, und wie ich beinahe von einem Mullah hinausgewiesen worden sei. Mein Freund lachte. »Ich glaub' schon, daß er dich für eine Moslime gehalten hat. Er bat dich nämlich, ihn zu heiraten.« Er hat gefragt: »Möchte die Dame eine zeitlich beschränkte Ehe mit mir?«, und hat damit eine Einladung zu einem ausschließlich schiitischen Vertrag namens *sigheh* ausgesprochen. »Wahrscheinlich hast du deinen Tschador verkehrt herum getragen«, erklärte mein Freund. »Das ist eines der Signale, mit denen Frauen anzeigen, daß sie *sigheh* wollen.«

Sigheh, zwischen Mann und Frau beschlossen und von einem Priester abgesegnet, kann nur wenige Minuten oder auch neunundneunzig Jahre dauern. Gewöhnlich zahlt der Mann für die zeitlich begrenzte Ehe an die Frau einen zuvor ausgemachten Betrag. Anlaß ist meistens der Wunsch nach Sex, aber einige Ehen auf Zeit werden auch zu anderen Zwecken vereinbart. Ist Sex der Grund, unterscheidet sich diese Transaktion von der Prostitution dadurch, daß das Paar zu einem Priester gehen muß, um seine Verbindung schriftlich festhalten zu lassen; im Iran sind daher alle Kinder dieser Verbindung eheliche Kinder. Davon abgesehen ist *sigheh* frei von allen übrigen Verantwortlichkeiten der Ehe: Das Paar kann beliebig vereinbaren, wieviel Zeit es miteinander verbringen will, um wieviel Geld es dabei gehen soll und welche Dienste, sexueller oder nichtsexueller Art, jeweils geboten werden.

Die Schiiten glauben, daß Mohammed *sigheh* billigte. Die Sunniten, die Mehrheit der Moslems, sind anderer Meinung. Selbst im schiitischen Iran war *sigheh* in Mißkredit geraten, bis Rafsanjani nach dem iranisch-irakischen Krieg, der 1988 zu Ende ging, erneut dazu aufrief. In einer Predigt argumentierte er 1990, daß der Krieg eine Vielzahl junger Witwen hinterlassen hätte, von denen viele ohne alle Hoffnung auf eine erneute Ehe lebten. Solche Frauen, sagte er, bräuchten sowohl materielle Unterstützung wie sexuelle Befriedigung. Zur selben Zeit würden zahlreiche junge Männer die Heirat auf später verschieben, da sie es sich noch nicht leisten könnten, einen Hausstand zu gründen. Sexuelle Spannungen bräuchten ein gesundes Ventil, sagte er, und da *sigheh* zu eben diesem Zweck im Islam existiere, warum sollte man es da nicht nutzen?

Diese Bemerkungen entzündeten eine heftige Debatte unter iranischen Frauen, von denen sich manche erbittert gegen diesen ausbeuterischen Brauch wehrten. Der Staat solle angemessen für die Kriegswitwen aufkommen, argumentierten sie, damit keine Frau ihren Körper in *sigheh* verkaufen müsse. Doch andere Frauen sprachen sich zugunsten von *sigheh* aus. Es sei, sagten sie, nicht nur eine Frage des Geldes. Witwen und geschiedene Frauen hätten sexuelle Bedürfnisse und den Wunsch nach männlicher Gesellschaft, und der *sigheh*-»Gatte« sei für die Kinder daheim eine willkommene Vaterfigur. Irans satirische Wochenzeitschrift *Golagha* brachte eine Karikatur, die die möglichen Auswirkungen von Rafsanjanis Vorschlag aufs Korn nahm. Zu sehen waren zwei Tische für Heiratsurkunden, der eine für *sigheh*, der andere für den ewigen Ehestand. Der Schreiber an letzterem Tisch hatte keine Kunden; die Schlange für *sigheh*-Ehen zog sich zur Tür hinaus.

Zumeist sind es ärmere Frauen, die in *sigheh* einwilligen. Eine befreundete Rechtsanwältin erzählte mir von ihrer Putzfrau, deren Mann jung gestorben war und sie mit zwei Kindern zurückgelassen hatte. »Lange Zeit war sie ein sehr verbitterter Mensch«, sagte meine Freundin. »Sie kam in mein Haus und sah, wie ich mein Leben mit meinem Mann und meiner Tochter genoß, während ihr Leben nur aus Arbeit bestand.« Dann ging die Putzfrau einen Vertrag für eine Ehe auf Zeit ein. »Sie änderte sich über Nacht. Es war nicht nur das Geld. Plötzlich hatte sie einen Mann, mit dem sie Zeit verbringen, der sie ausführen konnte. In unserer Kultur können ein Mann und eine Frau sich nicht einfach verabreden und sich an der gegenseitigen Gesellschaft erfreuen, aber mit *sigheh* können sie das.«

Einige Schiiten nutzen *sigheh* auch, um eine Beziehung einzugehen, die es einer Frau erlaubt, sich unverschleiert einem Mann zu zeigen, vor dem es ihr eigentlich verboten war – zum Beispiel, wenn sie mit einem entfernten Verwandten ein Haus teilt. In diesen *sigheh*-Verträgen wird dann vereinbart, daß sexuelle Beziehungen ausgeschlossen sind. Im Westen nutzen manche schiitischen Familien *sigheh* als eine Möglichkeit für junge Paare, sich vor einer Ehe besser kennenzulernen. Ein *sigheh*-Vertrag, der sexuellen Kontakt verbietet, erlaubt es Jungen und Mädchen, sich für die Dauer ihrer Verlobung zu verabreden, ohne gegen Religion oder Tradition zu verstoßen.

Sigheh gibt auch eine Antwort auf jene Unfruchtbarkeitsprobleme, die man im Westen heute mit gesetzlichen Regelungen für Leihmutterschaften zu lösen sucht. Im sunnitischen Zweig des Islams läßt sich ein Mann gewöhnlich von einer unfruchtbaren Frau scheiden, oder aber er bringt eine zweite Frau heim. Im

Iran kann ein *sigheh*-Vertrag aufgesetzt werden, in dem fest-gelegt wird, daß das Ziel dieser Ehe auf Zeit ein Kind ist, das von dem Mann und seiner auf Lebenszeit angetrauten Frau aufgezo-gen werden soll.

Sigheh bietet einem Schiiten auch die einzige Möglichkeit, eine nichtmoslemische Frau zu heiraten. Im Unterschied zu den Sunniten, die es moslemischen Männern gestatten, Frauen aus anderen monotheistischen Religionen zu heiraten, bestehen die Schiiten auf der Bekehrung aller nichtmoslemischen Frauen und Männer, ehe eine dauerhafte Ehe für gültig erklärt werden kann.

Rafsanjanis Wiederbelebung der *sigheh*-Ehen war ein Ge-schenk des Himmels für die ungläubigen Iraner, deren Privatle-ben von den Folgen der Revolution durcheinandergebracht worden war. So konnte ein unverheiratetes Liebespaar zum Beispiel nicht länger zusammen ins Wochenende fahren – kein Hotel würde einem Paar ohne Heiratsschein ein Doppelzimmer geben, und Revolutionäre Wachen konnten es an jeder Straßen-sperre erwischen. Für Lou, eine europäische Frau, die sich in die persische Kultur verliebt und die iranische Staatsbürgerschaft angenommen hatte, schuf dies Probleme. Obwohl sie sich zum Islam bekehren mußte, um im Iran bleiben zu können, neigte sie in ihren religiösen Ansichten eher zu einer Mischung aus Zen, Yoga und Spiritualismus. Im Grunde eine Bohemienne ohne jede Absicht, sich den islamischen Sexualvorschriften zu unter-werfen, hatte sie zahlreiche Liebhaber und ging bis zum Wieder-aufleben der *sigheh*-Ehen viele Risiken ein. Doch wenn sie sich heute einen Liebhaber nahm, unterzeichnete sie mit ihm einfach eine mehrmonatige *sigheh* und hatte ein Papier, das sie jedem neugierigen revolutionären Eiferer unter die Nase halten konnte. Aber das war wohl kaum, was Rafsanjani im Sinn gehabt hatte.

Doch alle Freizügigkeit, die der Glaube Sunniten wie Schiiten einräumen mag, ist stets beschränkt durch die gräßlichen Stra-fen für sexuelle Überschreitungen. Die Grenzen sexueller Frei-heit werden im Islam eng ums Ehebett gezogen, egal, ob es sich dabei nun um eine Ehe auf Zeit oder auf Dauer handelt.

Außerehelicher Sex und Homosexualität sind verboten, und beide Vergehen können die grausamsten Strafen des islamischen Gesetzbuches nach sich ziehen.

Während das islamische Gesetz für Mord keine Todesstrafe vorschreibt, gilt sie zwingend für einen überführten Ehebrecher wie auch für eine Ehebrecherin, wenn er oder sie den sexuellen Drang auch mit dem Ehegefährten hätte befriedigen können. Die Strafe wird in einhundert Peitschenhiebe umgewandelt, wenn der Ehebrecher unverheiratet ist, die Gattin zum Zeitpunkt des Ehebruchs krank war oder in weiter Ferne geweilt hat. Im Iran kommt es bei Ehebruch noch immer zu Steinigungen oder vielmehr Lapidationen, wie die Iraner das Wort gern übersetzen. Saudi-Arabien führt Steinigungen ebenfalls als eine Strafe für verheiratete Ehebrecher an. Manche der siegreichen afghanischen Mudschaheddin, die in ihrem Krieg gegen die Sowjetunion so enthusiastisch von der US-Regierung unterstützt worden waren, wollen nun die Steinigung in Afghanistan wieder einführen. Dabei wird die Steinigung als Strafe für Ehebruch im Koran nirgendwo explizit erwähnt. Der Koran bestimmt, daß ehebrecherische Frauen »in ihre Häuser gesperrt werden sollen, bis der Tod sie ereilt«. Doch in den Jahren, als Mohammed in Medina weilte, wurden Steinigungen für Ehebruch oft von der großen jüdischen Gemeinde der Stadt ausgeführt, und mehreren Hadiths zufolge schreibt Mohammed diese Strafe auch für Moslems vor. Doch erst nach Mohammeds Tod, unter der Herrschaft Omars, des zweiten Kalifen, eines Mannes, der für seine Härte gegenüber Frauen berüchtigt war, wurde die Steinigung zur gesetzlich vorgeschriebenen Hinrichtungsart eines Ehepartners.

Heute werden im Iran Männer, die gesteinigt werden sollen, bis zur Hüfte eingegraben, Frauen bis über die Brust, und die Größe der Steine wird sorgsam bestimmt. Weder Felsbrocken noch Kiesel dürfen verwandt werden, so daß der Tod weder gnädig rasch eintritt noch endlos lange hinausgezögert wird. Als es im November 1991 einer Dreißigjährigen namens Zahra gelang, aus dem Loch zu krabbeln, in das man sie gesteckt hatte, hob man ihre Todesstrafe auf: Die Richter meinten, ihr Entkommen müsse der Wille Gottes gewesen sein.

Diejenigen, die in letzter Zeit Augenzeuge einer Steinigung gewesen sind, erzählen, daß die Menge im Unterschied zum gemischten Gedränge bei Enthauptungen fast ausschließlich aus Männern besteht. Meist herrscht eine Stimmung voller Wut und Blutrausch. Zum Ritual des Hadsch – der heiligen Pilgerfahrt nach Mekka – gehört die Steinigung der Säulen, die Satan verkörpern sollen. Zeugen sagen aus, daß die der Steinigung ausgesetzten Frauen ebenso entmenschlicht werden wie diese Säulen – vielleicht ein Ventil für die Schuldgefühle der Männer angesichts ihrer eigenen, unkontrollierbaren Sexualität. Doch diesmal treffen die Steine auf weiches Fleisch. Die Frauen sind derart eingegraben, daß jeder Aufschlag ihren Hals wie unter einer Serie unerträglicher Peitschenhiebe zurückschnellen läßt. Der Tod tritt oft erst ein, wenn der Kopf vollständig abgeschlagen wurde.

Es fällt schwer, sich eine schlimmere Todesart vorzustellen. Doch die für Homosexualität bestimmten Strafen zielen auf noch größere Grausamkeit. Sind die Sexualpartner verheiratete Männer, verbrennt man sie oder stürzt sie in einen Abgrund zu Tode. Sind sie unverheiratet, wird der penetrierte Partner, falls er nicht minderjährig ist, hingerichtet, der Penetrierer bekommt einhundert Peitschenhiebe. Dieser Unterschied in der Strafe spiegelt den moslemischen Abscheu vor dem Gedanken an einen Mann, der die weibliche Rolle des penetrierten Partners einnimmt. Lesbischer Sex zieht, ist die Frau alleinstehend, einhundert Peitschenhiebe nach sich; verheiratete Lesben werden gesteinigt.

»Warum ist der Islam in Fällen des Ehebruchs und der Homosexualität so streng?« fragte Muhammad Rizvi, ein über Islam und Sex schreibender Geistlicher der Vancouver Islamic Educational Foundation. »Hätte die islamische Lehre die Befriedigung sexueller Bedürfnisse nicht auf legitime Weise ohne alle Schuldvorwürfe gestattet, wäre es rechtens, den Islam äußerst streng zu nennen. Doch da er die Erfüllung sexuellen Begehrens auf legitime Weise ermöglicht, ist er nicht bereit, irgendein pervertiertes Verhalten zu tolerieren.«

Doch das »pervertierte« Verhalten hörte selbst unter den scheinbar strenggläubigen Moslems nicht auf. Als im Herbst 1990 amerikanische Truppen ins Land strömten, um Saudi-Arabien vor Saddam Hussein zu schützen, fuhr ich hin, um eine Reportage über die Reaktion der Saudis zu schreiben. An meinem ersten Abend im Land interviewte ich den einflußreichen Geschäftsführer einer Ölgesellschaft. Er hatte die Georgetown University und die Wharton School besucht, und ich rechnete damit, eine vom Westen beeinflußte, liberale Ansicht zu hören zu bekommen. Statt dessen erzählte er mir, daß er hoffe, die Amerikaner würden in ihren Basislagern unter sich bleiben, damit es zu keinen »unheiligen Folgen« käme, wie sie etwa durch solche »Erreger« wie Alkohol und Frauen am Steuer entstehen. Er finde es »abscheulich«, daß der CNN mit der erfahrenen Korrespondentin Christiane Armanpour eine Frau zur Berichterstattung über den Truppenaufmarsch schicke. In seinen Augen sei die amerikanische Besessenheit mit dem Thema Gleichberechtigung nur eine Fassade, hinter der sich in Wirklichkeit nur ihre Unmoral verberge. »Nennen Sie mir eine Firma, deren Boß nicht seine Sekretärin beäugt und sich fragt, wie er sie haben kann. Und kommt es nicht dazu, dann nur aus reinem Egoismus – sie haben zu viel zu verlieren, wenn man sie ertappt.«

Durch die Glaswand seines Arbeitszimmers blickte man auf einen flutlichterhellten Swimmingpool und einen blumenübersäten Hof. Wäre die Wand nicht aus Glas, so erklärte er, könnte er hier nicht mit mir zusammensitzen. »Sind ein Mann und eine Frau zusammen allein, ist Satan der Dritte im Bunde«, sagte er. Nach ungefähr einer Stunde schließlich schloß ich mein Notizbuch und dankte ihm für das Interview. Er begleitete mich zur Tür, blieb einen Augenblick stehen, als wäre ihm noch etwas eingefallen, und fragte mich dann, ob ich gern einige seiner Freunde kennenlernen würde. Natürlich, sagte ich.

Er durchquerte den Flur und öffnete die Tür zu einem halbdunklen Raum voller umschlungener Leiber, aus dem Rockmusik dröhnte. Eine hübsche Filipina in einem schwarzen Mininirock tanzte und rieb sich dabei rhythmisch an ihrem Partner im weißen Kaftan. Ein zweiter Mann saß mit überkeuzten Beinen auf dem Boden und richtete einen farbigen Lichtkegel zwischen ihre Beine. Auf einer weichen Couch liebkoste ein schöner blonder Türke eine ägyptische Frau zum Vergnügen eines lächelnden männlichen Voyeurs. In einer Eckbar bedienten sich die Gäste mit Johnnie Walker – die Flasche kostete auf dem Schwarzen Markt hundertfünfunddreißig Pfund, und ihr Konsum wurde mit einer öffentlichen Auspeitschung auf dem Marktplatz bestraft.

Mein Gastgeber schwenkte ein mit Eis gefülltes Glas Whisky in der Hand und schien den Widerspruch zwischen dem soeben Erzählten und dem, was er mir nun zeigte, nicht zu merken. Nach seinem zweiten Drink begann er, mir von seiner gescheiterten Ehe mit einer Amerikanerin zu erzählen. »Sie wollte unbedingt meinen Rolls fahren, ohne sich das Gesicht zu bedecken. Natürlich haben sie alle angestarrt«, sagte er voller Abscheu. Nach der Scheidung hatte er die Kinder behalten, wie es ihm nach saudischem Gesetz zustand. Er hatte keine Absicht, sich erneut zu verheiraten. »Ich kann jederzeit eine Frau haben«, sagte er und wies mit einem Kopfnicken auf die Filipina. »Letzten Winter habe ich ein Model dafür bezahlt, mich fünfzehn Tage lang in die Schweiz zu begleiten.«

Die Scheinheiligkeit dieses Mannes verblüffte mich, bis ich Nagib Machfus' Roman *Palace Walk* las, dessen Held ein strenggläubiger Mann ist, der strikt auf das abgeschiedene Leben seiner Frau achtet, selbst aber jeden Abend ausgeht, um mit Kairos berühmten Sängerinnen zu huren. Als ein Scheich ihm Unzucht vorwirft, antwortet er, daß »die hübschen Mädchen von heute die Sklavinnen von gestern sind, die Gott zum Kauf und Verkauf freigegeben hat«.

Der Saudi sah die in diesem Diskozimmer tanzenden Frauen offenbar ganz ähnlich. Die meisten von ihnen arbeiteten für Saudia, die nationale Fluggesellschaft. Die Stellen dort gehörten zu den wenigen Arbeiten, die ausländische Frauen in Saudi-Arabien erhalten konnten, da Arbeitserlaubnis sonst generell nur für Hausmädchen erteilt wurde. Die Fluggesellschaft war auf Ausländerinnen angewiesen, da keine saudische Frau eine Arbeit übernehmen konnte, die Reisen ohne Begleitung und ständigen Kontakt mit Männern erforderte.

Als ich gehen wollte, fragte mich die Filipina, ob mein Fahrer sie mitnehmen könne. Sie griff nach ihrem *abaya,* der arabischen Version des Tschadors, und dem Gesichtsschleier. Den auf ihr ruhenden männlichen Blicken zuliebe zupfte sie die schwarze Seide langsam herunter, ließ sie Zoll um Zoll über ihr Geschlecht sinken und sanft über die Schenkel hinunterströmen. Sie nahm die Gaze, die ihr Gesicht bedecken sollte, warf ihre langen Haare vor, beugte sich einen Augenblick anzüglich zu den Männern hinüber und drehte sich ein wenig, damit sie einen Blick auf ihren kurvenreichen Hintern werfen konnten. Dann schleuderte sie den Kopf zurück, und ihr gesamtes Haar war unter dem Schleier verborgen. Sie vollführte regelrecht einen umgekehrten Striptease. Am Ende stand sie da wie ein schwarzer Kegel, das Sinnbild weiblichen Anstands in Saudi-Arabien.

Anfangs überraschte mich, daß mein heuchlerischer Gastgeber einen solchen Lebensstil in einem Land mit derart strengen Gesetzen riskierte. Doch schließlich begriff ich, daß er sich hinter den hohen Mauern seines Besitzes ziemlich sicher fühlen konnte. Bei sexuellen Straftaten finden Hinrichtungen und Auspeitschungen gewöhnlich nur statt, wenn der Angeklagte gesteht. Eine Verurteilung zu bewirken ist nach islamischem Beweisrecht dagegen fast unmöglich, da vier männliche Zeugen (oder – da das Zeugnis der Frau nur halb so viel gilt wie das eines Mannes – zwei weibliche und drei männliche Zeugen) belegen müssen, die Unzucht beobachtet zu haben. Ankläger ohne die vorgeschriebene Zeugenzahl für ihre Aussage werden der Verleumdung angeklagt und zu achtzig Peitschenhieben verurteilt.

Doch für Frauen gilt oft keine dieser Regeln, da Hinrichtungen bereits ausgeführt werden, ehe die Angeklagte auch nur in die Nähe eines Gerichtes gelangt ist.

»Mein Vater starb, als ich neun Jahre alt war«, sagte Tamam Fahiliya. »Zum Glück. Gäbe es ihn noch, wäre ich vielleicht schon vor Jahren umgebracht worden.«

Als sich Tamam vorbeugte, um im Aschenbecher auf dem niedrigen Kaffeetisch eine Zigarette auszudrücken, straffte sich die Haut über ihrem tief ausgeschnittenen Bustier. Tamam lebte allein, und für eine siebenunddreißigjährige Palästinenserin lebte sie gefährlich. Drei Jahre hatte sie einen Liebhaber gehabt: einen hübschen jungen palästinensischen Arzt, der von sich behauptete, Feminist zu sein.

»Natürlich war das nur Gerede. Am Ende ging er in sein Dorf zurück und heiratete seine Kusine. Ein Mann kann immer zurück. Aber ich nicht. Mich würde niemand mehr heiraten, höchstens noch ein Altersschwacher oder ein Verrückter.«

Tamam hatte nicht übertrieben, als sie behauptete, daß ihr Vater sie gewiß umgebracht hätte, wenn er von ihrer Affäre gewußt hätte. Jährlich sterben etwa vierzig Frauen durch die Hände ihrer Väter oder Brüder in sogenannten »Ehrentoden«, mit denen die Schande einer vorehelichen oder außerehelichen Sexualbeziehung weiblicher Verwandter ausgelöscht wird. Die meisten Morde dieser Art geschehen in den ärmeren und abgelegeneren palästinensischen Dörfern. Oft werden die Frauen verbrannt, damit der Tod als Unfall gelten kann. Meist wird der Mörder zum lokalen Helden: ein Mann, der das Nötige getan hat, um seinen Familiennamen reinzuwaschen. »Ehrentode« sind unter Palästinensern aufgrund der israelischen Besetzung etwas besser dokumentiert als anderswo: Die israelische Militärpolizei oder auch die Zivilpolizei erfährt von den meisten, wenn auch nicht von allen Toden.

Doch »Ehrentode« gibt es in der gesamten islamischen Welt. Einer der berüchtigtsten, die Hinrichtung der saudischen Prinzessin Mischaal bint Fachd bin Mohammed 1977 auf einem Parkplatz in Dschidda, wurde insgeheim von einem dort im Exil lebenden Briten beobachtet. Die Ausstrahlung einer Filmaufzeichnung dieser Ermordung in einem Dokumentationsbericht mit dem Titel *Tod einer Prinzessin* führte zu einem diplomatischen Zwischenfall, der mit der Ausweisung des britischen Botschafters aus Saudi-Arabien endete. Als CBS in den Vereinigten Staaten daran dachte, diesen Streifen zu senden, verlangte Mobil, einer der wichtigsten Sponsoren des Senders, daß dieser Film aus dem Programm genommen wurde. Nur wenige Fakten dieser Affäre ließen sich je bestätigen. Dem britischen Fernsehen zufolge war Mischaal, eine verheiratete Frau, mit ihrem Liebhaber, Khalid Muhallal, durchgebrannt, mit dem Neffen des Mannes, der heute Informationsminister von Saudi-Arabien ist. Sie hatte einige Nächte mit ihm in einem Hotel in Dschidda verbracht, bevor sie dann als Mann verkleidet aus dem Land fliehen wollte. Sie wurde am Flughafen geschnappt und ihrer Familie übergeben.

Doch die Geschichte einer Amerikanerin, die in eine prominente saudische Familie eingeheiratet und so die in diesem Fall verstrickten Menschen kennengelernt hatte, klang noch ungewöhnlicher. Mischaal, sagte sie, sei unverheiratet gewesen und nur deshalb umgebracht worden, weil sie dem Familienwillen trotzte und vor einer arrangierten Heirat davonlief, um einen Mann zu heiraten, den sie liebte. Ihr Großvater, Prinz Mohammed, der Patriarch von Mischaals Zweig der herrschenden Familie, ignorierte selbst ein Gnadengesuch seines jüngeren Bruders, des Königs. Mischaal wurde erschossen, Khalid Muhallal enthauptet. Nachher gab es keine Verlautbarung, wie dies nach Hinrichtungen geschieht, die im Einklang mit den Vorschriften der Scharia-Gesetze geschehen.

In beiden Versionen der Geschichte hätte nach den Beweisrichtlinien der Scharia keiner der beiden jungen Leute verurteilt werden dürfen. Wenn man dem Dokumentationsbericht glauben durfte und Mischaal eine verheiratete Frau gewesen war, die Ehebruch begangen hatte, wäre sie nur dann mit dem Tod bestraft worden, wenn vier Zeugen das Paar im Hotel in flagranti erwischt hätten. Bloße Indizienbeweise, wie etwa, daß die beiden über Nacht am gleichen Ort gewesen waren, hätten nicht ausgereicht. Und als unverheiratete Frau hätte Mischaal laut Scharia-Recht kein Kapitalverbrechen begangen.

Es war höchst ungewöhnlich, daß ein außergerichtlicher »Ehrentod« von einer Familie der Oberschicht wie den al-Sauds ausgeführt wurde. Gewöhnlich sind vor allem die Frauen der ärmeren und ungebildeten Schichten gefährdet.

Tamams Vater war ungebildet und arm; er ernährte seine sieben Kinder durch seine Arbeit als Gärtner. Die Familie lebte in der alten Stadt Akko in einem überfüllten Viertel, und da ihre Familie zu den 156 000 Palästinensern gehörte, die im arabisch-israelischen Krieg von 1948 geblieben und nicht geflohen waren, wuchs Tamam als Araberin mit israelischer Staatsbürgerschaft auf. Sie war die letzte von fünf Töchtern; ihren Namen könnte man mit »genug« oder »es reicht« übersetzen, und er verstand sich als Bitte der Eltern, daß es doch ein Ende haben möge mit der langen Reihe unerwünschter Mädchen. Ihr Gebet wurde einige Jahre später mit der Geburt zweier Söhne erhört.

Die Brüder hätten für Tamam auch ein Problem bedeuten können, doch da sie so viel jünger waren und Tamam ihr Zuhause verließ, als die Jungen noch sehr klein waren, hatten sie nie Gelegenheit, sich als Leibwächter ihrer Schwester zu fühlen. »Brüder sind für die meisten von uns wie große, bellende Hunde, die glauben, ihr ganzer Lebenssinn bestehe darin, unsere Körper beschützen zu müssen«, sagte sie. »Das ist auch eine Art Unterdrückung, daß sie in ihrem Leben stets diese Verantwortung tragen und sich sorgen müssen, daß wir ihnen in jedem Augenblick die Ehre wegschnappen können.«

Nachdem sie die Schule beendet hatte, zog Tamam von zu Hause aus und arbeitete mit behinderten Kindern; später ließ sie sich zur Krankenschwester ausbilden. Als ich sie 1993 kennenlernte, hatte sie seit mehr als zehn Jahren allein oder mit Freunden zusammengewohnt. Außer ihr habe ich im Mittleren Osten nie eine Moslime getroffen, die nicht mit ihrem Mann oder ihrer Familie zusammenlebte.

Im Juni 1991 las Tamam in der Morgenzeitung eine kurze Notiz über einen Mord im Dorf Iksal in Galiläa, nicht weit von der Gegend, in der sie aufgewachsen war. Die Frau war neunzehn Jahre alt, unverheiratet und im siebten Monat schwanger. Ihr verkohlter Leichnam wurde gefesselt in einem ausgebrannten Wagen gefunden. Der Mörder war der vierundsiebzigjährige Vater des Mädchens.

»Ich dachte, das Mädchen, das bin ich. Sie ist eine von uns. Wir kämpfen hier alle um unser Leben.«

Schon seit ungefähr sechs Monaten vor diesem Mord trafen sich Tamam und einige ihrer Freundinnen einmal die Woche, lasen feministische Bücher und redeten über die Probleme der Frauen in arabischen und moslemischen Gesellschaften. Sie hatten sich sogar einen Namen für ihre kleine Gruppe ausgedacht: Al Fanar – Der Leuchtturm. »Wir hegten große Träume, wollten ein Leuchtfeuer für Frauen in Bedrängnis sein. Also rief ich meine Freundinnen an und sagte: ›Wenn wir in dieser Sache nichts unternehmen, welchen Sinn hat dann all das Gerede?‹«

Tamam und ihre Freundinnen machten Plakate, auf denen zu lesen stand: »Vater, Bruder, rette mich, metzele mich nicht nieder.« Sie riefen sämtliche ihnen bekannten arabische Frauengruppen an und baten um Unterstützung. Viel bekamen sie nicht. Keine palästinensische Zeitung der Westbank wollte sich mit dem Thema befassen; man bemühte sich, jegliche Kritik an der arabischen Gesellschaft zu vermeiden, die von den Israelis als Propaganda mißbraucht werden konnte. Frauengruppen der Westbank meinten, die Zeit sei nicht reif, der Kampf um die Unabhängigkeit von israelischer Herrschaft habe Vorrang vor Fragen der Frauenrechte. Die israelisch-arabischen politischen Parteien hielten sich ebenfalls zurück, da sie ihre eigene Wählerschaft nicht brüskieren wollten.

Tamam und ihre Freundinnen brachten das Geld für die Ankündigung einer Demonstration in zwei arabisch-israelischen Zeitungen auf. Sofort begann ihr Telefon zu klingeln, und sie wurde mit Beleidigungen und Drohungen überschüttet. »Die Anrufer warfen mir vor, zügellosen Se. zu propagieren«, sagte Tamam. Ein Anrufer zitierte das Gebot des Korans, demzufolge Frauen der Obhut der Männer anvertraut sind, und warf ihr Ketzerei vor, da sie dieses Gebot anzweifle. »Sie sagten, wenn es zu dieser Demonstration kommen sollte, würden wir alle wie dieses Mädchen in Iksal enden.«

Als sich an einem Montagnachmittag auf der Hauptstraße in Nazareth dennoch etwa vierzig Frauen versammelten, trafen sie ebenso auf zustimmende wie feindselige Zuschauer.

»Manche nannten uns ›Huren‹ und riefen uns andere Beleidigungen zu«, sagte Tamam, »aber einige ältere Frauen und sogar ein paar Männer haben sich uns spontan angeschlossen.« Durch diesen Erfolg ermutigt, begannen die Frauen, in abgelegene Dörfer zu fahren und Artikel zu verteilen, die sich nicht nur gegen »Ehrentode«, sondern auch gegen erzwungene Ehen und jene schändliche Art aussprachen, auf die der Klatsch in kleinen Gemeinschaften benutzt wird, um das Verhalten von Frauen und Mädchen zu kontrollieren. »Am besten, so stellten wir fest, fuhren wir dann auf die Dörfer, wenn die Männer fort zur Arbeit waren«, sagte Tamam. »Sonst kamen die Ehemänner an die Tür, nahmen das Flugblatt, überflogen und zerrissen es, ehe die Frau Gelegenheit gehabt hätte, einen Blick darauf zu werfen.«

Im November löste ein weiterer »Ehrentod« eine Demonstration aus, die sich diesmal gegen die israelische Polizei in der israelisch-arabischen Stadt Ramle richtete. Die Polizei hatte eine sechzehnjährige arabische Ausreißerin aufgegriffen, die in einem gestohlenen Auto mit einem verheirateten Mann mitgefahren war. Das Mädchen flehte die Polizei an, ihren Eltern nichts davon zu sagen. »Sie erklärte, daß man sie umbringen würde, aber die Polizei kümmerte das nicht«, sagte Tamam. »Sie riefen die Familie an und sagten: ›Wir haben Ihre Tochter hier. Sie hat große Angst; Sie müssen mir versprechen, daß Sie ihr nicht weh tun.‹ Natürlich versprach die Familie, ihr nichts anzutun, also übergab die Polizei das Mädchen.« Kurz darauf wurde es ermordet aufgefunden.

Al Fanars Aktivitäten begannen, die Aufmerksamkeit der israelischen Presse auf sich zu ziehen. Die Frauen freuten sich über die Reporter und waren entsetzt, als die Artikel erschienen. »Wir fühlten uns für antiarabische Propaganda mißbraucht«, sagte Tamam. »Der Tenor war: ›Seht nur, wie die rückständigen Araber ihre Mädchen umbringen; seht, wie die rückständigen Moslems über die Frauen herfallen, die dagegen ankämpfen.‹ Die Reporter kamen, sahen mich und sagten: ›Sie sind nicht so wie die Araberinnen.‹ Tut mir leid, aber ich mag es nicht, wenn Juden bestimmen, was ein Araber ist, und mir dann sagen, daß ich anders bin.«

Die Aufmerksamkeit der jüdischen Presse verstärkte nur die fundamentalistische Reaktion. »Jetzt nannten sie uns nicht mehr bloß Huren, sondern auch Verräterinnen«, sagte Tamam. Bald konnten die Frauen nicht mehr in die Dörfer fahren, ohne beschimpft oder, schlimmer noch, ignoriert zu werden. »Selbst für die Frauen begannen wir, etwas derart Fremdes zu verkörpern, daß nichts von dem, was wir sagten, auch nur die geringste Bedeutung für sie haben konnte. Wir meinten, unsere Kultur zu kennen, aber eigentlich kannten wir nur unseren engen Freundeskreis. Wenn man heute in ein arabisches Dorf geht und die Leute fragt, was sie von Al Fanar halten, dann lachen sie. Wir wurden zu einem Witz: die Huren, die meinten, den Lauf der Welt ändern zu können.«

Diese Ablehnung führte innerhalb der Gruppe zu Streitigkeiten über Taktik und Vorgehensweise und schließlich zur Spaltung. Zwei Jahre nach der Gründung von Al Fanar existierte die Gruppe praktisch nicht mehr. »Die Gesellschaft war noch nicht reif«, sagte Tamam. »Und wir auch nicht.«

Aber sie hatten es wenigstens versucht. Und wenigstens versuchten die Hebammen des gerade unabhängig gewordenen Eritrea jene Schäden zu beheben, die den Frauen durch die Perversion der islamischen Lehre angetan wurden. Viele Moslems geben sich mit der Behauptung zufrieden, daß Ehrentode und Klitoridektomie unislamisch sind, daß diese Bräuche aus den jeweils nationalen Kulturen stammen und mit dem Glauben nichts zu tun haben. Mit dieser Versicherung waschen viele Moslems ihre Hände in Unschuld angesichts der Brutalitäten, die das Leben von etwa einem Viertel der Frauen des Islams bestimmen.

Es ist verständlich, daß es fortschrittlichen Moslems unangenehm ist, ihren Glauben mit diesen Bräuchen in Zusammenhang gebracht zu sehen. Weniger verständlich ist allerdings die Art, wie sie ihren Zorn auf die Kritiker dieser Praktiken und nicht auf die Verbrechen selbst richten. Ein Beispiel findet sich in Rana Kabbanis Buch *Briefe an die Christenheit,* das sie als Antwort auf die Attacken gegen den Islam nach Khomeinis Fatwa gegen Salman Rushdie publizierte. Rana Kabbani wurde in Damaskus geboren, wuchs aber im Ausland auf und lebt heute in London. Es lohnt sich, ihre Klage in ganzer Länge zu zitieren: »Ich bin stets tief betroffen angesichts der westlichen

Mißverständnisse über das Leben moslemischer Frauen«, schreibt sie. »Oft geht westliche Ignoranz untrennbar einher mit jener herablassenden Sicht, die uns für hilflose Opfer halten will und dabei nur selten zwischen den äußerst verschiedenen Kulturen unterscheidet, denen wir entstammen. Vor einiger Zeit hatte ich in London Besuch von einer Schriftstellerin, die mit mir über eine moslemische Figur sprach, die sie in ihrem nächsten Buch verwenden wollte. ›Wie kann eine Feministin wie Sie den Islam verteidigen‹, fragte sie, ›wenn der doch die weibliche Beschneidung empfiehlt?‹ Wie es der Zufall wollte, las ich am selben Tag einen Artikel der Historikerin Marina Warner, in dem sie den Islam als Religion beschreibt, der Klitoridektomie praktiziert. Hätten sich diese beiden Schriftstellerinnen nicht die Mühe machen und herausfinden können, daß dies ein afrikanischer Brauch ist, der nichts, aber überhaupt nichts mit dem Islam zu tun hat?«

Hätte sich Rana Kabbani nicht die Mühe machen können, einmal darüber nachzudenken, daß jedes fünfte moslemische Mädchen in einer Gesellschaft lebt, in der die eine oder andere Form der Klitoridektomie gebilligt und von lokalen islamischen Führern gerechtfertigt wird? Hätte sie sich nicht die Mühe machen und die Kapitel über »Frauen und Beschneidung« lesen können, die, vor allem in Ägypten, in vielen neuen Ausgaben islamischer Texte erscheinen?

Nicht ehe sich Sprecherinnen des Islams wie Rana Kabbani mit eben jener Leidenschaft, die sie für außenstehende Kritiker aufbringen, ihrer irregeleiteten Religionsgefährten annehmen, wird der schwerwiegende Irrtum vermieden werden, der den Islam mit Klitoridektomie und »Ehrentode« in Einklang bringt. Bis dahin aber wird man diese Praktiken auf Kosten von Glück und Gesundheit vieler moslemischer Frauen wohl weiterhin beibehalten.

3. KAPITEL

Hier kommt die Braut

»Unter Seinen Zeichen ist dies,
daß Er Gattinen für euch schuf aus euch selber,
auf daß ihr Frieden in ihnen fändet,
und Er hat Liebe und Zärtlichkeit
zwischen euch gesetzt.«

Der Koran: Die Römer; 30. Sure; 22.

Ra-ta-ta-ta-ta-bumm bumm bumm! Ra-ta-ta-ta-ta-bumm bumm bumm!

Ich zog mir noch ein Kissen über den Kopf, aber es half nichts. Also hob ich einen Zipfel des Kissenstapels an, öffnete ein Auge und schielte zur digitalen Hoteluhr auf dem Nachttisch. Halb zwölf nachts. Mindestens noch eine Stunde, vielleicht auch zwei, bevor der Lärm aufhören würde. Ich mußte um fünf Uhr aufstehen, um meinen Flug zu erwischen, aber an Schlaf war nicht zu denken.

Ich stand auf und trat ans Fenster. Auf der Straße unter mir staute sich der Verkehr der Hochzeitsgesellschaften. Ich zählte mindestens drei Brautlimousinen, die in einer Warteschlange hinter dem Wagen festsaßen, der in diesem Augenblick zum Hoteleingang vorfuhr. Eine Braut stieg aus und schritt, umringt von einer Trommlergruppe, langsam die Stufen zum Hotel hinauf. Laut meiner schlaflosen Zählung war sie die neunte Braut an diesem Abend.

Ra-ta-ta-ta-ta-bumm bumm bumm!

Ich war in Bagdad, zu einem Besuch im Irak in jenen Tagen, die sich als kurzes Interregnum zwischen Golfkrieg I (die Originalversion zwischen Irak und Iran) und Golfkrieg II (der amerikanische internationale Hit) erweisen sollten. Kaum fielen im

Irak keine Bomben mehr, begann der Hochzeitsrummel. Saddam Hussein hatte angeordnet, daß die Iraker heiraten und sich vermehren sollten, um so die an der Kriegsfront verursachten demographischen Schäden zu beheben. Zu diesem Zweck ließ er Verhütungsmittel verbieten und bot statt dessen großzügige Prämiengelder für Hochzeiten und Geburten.

Da es höchst unwahrscheinlich war, daß ich bald einschlafen konnte, beschloß ich, nach unten ins Foyer zu gehen, um einen besseren Blick auf die Festlichkeiten werfen zu können. Ungedämpft durch sechzehn Stockwerke und fünf Kissen klangen die Trommeln, Zimbeln und Hörner ohrenbetäubend. Souha, die junge Frau im Zentrum des Geschehens, sah aus wie ein Unfallopfer; sie schien wie betäubt und zitterte am ganzen Körper. Prunkvoll gekleidet wie eine Prinzessin wurde sie von den Musikern in einen Festsaal begleitet, wo sich lange Tische unter dem Gewicht der Köstlichkeiten bogen und ein Thron aus rosafarbenen Gladiolen auf sie wartete. An anderer Stelle hatten einige Stunden oder auch schon einige Tage zuvor der Bräutigam und der Vater der Braut die Hände unter ein von einem islamischen Geistlichen dargereichtes Tuch gehalten. Der Vater hatte zum Bräutigam gesagt: »Ich übergebe dir meine Tochter Souha, die erwachsene Jungfrau, zur Ehe gemäß den Gesetzen Gottes und seines Propheten.« Der Bräutigam hatte darauf geantwortet: »Ich nehme deine Tochter Souha, die erwachsene Jungfrau, zur Frau gemäß der Gesetze Gottes und seines Propheten.« Dann hatte der Vater gefragt: »Nimmst du meine Tochter an?« Woraufhin der Bräutigam antwortete: »Ich nehme sie an.« Der Vater hatte gesagt: »Möge Gott dich mit ihr segnen«, und der Bräutigam antwortete: »Ich hoffe bei Gott, daß sie sich als Segen erweist.« Und dann hatten alle Anwesenden das kurze und poetische erste Kapitel des Korans aufgesagt.

Die Heirat ist gültig, sobald Bräutigam und Brautvater den Heiratsvertrag, den *aqd*, unterzeichnet haben. Gemeinhin legt der Vertrag vor allem fest, wieviel der Bräutigam der Braut zur Hochzeit bezahlt und wieviel er darüber hinaus zu zahlen hat, wenn er sich später von ihr scheiden lassen will. Ein islamischer *aqd* läßt sich mit einer vorehelichen Vereinbarung im Westen vergleichen – ein unromantisches, nüchternes Dokument, in dem der Tatsache Rechnung getragen wird, daß Ehen auch scheitern können. Ein gut aufgesetzter *aqd* kann einige Ungleichheiten im islamischen Familiengesetz ausgleichen, da sich in ihm etwa das Recht einer Frau auf Arbeit oder auf Fortsetzung ihrer Ausbildung festlegen läßt oder in dem zusätzliche Gründe für eine Scheidung – außer den wenigen, die einer Frau nach dem Scharia-Gesetz zustehen – angeführt werden können. Heute fügen viele Frauen zum Beispiel eine Klausel an, die als *esma* bekannt ist und die ihr das Recht auf eine Scheidung gibt, wenn sie danach verlangt. Andere handeln eine enger gefaßte Bestimmung aus, die ein Recht auf Scheidung einräumt, sollte der Mann sich jemals eine zweite Frau nehmen.

Ich stellte mich auf Zehenspitzen und sah über die Schultern von spitze Hochzeitsschreie ausstoßenden Frauen, wie sich der Bräutigam einen Weg zu seiner Braut am Kopfende des Saals bahnte. Souha, die Braut, lächelte matt, als er den Schleier hob und sie auf die Stirn küßte. Offenbar war dies eine progressive Familie: Bei den meisten islamischen Hochzeiten wäre es in der Öffentlichkeit nicht einmal zu diesem bescheidenen Beweis der Zuneigung gekommen.

Auf der anderen Flurseite löste sich eine frühere Hochzeitsgesellschaft bereits wieder auf. Die Gäste strömten aus dem Festsaal, klatschten und stießen Hochzeitsschreie aus, als Braut und Bräutigam im Fahrstuhl verschwanden, der sie in eine der Luxussuiten des Hotels bringen würde.

Wenn man sich an die Regeln hält, werden die Anspannungen einer islamischen Hochzeitsnacht durch zärtliche Rituale gemildert. Sobald die Braut dem künftigen Ehemann durch ihre Familie übergeben wurde, sollte der Bräutigam sie willkommen heißen, ihr die Schuhe ausziehen und die Füße waschen. Das ist hervorragend geeignet, jene Hürde zu überspringen, die die erste Berührung durch einen Fremden bedeutet. Dann sollte der Bräutigam beten, die Braut segnen und dabei folgende Worte sprechen: »O Allah, segne mich durch ihre Zuneigung, ihre Liebe und Hingabe, und laß mich mit ihr zufrieden sein. Bring uns in schönster Eintracht und vollkommener Harmonie zusammen;

bestimmt magst auch Du, was rechtens ist, und verabscheust das Unrechte.« Nachdem auch die Braut gebetet hat, legt ihr der Bräutigam die Hand auf die Stirn und bittet Gott, alle Kinder aus dieser Ehe vor Satan zu behüten.

Es schien kaum vorstellbar, daß dieses nervöse, zerzauste, erschöpft aussehende Paar all dies bewältigen sollte. Sie standen beide unter enormem Druck. Für den jungen Mann hing die Fortdauer der Ehe vom Beweis seiner Männlichkeit ab; falls er keine Erektion bekam, konnte seine Braut ihn zurückweisen. Sie dagegen stand unter dem Zwang, ihre Jungfräulichkeit beweisen zu müssen. Falls sie nicht blutete, konnte sie ihrer Familie zurückgegeben werden, die sich vielleicht über diese Schande so sehr erregte, daß man sie umbrachte. Seit Generationen hatten sich Frauen damit geholfen, ihre Scheiden mit blutgetränkten Schwämmen oder Glassplittern zu füllen, um für verlorene Hymen aufzukommen. Nur Bauern in entlegenen Dörfern präsentierten der Öffentlichkeit noch stolz die befleckten Gewänder der Braut zur Begutachtung. Doch die Frage, ob Souha tatsächlich »eine erwachsene Jungfrau« war, blieb selbst in modernen städtischen Familien von Interesse.

»Wissen Sie, fast alle verlassen das Hotel mit einem gestohlenen Laken in der Tasche«, erklärte der erschöpft an einer Säule lehnende Empfangsdirektor. »Die älteren Verwandten wollen es immer noch sehen.« Fast ein Drittel der Hotelzimmer waren mit frisch verheirateten Paaren belegt. »Heute abend geht's da oben hoch her, wenn Sie wissen, was ich meine«, grinste er.

Ich fragte mich, wie es wirklich dabei zuging. Viele Paare waren einander nahezu fremd. Selbst in Bagdad, wo Frauen und Männer Seite an Seite arbeiteten, verlief das private Leben strikt geschlechtlich getrennt. Während des Krieges mit dem Iran, als den Irakern Auslandsreisen verboten waren, gewöhnte ich mich daran, die einzige Frau auf den Flügen in und aus dem Land zu sein. Auf meinem Heimweg nach Ägypten stellte ich mich dann mit den ägyptischen Arbeitern zur gestrengen irakischen Sicherheitsprüfung an. Einmal hatte ein junger Inspektor einen Blick in meinen Kulturbeutel geworfen und eine Schachtel mit Tampons herausgezogen. Er stupste den Inhalt mit den Fingern an, dann rief er seinen Vorgesetzten. Die beiden Männer leerten die Schachtel auf den Tresen und tuschelten miteinander. Schließlich hielt der junge Inspektor ein in Zellophan gewickeltes Tampon gegen das Licht und blaffte vorwurfsvoll: »Wozu ist das?« Als ich versuchte, es ihm zu erzählen, blickte er zuerst bestürzt, dann entsetzt. Er mußte im Koran zwar gelesen haben, daß die Menstruation »eine Krankheit« ist, doch glaube ich nicht, daß man ihn jemals über die wahre Natur der weiblichen Periode aufgeklärt hat.

Bis in dieses Jahrhundert hinein heirateten die meisten Moslems gleich nach der Pubertät. Heutzutage, da breite Teile der Bevölkerung die Voraussetzung einer gewissen Reife bei der Eheschließung anerkennen und die Kosten für Hochzeiten in die Höhe schießen, müssen viele junge Moslems die Suche nach einer Gattin in ihr drittes und viertes Lebensjahrzehnt verschieben. Vor ihrer Heirat wird von einem frommen moslemischen Mädchen erwartet, daß es jeden Blickkontakt mit einem fremden Jungen vermeidet. Es wird nie so weit gehen, einem Mann die Hand zu schütteln, geschweige denn, sich mit ihm zu verabreden oder ihn zu küssen.

In Ländern wie Ägypten, wo Frauen zur arbeitenden Bevölkerung zählen, fanden junge Menschen es zunehmend selbstverständlicher, ihre künftigen Ehegefährten kennenzulernen, bevor die Familie eingeschaltet wurde. Doch in vielen Ländern blieb die Heirat eine Angelegenheit zwischen Fremden. In Saudi-Arabien entschied ein Komitee islamischer Gelehrter erst 1981, daß junge Frauen ihre erwählten Gatten vor der Hochzeit unverschleiert sehen dürfen. »Jeder Mann, der seiner Tochter oder Schwester verbietet, den Verlobten von Angesicht zu Angesicht zu sehen, begeht eine Sünde«, verkündete das Komitee. Doch manche saudischen Frauen zogen es vor, selbst von diesem geringen Zugeständnis keinen Gebrauch zu machen. Basilah al-Homoud, eine achtunddreißigjährige Schuldirektorin, war einundzwanzig, als ihr Vater ihr erzählte, daß er ein Heiratsangebot erhalten habe. »Er sagte: ›Willst du ihn sehen? Möchtest du mit ihm zusammensitzen?‹ Ich antwortete: ›Wenn du bei ihm sitzt, dann soll mir das genügen.‹« Ihren ersten flüchtigen Blick auf ihren Mann konnte sie aus dem oberen Fenster werfen, als er am Abend ihrer Hochzeit zu ihnen kam. »Er betrat unser Haus mit einigen Verwandten. Mein Blick fiel gleich auf ihn, und ich betete, daß er der Bräutigam sein möge.« Sie glaubte, daß sie recht getan hatte, ihrem Vater zu vertrauen. »Wer wünscht sich mein Glück so sehr wie er? Wer kennt mich besser? Auf diese Weise drehte es sich bei meiner Heirat nicht allein um zwei Menschen. Meine ganze Familie war einbezogen, und auch die ganze Familie meines Mannes. Und da die Familien einbezogen sind, überlege ich es mir tausendmal, ehe ich frage: ›Kann ich mich scheiden lassen?‹«

Doch manche jungen Frauen haben nicht so viel Vertrauen. »Für uns ist die Heirat ein totales Risiko«, sagte Arezoo Moradian, eine achtzehnjährige Anglistikstudentin aus Teheran. »Ein Ehemann hat solche Gewalt über die Frau, da müßte man verrückt sein, wollte man jemanden heiraten, den man nicht genau kennt. Doch unter dem hiesigen System ist es unmöglich, einen Jungen genau kennenzulernen; man kann nicht mit ihm ausgehen, man kann nicht mit ihm allein sein.«

Und hat man ihn geheiratet, ist sein Wort Gesetz, wie der religiöse Berichterstatter in der *Saudi Gazette* in einer Ausgabe der Zeitung vom 9. Januar 1993 einen Leserbriefschreiber aufklärte. »In der modernen liberalen Welt wird oft angenommen, daß die Frau gleiche Rechte habe wie der Mann«, schrieb N. N. aus Dschidda. »Ich denke, es wäre gut, wenn Sie uns die korrekte Stellung der Frau erläutern könnten.«

N. N. war zweifellos mit der Erläuterung zufrieden. »Die Führung in der Familie ist dem Mann anvertraut«, schrieb der Kommentator. »Wenn eine Frau vollständige und umfassende Gleichheit mit ihrem Gatten verlangt, würde dies schließlich zu zwei Herren in der Familie führen, und so etwas gibt es im Islam nicht.« Ausdrücklich fügte der Kommentator noch hinzu: »Sich dem Gatten zu verweigern, wenn er sein Weib ins Bett ruft, ist ein schweres Vergehen.« Und außerdem: »Allzuoft das Haus zu verlassen gilt als schlechtes Benehmen für eine Frau. Sie sollte das Haus auch dann nicht verlassen, wenn ihr Mann sich dagegen ausspricht.«

Wird all dies zuviel, und möchte die Frau ihren Mann auf immer verlassen, kann die Bewilligung einer Scheidung für Frauen mit vielen Problemen verbunden sein.

Genau besehen mißbilligt der Islam eine Scheidung. Ein Mohammed zugeschriebener Hadith urteilt, daß Gott unter allen rechtmäßigen Taten nichts so sehr verabscheut wie eine Scheidung. Der Koran nennt eine umfangreiche und entmutigende Liste von Forderungen, die erfüllt sein müssen, um eine Ehe beenden zu können, angefangen mit der Anweisung, Schlichter aus den Familien von Braut wie Bräutigam herbeizubringen, die den Riß zwischen beiden kitten sollen. In manchen Ländern haben die moslemischen Behörden viel Energie darauf verwandt, herauszufinden, ob ein Schlichtungsversuch nun vorgeschrieben oder nur empfohlen wird. »Doch niemand fragte, warum – ob nun zwingend vorgeschrieben oder nur empfohlen – man keine praktischen Schritte unternahm, die es erlauben würden, diese unmißverständlich eingeräumte Möglichkeit einer Scheidung wahrnehmen zu können«, schrieb ein aufgebrachter moslemischer Gelehrter namens Muhammad Rashid Rida, der bis zu seinem Tod im Jahr 1935 der führende Kopf einer liberalen islamischen Gegenbewegung zur Verbreitung westlicher Werte in moslemischen Ländern war. Er wie auch Murtada Mutahhari, der bedeutende iranische Kommentator zu Frauenfragen, begannen eine Neubewertung der Äußerungen des Korans zur Scheidungsfrage, die letztlich zur Annahme von Gesetzen führen könnte, die für Frauen weitaus gerechter sein würden.

Doch bislang haben sowohl die Schiiten als auch die Anhänger aller vier wichtigen Schulen der sunnitischen Lehre einen Scheidungsmodus festgeschrieben, der sich nur durch eine höchst gewundene und frauenfeindliche Lesart des Korans legitimieren läßt. Da gibt es einmal *talaq*, die Scheidung von seiten des Mannes, der dreimal die Worte spricht: »Ich scheide mich von dir«. Es wird von ihm keine Angabe von Gründen verlangt, und die Frau hat kein Einspruchsrecht. Der moslemischen Frau ihrerseits steht kein selbstverständliches Recht auf Scheidung zu, und in manchen islamischen Ländern hat sie auch keine gesetzliche Möglichkeit, eine Scheidung zu beantragen. Die Schule der Hanbali, denen die Saudis anhängen, läßt der Frau ohne Zustimmung ihres Gatten nahezu keinen Ausweg aus einer unglücklichen Ehe. Die Schiiten und die Sunniten der Hanafi-Schule erlauben der Frau, das Recht auf Scheidung in ihrem *aqd*, also dem Heiratsvertrag, festzulegen. Schiitisches sowie hanafisches und malikisches Gesetz erlauben den Frauen allesamt einen Antrag auf Scheidung, wenn der Mann impotent ist, und Schiiten wie Maliken lassen als Gründe auch unzureichende Unterstützung, unheilbare und ansteckende Krankheiten sowie lebensbedrohliche Mißhandlung gelten. Seelische Grausamkeit, nicht entstellende körperliche Gewalt oder einfach schlichtes Unglück hält man selten für einen Grund, der einer Frau die Scheidung gestattet.

»Ich hoffe nur, daß ich mich nie verliebe«, sagte Arezoo und wischte sich ungeduldig die reizenden schwarzen Löckchen aus dem Gesicht, die unter ihrem *magneh* hervorguckten. »Wissen Sie warum? Weil Mädchen, die sich hier verlieben, ihren Verstand verlieren. Sicher, sie können alle möglichen Bedingungen in den Heiratsverträgen festlegen, aber wer macht das schon? Immer heißt es: ›Ach, er liebt mich, er wird mir nie etwas tun.‹ Ich habe sie beobachtet. Ich habe gesehen, wie sie mit diesem dümmlichen Lächeln auf dem Gesicht das größte Risiko eingehen, das man in diesem Leben auf sich nehmen kann.«

Für manche Frauen hat sich dieses Risiko natürlich bezahlt gemacht. Das glücklichste Paar, das ich jemals kennenlernte, war zufällig auch das strenggläubigste Paar, dem ich je begegnet bin. Khadija war eine junge Schiitin aus Kuwait, deren Ehe für sie arrangiert worden war. Sie hatte der Verbindung zugestimmt, ohne ihren Verlobten zu kennen, und sich nur ausbedungen, daß er ihr erlauben solle, die Ausbildung fortzusetzen. Während ihrer Verlobungszeit gelang es dem Paar, sich heimlich zu treffen, und sie fanden großen Gefallen aneinander.

Khadijas Mann war ein Importeur, der vor allem mit dem Iran Geschäfte machte. Wenn er nach Teheran reiste, nahm er stets Khadija und die Kinder mit. Ihre Vorstellung von einem vergnüglichen Abend war ein Besuch in einer von Teherans *hussei-*

niyas – einem schiitischen Studienzentrum –, wo sie der Predigt eines radikalen Mullahs über die islamische Revolution lauschten. Die zwei saßen natürlich getrennt – Khadija in ihrem schweren schwarzen Hidschab saß stets bei den anderen Frauen im Hintergrund, damit ihr Anblick keinen Mann auf abwegige Gedanken brachte.

Manchmal, wenn ich Khadija in ihrem Hotelzimmer besuchen wollte, traf ich statt dessen ihren Mann an, der auf die Kinder aufpaßte, während sie einen Tag mit Vorlesungen in den islamischen Frauenuniversitäten verbrachte. Der Boden des Hotelzimmers war stets lückenlos mit frischen Bettlaken ausgelegt, damit die Kleinkinder, die auf dem Boden spielten und umherpurzelten, keine Bakterien vom Teppich aufnahmen, über den Ausländer gelaufen sein mochten, die ihre Schuhe beim Betreten des Zimmers nicht abstreiften.

Als Khadija nach dem ersten Examen beschloß, ihre Studien in London fortzusetzen, traf ihr Mann bereitwillig die entsprechenden geschäftlichen Vorkehrungen. In Gegenwart von Außenstehenden tauschten die beiden niemals Zärtlichkeiten irgendwelcher Art aus, doch in den Blicken, die sie sich zuwarfen, lag eine elektrisierende Wärme, und sie sprachen so herzlich miteinander, daß die Intensität ihrer Beziehung unübersehbar blieb. Als ich Khadija fragte, warum ihre Ehe so gut funktioniere, da doch so viele Beziehungen nur allzu schal wirkten, lächelte sie. »Mein Mann ist ein guter Moslem«, sagte sie. »Er weiß, was tatsächlich im Koran über die Beziehung von Mann und Frau steht, und er hält sich daran. So einfach ist das.«

In Ägypten hatte sich derweil meine Assistentin Sahar verlobt. Einige Wochen nachdem sie begonnen hatte, Hidschab zu tragen, kam sie zur Arbeit und platzte fast vor Neuigkeiten. Sie strahlte, als sie mir das Foto ihres Verlobten zeigte. Er war ein kürzlich zugelassener Kinderarzt und ein Vetter zweiten Grades. Das Bild zeigte ein junges Gesicht, ernst und hübsch, mit dem stoppligen schwarzen Bart eines frommen Moslem.

Sahar kannte ihn seit Jahren und hatte ihn auf Familienzusammenkünften schon oft gesehen, aber sie hatte ihn nie für einen potentiellen Bewerber um ihre Hand gehalten. Auf der Universität war er in islamischen Gruppen aktiv gewesen und hatte, als die Regierung Fundamentalisten noch an der kurzen Leine hielt, eine Gefängnisstrafe für seine Ansichten riskiert. »Ich habe schon immer gewußt, daß er ein verschleiertes Mädchen heiraten wird«, sagte Sahar. Er hatte sie auf einer Familienfeier verschleiert gesehen und daraufhin seinen Eltern gesagt, daß er um sie anhalten möchte.

Wie so viele qualifizierte junge Ägypter hatte Sahars Verlobter im eigenen Land keine gutbezahlte Stelle erhalten. Statt dessen hatte er sich bereiterklärt, eine Arbeit in Saudi-Arabien anzunehmen, und mußte dort mehrere Monate arbeiten, ehe er eine Frau ernähren konnte. Noch vor der Verlobung war Sahars Bewerbung für Harvard angenommen worden; sie hätte den Aufschub der Hochzeit nutzen können, um den Platz anzunehmen, aber sie lehnte ab. Es schicke sich nicht, erklärte sie, für eine fromme Moslime allein in einer amerikanischen Stadt zu wohnen. Sie plante nun, sich die islamischen Studiengänge in einer saudischen Frauenuniversität anzusehen.

Bevor ihr Verlobter nach Saudi-Arabien fuhr, veranstaltete Sahars Familie eine prächtige Verlobungsparty. Sahar saß auf einem blumenbedeckten Thron und erhielt von ihrem künftigen Gatten Schmuck geschenkt, der Teil ihrer Mitgift war. »Meine Tante wollte, daß ich zum Fest den Hidschab ablege«, bekannte sie später. »Sie sagte: ›Willst du zu deiner Verlobung nicht hübsch aussehen?‹« Sahar ließ sich nicht beirren und saß auf ihrem Thron, das Haar unter einem weißen Kopftuch aus Satin verborgen.

Aber bald schienen Sahars Tücher ihrem Verlobten nicht mehr zu genügen. Nur Wochen nach der Ankunft im strenggläubigen Saudi-Arabien telefonierte er mit Sahar und schlug ihr vor, die wadenlangen Röcke bis auf den Boden zu verlängern und Socken anzuziehen, um die Zehen in ihren Sandalen zu bedecken. »Ich sagte ihm, ich sei noch nicht so weit und wolle langsam vorgehen, wolle mir sicher sein in meinem Tun«, sagte sie. »Ich habe andere Frauen gekannt, die sich gleich für Handschuhe und Schleier entschieden haben und einige Monate später merkten, daß sie es nicht aushalten konnten. Ich mag mir nichts anziehen, das ich hinterher wieder ausziehen will.« Als die Monate vergingen, begann ich mich zu fragen, ob ihr Verlobter nicht allmählich in einen Fundamentalismus abglitt, der zu engstirnig für Sahar war.

Unterdessen legte Sahar unter ihren formlosen Kleidern an Gewicht zu. Der Fahrstuhl in unserem Apartmenthaus war so alt, daß er eigentlich ins Musem gehörte: Er funktionierte ebensooft, wie er steckenblieb. Sahar fiel es immer schwerer, die sechs Stockwerke zu unserem Apartment hinaufzusteigen. Schwitzend sank sie in ihren Schreibtischstuhl und flehte mich selbst an den frischesten Vormittagen an, die Klimaanlage anzustellen. Da sie in ihren Hüllen die Hitze deutlicher spürte, machte es ihr keinen Spaß mehr, mich auf meinen Reportagen zu begleiten. Rasch quoll sie so sehr auf, daß sie keinen Häuserblock weit mehr gehen konnte, ohne in Atemnot zu geraten. Sie schien vor meinen Augen alt zu werden.

Anrufe aus Saudi-Arabien brachten stets schlechte Nachrichten. Dem Ärztezentrum, das ihren Verlobten eingestellt hatte, fehlten die Patienten. Er mußte abwarten und sehen, ob sich das Geschäft besserte, ehe er einen Hochzeitstermin festlegen konnte. Als keine Veränderung eintrat, begann er, sich nach einer besseren Stelle umzusehen. Doch die Monate vergingen, und er hatte immer noch nichts gefunden.

Weitere Enttäuschungen folgten. Einige Monate vor ihrer Entscheidung, Hidschab anzulegen, hatte Sahar eine Videokassette mit einer Aufnahme von der Hochzeit ihrer besten Freundin mitgebracht. Es war einer dieser typischen, extravaganten Festbälle der ägyptischen Oberschicht im Nile Hilton. Tänzerinnen stolzierten mit Kandelabern auf den Köpfen umher, Trommler und Pfeifer sorgten für den entsprechenden Lärm. Jedermann hatte sich prächtig herausstaffiert. Sahar erzählte mir, sie hätte sechzig Pfund – das Monatsgehalt eines Beamten – für ihre Frisur ausgegeben. Sie sah sich die Aufzeichnung mit offenem Mund und glänzenden Augen an. Ihre Miene erinnerte mich an das Gesicht meiner fünfjährigen Nichte, wenn ich ihr ein Märchen vorlas. Ich konnte es nicht fassen, daß diese ernste

Frau, die künftige Harvard-Studentin, diesen protzigen Exhibitionismus bewundern konnte. Aber sie tat es. »So Gott will, werde ich eine ebensolche Hochzeit feiern«, sagte sie.

Aber es schien, als hätte Gott oder vielmehr ihr göttlicher Verlobter andere Pläne. Ihre Hochzeit, so beschloß er, solle schlicht und in kleinem Rahmen gefeiert werden. »Wahrscheinlich hat er recht«, meinte Sahar verwirrt. »Auf all diesen prachtvollen Hochzeiten bekommt man kein gutes Wort über die Braut oder ihre Familie zu hören. Ist das Fest nicht ausgefallen, wirft man ihr Geiz vor. Ist es aber etwas Besonderes, heißt es, sie wolle nur angeben.« Ihr Verlobter hatte sogar die Aufgabe übernommen, das Hochzeitskleid zu besorgen. »In Saudi-Arabien sind die Kleider sowieso viel schöner«, sagte Sahar hoffnungsvoll. Das mochte durchaus stimmen, aber ich fragte mich doch, was für ein Kleid ein Fundamentalist seiner Braut aussuchen würde.

Meinen ägyptischen Freundinnen schien es allesamt nicht leichtzufallen, einen Lebensgefährten zu finden. Fast schien es ein Wettrennen, wer zuerst heiraten würde: Sahar, die Fundamentalistin, die ihre Ehe mehr oder weniger selbst arrangiert hatte, oder meine höchst unfundamentalistische Freundin, die sich ihre Ehe arrangieren ließ. Sie trug den arabischen Namen einer schönen Blume, also werde ich sie hier Rose nennen. Sie war recht ungewöhnlich, selbst in dieser hochgezüchteten Welt der reichen, westlich erzogenen Kairoer. Wie fast alle unverheirateten Ägypterinnen lebte sie daheim bei ihren Eltern, doch anders als beinahe alle anderen jungen Frauen hatte sie eine Arbeit, die es notwendig machte, daß sie – allein – ins Ausland reiste.

Auf einer ihrer Reisen hatte sie sich in einen Amerikaner verliebt, der in Paris lebte, und steckte, als ich sie kennenlernte, gerade mitten in einer leidenschaftlichen Affäre. Er hatte ihr angeboten, sie zu heiraten, aber Rose hatte abgelehnt. Der sunnitische Zweig des Islams gestattet Männern zwar, Frauen aus anderen monotheistischen Religionen wie dem Christen- oder Judentum zu heiraten, doch gilt die gleiche Freizügigkeit nicht für Frauen. Da sich der Islam über die männliche Linie vererbt, sind die Kinder nichtmoslemischer Väter für den Glauben verloren. Roses Liebhaber entstammte einer christlich fundamentalistischen Familie, und er beharrte darauf, daß ein Übertritt zum Islam seine Mutter umbringen würde. Rose ihrerseits meinte, die Heirat mit einem Christen würde zu einem vollständigen Bruch mit ihrer Familie führen. »Ich würde in Sünde leben«, erklärte sie. »Außerdem *will* ich einen Moslem heiraten. Ich will meine Söhne Omar und Abdullah nennen. Ich will zum Scheich gehen und ein Hochzeitsfest mit Tänzerinnen und Trommeln haben. Ich will keine verstohlene standesamtliche Zeremonie bei einem französischen Beamten.«

Diese religiöse Sackgasse führte schließlich zum Ende der Affäre. Außer einem gebrochenen Herzen litt Rose auch noch an der nagenden Angst einer ägyptischen Frau über Dreißig, langsam und unwiderruflich auf den Stand einer alten Jungfer zuzusteuern. »Ich ging zu meinem Vater und sagte: ›Also gut, ich geb's auf. Du wolltest doch immer eine Ehe für mich arrangieren, jetzt zeig mal, was du kannst. Laß die Jungs anrücken.‹«

Rose war eine ideale Partie; sie war wohlhabend, intelligent, schön und hatte jene großen Rehaugen, wie sie die arabischen Dichter besingen. Ihre Eltern nutzten das weite Netzwerk ausgedehnter familiärer und geschäftlicher Kontakte und stellten eine lange Liste möglicher Bewerber auf, und Rose hakte so flott einen nach dem anderen ab wie ein Pilot, der vor dem Abflug noch einmal die Instrumente überprüft. Als erstes traf sie sich mit einem jungen Arzt, der von ihrem Vater nach Hause gebracht wurde und der sich mit Rose und nahezu allen Mitgliedern ihrer Familie zum Tee setzte. »Ich fragte ihn, wohin er bereits gereist sei, und er antwortete: nach Alexandria und Isamilia. Alexandria und Isamilia! Wie kann man bloß zweiunddreißig Jahre alt werden und nie außerhalb Ägyptens gewesen sein? Seine Familie war reich; er hätte überall hinfahren können. Mit so einem langweiligen Kerl wäre ich nie glücklich geworden.«

Danach verbat sie sich weitere Treffen daheim. »Ich konnte schon in den ersten fünf Minuten erkennen, daß es sinnlos war, aber ich saß fest, war höflich und verschwendete einen ganzen Nachmittag.« Sie bestand darauf, sich mit künftigen Auserwählten in deren Büros zu treffen. »Meistens überstehen sie nicht einmal die erste halbe Stunde«, berichtete sie nach einigen trostlosen Begegnungen.

Der vermögende junge Sohn einer Kaufmannsfamilie überstand das erste Gespräch und schien vielversprechend. Rose unternahm sogar einen dreiwöchigen, von Anstandspersonen eng überwachten Urlaub mit der Familie in Los Angeles. »Ich verliebte mich in Amerika«, erzählte sie nach ihrer Rückkehr, aber nicht in ihren Bewerber. »Ich mußte alles wollen, was er wollte«, sagte sie. »Wenn mir der Film nicht gefiel, den er sich ansah, war das eine Katastrophe. Außerdem paßte ihm nicht, daß ich keinen Alkohol trinke. Er sagte, wenn er am Abend nach Hause komme, würde er gern ein Bier mit mir teilen. Ich sagte: ›Ich trink' eine Cola und du dein Bier; wir teilen dann immer noch den Augenblick.‹ Er sagte: ›Ja, aber wir teilen nicht das Bier.‹ Es war einfach zu lächerlich.«

Im ägyptischen Außenministerium bereitete sich ein potentieller Gatte, ein junger Diplomat, auf seinen ersten Auslandsposten vor. »Er wäre perfekt gewesen«, seufzte Rose versonnen nach einem kurzen Treffen. »Er war witzig, weltmännisch. Aber er hatte schmutzige Fingernägel.«

»Rose«, rief ich ungläubig, »soll das heißen, du hast ihn abgelehnt, weil er schmutzige Fingernägel hatte? Herrgott noch mal! Die Fingernägel sind doch schnell saubergemacht.« Sie hob den Kopf und schaute mich mit ihren großen, dunklen Augen traurig an. »Geraldine, du verstehst das nicht. Du hast aus Liebe geheiratet. Was sind schon schmutzige Fingernägel, wenn man liebt? Doch wenn du einen Mann heiraten willst, den du nicht liebst, dann muß alles an ihm vollkommen sein – *alles!*«

Ich fragte mich, ob meine palästinensische Freundin Rehab Vollkommenheit von ihrer arrangierten Ehe erwartet hatte. Wenn ja, so konnte ich das Ausmaß ihrer Enttäuschung nur erahnen.

Rehab wohnte auf einem Hügel westlich von Jerusalem in einem alten Felsendorf, das vom spindeldürren Minarett der Moschee an die Erde festgesteckt zu sein schien. Um dorthin zu gelangen, mußte man an den Kränen und Bulldozern von einem halben Dutzend neuer jüdischer Siedlungen vorbeifahren. Gleich auf der anderen Talseite befand sich die nächste Siedlung, ein Kibbuz.

Jedesmal, wenn ich in dieses Dorf kam, besuchte ich Rehab und Mohammed. Rehab war eine kleine, lebhafte junge Frau, die als Friseuse arbeitete und von Haus zu Haus ging, um die Dorffrauen vor Feiern und Festtagen zu verschönern. In allem, was die Frauen des Dorfes betraf, war sie stets auf dem laufenden. Ihr Mann, Mohammed, war ein temperamentvoller Geschäftsmann von kräftiger Statur, mit muskulösen Armen, einem wirren Schopf dichter dunkler Locken und lachenden braunen Augen. Es machte ihm großen Spaß, in seinem blumigen, gebrochenen Englisch Witze zu reißen. Ich bin oft in ihrem Haus gewesen, einige Male auch mit Tony. Wir haben zusammen gegessen, mit ihrer vierjährigen Tochter gespielt und die neuen Ställe bewundert, die sie für ihre »palästinensischen Freiheitshühner« gebaut hatten, um sich von israelischen Produkten unabhängig zu machen.

Tony und ich waren gern mit Palästinensern zusammen, humorvolle, offenherzige Menschen, denen der ägyptische Standesdünkel und die Reserviertheit der Araber aus den Golfstaaten zu fehlen scheinen. Am stärksten erstaunte uns der problemlose Umgang zwischen Mann und Frau. Frauen marschierten auf den Demonstrationen gegen die israelische Besetzung mit, pflegten die Verletzten in den Krankenhäusern und stritten sich daheim am Tisch ebenso laut über Politik wie die Männer. Mohammeds und Rehabs Haus schien stets voller Freunde beiderlei Geschlechts zu sein, und Tony und ich waren gleichermaßen willkommen.

An einem schönen Abend gegen Ende des Sommers kam ich allein ins Dorf und traf Mohammed in seinem Laden an der winzigen Hauptstraße an. Er wirkte erregt und aufgewühlt und sagte, er sei bereits seit meinem letzten Besuch so ungeduldig, da er mich etwas Wichtiges fragen wolle.

Er brauche eine zweite Frau. Er könne mit keinem Nachbarn im Dorf über seine Pläne sprechen, da sie wie die meisten Palästinenser heutzutage Polygamie für recht rückständig hielten. Und wenn Rehab von seiner Absicht erfahren würde, bekäme sie einen Tobsuchtsanfall. Ob ich irgendeine Ausländerin kennen würde, die ihn insgeheim heiraten wolle? Würde er ein Visum bekommen, um ins Ausland fahren und sich eine Frau suchen zu können?

Nein, antwortete ich verblüfft auf seine Fragen. Ich würde niemanden kennen, und Visa seien ohne Verwandtschaft im Ausland nur schwer zu erhalten. Mohammed schienen meine Antworten zu verärgern. »Hältst du mich für einen armen Mann? Aber das bin ich nicht!« rief er, sprang auf und zog mich am Arm hinter seinen Ladentresen. Er zerrte einige Warenkisten vor, griff ins Dunkel und brachte eine Handvoll Gold zum Vorschein. Ich erkannte den Schmuck: protzige Armreifen und Halsbänder, wie sie die indischen Goldschmiede der Golfstaaten vor allem als Mitgift für die Braut herstellen. Jedes Stück war aus reinem, massivem Gold von 22 oder 24 Karat, denn darauf bestanden die arabischen Käufer. »Das soll alles ihr gehören. Verstehst du, ich muß einfach einen Sohn haben. Meine Frau mußten sie nach unserer Tochter aufschneiden; jetzt kann sie kein Kind mehr bekommen. Aber ohne einen Sohn bin ich nichts in diesem Dorf.« Seine Stimme brach. »Bitte, hilf mir. Wirst du eine Frau für mich finden?«

»Möge dein Schoß verdorren«, lautet einer der schlimmsten arabischen Flüche. Rehab war tatsächlich verflucht. Mohammed hatte das Geld für diesen geheimen Goldschatz unmöglich aufbringen können, ohne an seiner Familie zu knausern. Ich dachte an die Lügen, die er erzählt haben mußte, wenn er Rehab jede noch so kleine Annehmlichkeit versagte. Vier Jahre Entbehrung: die Strafe dafür, daß sie nur eine Tochter geboren hatte.

Mir fiel ein, daß ich noch nie Rehabs *kunyah*, ihren Mutternamen, gehört hatte. Arabische Frauen nehmen bei der Hochzeit nicht den Namen ihres Mannes an, aber beide, Mann wie Frau, übernehmen den Namen ihres erstgeborenen Sohnes. Von nun an kennen ihre Freunde sie nur als ›Umm Faris‹ oder ›Abu Aziz‹ – als ›Mutter von Faris‹ oder ›Vater von Aziz‹. Die jetzt unfruchtbare Rehab würde nie einen *kunyah* tragen; Mohammed konnte noch einen Vaternamen bekommen, wenn ihm eine zweite Frau einen Sohn gebar.

Es erstaunte mich, daß Moslems, die sich so viel darauf zugute halten, ihrem Propheten nachzueifern, ihm nicht in etwas so Bedeutsamem wie dem Zeugen von Töchtern nacheifern wollen. Man nimmt an, daß Mohammed drei oder vier Söhne gehabt hat, zwei oder drei von Khadija und einen von einer ägyptischen Konkubine namens Maria. Keiner von ihnen überlebte das Kindesalter. Doch der Prophet erzog vier Töchter, und eine von ihnen, Fatima, pries er als vollkommenes menschliches Geschöpf. »Fatima«, sagte er, »ist ein Teil von mir. Wer sie beleidigt, der beleidigt auch mich, und wer mich beleidigt, der beleidigt Gott.« Als einziges seiner Kinder hat Fatima ihn überlebt.

Doch die Aussage des Korans zu weiblichen Kindern ist ambivalent. Zwar verlangt er eindeutig, die Kindesmorde an Mädchen einzustellen. Eines der schönsten und lyrischsten Kapitel enthält einen ergreifenden Hinweis auf diese im damaligen Arabien so weitverbreitete Praxis: »Wenn die Sonne verhüllt ist, und wenn die Sterne betrübt sind, und wenn die Berge fortgeblasen werden, und wenn die hochschwangeren Kamelstuten verlassen werden, und wenn wildes Getier versammelt wird, und wenn die Meere (ineinander) hinfließen, und wenn die Menschen einander nahegebracht werden, und wenn nach dem lebendig begrabenen Mädchen gefragt wird: ›Für welches Verbrechen ward es getötet?‹ Und wenn Schriften weithin verbreitet werden, und wenn der Himmel aufgedeckt wird, und wenn das Feuer angefacht wird, und wenn der Garten nahegebracht wird, dann wird jede Seele wissen, was sie gebracht.« (Der Koran; Die Zusammenfaltung; 81. Sure; 2–15.)

Doch an anderer Stelle, in einem Gespräch über die Götzenanbeter in Mekka, macht sich der Koran lustig über die Anbetung der drei als »Töchter Allahs« bekannten Göttinnen. Warum, heißt es da, sollte Gott Töchter haben, wenn selbst der schwächliche Mensch die wünschenswerteren Söhne zeugen kann?

Als Mohammed mir sein Gold unter die Nase hielt, schienen ihm die Tränen zu kommen. Um ihn zu beruhigen, murmelte ich etwas davon, ein Visum für ihn auftreiben zu wollen. Sogleich hob sich seine Stimmung. »Gut«, sagte er und lächelte über das ganze Gesicht. »Dann muß ich dir noch etwas zeigen!«

Er hatte sich ein spezielles Versteck oben in seinem Laden gebaut, um von dort aus israelische Patrouillen beobachten zu können. Dankbar dafür, mich wieder auf scheinbar sicherem journalistischem Terrain bewegen zu können, kletterte ich die Leiter hinauf in seinen geheimen Verschlag und gehorchte seiner Anweisung, mich auf die dünne Matratze vors Guckloch zu legen, um einen ungehinderten Blick auf die Straße genießen zu können. Als er sich neben mich legte, um mir eine palästinensische Flagge auf dem Strommast zu zeigen, sprang ich gleich auf und kletterte wieder hinunter in den Laden.

Er habe noch etwas für meinen Artikel, sagte er. Die Israelis hatten das Wasser rationiert, aber das Dorf könne die Einschränkungen umgehen, da man eine alte Zisterne aus römischen Zeiten am Dorfrand entdeckt habe. Er wollte mir die Stelle zeigen. Wir gingen zu seinem klapprigen Lieferwagen und rumpelten zum Dorf hinaus.

Die Zisterne lag verborgen am Fuß einer Reihe von verfallenden, aufgegebenen Olivenhainterrassen. Als ich den felsigen Boden hinabstieg, streckte Mohammed eine Hand aus, um mir zu helfen. Doch seine Hand landete mit festem Griff auf meinem Hintern. Ein Versehen, dachte ich. Er hat nicht absichtlich dahin gefaßt. Ohne ein Wort versuchte ich, seine Finger zu lösen. Aber er schob meine Hand fort, verstärkte seinen Griff und begann, mich grob und eindeutig zu begrapschen. Dann packte er meine Arme und preßte mich in einer plötzlichen Umarmung an sich, die eher der Umklammerung eines Ringkämpfers glich. Seine massige Gestalt drängte sich gegen mich und ließ mich gegen die alte Steinwand stolpern. Als er sich an mir rieb, konnte ich unter seinem Gewicht kaum atmen. Ich bekam nicht genügend Luft, um einen Schrei ausstoßen zu können, außerdem war niemand in der Nähe, der mich gehört hätte. Ich riß einen Arm frei und begann, auf ihn einzutrommeln, aber Mohammed schien nichts mehr zu spüren. Er langte nach meinem Blusensaum, versuchte ihn über meinen Unterleib hinaufzuschieben. Mit der anderen Hand zerrte er am Gürtel meiner Hose. »Du solltest sehen, was sie mit meiner Frau gemacht haben – da – genau da hat man sie aufgeschnitten – das ist so häßlich, ich mag gar nicht mehr hinschauen. Mit einem solchen Körper will ich keine Liebe machen.«

Plötzlich polterten einige Steine herunter, und Mohammed blickte auf. Die leeren Augen eines Schafs starrten auf ihn herab. Eine Herde suchte sich langsam einen Weg über die obere Terrasse. Irgendwo dahinter würde ein Dorfkind auftauchen, und Mohammed wollte nicht, daß das Kind ihn sah. Als sich sein Griff lockerte, fand ich mein Gleichgewicht wieder und jagte den steinigen Hügel hinauf zur Straße. Ich habe Mohammed nie wieder gesehen.

Ich weiß nicht, ob Mohammed jemals seine zweite Frau fand. Doch einige Meilen weiter in einem palästinensischen Flüchtlingslager lernte ich eine Familie kennen, in der der Mann eine ähnliche Wahl getroffen und eine zweite Frau in das Heim der ersten Frau geholt hatte.

Ich lernte sie im Herbst 1987 kennen, nur wenige Wochen nach Beginn des palästinensischen Aufstandes. Ich fuhr durch einen heftigen Schneeregen, als ein Betonbrocken auf den Kühler meines Wagens krachte und an meiner Windschutzscheibe zerbarst. Der Wagen geriet auf dem regenglatten Asphalt ins Schleudern, drehte sich um die eigene Achse und blieb nur wenige Zentimeter vom breiten Stamm einer uralten Zeder stehen. Im Rückspiegel sah ich es rot aufblitzen. Eine Gruppe Jugendlicher, die Gesichter hinter rotkarierten *kaffiyehs* versteckt, hockte auf einem Trümmerhaufen am Eingang zum Lager.

Ich sprang aus dem Wagen und lief auf sie zu. Sie dachten, ich sei eine bewaffnete israelische Siedlerin, und stoben wie ein Schwarm aufgeschreckter Vögel auseinander. »Bitte!« rief ich auf arabisch. »Ich habe kein Gewehr. Ich bin eine Journalistin und möchte mit euch reden.«

Einer der Jungen erschien plötzlich wieder auf dem Trümmerhaufen. »Verschwinde von hier!« rief er in perfektem Englisch. »Es gibt Leute in diesem Lager, die würden dich umbringen!«

Ich ließ mich nicht beirren und bat ihn um ein Interview. »Im Augenblick bin ich zu beschäftigt«, sagte er und warf einen Blick auf das Nummernschild eines vorbeifahrenden Lasters, um zu sehen, ob es gelb, also israelisch, oder blau und somit palästinensisch war. »Und wenn ich erst mal anfange zu erzählen, höre ich nicht mehr auf.« Als sich ein Fiat mit gelbem Nummernschild näherte, holte er aus wie ein Baseballwerfer und schleuderte seinen Betonbrocken gegen die Windschutzscheibe. Er verfehlte sie knapp. »Heute ist kein guter Tag für mich«, sagte er. »Ich hab' kaum einen Wagen getroffen.«

Das Heulen einer sich nähernden Armeesirene deutete an, daß der Tag sich noch zum Schlimmeren wenden konnte. Der Junge bellte seinen drei Komplizen einige Kommandos zu, drehte sich um und rannte ins Lager, die *kaffiyeh* eng um das Gesicht geschlungen, um eine Identifizierung durch Lagerspitzel zu vermeiden. Ich wandte mich um, ging langsam die Hauptstraße des Lagers entlang und hörte hinter mir den Tumult, als ein israelischer Jeep schlitternd zum Stehen kam und seine Soldaten am Lagereingang ausspuckte. Einige Straßenzüge weiter sah ich etwas Rotes im Fenster eines halbzerstörten Gebäudes aufblitzen. Es war der Junge. Mit dem Finger auf den Lippen bedeutete er mir, ihm zu folgen.

Wir kletterten über Trümmer und machten uns auf den Weg durch düstere Seitengassen, bis wir an eine große in eine Betonwand eingelassene Metalltür kamen. Der Junge klopfte leise an, und die Tür flog auf. Zwei Paar Frauenhände zerrten den Jungen am Kragen ins Haus, zogen ihm rasch T-Shirt und Jacke aus und warfen ihm frische Wäsche zu. »Falls mich jemand gesehen hat«, erklärte er. »Dies ist Rahme, meine Mutter«, sagte er und stellte die kleinere der beiden Frauen vor, die ihm über das zerzauste Haar strich. »Und dies«, sagte er und wandte sich der anderen Frau zu, »ist Fatin, auch meine Mutter. Na ja, nicht meine Mutter ... entschuldigen Sie, ich weiß das englische Wort nicht ... aber sie hat ... meinen Vater nach meiner Mutter geheiratet.«

»*Darra?*« fragte ich. Zweitfrau. Das arabische Wort dafür leitet sich von »jemandem schaden« ab.

»Ja«, nickte er. »Zweitfrau.«

Mit Fünfzehn war Raed das älteste der vierzehn Kinder. Da die israelischen Behörden die Schulen geschlossen hatten, saßen an diesem regennassen Tag alle daheim, dicht gedrängt in der vier Zimmer großen Bruchbude. Die Kälte kroch vom nackten Betonboden herauf, und Regen tropfte durch das löchrige Dach. Den meisten Kleinkindern lief die Nase. In den nächsten sechs Jahren besuchte ich die Familie noch oft, verbrachte manchmal die Nacht auf dem Boden, eingekeilt zwischen Rahme, Fatin und Raeds Schwestern. Raed und seine Brüder schliefen neben ihrem Vater Mahmoud in einem anderen Zimmer.

In Anbetracht der vielen Kinder im Haus konnte die Schlafan-ordnung des Nachts nicht immer die gleiche sein. Doch da man in diesem überfüllten Haus unmöglich ein privates Gespräch führen konnte, ließ sich über ein derart heikles Thema weder mit Rahme noch mit Fatin sprechen. Ich fragte also eine enge Freun-din von ähnlicher Herkunft, wie die Menschen unter solchen Bedingungen miteinander schlafen konnten. Was sie beschrieb, klang deprimierend: »Wenn es drei Zimmer gibt, nehmen die Frauen das eine, die Jungen das andere, und der Mann schläft mit der Frau, mit der er Sex haben möchte, im dritten Zimmer«, sagte sie. »Aber in manchen Häusern im Lager gibt es keine drei Zimmer, also findet der Liebesakt in irgendeiner Ecke statt, ein rasches, stummes Gefummel in der Hoffnung, daß die Kinder nicht wach werden. Natürlich würden sich beide dazu niemals ausziehen.«

Anfangs kam ich ins Lager, um über den Aufstand zu schrei-ben. Aber bald schlug mich die Geschichte von Rahme und Fatin in ihren Bann. Ein Volkslied der Berber schildert treffend die Ankunft einer zweiten Frau, und ich dachte jedesmal daran, wenn ich die beiden besuchte:

Die Fremde ist gekommen; sie hat ihren Platz im Haus.
Ihre Tätowierungen sind anders als unsere,
aber sie ist jung, sie ist schön, sie ist, was mein Gatte
sich wünschte;
Die Nächte sind ihnen nicht lang genug...

Seit sie eintraf, hat sich das Haus verändert,
als schmollten Türschwellen und Wände;
Mag sein, es fällt nur mir allein auf
wie dem Esel vor der leeren Krippe.
Doch ich muß mich mit meinem Los abfinden,
denn mein Mann ist glücklich mit seiner neuen Frau.
Einst war ich auch schön, aber meine Zeit ist vorbei.

Für einen Außenstehenden schien die Beziehung zwischen Rahme und Fatin nur wenig mit diesem traurigen Lied zu tun zu haben. Die beiden Frauen wirkten eher wie Schwestern und nicht wie bittere Rivalinnen. Wenn Fatin kochte, nähte Rahme. Wenn Rahme Brot buk, behielt Fatin die Kleinen im Auge. Als Raed schließlich geschnappt wurde, nachdem er einen Molotowcocktail auf israelische Soldaten geworfen hatte, war es Fatin und nicht seine Mutter Rahme, die im Gericht saß, um ihm Mut zu machen. Und als Mahmoud nach einer Routineüberprüfung auch ins Gefängnis kam, halfen sich die beiden Frauen einander in den langen sechs Monaten bis zu seiner Freilassung. In all der Zeit, die ich in ihrem Haus verbrachte, habe ich nie ein böses Wort zwischen den beiden gehört. `

Raed lehrte mich, genauer hinzuschauen. Für seine Rolle im Aufstand saß Raed fünf Jahre im Gefängnis. Als er im Februar 1993 freigelassen wurde, war aus dem hitzigen Fünfzehnjährigen, der einen Stein auf meinen Wagen geworfen hatte, ein ernster Zwanzigjähriger geworden, der seine neugewonnene Freiheit mit langen Spaziergängen über die felsigen Hügel der Westbank feierte. Auf einem dieser Spaziergänge blieben wir einige Minuten stehen, um mit einer flüchtigen Bekannten von Raed zu reden. »Ihr Leben ist das reine Elend«, sagte er, als wir weitergingen. Unterwegs erzählte er mir dann die Geschichte der unglücklichen Ehe dieser Frau, die mit der Zurückweisung durch ihren Mann und der Rückkehr zu ihren Eltern geendet hatte; die Kinder mußte sie natürlich beim Vater zurücklassen. »Es ist die Geschichte meiner Mutter«, fügte Raed unerwartet hinzu, »vom Ende einmal abgesehen.«

Rahmes Geschichte begann in Jordanien. 1972 traf die Mutter von Raeds Vater dort mit ihrer Tochter ein, die einem Verwandten in Amman zur Ehe versprochen war. In Jordanien fiel der Mutter dann Rahme auf, eine fromme, junge Frau mit rosigen Wangen, die mit ihrer kleinen Statur viel jünger als siebzehn Jahre wirkte. Sie nahm das Mädchen mit nach Hause, damit es ihren fünfzehnjährigen Sohn Mahmoud heirate.

»Was wußte er schon mit Fünfzehn? Nichts«, sagte Raed. »In seinen Augen war sie ein gutes Mädchen, ein nettes Mädchen. Aber wie sollte er sie lieben können? Er kannte sie doch nicht einmal.«

Innerhalb eines Jahres wurde Raed geboren. Sein Bruder Murad folgte anderthalb Jahre später, und in den nächsten drei Jahren kamen zwei Schwestern hinzu. Rahme ging noch mit dem vierten Kind schwanger, als sie sich zwang, der Tatsache ins Auge zu sehen, daß das ganze Lager über sie tratschte. Mahmoud hatte sich in Fatin verliebt, eine hinreißend schöne Achtzehnjährige, die kürzlich mit Verwandten ins Lager gezogen war.

Die beiden Frauen hätten kaum unterschiedlicher sein können. War Rahme schüchtern und fromm, so war Fatin offen und politisch interessiert. Rahme war still und verzagt. Fatin lachte und setzte sich durch. Fatin, groß und strahlend vor Selbstvertrauen, schien die kleine Rahme gänzlich ins Abseits zu drängen. Schließlich kehrte Mahmoud mit jener Neuigkeit heim, vor der sich Rahme gefürchtet hatte. Er hatte Fatin einen Antrag gemacht, und sie hatte angenommen. Rahme, sagte er, könne sich scheiden lassen.

Rahme wußte, wenn sie sich scheiden ließ, würde sie die Westbank verlassen und zu ihrer Familie nach Jordanien zurückkehren müssen. In mancher Hinsicht wäre das eine Erleichterung gewesen, denn in den letzten sechs Jahren war der junge Mahmoud zu einem hitzköpfigen Mann herangewachsen, der manchmal heftig auf sie und auch auf Raed einschlug, der schon als Kleinkind einen gewissen trotzigen Mut bewies. Als seine einzige Frau mit ihm zu leben war schwer genug gewesen: Sie konnte sich die größere Not und Schande kaum vorstellen, die ein Verweis auf den zweiten Platz durch eine Frau, die er wirklich liebte, mit sich bringen mußte.

Doch als sie zu Mahmoud aufblickte und ihm antwortete, da bekam er etwas anderes zu hören, als er erwartet hatte. »Ich will mich nicht von dir scheiden lassen«, sagte sie ruhig. Nach islamischem Gesetz bedeutete eine Scheidung, daß ihre Kinder bei Mahmoud und seiner neuen Frau blieben. »Ich will meine Familie behalten. Erlaubst du mir das?«

Mahmoud war launisch und egoistisch, aber er war nicht so hartherzig, daß er Rahme gezwungen hätte, ihre Kinder zu verlassen. Wenn Rahme bleiben wolle, so sagte er, dann würde er auch weiterhin für sie aufkommen, aber sie müsse sich damit zufriedengeben, seine Frau nur noch dem Namen nach zu sein. Obwohl der Koran besagt, daß ein Mann alle seine Frauen gleich behandeln soll, machte Mahmoud deutlich, daß es Fatin – und Fatin allein – war, zu der er sich sexuell hingezogen fühlte. Mit ihrer Wahl entschied sich die dreiundzwanzigjährige Rahme für ein Leben im Zölibat in einer überfüllten Behausung an der Seite einer Frau, zu der sich ihr Mann leidenschaftlich hingezogen fühlte. Mahmoud gab Rahme zu verstehen, daß er es ihr zum Vorwurf machen wollte, wenn die Beziehung zwischen den beiden Frauen nicht friedlich und freundlich sein würde.

Rahme schluckte ihre Tränen hinunter und fügte sich Mahmouds Bedingungen. Einige Wochen später zog sie ihr schönstes besticktes Kleid an und tanzte zu den Trommeln auf der Hochzeit ihres Mannes.

Als wir ins Haus zurückkehrten, sah ich plötzlich alles mit anderen Augen. Rahme hockte in der Ecke und verrichtete ihr Mittagsgebet, während Fatin ausgelassen mit Mahmoud lachte. Fatin ging mit dem elften Kind schwanger und sonnte sich in Mahmouds unverkennbarem Stolz.

Raed war nicht sonderlich begeistert. Seit sein Vater nur noch unregelmäßig Arbeit auf den Baustellen bekam, arbeitete er vierzehn Stunden am Tag in einer Schuhfabrik, um die Familie zu unterstützen. »Das ist doch dämlich!« schäumte er. »Er kann seine Babys jetzt schon nicht mehr ernähren und macht ständig neue.«

Fatin hatte sich um ein Neugeborenes gekümmert, als ich sie 1987 zum erstenmal traf. Während ich mit Raed über die Intifada redete, legte sie sich in einer Zimmerecke das Baby an die Brust. Sie unterbrach uns nur einmal, als Raeds Zunge über das englische Wort für Frieden stolperte. Ich hatte ihn gefragt, ob die Palästinenser im Lager bereit wären, einen Frieden mit Israel zu akzeptieren. Als er Schwierigkeiten mit dem Wort hatte, probierte ich es mit dem arabischen *salaam*. »La salaam!« schrie Fatin plötzlich. »Keinen Frieden! Die Menschen in diesem Lager wollen Krieg!« Fatin, so dachte ich damals, würde eine beachtliche Gegnerin für jeden abgeben, der ihr in die Quere kam.

Fatin hatte ihre mädchenhafte Blüte durch die zahlreichen Schwangerschaften verloren. Sie zeigte mir die Zahnlücken, die im Verlauf der letzten Schwangerschaft hinzugekommen waren. Und doch schien sie bereit, diesen Preis zu zahlen, wenn sie sich so das Wohlwollen ihres Mannes bewahren und ihren Unterschied in der Stellung zu Rahme unterstreichen konnte.

»Meine Mutter wartet nur auf uns«, sagte Raed. »Sobald meine Schwestern mit der Schule fertig sind und ich sie ernähren kann, wird sie sich nicht mehr damit abfinden müssen.«

Aber ich fragte mich, ob die vielschichtigen Bande in dieser Familie so einfach zu lösen waren. Raed sagte selbst, daß er zwischen seinen Geschwistern und Halbgeschwistern keinen Unterschied machte. Er liebte sie alle und hielt es für seine Verantwortung, sie vor seinem unberechenbaren Vater in Schutz zu nehmen. Seine Gefühle zu Fatin waren ebenso komplex. »Ich kann nicht behaupten, daß ich diese Frau hasse«, sagte er. »Ich hasse sie nur dafür, daß sie die Ursache der Leiden meiner Mutter ist, nicht aber dafür, daß sie ist, wie sie ist.«

Als ich in einem der seltenen ungestörten Augenblicke Rahme nach ihren Gefühlen fragte, zog ein rätselhaftes Lächeln über ihr rosiges Gesicht. Sie schloß ihre rissigen und abgearbeiteten Hände um meine Finger und flüsterte nur »Insch'allah« – wie Gott will. Dann wusch sie sich und begann ihre Gebete, während das Leben dieses Haushalts unbemerkt um sie herumtoste. Sie hielt sich ans Gebetsritual, kniete sich hin und berührte den Boden mit dem Kopf.

Schließlich hieß ihr Glaube Islam – die Unterwerfung. Mir schien, die Gesetze dieses Glaubens hatten ihr ziemlich viel Unterwerfung abverlangt.

4. KAPITEL

Die Frauen des Propheten

»O Frauen des Propheten,
ihr seid nicht wie andere Frauen!«

Der Koran: Die Verbündeten;
33. Sure; 33.

Sie saß auf der Schaukel, als ihre Mutter sie rief. Die Mutter sah ihr schmutziges Gesicht, nahm etwas Wasser und wischte es sauber. Das Schaukeln hatte sie außer Atem gebracht, also blieben die beiden einige Augenblicke vor der Haustür stehen, bis sich die Kleine wieder beruhigt hatte.

Im Haus warteten der Vater und seine Freunde. Ihre Mutter setzte sie einem der Männer auf den Schoß, dann erhoben sich die übrigen und verließen das Zimmer.

Aischa war neun Jahre alt, und an jenem Tag im Haus ihrer Eltern schloß sie die Ehe mit dem damals fünfzigjährigen Propheten Mohammed. Zehn Jahre später starb er in ihren Armen.

Fragt man heute die Sunniten nach Aischa, heißt es, sie sei die große Liebe in Mohammeds letzten Jahren gewesen, eine eindrucksvolle Künderin des Islams, eine Heldin in der Schlacht. Fragt man dagegen Schiiten, beschreiben sie eine eifersüchtige Kabalin, die den häuslichen Frieden des Propheten störte, gegen Mohammeds Tochter Fatima intrigierte, im Haushalt spionierte und zu einem tragischen Blutbad unter verfeindeten Parteien aufhetzte, das die moslemische Nation auf immer spalten sollte.

Aischa – arabisch für »Frau« – gehört zu den beliebtesten Mädchennamen der sunnitischen Welt, doch unter Schiiten ist es ein Haß- und Schimpfwort. Wenn sich ein schiitisches Mädchen unartig benimmt, weist die Mutter sie oft mit dem Ruf zurecht: »Du Aischa!«

Laut christlichem Kalender zog Aischa im Jahr 622 zu Mohammed – nach moslemischer Zählung war es das erste Jahr der Hidschra. Dreizehnhundertundsechsundsechzig Jahre später hielt auf einer Teheraner Straße ein Reporter von »Hello Good Morning«, einer im Iran live übertragenen nationalen Radiosendung, eine Frau an und fragte sie, wer ihrer Meinung nach das beste Vorbild für Frauen abgebe. Die Frau nannte »Oshin«, die Heldin einer in Japan produzierten Fernsehserie, die durch Mißachtung der ehernen japanischen Tradition allerlei Ungemach zu überwinden lernt. Der Reporter fragte die Frau, warum sie keine der Frauen oder Töchter des Propheten vorbildlich fände. Sie antwortete, daß diese Frauen in einer weit entlegenen Zeit gelebt hätten, die für ihr modernes Leben keine rechte Bedeutung mehr habe. Ayatollah Khomeini hörte die Sendung und platzte vor Wut; er befahl, den Produzenten der Sendung auspeitschen zu lassen. Er ließ erst Gnade walten, als eine Untersuchung bewies, daß der Produzent nicht böswillig gehandelt hatte.

Dieses eine Mal mußte ich Khomeini mehr oder weniger beipflichten: Das Leben der Frauen und Töchter des Propheten war außerordentlich bedeutsam für die moderne islamische Frau. Die meisten der sich auf Frauen beziehenden Offenbarungen des Korans kamen Mohammed unmittelbar nach Ereignissen in seinem eigenen Haushalt. Wie die modernen moslemischen Frauen mußten seine Gattinnen Eifersüchteleien im polygamen Haushalt, die seelischen Erschütterungen des Krieges, die Nöte der Armut sowie ein zurückgezogenes Leben und Hidschab ertragen.

Ich fand die intimen Vignetten vom Leben in den Wohnungen rund um Mohammeds Moschee weit interessanter als jede moderne Fernsehserie. Von diesen Geschichten über Intrigen, Streitereien und Liebeleien konnte ich gar nicht genug bekommen. Aischa war zweifellos der Star, aber die sieben oder acht Frauen in den untergeordneten Rollen sorgten für lebhafte Nebenhandlungen.

Als Mohammeds erste Frau Khadija 619 starb, brach dem neunundvierzigjährigen Propheten das Herz. Die moslemische Gemeinschaft, vor allem die Frauen, die ihn bekochten und umsorgten, glaubten, eine neue Frau würde seinen Kummer lindern. Einige Monate nach Khadijas Tod schlug Mohammeds Tante Khawla daher vor, daß sich ihr Neffe erneut verheirate.

»Wen sollte ich heiraten, o Khawla?« fragte Mohammed. »Ihr Frauen wißt in diesen Dingen besser Bescheid.«

Khawla antwortete, wenn er eine Jungfrau wolle, dann solle er Aischa nehmen, das schöne Kind seines besten Freundes Abu Bakr. Wolle er aber keine Jungfrau, dann sei da noch die Witwe Sawdah, eine matronenhafte ältere Frau, die zu den frühesten und frommsten Anhängerinnen des Islams zählte.

»Geh«, sagte Mohammed, »rede mit beiden in meinem Namen.«

Er heiratete Sawdah und Aischa in rascher Folge. Doch da Aischa damals erst sechs Jahre alt war, wurde die Ehe nicht vollzogen, und sie blieb bei ihrer Familie. Niemand klärte das kleine Mädchen über seine veränderte Lage auf, doch als die Mutter plötzlich ihre kindlichen Spielereien einschränkte, so erinnerte sich Aischa später, »da breitete sich in meinem Herzen die Gewißheit aus, daß ich verheiratet war«. Als sie zu Mohammed zog, waren die Moslems vor den Verfolgungen in Mekka geflohen und hatten sich im Exil in der Stadt Medina eingerichtet. Mohammed wohnte in der Moschee, die man dort errichtet hatte – ein bescheidener Bau aus grauem Lehm mit einem Dach aus den Zweigen von Dattelpalmen. Aischa und Sawdah hatten je ein Zimmer. Als Aischa einzog, brachte sie ihre Spielsachen mit. Manchmal traf Mohammed sie an, wenn sie damit spielte. »Was ist das?« fragte er dann. »Das sind Solomons Pferde«, antwortete sie, oder: »meine Puppen«. Wenn ihre kindlichen Spielgefährten bei seinem Eintreffen verängstigt fortliefen, rief er sie zärtlich zurück und spielte auch manchmal mit ihnen.

Vielen ausführlichen Beschreibungen zufolge war Mohammed ein gutaussehender Mann von mittlerer Größe mit gewelltem schwarzen Haar und einem strahlenden Lächeln, das eine Lücke zwischen seinen Schneidezähnen erkennen ließ. Er pflegte sich sehr sorgfältig, parfümierte sich den Bart und putzte sich mindestens fünfmal täglich die Zähne. Unattraktiv an ihm waren nur eine Neigung zu blutunterlaufenen Augen und eine geschwollene Ader an der Stirn, die deutlicher hervortrat, so hieß es, wenn er sich ärgerte.

Ein oder zwei Jahre nach Aischas Einzug heiratete Mohammed drei weitere Frauen, allesamt Kriegerwitwen: Hafsah, die zwanzigjährige Tochter seines engen Freundes Omar; eine ältere Frau namens Zeinab, deren Mildtätigkeit ihr den Beinamen »Mutter der Armen« einbrachte und die schon acht Monate später starb, sowie Umm Salamah, eine berühmte Schönheit, deren Ankunft Aischa die ersten Qualen der Eifersucht bereitete, die ihr bis ans Lebensende zu schaffen machen sollte. Als Aischa von der Heirat mit Umm Salamah erfuhr, war sie zutiefst betrübt, da sie viel von ihrer Schönheit gehört hatte. Sie suchte die neue Frau auf und fand sie doppelt so schön und anmutig, wie man ihr nachsagte.

Mohammed versuchte, sich an die Anweisung des Korans zu halten, derzufolge ein Mann all seine Frauen gleich behandeln soll. Er hatte sich angewöhnt, sie alle nacheinander an jedem Nachmittag kurz persönlich aufzusuchen, das Abendmahl und die Nacht aber verbrachte er mit jeweils einer Frau in strikter Reihenfolge. Aischa war mit diesem Arrangement unzufrieden. »Sag mir«, bat sie ihn eines Tages, »wenn du zwei Kamelen begegnen würdest, davon das eine bereits geweidet hat, das andere aber noch nicht; welches fütterst du?« Mohammed antwortete, daß er natürlich das Kamel füttern würde, das noch nicht geweidet hatte. »Ich bin anders als deine übrigen Frauen«, erwiderte daraufhin Aischa. »Sie waren alle bereits verheiratet, ich aber noch nicht.«

Wenn Mohammed hin und wieder einige Zeit mit einer Frau außerhalb der Reihe verbringen wollte, fragte er die Frau um Erlaubnis, deren »Tag« es eigentlich war. Er lernte bald, daß es besser war, Aischa nicht um ihren Tag zu bitten. »Ich für meinen Teil«, sagte sie, »habe es ihm immer abgeschlagen.« Stets bestand sie auf seinen anberaumten Besuchen. Da die ältere Sawdah aber um die Bedürfnisse eines jungen Mädchens wußte und vielleicht auch die Vorliebe des Propheten kannte, trat sie alle ihre »Tage« an Aischa ab. Doch bald sollte die Ankunft weiterer Frauen die Aufmerksamkeit des Propheten auf einen noch größeren Kreis verteilen.

Moslems behaupten, daß sich an den vielen Heiraten in Mohammeds letzten zehn Jahren die rasche Ausdehnung des Islams ablesen lasse, aber auch, wie sehr Mohammed auf Bündnisse mit diversen Stämmen angewiesen war. Zu anderen Zeiten behaupten sie, seine Wahl sei Ausdruck seines Mitgefühls für bedürftige Witwen gewesen. Da die Frauen in kriegführenden Gesellschaften stets in der Überzahl sind, so argumentieren sie, sei es besser, daß Frauen sich einen Mann teilen, statt ihr Leben lang keinen Mann zu bekommen. Mohammed habe der Welt ein Beispiel gegeben, als er Witwen in seine Obhut nahm.

Nichtmoslems, vor allem dem Islam feindselig gesonnene Kritiker, sind anderer Ansicht. Mohammed, behaupten sie, sei ein sinnlicher Mensch gewesen, und als Macht und Ansehen zunahmen, konnte er nach dem Tod seiner ersten Frau und Schirmherrin endlich seiner Lust frönen.

Diese Kritiker scheinen zu übersehen, wie spartanisch es im Haushalt des Propheten zuging. Die lehmgeziegelten Zimmer der Moschee waren wohl kaum das Quartier eines sinnlichen Menschen. Selbst als die moslemische Gemeinschaft durch Kriegsbeute reich wurde, setzte Mohammed sein einfaches Leben fort und bestand darauf, daß seine Frauen es ihm gleichtaten. Die Armut, die er seinem Haushalt aufzwang, war Anlaß manch zänkischer Bemerkung zwischen Mohammed und seinen Frauen.

Doch die fromme Auffassung von Mohammed als Gatte und Sozialarbeiter für bedürftige Witwen ist auch nicht recht überzeugend. In mindestens einem Hadith wird angedeutet, daß Mohammed wußte, wie abträglich Polygamie für Frauen ist. Als sein Schwiegersohn Ali daran dachte, sich eine zweite Frau zu nehmen, gab der Prophet seiner Sorge um die Gefühle seiner Tochter Fatima Ausdruck. »Ihr Leid ist auch mein Leid«, sagte er Ali, der daraufhin den Gedanken an eine weitere Ehe aufgab. (Die Ali und Fatima verehrenden Schiiten erkennen diesen Hadith nicht an. Sie behaupten, daß Mohammed niemals ein Verhalten kritisiert haben würde, das der Koran für rechtens erklärt hat.)

Nicht alle Frauen Mohammeds befanden sich in mitleiderregender Lage oder bedeuteten politisch vorteilhafte Verbindungen. Die schöne Umm Salamah litt gewiß keine Not. Sie hatte ihren ersten Mann geliebt, sträubte sich gegen eine erneute Ehe und hatte bereits eine Schar geeigneter Bewerber abgelehnt, als Mohammed begann, sie beharrlich zu umwerben. Wenigstens dreimal hat sie den Propheten abgewiesen. »Ich bin eine außerordentlich eifersüchtige Frau, und Euch, o Bote Gottes, verlangt es nach vielen Frauen«, sagte sie einmal entschuldigend, nachdem sie ihm einen Korb gegeben hatte. Mohammed anwortete: »Ich werde zu Gott beten, daß er die Eifersucht aus Eurem Herzen reißt.«

Trotz der angestrebten Gerechtigkeit schien der ganzen Gemeinschaft nicht entgangen zu sein, daß Aischa die Lieblingsfrau des Propheten war. Moslems, die Mohammed ein Essensgeschenk schicken wollten, begannen ihre Geschenke für jene Tage aufzusparen, die er in Aischas Zimmer verbringen würde. Da Mohammed derart bescheiden lebte, kam mit diesen Geschenken oft der einzige Luxus in seinen Haushalt. Auch Umm Salamah war äußerst erbittert über die Bevorzugung Aischas. »Wie ich sehe, haben wir übrigen Frauen keine Bedeutung«, sagte sie, als wieder einmal ein Korb mit Leckereien an Aischas Tag eintraf. Wütend stürmte sie zu Fatima, Mohammeds Tochter, um sich bei ihr zu beschweren.

Es kann für Fatima nicht leicht gewesen sein, daß Mohammed so bald nach dem Tod ihrer Mutter ein Kind heiratete, das ein oder zwei Jahre jünger war als sie selbst. Ihre eigene Ehe mit Mohammeds Neffen Ali wurde kurz nach Aischas Einzug vereinbart. Es ist ungewiß, ob der Ursprung in nicht überliefertem Gezänk der Kinder lag oder in der Rivalität zwischen Fatimas Mann Ali und Aischas Vater Abu Bakr, dem Statthalter Mohammeds, doch es kam zu einer bitteren Feindschaft zwischen Aischa und Fatima. Letzten Endes fand diese Feindschaft ihren Ausdruck in den Gegensätzen zwischen Schiiten und Sunniten, die den Islam spalten sollten. Die Charaktere der beiden jungen Frauen hätte kaum unterschiedlicher sein können: Fatima war zurückhaltend und scheu, Aischa schlagfertig und freimütig.

Jedenfalls wußte Umm Salamah, wen sie als Verbündete gegen Aischa gewinnen konnte. Fatima versprach Umm Salamah, mit ihrem Vater zu reden. Mohammeds Antwort muß sie geschmerzt haben. »Meine liebe kleine Tochter, liebst du denn nicht, wen ich liebe?« fragte er. »Doch, gewiß«, erwiderte sie, als sie aber fortfuhr, sich für ihr Anliegen einzusetzen, schnitt Mohammed ihr das Wort ab. »Dein Vater«, sagte er, »liebt niemanden so sehr wie Aischa.« Dies brachte Ali ins Spiel, der Mohammed schalt, seine Tochter mit der Bemerkung gekränkt zu haben, daß er niemanden so sehr liebe wie Aischa. Offenbar wurde der Streit so erbittert geführt, daß er noch lange nachklang, denn bald darauf befahl Mohammed, die Tür zwischen den Wohnungen seiner Frauen und der Wohnung von Ali und Fatima zu versiegeln. (Schiiten leugnen, daß diese Auseinandersetzung je stattgefunden hat; in ihrer Version pries Mohammed seine Tochter Fatima als »menschliche *houri*« oder als nahezu göttliches Wesen.)

Aischa versuchte, ihren zeternden Rivalinnen mit kindischen Streichen zuzusetzen. Eines Tages fiel ihr auf, daß Mohammed seinen Abendbesuch bei einer Rivalin länger als üblich ausdehnte, weil er sich ein Getränk mit Honig, sein Lieblingsgetränk, schmecken ließ. Aischa rief einige der übrigen Frauen zusammen und heckte mit ihnen einen Scherz aus. Als Mohammed die Frauen in ihren Zimmern aufsuchte, wichen sie alle angewidert vor seinem Atem zurück. Der in diesen Dingen stets anspruchsvolle Mohammed war besorgt und verwirrt. »Aber ich habe doch nur Honig gegessen!« rief er. Die Frauen murmelten, daß die Bienen ihren Honig wohl vom Nektar einer übelriechenden Pflanze gesammelt haben mußten. Daraufhin aß Mohammed keinen Honig mehr, wenn man ihm welchen anbot, bis die einsichtigere Sawdah Aischa riet, daß der Scherz nun weit genug getrieben sei und man den armen Propheten um eines seiner wenigen Vergnügen bringen würde.

Einmal vereitelten Aischa und ihre Mitverschwörerinnen gar

einen Versuch des Propheten, seinen wachsenden Harem um eine weitere Frau zu vermehren. Aischa war außer sich, als Asma, die schöne Tochter eines Prinzen, mit einer handverlesenen Eskorte zur Hochzeit mit Mohammed eintraf. Aischa und Hafsa gaben sich hilfsbereit und boten an, der jungen Frau beim Ankleiden zu helfen. Während sie sich am Hochzeitskleid zu schaffen machten, teilten sie der Braut »Vertrauliches« über die Vorlieben des Propheten mit. Er würde vor Leidenschaft rasen, rieten sie ihr, wenn sie Widerwillen vortäusche. Sobald der Zeitpunkt gekommen sei, die Ehe zu vollziehen, solle sie vor der Umarmung des Propheten zurückweichen und sagen: »Ich suche Zuflucht bei Allah vor dir.«

Den Propheten entsetzte der Gedanke, sich einer unwilligen Frau aufzudrängen, und er sagte Asma sogleich, sie brauche sich keine Sorgen zu machen, er wolle ihre Eskorte rufen, die sie sicher nach Hause zurückbegleiten würde. Niedergeschlagen ging Asma fort und beklagte sich bitterlich darüber, daß man sie hereingelegt habe.

Die vielen Ehen nährten nicht nur kleinliche Rivalitäten, sondern trugen auch zur wachsenden Fehde zwischen Ali und Abu Bakr bei, die die politische Zukunft des Islams bedrohen sollte. Außerdem prägten sie zunehmend die Regeln des jungen Glaubens. Die sich häufende Anzahl göttlicher Offenbarungen zum Thema Frauen schien mehr und mehr von Mohammeds Not geprägt, Ruhe in den eigenen Haushalt zu bringen. Und Aischa hatte keine Angst davor, diesen Zusammenhang zu benennen. »Mir scheint«, so sagte sie spitz, »dein Herr beeilt sich, deinen Wünschen nachzukommen.«

Einer dieser Zusammenhänge zeigte sich in jener Offenbarung, derzufolge adoptierte Kinder nicht als Blutsverwandte gelten. Dies verkündete Mohammed, nachdem er einen Blick auf die halb entblößte Zeinab geworfen hatte, die Frau des Said, jenes freigelassenen Sklaven, den Mohammed adoptiert und wie einen Sohn aufgezogen hatte. Die Scheidung Saids und die Absicht Mohammeds, Zeinab zu heiraten, schockierte die Gemeinschaft der Gläubigen, da dem Verbot einer Ehe des Vaters mit dem Weib des Sohnes Hohn gesprochen wurde. Mohammed weilte bei Aischa, als ihm die Offenbarung kam, daß die Moslems sich irrten, wenn sie glaubten, eine Adoption schaffe die gleichen Bande wie eine Blutsverwandtschaft. Von nun an, so heißt es im Koran, hätten Moslems die wahre Elternschaft der von ihnen aufgezogenen Kinder anzugeben. Gott, so hieß es in der Offenbarung, wünsche Mohammeds Ehe mit Zeinab, um die Moslems über den Irrtum ihrer früheren Annahmen aufzuklären. Als Zeinab in die Moschee zog, konnte sie Aischa mit der Bemerkung ärgern, daß ihre Ehe mit dem Propheten von Gott selbst arrangiert worden war.

Die Offenbarung zum zurückgezogenen Leben der Frauen des Propheten erfolgte in der Hochzeitsnacht mit Zeinab. Da Mohammed um das Unbehagen wußte, das diese Verbindung hervorgerufen hatte, waren viele Gäste zur Hochzeitsfeier geladen. Drei dieser Gäste verweilten noch lange nach dem Mahl, versunken im Gespräch, und sie spürten die Ungeduld des Propheten nicht, der mit seiner neuen Braut endlich allein sein wollte. Während Zeinab still in einer Ecke saß und darauf wartete, daß die Gäste gingen, schritt Mohammed aus dem Saal und wanderte in den Hof der Moschee. Er schaute bei Aischa herein, die höflich fragte, wie ihm seine neue Gefährtin gefalle. Mohammed gestand, daß er noch keine Gelegenheit gehabt hatte, sich ihrer Gesellschaft zu erfreuen, und ging, um bei allen seinen Frauen vorbeizuschauen, ehe er in den Festsaal zurückkehrte. Zu seiner großen Verärgerung waren die Gäste noch immer da. Wütend kehrte er in Aischas Zimmer zurück und saß bei ihr, bis schließlich jemand zu ihm kam, um ihm zu sagen, daß die ungehobelten Gäste gegangen waren.

Anas ibn Malik, eine Gefährtin, die den ganzen Vorfall beobachtet hatte, begleitete Mohammed bis zum Brautgemach. Mohammed hatte einen Fuß ins Zimmer gesetzt, als er einen Vorhang zwischen sich und Anas fallen ließ und dabei mit jener Stimme zu zitieren begann, die er für seine Offenbarungen gebrauchte: »O die ihr glaubt! Betretet nicht die Häuser des Propheten, es sei denn, daß euch die Erlaubnis gegeben ward zu einer Mahlzeit, ohne auf deren Zubereitung zu warten, sondern wann immer ihr eingeladen seid, tretet ein zur rechten Zeit;

und wenn ihr gespeist habt, so gehet auseinander und säumet nicht zu weiterer Unterhaltung. Das verursacht dem Propheten Ungelegenheit, und er ist scheu vor euch, jedoch Allah ist nicht scheu vor der Wahrheit. Und wenn ihr die Frauen des Propheten um irgend etwas zu bitten habt, so bittet sie hinter einem Vorhang. Das ist reiner für eure und ihre Herzen.« (Koran; Die Verbündeten; 33. Sure, 55.)

Diese Worte stehen nun eingetragen im Koran als das Wort Gottes. Solche Verse werden von einem gläubigen Moslem natürlich anders gelesen als von einem ungläubigen Außenstehenden. Einem Nichtgläubigen fällt es schwer, sich einen Gott vorzustellen, der sich herabläßt, geringfügigste Angelegenheiten der Etikette zu regeln, als wäre er ein himmlischer Graf Knigge. Doch für Moslems ist es keineswegs ungewöhnlich, daß sich Gott mit einer Situation befaßt, die seinem Propheten offensichtlich Unbehagen bereitete und ihn in Ungewißheit ließ. In diesen letzten Jahren im Leben Mohammeds mußten angesichts der sich rasch ausbreitenden Gemeinschaft viele Fragen bedeutsamer wie unbedeutsamer Natur gelöst werden. Die Offenbarungen aus Medina sind beinahe durchweg unpoetischer und detaillierter als die eleganten Reflexionen der früheren, in Mekka offenbarten Verse. Oft erfolgten sie nun in unmittelbarer Antwort auf neue Schwierigkeiten, denen sich die Gemeinschaft gegenübersah.

Seltsam ist nur, warum in dieser Offenbarung zur Zurückgezogenheit, die so offensichtlich nur Anweisungen für den Propheten enthielt, je eine für alle moslemischen Frauen gültige Vorschrift gesehen werden konnte.

Zu Mohammeds Lebzeiten galt diese Vorschrift mit hoher Wahrscheinlichkeit nur für seine Ehefrauen, und sie sollte ihr Leben völlig verändern. Mohammed hatte Aischa ermächtigt, in seiner Abwesenheit religiösen Rat zu erteilen, und ermunterte Moslems, ihre »halbe Religion von dieser Frau anzunehmen«. Doch nach der Offenbarung über das zurückgezogene Leben konnte sie sich nicht mehr nach Belieben unter die Besucher der Moschee mischen. Manche Frauen, wie etwa Sawdah, die für ihr feines Lederhandwerk berühmt war, hatten mit ihrer Arbeit zum Haushaltseinkommen beigetragen. Die Frauen waren sogar an der Seite Mohammeds in den Krieg gezogen, hatten ihre Gewänder geschürzt, Wasser getragen und für die Verletzten gesorgt. Selbst Fatima kannte das Schlachtfeld und hatte einmal eine blutende Kopfwunde ihres Vaters mit Asche verätzt, eine Volksmedizin, die ihr Können als Krankenschwester verrät.

Nach der befohlenen Absonderung nahm Mohammed nur noch eine oder zwei Frauen für seine sexuellen Bedürfnisse mit auf einen Feldzug, ein Privileg, für das die Frauen durch Ziehen eines Loses ermittelt wurden. Es geschah nach einer dieser Schlachten, daß Aischa sich der größten Herausforderung ihres Ehelebens gegenübersah.

Als das Lager abgebrochen wurde, ging Aischa in die Wüste, um vor dem Marsch noch einmal zu urinieren. Sie eilte ins Lager zurück, merkte aber, daß sie ein Halsband mit Achatsteinen verloren hatte, und kehrte noch einmal um. Als sie schließlich das Halsband fand, hatten die Männer ihr Kamel fortgeführt, da man sie längst in der verhängten Sänfte wähnte. Sie setzte sich in den Sand und wartete geduldig darauf, daß man sie vermissen würde. Einige Stunden später fand ein junger Soldat sie allein in der Wüste und brachte sie auf seinem Kamel zurück in die Stadt.

Ihre Ankunft mit diesem jungen und hübschen Mann sorgte für einen Skandal. Ali, Fatimas Mann, nutzte die Gelegenheit, um Mohammeds wachsenden Zweifel an Aischas Tugend zu schüren. Als der Skandal immer größere Ausmaße annahm, verließ Aischa ihr Zimmer in der Moschee und kehrte in Ungnade zu ihren Eltern zurück, die ebenso rasch mit Vorwürfen zur Hand waren wie die übrige Welt. Der Tratsch hielt über einen Monat an.

Schließlich hatte Mohammed eine Offenbarung, die ihren Namen reinwusch. »Gute Neuigkeiten, o Aischa!« rief er. »Unser allerhöchster Gott hat dich gepriesen.«

»Erhebe dich und gehe zu Mohammed«, drängten ihre Eltern.

»Ich werde nicht zu ihm gehen und ihm auch nicht danken«,

sagte die dickköpfige junge Frau. »Ich werde auch euch beiden nicht danken, die ihr die Verleumdungen geglaubt und sie nicht abgestritten habt. Ich werde mich erheben und nur Gott allein danken.«

Was als »die Affäre der Verleumdung« bekannt wurde, fand Eingang in den Koran. Warum, so fragte Gott die Gläubigen, »fällten die gläubigen Männer und Frauen kein gutes Urteil über Aischa als sie die Anschuldigungen hörten, und sagten: ›Dies ist eine Lüge?‹ Warum haben sie nicht vier Zeugen angeführt?« Seither verlangt das islamische Gesetz für eine Anklage über Ehebruch vier Zeugen: »Weib und Mann, die des Ehebruchs schuldig sind, geißelt beide mit einhundert Streichen... Und diejenigen, die züchtige Frauen verleumden, jedoch nicht vier Zeugen beibringen – geißelt sie mit achtzig Streichen und lasset ihre Aussage niemals gelten...« (Koran, 24. Sure, 3,5.)

In den zwei Jahren nach seiner umstrittenen Hochzeit mit Zeinab legte sich Mohammed fünf weitere Frauen zu, darunter zwei Jüdinnen und eine koptische Christin. Man ist sich unsicher, ob er alle drei Frauen geheiratet oder sich die eine oder andere nur als Konkubine gehalten hat. Maria, die Christin, zog die geballte Eifersucht des Harems auf sich, als sie Mohammed einen Sohn gebar. (Der Junge starb im Kindesalter.) Vor allem Aischa, die kein Kind empfangen konnte, war untröstlich. An einer Stelle beklagt sie sich bei Mohammed darüber, daß sie kein *kunyah,* keinen Mutternamen habe, wo doch all die Witwen den *kunyah* der Söhne trugen, die sie ihren früheren Gatten geboren hatten. Wie die Palästinenserin Rehab heute, so vermißte sie eine solche Auszeichnung schmerzlich. Mohammed sagte ihr, sie solle sich Umm Abdullah nennen, nach dem Sohn ihrer Schwester, dem sie immer sehr nahegestanden hatte.

Aischa muß Maria und ihren Sohn für gefährliche Rivalen im Kampf um Mohammeds Zuneigung gehalten haben. Jedenfalls kam es zu einem Aufschrei der Empörung, als sich herausstellte, daß Mohammed an Aischas »Tag« mit Maria in Hafsas Zimmer geschlafen hatte. Die nachfolgenden Streitigkeiten sowie das Genörgel der Frauen über die quälende Armut ihres Daseins bewirkten, daß Mohammed sich fast einen Monat lang vom

Harem fernhielt und zurückgezogen lebte. Die Gemeinschaft fürchtete, er wolle sich von all seinen Frauen scheiden lassen und die sorgsam aufgebauten Bündnisse über den Haufen werfen.

Schließlich kehrte er aus seiner Einkehr zurück und unterbreitete seinen Frauen ein göttlich inspiriertes Ultimatum: Sie konnten sich von ihm scheiden lassen und eine reiche Abfindung weltlicher Güter erhalten, oder aber sie blieben bei ihm zu den Bedingungen Gottes, und dazu zählte, daß sie nach seinem Tode niemals wieder heiraten durften. Zum Ausgleich dafür würde man sie auf immerdar als »Mütter der Gläubigen« kennen, und im Himmel sollten sie reiche Ernte halten. Alle Frauen entschieden sich, bei ihm zu bleiben.

Es wäre ungerecht, wollte man Mohammeds häusliches Leben als Abfolge von Eifersüchteleien und Skandalen bezeichnen. Der Hadith berichten auch von Augenblicken großer Zärtlichkeit in den kleinen Zimmern rund um die Moschee. Eines Tages, als Aischa und Mohammed leutselig beisammen saßen – sie spann, er flickte eine Sandale –, spürte Aischa, wie er sie mit leuchtenden Augen anstrahlte. Plötzlich erhob er sich und küßte sie auf die Stirn. »Ach, Aischa«, sagte er, »möge Allah dich belohnen. Ich bin kein solcher Quell der Freude für dich, wie du es für mich bist.«

Ein anderer Hadith erzählt davon, wie sich mehrere Frauen mit Mohammed über die Haushaltsfinanzen stritten. Mitten im Streit platzte Omar, Mohammeds gestrenger Leutnant und der Vater von Hafsa, ins Zimmer. Die Frauen hatten Angst vor Omars heftigem Temperament, verstummten sogleich und huschten davon. Omar schrie ihnen nach, sie sollten sich schämen, mehr Respekt vor ihm als vor dem Propheten Gottes zu haben. Doch eine Frau erwiderte aus sicherer Entfernung, der Prophet Gottes sei bekannt dafür, daß er viel sanfter zu Frauen sei als sein tyrannischer Freund.

Als Mohammed erkrankte und im Sterben lag, behielt er anfangs seine Gewohnheit bei, blieb gerecht zu allen Frauen und ließ sein Krankenbett von einem Zimmer ins andere tragen, je nachdem, wer jeweils an der Reihe war, seine Gesellschaft genießen zu dürfen. Doch eines Tages begann er zu fragen, in wessen

Zimmer er am nächsten Tag gebracht werden würde, und den Tag darauf und den Tag danach. Die Frauen spürten, daß er sich ausrechnete, wann er wieder bei seiner geliebte Aischa sein würde. So beschlossen alle, ihre »Tage« aufzugeben, damit Mohammed seine letzten Wochen bei Aischa verbringen konnte. Er starb in ihren Armen und wurde in ihrem Zimmer beerdigt.

Sie war gerade neunzehn Jahre alt. Eine einsame Zukunft lag vor ihr; ohne Kinder und ohne die Möglichkeit, noch einmal heiraten zu können. Geblieben war ihr nur der Einfluß, denn da sie soviel Zeit an Mohammeds Seite verbracht hatte, wurde sie zu einer maßgeblichen religiösen Autorität. Ursprünglich wurden ihr zweitausendzweihundertundzehn Hadith zugeschrieben: Gelehrte des neunten Jahrhunderts erklärten das Wort einer bloßen Frau für bedeutungslos und strichen alle Hadith bis auf hundertvierundsiebzig.

Mit Mohammeds Tod wurde Aischa eine wohlhabende Frau. Sie erbte nichts von Mohammed, der all seine Habe wohltätigen Zwecken vermacht hatte, aber die Gemeinschaft zahlte ihr etwas für die Überlassung eines Teils ihrer Wohnung – in der sie auch weiterhin lebte –, da sich dort das Grab des Propheten befand. Die Summe, zweihunderttausend Dirhams, war so ungeheuerlich, daß man fünf Kamele brauchte, um sie transportieren zu können. Vielleicht fiel die Zahlung auch deshalb so überreich aus, weil Abu Bakr, Aischas Vater, inzwischen Mohammeds Nachfolger oder Kalif geworden war.

Mohammeds Tod entfachte den lange schon schwelenden Machtkampf zwischen Ali und Abu Bakr zu offenem Brand. Fatima, die ein sehr stilles Leben geführt und ihre vier Kinder aufgezogen hatte, stürmte kurz auf die Bühne öffentlichen Lebens, um für Alis Recht auf den Titel des Kalifen zu kämpfen. Zu dieser Zeit waren all ihre Schwestern bereits kinderlos gestorben, so daß sie selbst und ihre Söhne und Töchter die einzigen Nachfahren Mohammeds waren. Sie argumentierte überzeugend, daß Ali Mohammeds Wahl gewesen sei. Sie war es auch, die die Anweisung ihres Vaters verkündete, daß die Führung des Islams in den Händen von Blutsverwandten zu bleiben habe. Die *Shiat Ali* oder Partisanen Alis eilten ihr zur Seite. Ali wollte die

Kluft überbrücken und Abu Bakrs Führerschaft anerkennen, aber Fatima weigerte sich mit jener mutigen Starrköpfigkeit, die auch die modernen Schiiten noch auszeichnet. Überzeugt davon, daß man den Willen ihres Vaters mißachtet hatte, weigerte sie sich, Abu Bakr Gefolgschaft zu leisten. Vielleicht war es eine Folge der nervlichen Anspannung in diesem verlorenen Kampf, daß sie erkrankte und nur sechs Monate nach ihrem Vater starb.

Nicht alle Welt trauerte um das Ableben des islamischen Propheten. In Hadramaut, der südlichen Region Arabiens, färbten sechs Frauen ihre Hände mit Henna wie zu einer Hochzeit, zogen hinaus auf die Straßen, schlugen die Tamburine und feierten voller Freude Mohammeds Tod. Als die Kunde von diesen Feierlichkeiten Abu Bakr erreichte, sandte er seine Reiterei aus, damit sie es mit den »Huren von Hadramaut« aufnehme. Als seine Krieger eintrafen, eilten die Männer der Siedlung ihren Frauen zu Hilfe, aber sie wurden besiegt. Zur Strafe wurden den Frauen die mit Henna bemalten Hände an den Gelenken abgehackt.

Wer weiß, aus welchem Grund diese Frauen ihre schwungvolle und leichtsinnige Feier begingen? Sie mußten jedenfalls geglaubt haben, daß Mohammeds neue Religion ihr Leben beschwerlicher und unfreier gemacht hatte. Und es sollte noch schlimmer kommen, denn die Unterdrückung der Frauen wurde durch den äußerst frauenfeindlichen Omar, Abu Bakrs Nachfolger als Kalifen, umfassend und rechtmäßig in der Religion verankert.

Daß Aischa Omars Anwartschaft auf die Führung unterstützte, zeigt, wie tief ihr Haß auf Fatimas Ehemann Ali war. Sie hatte keine sonderlich gute Meinung von Omar. Da sie wußte, wie grausam er zu den Frauen in seinem Haushalt war, hatte sie listenreich geholfen, eine Verbindung zwischen ihm und ihrer Schwester zu verhindern.

Omar ging auf eine Weise gegen Frauen vor, die offenbar Mohammeds Gepflogenheiten bewußt unterlief. Er erklärte die Steinigung zur offiziellen Strafe für Ehebruch und drängte darauf, daß das abgeschiedene Leben nicht allein für die Frauen des

Propheten zu gelten habe. Er versuchte, die Frauen am Gebet in der Moschee zu hindern, und als dies mißlang, verlangte er getrennte Betführer für Männer und Frauen. Außerdem sprach er sich gegen eine Teilnahme der Frauen an dem Hadsch aus, ein Verbot, das erst im letzten Jahr seines Lebens aufgehoben wurde.

Nach Omars Tod unterstützte Aischa Othman als Nachfolger. Als Othman von Mitgliedern einer rebellischen Gruppierung ermordet wurde, bekam Ali, der nach Mohammeds Tod vierundzwanzig lange Jahre gewartet hatte, endlich seine Chance. Als er der vierte Kalif der Moslems wurde, sorgte Aischas weiterhin bekannte feindselige Haltung dafür, daß die Unzufriedenen sich um sie versammelten. Aischa sprach sich heftig gegen Alis Versäumnis aus, die Mörder Othmans zu bestrafen.

Als der Widerstand gegen Alis Herrschaft wuchs, unternahm Aischa einen tapferen und tollkühnen Schritt, der das Machtverhältnis zwischen moslemischen Männern und Frauen beinahe auf immer geändert hätte.

In einem roten Zelt auf dem Rücken eines Kamels führte sie die Abweichler zum Kampf gegen Ali. Sie ritt ihren Truppen voraus und feuerte sie lauthals an. Ali spürte, welche Wirkung sie auf die Moral seiner Männer hatte, und befahl, ihr Kamel niederzumetzeln. Dann schlug er ihre Armee in die Flucht. Aischas Partisanen wurden zu Hunderten getötet, unter ihnen auch ihre liebsten Freunde und Verwandten.

Diese Niederlage hatte katastrophale Folgen für die moslemischen Frauen. Aischas Gegner konnten nun behaupten, daß es niemals zur ersten Schlacht von Moslems gegen Moslems gekommen wäre, wenn Aischa sich, wie von Gott befohlen, dem öffentlichen Leben ferngehalten hätte. Nach der Schlacht erzählte einer der von Mohammed befreiten Sklaven einen Hadith, der sich als besonders fatal für moslemische Frauen erwies. Der Mann sagte, er sei davor bewahrt worden, sich Aischas Armee anzuschließen, weil er sich an Mohammeds Worte erinnert habe, als die Perser eine Prinzessin zu ihrer Herrscherin machten: »Kein Volk, dessen Angelegenheiten von einer Frau geführt werden, kann gedeihen.« Dieser Hadith des ehemaligen Sklaven mag nun echt sein oder nicht, er wurde jedenfalls gegen jede moslemische Frau angewandt, die politischen Einfluß erreicht hatte. In Pakistan wurde er oft von den Gegnern Benazir Bhuttos zitiert.

Nach der Zerschlagung ihrer Truppen schloß Aischa schließlich Frieden mit Ali. Sie zog sich aus der Politik zurück, blieb aber eine bedeutende Autorität in religiösen Fragen. Den meisten Berichten zufolge war sie in ihrem späteren Leben eine traurige und verschlossene Frau, deren einziger Wunsch es war, von der Geschichte vergessen zu werden.

Es heißt, sie habe geweint, sooft sie die Verse des Korans zitierte: »O Frauen des Propheten... bleibt in euren Heimen.«

5. KAPITEL

Konvertiten

> *»Und heiratet nicht Götzendienerinnen,*
> *ehe sie gläubig geworden;*
> *selbst eine gläubige Sklavin ist besser*
> *als eine Götzendienerin, so sehr diese euch*
> *gefallen mag.«*
>
> Der Koran: Die Kuh, 2. Sure, 222.

Bei Sonnenaufgang, ehe die sengende Sonne niederbrennt und die Dieselabgase schwer in der Luft hängen, riecht Teheran nach frischgebackenem Brot. Vor den Bäckereien in der Nachbarschaft warten die Frauen in einer Reihe, die blumenbestickten Küchentschadors lässig um die Hüften geschwungen. Ihre Gesichter scheinen nicht so abgehärmt wie später, wenn sie sich durch die überfüllte Stadt schieben, beladen mit Paketen und Kindern und den zahllosen Sorgen der Frauen armer Länder. Während dieser Atempause gönnen sie sich das kurze Vergnügen, jemand anderem bei der Arbeit zuzuschauen.

Manchmal, wenn mir die Blicke und Fragen zuviel wurden, denen ich als alleinstehende Frau im Laleh-Hotel ausgesetzt war, machte ich mich auf den Weg in die nördlichen Vorstädte, um bei einer befreundeten Familie unterzukommen. Sie wohnte in einer kurvigen Straße voller Moscheen, Läden und Häuser. Am Morgen folgte ich dann meiner Nase zur nächsten Bäckerei. Der süße Geruch nach verbrannten Brotkrusten und beißender Rauch vom Holzfeuer lagen in der Luft. Drinnen verschwammen die Gestalten der wie am Fließband arbeitenden Männer im Hitzeflimmer. Die Bäcker buken *lavosch,* dünne, flache Brotscheiben, weich wie Papiertaschentücher. Sie arbeiteten wie Jongleure: Ein Junge wog den Teig, ein anderer rollte ihn flach aus, der dritte schleuderte ihn zwischen zwei Stöcken hin und her, um ihn dünn auszuziehen, der vierte klatschte die Oblate an die Ofenwand. Von den Frauen lernte ich, meine Hände mit einer Falte des Tschadors zu umwickeln, ehe ich nach dem heißen Brot griff. Und so trug ich es auch heim zu Mamoudzadehs Frühstückstisch.

Wie alle Häuser in der islamischen Welt wirkte Mamoudzadehs Haus von der Straße her völlig unscheinbar. Das riesige Eisentor schloß die Welt vollständig aus und sicherte die Ungestörtheit der Familie. Das Tor öffnete sich auf einen Hof mit Blumenbeeten, Kinderfahrrädern und einem schattigen Maulbeerbaum, aus dessen Früchten Janet Mamoudzadeh jene Marmelade machte, die so köstlich auf dampfendem *lavosch* schmeckte. Ich schleuderte meine Schuhe auf den Schuhhaufen bei der Tür und trat auf die weichen, handgewebten Teppiche und Kelims. Kaum im Haus, warf ich meinen Tschador auf einen Ständer, an dem zwei oder drei Mäntel und Kopftücher hingen – Janets Alltagsgarderobe –, die züchtigere, nonnenhafte *magneh,* die sie bei ihrer Arbeit als Englischlehrerin an der Grundschule ihrer Tochter trug, sowie der Tschador für religiöse Anlässe.

Janets Mann Mohammed war ein Händler im Bazaar-e-Bazorg – im Großen Basar – und handelte mit persischen Teppichen und ausländischen Währungen. Sie hatte ihn am College in Pittsburgh in Kansas kennengelernt, wo er Ingenieurwissenschaft studierte und sie Informatik belegt hatte. Sie verliebte sich in ihn, trat zum Islam über und zog mit ihm in den Iran.

Janet hatte Mohammed vor der Revolution geheiratet, als es im Iran für Ungläubige noch möglich war, mit ihren moslemischen Ehepartnern zu leben. Heutzutage ist die Bekehrung zum Islam zwingend vorgeschrieben, da es eine dauerhafte Ehe laut schiitischer Auffassung (im Gegensatz zur *sigheh)* nur zwischen Moslems geben kann. Die Sunna des Propheten trägt in dieser Frage nicht gerade zum Verständnis der Koranverse bei.

Der Prophet hatte ein Verhältnis mit mindestens zwei Jüdinnen und einer Christin, aber islamische Quellen sind sich uneins, ob die Frauen zum Islam übertraten oder ob sie, falls sie ihren

eigenen Glauben behielten, anerkannte Ehefrauen waren. Safiyah, die Frau des im Kampf mit den Moslems gefallenen Anführers der Juden von Khaibar, trat zum Islam über und wird in
allen Quellen als wahre Ehefrau des Propheten genannt. Die
Stellung der anderen beiden Frauen ist nicht so klar. Manche
Quellen besagen, Raihanah, die zweite Jüdin, hätte beschlossen,
als Sklavin und Konkubine im Harem zu bleiben, damit sie ihren
Glauben behalten konnte und sich nicht dem zurückgezogenen
Leben unterwerfen mußte. Maria, die ägyptische Koptin, hatte
ihre Religion nie abgelegt und wird stets, außer in den ägyptischen Quellen, eine Konkubine genannt.

Janet ließ sich zum Islam bekehren, da ihr Mann die Kinder
als Moslems erziehen wollte und Janet glaubte, daß die gemein-
same Religion das Leben im Haus harmonischer gestalten
würde. Sie sah ihren Übertritt recht nüchtern. »Allah, Gott – ist
doch dasselbe, nicht wahr? Und wenn man den Koran liest, steht
da auch etwas über Maria und über Jesus – nur heißen sie dort
Maryam und Isa.«

Janets Bekehrung war eine schlichte Angelegenheit gewesen.
Im Wohnzimmer ihrer Familie in Kansas hatte sie vor zwei
Zeugen einfach die *schehada* aufgesagt, das moslemische Glaubensbekenntnis: »Es gibt keinen Gott außer Gott und Mohammed ist sein Prophet.« Da ihr Gatte Schiite war, hatte sie auch
noch den nicht vorgeschriebenen Satz hinzugefügt: »Ali ist der
Freund Gottes.« Sobald sie diese einfache Formel aufgesagt
hatte, war sie eine Moslime. Um eine *gute* Moslime zu werden,
mußte sie sich auch noch an die vier übrigen der Fünf Säulen des
Glaubens halten: fünfmal am Tag beten; im Ramadan fasten;
den Armen Almosen geben – pro Jahr gewöhnlich zweieinhalb
Prozent vom Nettobesitzwert, also nicht nur vom Einkommen –
und wenigstens einmal in ihrem Leben die Pilgerfahrt nach
Mekka antreten, wenn sie sich dies leisten konnte.

Janets Entschluß faszinierte mich, denn eines frühen Morgens
im Winter des Jahres 1984 hatte ich eine ähnliche Entscheidung
getroffen. Ich hatte ein klammes Zimmer in der Vorstadt von
Cleveland betreten, hatte mich in ein gefliestes Becken mit Re-
genwasser untertauchen lassen und mich mit den Worten erho-

ben: »Höre, o Israel: der Herr, unser Gott, ist ein einziger Herr.« Später feierte ich dann mit meinem Rabbi und meinem Verlobten bei Suppe mit Matzobällchen und Kartoffellatkes in einem nahen jüdischen Restaurant.

Meine Bekehrung hatte mehr mit Geschichte als mit Religion zu tun. Wenn ich einen Juden heiratete, so schien es mir auch wichtig, mein Los mit diesem so oft bedrohten Volk zu teilen. Ich wußte damals nicht, daß ich die nächsten zehn Jahre überwiegend im Mittleren Osten verbringen würde, wo mich das Bekenntnis zur Religion meines Mannes automatisch zum Feind der meisten Menschen machte, unter denen wir lebten.

Janet wollte auch auf seiten ihres Mannes stehen. Aber Ende der siebziger Jahre bedeutete ihre Nationalität ein Hindernis, das ihr neuer Glaube nicht völlig überwinden konnte. »Für eine Braut aus Kansas City war es nicht gerade die beste Zeit, um sich in Teheran häuslich niederzulassen«, erinnerte sie sich mit einem gequälten Grinsen. Nur Monate nach ihrer Ankunft wurde die Stadt von Demonstrationen, Bränden und Feuergefechten lahmgelegt. Als Khomeini aus dem Exil zurückkehrte, jubelte Mohammed. Wie so viele junge, gebildete Iraner verachtete er die Korruption des alten Systems und bewunderte die Art, wie Khomeini den Supermächten, die darum wetteiferten, den Reichtum seines Landes auszubeuten, eine Nase drehte.

Janet mußte viele Familientreffen über sich ergehen lassen, auf denen ihr Land verhöhnt wurde. Als ihr Farsi sich besserte, begann sie, Mohammeds Verwandte zur Rede zu stellen. »Sie sagten zum Beispiel: ›Ach, Janet, du weißt, daß wir die Amerikaner lieben, nur die amerikanische Regierung, die hassen wir.‹ Woraufhin ich sagte: ›Wirklich? Nun, in meinem Land, meine Liebste, *ist* die Regierung das Volk.‹«

Als 1979 iranische Studenten die amerikanische Botschaft in Teheran besetzten, empfahl das State Department den US-Bürgern, das Land zu verlassen. Janet sah zu, wie Tausende der im Iran lebenden Amerikaner in einem Exodus die Stadt verließen, in der sie einst ihr Vermögen gemacht hatten. Bald waren nur noch eine Handvoll Amerikaner übrig, die meisten von ihnen Frauen iranischer Männer, die finanziell oder ideologisch zu gebunden waren, um das Land zu verlassen. »Das State Department sagte, wir seien auf uns selbst gestellt, wenn wir bleiben würden. Und das waren wir auch. Aber wenn man seinen Mann liebt, bleibt man eben.«

Allmählich begann Janet, ihrem Leben im Iran angenehme Seiten abzugewinnen. Sie merkte, daß die Iraner die wenigen im Land gebliebenen Amerikaner mit Aufmerksamkeiten überhäuften. Manche Iraner hatten angenehme Erinnerungen an amerikanische Lehrer oder Techniker, die dem Land geholfen hatten, und selbst jene, die in den Amerikanern nur habgierige Ausbeuter sahen, meinten, Janet habe sich durch ihr Dableiben mit dem Iran solidarisch erklärt. Statt Feindseligkeiten zu spüren, war sie überall willkommen – wurde in den Warteschlangen vor Lebensmittelläden nach vorne gedrängt, bekam das beste Fleisch sowie Unterstützung in jeglicher Form. »Sie behandeln mich hier wie eine Königin«, sagte sie.

Doch ihre Eltern daheim in Kansas City davon zu überzeugen war keine Kleinigkeit, besonders nachdem Betty Mahmoody ihren Bericht *Nicht ohne meine Tochter* veröffentlicht hatte. Das Buch beschreibt den Alptraum einer Amerikanerin, die sich einverstanden erklärte, die Familie ihres Mannes in Teheran zu besuchen, um dann festzustellen, daß die iranischen Gesetze sie gefangenhalten, da es Frauen dort verboten ist, das Land ohne die Erlaubnis ihres Ehemannes zu verlassen. Das Buch schildert ein unbarmherzig trostloses Bild vom Leben im Iran, beschreibt dreckige Häuser, Frauen, die geschlagen werden, und von Ungeziefer befallenes Essen.

»Mein Vater rief an und sagte: ›Ich weiß genau, daß Mohammed dich schlägt‹, und ich sagte: ›Dad, er würde mich ebensowenig schlagen, wie du es tun würdest.‹ Ich habe sogar Fotos von unserem Kühlschrank gemacht, um ihnen zu beweisen, wieviel Lebensmittel wir haben.« Sie versuchte, ihnen die Annehmlichkeiten ihrer geräumigen Villa zu beschreiben, den Luxus einer regelmäßigen Putzhilfe und die problemlos zu erhaltende Kinderbetreuung für ihre drei Kinder. Es war ein Leben, um das sie viele Amerikaner beneidet hätten, doch ihre Eltern ließen sich nicht beruhigen. Also war sie einverstanden, sich mit mir zu treffen, da sie hoffte, daß ihre Eltern einer außenstehenden Journalistin mehr Glauben schenkten. Sie lud zu unserem Treffen auch eine Freundin aus Kalifornien ein, die ebenfalls einen Iraner geheiratet hatte.

Janet schrie vor Schreck auf, als sie ihrer Freundin die Tür öffnete. In diesen Tagen fand Khomeinis Beerdigung statt, und ganz Teheran war in schwarze Tücher gehüllt. Schwarzer Trauerflor bedeckte die öffentlichen Gebäude, Männer trugen schwarze Hemden, Frauen räumten ihre bunten Kopftücher für die vierzig Tage der offiziellen Trauer fort und zogen schwarze Tschadors an. In all dieser Düsternis fiel Janets Freundin auf wie ein Clown im Kloster. Sie war einsachtzig groß, im siebten Monat schwanger und trug einen riesigen, mit rosafarbenen und roten Rosen übersäten Kaftan, dazu ein pinkfarbenes Kopftuch, das kaum ihr sonnengebleichtes Haar bedeckte.

»Gütiger Himmel, ich hoffe, Hajji Youssefi hat dich nicht gesehen!« stieß Janet hervor und meinte damit ihre Nachbarin, ein Mitglied des lokalen Komitees zur Überwachung islamischer Disziplin. Die Frau, die ich hier Margaret nennen will, zuckte nur die Achseln und warf sich in einen Sessel. »Und wenn schon?« sagte sie. »Man hat mich auf dem Weg hierher beschimpft; eine alte Vettel im Tschador kam auf mich zu und fragte: ›Wie können Sie sich so anziehen? Wissen Sie nicht, daß der Imam tot ist?‹ Ich sagte: ›Was hat das mit mir zu tun? Ich bin Amerikanerin.‹ Ich erzählte ihr, ich wisse besser als sie, was der Koran zur Kleidung der Frauen sagt, und nirgendwo steht, daß es ein großer alter schwarzer Lumpen sein muß.«

Margaret wußte, was im Koran stand, weil sie jeden Morgen im Schneidersitz auf dem Boden neben ihrer Schwiegermutter hockte und das heilige Buch Zeile für Zeile studierte. Margaret hatte einen aristokratischen Sproß der islamischen Republik geheiratet: den Sohn einer langen Reihe bedeutender Imame. Die Familie ließ der seltsamen Wahl ihres Sohnes so mancherlei durchgehen, da Margaret zweierlei getan hatte, um sich ihre Gunst zu verdienen: Sie hatte sich zum Islam bekehrt und war rasch schwanger geworden. Ihre Schwiegermutter glaubte fest daran, daß die Bekehrung eines Ungläubigen ein Freifahrtschein zum Paradies war, und da ihr bisher kein Kind einen Enkelsohn geschenkt hatte, setzte sie nun große Hoffnungen in Margarets Schwangerschaft.

Margaret sprach auch freimütig über die sexuelle Anziehung, die sie auf ihren Gatten auszuüben glaubte. Sie war in Kaliforniens hedonistischer Strandkultur aufgewachsen und hatte sich ein Sexualrepertoire zugelegt, von dem die unter geistlichem Regime lebenden Iraner nur träumen konnten. »Er läuft mir nach wie ein Welpe«, kicherte sie. All dies bewahrte sie in ihren Augen davor, sich der eisernen Disziplin der iranischen Gesellschaft beugen zu müssen, die Janet kaum in Frage stellte. In Teheran stehen vor allen Regierungsgebäuden weibliche Wachen, die auf strikte Einhaltung der islamischen Kleidervorschriften achten, und Margaret war kürzlich an der Tür zur Post abgewiesen worden, weil sie Lippenstift aufgetragen hatte. »Ich bat um ein Kleenex, und sie sagte: ›Hier hast du dein Kleenex‹ und schlug mir ins Gesicht.« Margaret beschwerte sich bei ihrer Familie, und die Wache wurde entlassen.

Einige Tage nach unserem Treffen in Janets Haus lud ich beide Frauen zum Essen in die Stadt ein. Margaret entschied sich für ihr Lieblingslokal, ein ehemals sehr gefragtes französisches Restaurant mit Leinentischdecken und roten Polsterbänken. Die Kellner begrüßten sie wie eine lange verlorene Schwester. Man machte ihr Komplimente zum farbenfrohen Kleid und fragte, warum ihre beiden Freundinnen solch uneleganten schwarzen Hidschab trugen. Margaret antwortete zungenfertig mit einem Witz auf Farsi. Die Kellner sahen zuerst verdattert drein, dann lachten sie. »Ich habe ihnen gesagt, ihr wärt Arschkriecher«, grinste Margaret.

Doch selbst Margaret sollte erfahren, daß es Grenzen gab. Einmal hätte ihre Respektlosigkeit fast zu weit geführt. Seit Tagen hatte sie sich über ein antiamerikanisches Graffito geärgert, das irgend jemand auf eine Mauer am Ende ihrer Straße gesprüht hatte. Eines Abends nahm sie einen Eimer Farbe zur Hand und änderte die Buchstaben derart, daß daraus eine Beleidigung der iranischen Regierung wurde. Bei Tagesanbruch führte der neue Spruch zum Eklat, und eine Hexenjagd begann.

Margaret war begeistert von dem Wirbel, den sie entfacht hatte, und erzählte alles ihrem Mann, weil sie glaubte, daß ihm der Spaß gefallen würde. »Ich habe gar nicht geahnt, daß er so zornig werden kann«, sagte sie. Wütend hatte er sie angeschrien, sie eine Verrückte genannt: »Willst du, daß man dich umbringt? Es gibt Dinge, vor denen selbst ich dich nicht retten kann.« Am Ende aber gelang es niemandem, den Schuldigen ausfindig zu machen.

Janets Freundschaft gab mir einen Einblick in das Leben der Frauen im Iran. Mohammeds große Familie umfaßte Arme wie Reiche, religiös Überzeugte und Skeptiker. Sooft ich in der Stadt war, galt es als selbstverständlich, daß ich an den Familienereignissen teilnahm.

Jüdin zu sein war für mich etwas Abstraktes geblieben: etwas, das die Art meiner Hochzeit bestimmt hatte und danach einmal im Jahr zu Pessach ein Familienfest bedeutete, Fasten am Jom Kippur, eine gewisse Verlegenheit zur Weihnachtszeit und ein oft unbequemes Wort in einer Rubrik, die ich auf Visaformularen ausfüllen mußte, wenn ich in die Länder des Mittleren Ostens reisen wollte. Doch für Janet bestimmte die Religion den Tagesablauf.

In der Familie Mamoudzadeh führte niemand ein weltliches Leben. Mohammeds Mutter stand täglich vor der Morgendämmerung auf, um sich auf das erste jener fünf Gebete vorzubereiten, die sie Tag für Tag verrichtete. Mohammed und Janet nahmen es damit nicht ganz so genau, aber selbst Janet sagte, sie würde die Augenblicke genießen, die sie mit ihrer Schwiegermutter im Gebet teilte. »So habe ich am Tag einfach einige friedliche Augenblicke«, sagte sie. »Wenn die Kinder rufen oder jemand zur Tür hereinkommt, hebt man einfach die Stimme und sagt ›Allah‹, um anzudeuten, daß man betet, und man wird nicht gestört.«

Um sich aufs Gebet vorzubereiten, wuschen sich Janet und ihre Schwiegermutter sorgfältig, schrubbten sich Gesicht, Füße und Hände, spülten den Mund aus und strichen sich mit feuchten Händen übers Haar. Frauen können im Iran keinen Nagellack tragen, da das Gesetz verlangt, daß die Hände beim Beten rein sein müssen, und eine Lackschicht, so heißt es, sei Schmutz. Am Flughafen werden ausländischen Frauen benzingetränkte Lappen gereicht, mit denen sie sich den Nagellack abwischen können. Doch Parfüm zum Gebet wird akzeptiert, also betupften sich Janet und ihre Schwiegermutter mit etwas Duftwasser, zogen sich ihren hübschesten Blumentschador über, breiteten einen eigens dafür bestimmten Gebetsteppich aus und begannen jene Abfolge von Verbeugen, Hinknien und Hinlegen, die vom melodischen Gedicht der moslemischen Andacht begleitet wird: »Ehre sei Gott, dem Herrn der Schöpfung, dem Gnädigen, Barmherzigen, dem Herrn des Jüngsten Gerichtes ... Dich allein verehren wir, und zu Dir allein beten wir um Hilfe ... Führe uns den gerechten Pfad, den Pfad derer, denen Du wohlgesonnen bist, und nicht jener, die Deinen Zorn geweckt haben ...« Männer müssen die Gebete so deutlich aufsagen, daß man ihre Worte in unmittelbarer Nähe verstehen kann. Frauen, deren Stimmen man für sexuell stimulierend hält, sollen flüstern.

Jedes Jahr gab Mohammed seinen Namen für eine Lotterie an, durch die man die Pilger für den alljährlichen Hadsch auswählte. Der Monat des Hadsch folgt gleich auf den reinigenden Monat Ramadan. Zu dieser Zeit strömen etwa zwei Millionen Moslems aus der ganzen Welt in traditionellen, einfachen weißen Gewändern nach Mekka. Da die politisierte Islaminterpretation der Iraner bei den Saudis nicht sonderlich beliebt ist, erläßt Saudi-Arabien strenge Quoten für die jährliche Anzahl der iranischen Pilger. 1993 wurde endlich Mohammeds Name gezogen. Er wollte seine Mutter und Janet auf die etwa einen Monat währende Reise mitnehmen, aber nachdem Janet von den Pflichten der Pilger gelesen hatte, beschloß sie, nicht mitzufahren. »Die Kaaba zu umkreisen und auf der Ebene von Arafat um Vergebung zu beten ist längst nicht alles«, sagte sie. Pilger mußten nicht nur allem Sex entsagen, »selbst der Gedanke an Sex kann den Sinn deines Hadsch vernichten«. Außerdem durfte es kein verärgertes Wort, keinen böswilligen Gedanken geben. »Ich glaube nicht, daß ich dazu religiös genug bin.« Daher bot sie ihren Platz Mohammeds Schwester an, die sich begeistert zu einem speziellen Hadsch-Kursus anmeldete, um sich entsprechend vorzubereiten.

Fast jede Woche gab es im Leben der Mamoudzadehs irgendeine religiöse, von Ritualen bestimmte Feier aus Anlaß einer Geburt, Verlobung, Hochzeit oder Beerdigung. Während eines einwöchigen Besuchs bei der Familie erfuhr ich sehr viel über das iranische Leben durch zwei äußerst verschiedene Todesfälle.

Mohammed hatte eine Großtante verloren, eine neunzigjährige Matriarchin. Zusammen machten wir uns auf zu ihrer *shabba-haft* – der siebten Nacht –, ein Abend ritueller Trauer, der eine Woche nach dem Todestag begangen wird. Die Kinder der Frau, ihre Enkel und Urenkel waren so zahlreich, daß sich die Versammlung über ihr eigenes großes Haus hinaus auf das Haus einer Nachbarin ausdehnte. Beide Häuser waren mit schwarzem Trauerflor geschmückt, in den Höfen Teppiche und Kissen ausgelegt und fluoreszierende Lichterketten gespannt. Mohammed parkte den Wagen, und dann trennten wir uns; er ging mit den übrigen Männern ins Nachbarhaus – Nachbarn stellten ihr Heim lieber der Männerversammlung zur Verfügung, da Frauen zumeist mit Kleinkindern beladen sind, die oft alles in Unordnung bringen. Janet und ich gesellten uns zu den Frauen und Kindern, die sich ins Empfangszimmer des Hauses der Toten drängten.

Nebenan las ein Mullah den Männern aus dem Koran vor, seine Stimme dröhnte über Lautsprecher in die Versammlung der Frauen. Für eine solche Lesung werden Mullahs mit schönen Stimmen ausgewählt, und nach der Koranpsalmodie begann er, ein schwermütiges, trauriges Lied zu singen, das die Tugenden der Mütter pries. Überall im drangvollen Zimmer schluchzten leise die Frauen. Dann, als das Lied zu Ende war, änderte sich schlagartig die Stimmung. Dienstboten breiteten große Plastiklaken über die Teppiche und legten berghoch beladene Tabletts mit Lamm, Huhn, Reis und Gemüse aus.

Solche Anlässe führen Familien zusammen, aber diese *shabba-haft* zeigte auch, wie sehr zehn Jahre Krieg und Revolution eine iranische Familie auseinanderreißen können. Das Bild von einem Enkel der Toten, einem im Krieg gegen den Irak gefallenen »Märtyrer«, hing in der Mitte der Wohnzimmerwand. Unter dem Porträt saß die Schwester des jungen Mannes, die erst kürzlich entlassen worden war, nachdem sie für den Ruf »Nieder mit Khomeini« eine siebenjährige Haftstrafe verbüßt hatte. Ihr Bruder, der Märtyrer, hatte sie bei den Revolutionären Wachen angezeigt.

»Ähnliches ließe sich in fast allen mittelständischen iranischen Familien finden, wenn man sie nur zum Reden bringen könnte«, sagte Janet. »Die Revolution hat die Menschen hier in leidenschaftliche Anhänger und leidenschaftliche Gegner geteilt, aber alle wohnen unter demselben Dach.« Wir saßen neben der Tante der jungen Frau. Die Tante hatte ihre drei Kinder verloren – zwei kämpften für das Regime, das dritte dagegen. Eine Tochter starb bei der Ausbildung zur freiwilligen Frauenmiliz. Bei ihrer ersten Übungsstunde auf dem Schießstand hatte sie der Feuerstoß aus den automatischen Waffen so erschreckt, daß sie aus dem Graben aufsprang und eine Kugel in den Kopf bekam. Ich erzählte ihrer Mutter nicht, daß ich dort gewesen war, wo ihr Sohn gekämpft hatte. Ich kam von irakischer Seite, da der Iran keine Journalistinnen an die Front ließ. Es war der Nachmittag eines größeren irakischen Sieges, und die iranischen Toten lagen hingestreckt und blutbesudelt in ihren Gräben wie zerfetzte Säcke faulenden Fleisches. Die Iraker hatten bereits damit begonnen, die wenigen Meter eroberter Wüste zu sichern. Riesige Schaufelbagger ratterten über die Leichen, der Sand dahinter schien wie mit einer Paste aus zerquetschtem Fleisch bestrichen. Eine Identifikation bei solchen Leichnamen war unmöglich. Hunderte, vielleicht sogar Tausende junger Männer werden auf immer in diesem Sand »vermißt« sein.

Am schwersten traf sie der Tod ihres zweiten Sohnes. Er war von der islamischen Republik für seine Mitgliedschaft in einer militanten Oppositionsgruppe namens »Volksmudschaheddin« hingerichtet worden. Er sei, so sagte sie, nur ein wirrköpfiger junger Mann gewesen, das Opfer einer gutorganisierten Bande, die von irakischen Almosen lebte und ihre Rekruten einer Gehirnwäsche unterzog. Ich wollte sie fragen, ob sie es der iranischen Regierung vorhalte, keine Gnade gezeigt zu haben, aber Janet, die für mich übersetzte, schüttelte unmerklich den Kopf und stellte diese Frage nicht. Also fragte ich sie statt dessen leise, ob all diese Opfer sich ihrer Meinung nach gelohnt hätten. Sie nickte, ohne zu zögern. »Wir waren das erste Dorf, das die Statue des Schahs gestürzt hat«, sagte sie, »und wir sind von diesem Pfad nicht abgewichen, was die Leute aus dem Westen auch immer denken mögen.« Wir redeten über ihre Arbeit als Lehrerin in der Dorfschule. Da sie ihre Kinder verloren hatte, sagte sie, stelle sie sich nun vor, daß ihre Schüler ihre Kinder seien.

Einige Tage zuvor hatten Janet und Mohammed an einer anderen *shabba-haft* teilgenommen. Anders als bei der neunzigjährigen Matriarchin, die nach angemessener Zeit und sanft zu ihrem Gott einging, war dieser Tod unerwartet und grausam gekommen.

Annahita war erst dreizehn Jahre alt. In den Wochen vor ihrem Tod hatte eine Lehrerin, die Vizedirektorin ihrer Schule, sie enorm unter Druck gesetzt. Zuerst hatte die Lehrerin mit ihr geschimpft, weil sie ihre *magneh* nicht richtig trage, der kapuzenartige Überwurf sei zu weit zurückgezogen, so daß ihr Haar aufreizend hervorquelle. Am nächsten Tag fand die Lehrerin an ihren Schuhen etwas auszusetzen und sagte ihr, sie seien zu modisch für ein züchtiges Schulmädchen. Dann erspähte die Lehrerin eine Gruppe von Mädchen, die aus einem bestimmten Schulfenster sahen, durch das man auf eine von jungen Männern häufig aufgesuchte Gegend schauen konnte. Annahita berichtete ihren Eltern später, daß sie nur in der Nähe gesessen und sich nichtsahnend über ihr Strickzeug gebeugt hätte, als die erzürnte Lehrerin über die Schülerinnen herfiel und sie tadelte, dann Annahita herausgriff, sie demütigte und ihr befahl, vor dem Klassenzimmer stehenzubleiben. Es war Ramadan, und Annahita hatte seit dem Morgengrauen gefastet, hatte noch nicht einmal einen Schluck Wasser getrunken. Sie blieb dort stehen, in der heißen Sonne, bis zum Ende des langen Schultages. An jenem Abend gestand sie ihre Not dem älteren Bruder, einem Medizinstudenten. »Jeden Tag schikaniert sie mich.

Wenn das so weitergeht, mach' ich nicht mehr mit.« Ihr Bruder hatte keine Ahnung, wie ernst sie meinte, was sie sagte.

Am nächsten Tag las die Vizedirektorin Annahitas Mutter die Leviten. Annahita, so die Vizedirektorin, stünde kurz vor einem Schulverweis. Aus ihr würde bestimmt eine Hure. Die Mutter wies die Behauptungen der Lehrerin erbittert zurück und sagte, Annahita ahne noch nicht einmal, daß es so etwas wie ein anderes Geschlecht gäbe: »Sie ist immer noch ein kleines Mädchen«, erzählte sie der Lehrerin. »Ich muß sie auf den Schoß nehmen wie ein Baby und sie festhalten, damit ich ihr die Haare kämmen kann, so wenig interessiert sie sich für ihr Äußeres.« Der Streit dauerte noch an, als eine verstörte Annahita die Schule verließ, heimging, aufs Dach des Hauses stieg und sich hinabstürzte.

Einige Tage später beschwerte sich ein weiteres junges Mädchen über den Druck, der mit Hidschab und sexuellen Vorwürfen auf sie ausgeübt wurde, und brachte sich auf dieselbe Weise um. In ihrer Tasche fand man ein Bild von Annahita, herausgerissen aus einem Zeitungsbericht über deren Selbstmord. Die beiden Fälle lösten eine wochenlange Gewissensprüfung in den iranischen Medien aus. »Wir schicken unsere Kinder zur Schule und hegen tausend Hoffnungen für ihre Zukunft«, lautete die Schlagzeile eines Artikels über die Selbstmorde in einer Zeitschrift namens *Today's Woman.* »Was machen wir falsch?« Aber wie in den meisten Artikeln zu diesem Thema wurde auch diesmal einer überstrengen Lehrerin die Schuld gegeben und eine bessere Lehrerausbildung in Kinderpsychologie gefordert. Niemand stellte die Frage, ob die islamische Last nicht allzu früh und allzu schwer auf den zarten Schultern kleiner Mädchen ruhte.

Als ich Janets Tochter Leila kennenlernte, war sie gerade neun geworden, jenes Alter, in dem Mädchen alle Pflichten ihrer Religion auf sich nehmen. Von einem neunjährigen Mädchen verlangt man im Iran, daß es Hidschab trägt, sich zu den Morgengebeten erhebt und während der Tagstunden des Ramadan fastet. Von Jungen, die man für unreifer hält, verlangt man Fasten und Gebete erst mit Fünfzehn. Nach seiner Rückkehr in den Iran strich Khomeini das Familienschutzgesetz des Schahs aus dem Jahr 1975, das Kinderbräute und Polygamie verboten hatte. Heute ist ein neunjähriges Kind im Iran vor dem Gesetz alt genug, um heiraten zu können.

Leila war im Iran aufgewachsen, verbrachte aber jede zweiten Sommerferien bei den Großeltern in Missouri. In Kansas City genoß sie die sorglosen Spiele ihrer amerikanischen Freundinnen; daheim schlossen sie die Mauern des Hofes ein. Als auf der anderen Straßenseite eine Autoreparaturwerkstatt aufmachte, mußte sie ihr Fahrrad fortstellen. »Da stehen ständig junge Männer, die über ihre Autos reden«, erklärte Janet. »Sollte Leila mit ihren Brüdern auf den Straßen umherfahren, würde man sie anstarren.«

Janet war nicht gerade glücklich darüber, daß ein Haus in ihrer Nachbarschaft zu einer Werkstatt umgebaut wurde, aber sie fühlte sich zu machtlos, um dagegen anzukämpfen. Zum einen war der junge Besitzer ein Kriegsgefangener im Irak gewesen und hatte sein Geschäft mit einem Regierungskredit zur Unterstützung von Kriegsveteranen finanziert. »Außerdem«, seufzte Janet, »hätten die Behörden kein Verständnis, wenn ich ihnen sagen würde, daß ich meine Tochter gern ungehindert draußen spielen lassen möchte. Ihrer Meinung nach gehört Leila ins Haus, ob auf der anderen Straßenseite nun ein Autoladen ist oder nicht.«

Leila besaß bereits ihren ersten Tschador, entsprechend gekürzt und am Saum mit Spitzen bestickt. Sie trug ihn gern. »Ich schätze, sie fühlt sich dadurch erwachsen«, sagte Janet. »Wahrscheinlich sollte ich froh sein, daß sie sich nicht dagegen sträubt.« Janet fragte sich besorgt, wie ihre eigene Entscheidung für den Islam sich letztlich auf ihre Tochter auswirkte, und achtete sorgfältig auf erste Anzeichen einer Rebellion, die Leilas Leben außerhalb des Hauses erschweren könnte.

Doch als Leila vom süßen Kind zum hübschen jungen Teenager heranwuchs, zählte Religion zu ihren Lieblingsfächern in der Schule. Zu den Betzeiten stichelte sie gern gegen ihren vierzehnjährigen Bruder, der die täglichen Gebete noch nicht mitmachen mußte.

»Moma, warum betet Yusef noch nicht?« rief sie dann so laut, daß ihr Bruder sie auch trotz der Fernsehshow hören konnte, die er sich gerade versonnen anschaute. »Er ist noch keine Fünfzehn, er muß noch nicht«, seufzte Janet gereizt. »Aber Moma, unsere Lehrerin sagt, wenn er die Gebete kennt und sie versteht, dann sollte er auch beten, egal, wie alt er ist; und du weißt doch, daß Yusef die Gebete kennt.«

Janet sorgte sich nicht länger um eine eventuelle Rebellion, fürchtete nun aber den Beginn eines engstirnigen Fanatismus, der in der Familie zu Spannungen führen mußte. Janet hatte eine amerikanische Freundin, deren Tochter so extrem fromm geworden war, daß sie sich weigerte, ihre Mutter in die »spirituell verseuchten« Vereinigten Staaten zu begleiten.

Leilas Schultag begann mit Gebeten, danach folgte ein ritueller Singsang »*Marg bar Amrika*« (Nieder mit Amerika!). Ihre Schule, die »Märtyrer des Wissens«, galt innerhalb des iranischen Spektrums als vergleichsweise fortschrittliche Einrichtung, die von ihren Schülerinnen auch nicht verlangte, den Tschador zu tragen. Tschadors für Schulmädchen waren seit einer Serie schwerer Unfälle ein heftig umstrittenes Thema: Die Fahrer hatten in der Dämmerung die kleinen, schwarz verschleierten Gestalten übersehen, die versucht hatten, die stark befahrenen Straßen zu überqueren. Leilas Schuluniform bestand aus einer taubengrauen Tunika, die über der Hose getragen wurde, das Haar verdeckte eine *magneh*. Die Mädchen behielten ihre Kapuzen auf, wenn sie auf dem Pausenhof herumtollten und lachten, obwohl allen Männern, selbst den Vätern der Schülerinnen, der Zutritt zu dieser Schule verwehrt war. Die Schülerinnen betraten den von hohen Mauern umgebenen Hof durch einen verhängten Eingang, der eifrig von einem älteren Sicherheitsbeamten bewacht wurde.

Drinnen fand sich die übliche Grundschuldekoration, ausgeschnittene Tiere und Naturaliensammlungen neben Spruchbändern, die »Nieder mit Amerika!« verkündeten. Aber der offizielle antiamerikanische Eifer der Schule wurde durch den Andrang Lügen gestraft, der stets für Janets Englischklassen herrschte. In Staatsschulen hatte der Englischunterricht in den ersten zehn

Jahren nach der Revolution an Beliebtheit verloren, doch seit Khomeinis Tod kehrte sich diese Tendenz langsam wieder um. An Leilas Schule unterrichteten zwei Englischlehrerinnen, aber Janets Klasse war stets überbelegt, da die Eltern darauf drängten, daß ihre Kinder die Sprache mit dem Akzent des Mittleren Westens erlernten.

»This is a pen! This is a desk! I am a girl!« Dreiundzwanzig sechsjährige Mädchen mit strahlenden Gesichtern, eingerahmt von grauen *magnehs*, sangen im Gleichklang. Janet rief ein Mädchen nach dem anderen auf, damit sie das ABC hersagten oder das ungewohnte lateinische Alphabet an die Tafel schrieben, die zumeist von der verschnörkelten Farsi-Schrift bedeckt wurde. Für diejenigen, die ihre Aufgabe richtig erfüllten, gab es eine Belohnung in Gestalt eines Bonbons und einer Runde Applaus.

Jedesmal, wenn ich Janet sah, schien sie sich ein wenig heimischer in ihrer Gemeinschaft und in ihrem Privatleben etwas zufriedener zu fühlen. Bis heute ist es Leila gelungen, fromm zu sein, ohne einem Dogmatismus zu verfallen. In der familienzentrierten Welt des Iran sahen Janet und Mohammed sich häufiger und teilten sich untereinander die Erziehung gleichberechtigter als die meisten westlichen Paare. Das freitägliche Wochenende war stets ein Familientag, an dem man mit den Kindern in die nahen Berge fuhr, mit ihnen Kebab aß, Verwandte besuchte oder den man einfach nur mit den neuesten Videos zu Hause verbrachte.

»Als ich mit meinem Mann herkam, habe ich es zuerst gehaßt«, gestand eine von Janets Freundinnen, die eines Nachmittags auf eine Tasse Tee vorbeikam. »Ich habe jeden meiner Schritte gehaßt.« Die Frau verließ ihren Mann und kehrte in die Staaten zurück. »Aber als ich wieder drüben war, konnte ich diese Hetze gar nicht fassen. Meine Arbeit erforderte mein letztes Quentchen Energie. Ich sehnte mich nach dem gemächlichen Leben hier, wo erst das Heim und die Familie kommt und die Arbeit irgendwie zwischendurch erledigt wird. Dann bekam ich Krebs, und ich fühlte mich drüben so allein. Ich hatte natürlich Verwandte, aber die konnten meinetwegen schließlich nicht einfach alles stehen und liegen lassen. Immerzu dachte ich, im Iran, da *würde* die Familie alles stehen und liegen lassen. Kaum war ich geheilt, kam ich zurück; es ist wirklich ein gutes Leben hier.«

Aber Erzählungen vom häuslichen Glück geben die ganze Geschichte ebensowenig wieder, wie es Betty Mahmoodys häuslicher Alptraum getan hat. Ich hatte den Kontakt zu Janets Freundin Margaret verloren. Zwei Jahre waren seit unserem ersten Treffen vergangen, als wir eines Tages wieder voneinander hörten und sie mich zu einer *rosee* bei ihrer Schwiegermutter einlud. Für fromme Frauen sind diese Versammlungen – eine Mischung aus nachmittäglicher Teeparty und religiöser Arbeitsgruppe – die wichtigsten Gelegenheiten, sich mit anderen Frauen zu treffen.

Als ich vor ihrem Haus stand, hätte ich die in einen schwarzen Tschador gehüllte Gestalt fast nicht erkannt. Margaret hatte sich das Make-up vom blassen Gesicht geschrubbt und das blonde Haar nach hinten gebunden. Selbst ihre beachtliche Körpergröße wirkte eingefallen durch müde hängende Schultern. Als wir zusammen durch den Hof ihrer Schwiegermutter gingen, bewunderte ich den hübschen, blau gefliesten Brunnen in der Mitte. »Meine Schwiegermutter wäscht sich hier vor dem Gebet. Meine Aufgabe ist es, ihn abzuschrubben, jede einzelne Fliese, um sicherzustellen, daß er *puk*, religiös sauber, ist. Außerdem muß ich jeden Tag alle Teppiche mit dem Ding da abputzen«, sagte sie und zeigte auf einen Strohwisch mit kurzem Griff. »Ich habe einen Staubsauger, darf ihn aber nicht benutzen, da meine Schwiegermutter fürchtet, er könne die Teppiche nicht *puk* machen. Weil ich eine Konvertitin bin, muß ich alles besser erledigen als die gebürtigen Moslems, nur um sie davon zu überzeugen, daß ich nicht doch eine dreckige Ungläubige bin.« Sie klang müde und verbittert. All die muntere Frechheit schien mit den Schimmelflecken auf den blauen Fliesen abgewischt und mit den Staubflöckchen der Teppiche fortgeschlagen worden zu sein.

Sie führte mich in einen Salon, aus dem bis auf einen unbesetzten, reich mit Schnitzwerk verzierten und in schwarzes Tuch gehüllten Sessel alle Möbel entfernt worden waren. Die übrigen Gäste – etwa ein Dutzend Frauen – saßen auf großen Kissen entlang der Wand. Als der Mullah eintraf, zogen die Frauen die Zipfel ihres Tschadors übers Gesicht. Ohne Gruß nahm der Mullah im Sessel Platz und begann mit trauriger, hypnotisierender Stimme zu rezitieren. Nach wenigen Augenblicken schluchzten die Frauen. Margarets Schwiegermutter begann laut zu wehklagen, ihre Schultern zuckten unter dem schwarzen Tschador. Blind tasteten die Frauen unter den Schleiern hervor nach den Kleenexschachteln, die zwischen ihnen auf dem Boden verteilt standen.

Der Mullah erzählte die Geschichte von Hussein, dem Enkel des Propheten Mohammed, dessen Armee durch Verrat vor dreizehnhundert Jahren auf den Ebenen von Karbala besiegt worden war. Jeder Schiite kennt diese Geschichte auswendig. Es überraschte mich daher, daß sie noch solche Gefühlsstürme entfesseln konnte. »Sie weinen nicht nur um Hussein«, flüsterte Margaret, die auf dem Boden neben mir saß, mir zu. »Sie weinen um all die schrecklichen Dinge in ihrem eigenen Leben – die Fehlgeburten; die Kinder, die an Krankheiten starben; der Bruder, der im Krieg getötet wurde; der Mann, der sich scheiden ließ. In einem Dritte-Welt-Land wie diesem gibt es für die Frauen genügend Grund zu weinen.«

Der auf- und abschwellende Gesang des Mullahs steigerte sich zu einem Crescendo und hörte dann plötzlich auf. So abrupt wie er gekommen war, verließ der Mullah das Zimmer. Kaum war er aus der Tür, warfen die Frauen ihre Tschadors ab. Darunter trugen sie strahlend schöne Seidenkostüme, waren behangen mit Perlenketten und Goldreifen. Gleichzeitig setzte man zu einem Dutzend verschiedener Gespräche an. Margaret sprang sogleich auf, ging in die Küche und kehrte mit Schalen voller Obst, mit kleinen frischen Gurken, süßen Kuchen und Tee zurück. Die Gäste richteten ihre eleganten Frisuren, halfen einander mit Taschentüchern bei der verlaufenen Wimperntusche und häuften sich dann Zucker in die winzigen Teegläser.

Nach einer Weile stand ich auf, um nach einem Taxi zu telefonieren. Als einige Minuten später das Telefon klingelte, stupste Margaret mich an und wies mit einem Kopfnicken auf ihre Schwägerin, die ihre Hand sorgfältig mit dem Tschador umhüllte, ehe sie den Hörer aufnahm. »Wieder die Geschichte mit den ›dreckigen Ungläubigen‹«, flüsterte Margaret. »Weil du keine Moslime bist, mag sie nicht anfassen, was du berührt hast, ehe sie nicht Gelegenheit hatte, es abzuwischen – oder es von mir abwischen zu lassen.« So gesehen, dachte ich, war es vielleicht besser, daß Margarets Schwägerin nicht wußte, daß ich eine Jüdin war, sonst hätte sie sich vielleicht bemüßigt gefühlt, das ganze Telefon gleich fortzuwerfen. Die Angst vor einer Verunreinigung durch Juden war für manche Iraner so stark, daß die Regierung lange vor der islamischen Revolution einmal ein Gesetz erließ, das den Juden auferlegte, bei Regen oder Schneeschauern im Haus zu bleiben, damit das Wasser, das ihr Körper berührt hatte, sich nicht mit jenen Gewässern vermengte, mit denen sich die Moslems vor dem Gebet wuschen.

Sobald Margaret alle Gäste auf Anweisung der greisen, auf Kissen in der Ecke ruhenden Schwiegermutter bedient hatte, bedeutete sie mir, ihr zu einem raschen privaten Schwätzchen in ihr Zimmer zu folgen.

Das »Zimmer«, so stellte sich heraus, war ein enger Alkoven, der durch einen fadenscheinigen Vorhang vom großen Salon abgetrennt worden war und den sie mit ihrem inzwischen fast zwei Jahre alten Sohn teilte. Es gab kaum Platz und nur wenig Gelegenheit zu ungestörter Ruhe. Ihr Mann befand sich auf einer längeren Geschäftsreise in Amerika, und statt sie auf einen Besuch zu ihren Eltern mitzunehmen, hatte er beschlossen, sie daheim zu lassen. »Meine Mom ist nicht gerade begeistert«, sagte sie. »Sie ruft mich an und sagt: ›Mußt du wieder seine Verwandten bedienen?‹ Sie weiß, daß man mich hier zu Tode schuften läßt, und will, daß ich nach Hause komme.«

Margaret trat hinter dem Haus auf die Gasse hinaus, um mit mir auf mein Taxi zu warten. Die Küchen der Nachbarn grenzten an diese Gasse, und der würzige Geruch nach persischem Essen hing in der Luft. Als mein Taxi langsam auf uns zuhielt, fragte ich sie, warum sie den Rat ihrer Mutter nicht befolgte und für eine Weile nach Hause fuhr. Sie reckte ihre gebeugten Schultern und massierte sich das Kreuz mit geballter Faust. »Ich kann nicht«, sagte sie. »Mein Mann will es nicht.« Er mußte die Papiere unterschreiben, die sie benötigte, um das Land verlassen zu können. Als sie mir zum Abschied zuwinkte, sah ich ihre Schwägerin in der Tür auftauchen. Margarets Hände flogen in die Höhe, und hastig zerrte sie sich das Kopftuch über einige vorwitzige blonde Haarsträhnen.

6. KAPITEL

Der Dschihad gilt auch für Frauen

»O die ihr glaubt, wenn ihr Allahs (Sache) helft,
so wird Er euch helfen und euch fest Fuß
fassen lassen.«

Der Koran: Mohammed; 47. Sure; 8.

Anfangs hatte Hadra Dawish immer Probleme mit dem Schießen im Liegen. »Ich habe mich immer gefragt, ob meine Uniform
mich auch ganz bedeckt? Ob hinter mir ein Mann hergeht?«

Doch als sie fünf Monate später als Klassenbeste die Militärakademie der Vereinigten Arabischen Emirate abschloß, hatte
Hadra Dawish gelernt, ihren Verstand von allen störenden Gedanken zu befreien und sich einzig aufs Ziel zu konzentrieren.
Sie wußte mit dem Sturmgewehr M-16 umzugehen, mit russi-
schen Panzerabwehrraketen, mit Maschinengewehren, Hand-
granaten und der 9-Millimeter-Pistole. Sie wußte, wie man sich
aus einem schwebenden Hubschrauber abseilte und einen
nächtlichen Spähtrupp durch Wüstengebiet führte. 1992 wurde
sie die erste Frau aus einem Golfanrainerstaat, die zum Offi-
zierslehrgang an der britischen Militärakademie in Sandhurst
aufgenommen wurde.

Niemand schien davon mehr überrascht als Hadra selbst, die
1967 in einem der konservativsten moslemischen Länder geboren wurde. In jenen Tagen lebten die meisten Frauen der Emirate
noch in strenger Abgeschiedenheit. Außerhalb des Familienkrei-
ses trugen sie lange schwarze *abayas* und vor dem Gesicht ein
Schleiertuch. Sogar daheim trugen viele Frauen die *burka* – eine
schwarzgoldene Leinen- oder Ledermaske, die das ganze Ge-

sicht bedeckte und nur die Augen freiließ. Man fand es bereits riskant, eine Tochter auf eine Mädchenschule zu schicken, denn noch vor kaum zehn Jahren hätte eine konservative Familie ihrem Sohn nicht erlaubt, ein Mädchen zu heiraten, das von einem Mann oder einer Frau, die nicht zur Familie gehörten, gesehen worden war.

Hadras Familie war recht fortschrittlich. Man hatte sie auf eine Schule geschickt und ihr die Arbeit als Therapeutin mit behinderten Kindern gestattet – eine Tätigkeit, die keinen direkten Kontakt mit Männern verlangte. Sie ging zur Arbeit im *abaya* und im *nigab*, dem Gesichtsschleier. »Ich habe das nie hinterfragt«, sagte sie. »Ehrlich gesagt, wenn sich die Gelegenheit bietet, ziehe ich mich immer noch gern so an. Für eine Soldatin ist das allerdings unmöglich.« Heute trägt sie Wüstentarnanzüge mit einer lang geschnittenen Jacke, die ihre Körperrundungen verbergen soll. Unter ihrer Armeemütze verbirgt ein eng gewickeltes Kopftuch das Haar.

Hadra wurde aus dem gleichen Grund Soldatin, aus dem die meisten Menschen zur Armee gehen: »Ich liebe mein Land«, sagte sie. »Ich will nicht zusehen, wie es zerstört wird.« 1990 mußte Hadra entsetzt miterleben, wie der Irak in Kuwait einmarschierte. Kuwaits spärliche Truppen, zumeist nur ausländische Rekruten, waren bald überrannt. Kuwaitische Flüchtlinge retteten sich in die Emirate und erzählten Geschichten von Vergewaltigung und Mord.

Die Vereinigten Arabischen Emirate sind das Spiegelbild Kuwaits: reich, winzig, mit großer Anziehungskraft auf Diktatoren. Im Palast des Emiratspräsidenten Scheich Zayed zerbrachen sich Strategen die Köpfe darüber, wie sie ihre eigene kleine Armee von fünfzigtausend Mann vergrößern konnten; immerhin verfügen die Emirate nur über eine halbe Million Einwohner. Zayeds Frau, Sheika Fatima, meinte schließlich, daß es sich die kleinen Staaten nicht länger leisten konnten, auf eine Bevölkerungshälfte zu verzichten. Ihre radikale Lösung: Frauen einberufen.

Sheika Fatima war weder Zayeds erste noch seine einzige Frau. In den Tagen, ehe die Emirate sich zu einem modernen

Staat zusammenschlossen, war der Scheich ein Stammesfürst gewesen und hatte, ähnlich wie der Prophet, oft geheiratet, um Verträge und neue politische Bündnisse zu festigen. Meistens blieben die Frauen einige Jahre bei ihm, ehe er sich dann von ihnen scheiden ließ und sie mit Ehren und einem beträchtlichen Vermögen versehen zu ihren Familien zurückschickte. Doch Fatima hatte sein Herz und auch seinen Respekt gewonnen und wurde so zur ersten offiziellen *First Lady* der Emirate. Sie war noch ein Kind, als sie den Scheich heiratete, und hatte nur über eine geringe Bildung verfügt, die kaum über die Grundkenntnisse im Koranstudium hinausging. Später nutzte sie die Möglichkeiten des Palastes, um sich fortzubilden, und studierte Englisch und Hocharabisch. 1973 gründete sie die »Abu Dhabi Gesellschaft für die Erweckung der Frauen«, die den Analphabetismus ausmerzen und Frauen zu einer Berufsausbildung verhelfen wollte.

Doch selbst in den neunziger Jahren traten die Frauen der Emirate nur zögerlich ins Berufsleben ein. Kaum eine Handvoll hatte eine Arbeit angenommen, die sie mit Männern in Kontakt brachte. Eine von ihnen war eine Freundin von Sheika Fatima, eine Pionierin namens Hessa al-Khaledi, die erste Ingenieurin der Emirate. Mit Zayeds Erlaubnis betraute Sheika Fatima ihre Freundin Hessa mit dem Problem, die Rekrutierung der ersten weiblichen Soldaten der Emirate zu organisieren und die geistliche Führungsschicht mit der Existenz dieser Soldatinnen auszusöhnen.

Hessa ließ sich ein Jahr von ihrer Stelle beim Amt für öffentliche Bauarbeiten beurlauben und beugte sich gleich über ihre islamischen Geschichtsbücher. Es ging um den Dschihad, also den »heiligen Krieg« zur Verbreitung des Glaubens und zur Verteidigung der moslemischen Gemeinschaft. Dschihad ist eine allen Moslems auferlegte Pflicht, kann aber vielerlei Gestalt annehmen. Nach westlicher Ansicht war Dschihad gleichbedeutend mit terroristischen Gewalttaten, ausgeführt von extremistischen islamischen Gruppen. Doch den Glauben lehren oder das Wort durch ein beispielhaftes Leben verkünden sind ebenfalls Formen des Dschihad.

Die Rolle der Frau im Dschihad war schon zu Zeiten des

Propheten umstritten. In den ersten Jahren des Glaubens, als die moslemische Gesellschaft angesichts der Feindseligkeiten anderer religiöser Gruppierungen noch um die eigene Behauptung kämpfte, forderten manche Frauen lautstark ihre Beteiligung am Dschihad ein. Siegreiche Soldaten waren von Gott gesegnet und bereicherten sich durch ihren Anteil am Beutegut der besiegten Armee. Ein Hadith erzählt von folgendem Wortwechsel zwischen dem Propheten und einer seiner Anhängerinnen: »Ich bin die Abgesandte der Frauen. Dieser Dschihad wurde allen Männern zur Pflicht gemacht. Wenn sie gewinnen, wird ihnen eine weltliche Belohnung zuteil, und werden sie umgebracht, leben sie wohlversorgt bei ihrem Herrn. Doch wir moslemischen Frauen, wir dienen ihnen; was bekommen wir dafür?«

Mohammed antwortete: »Übermittle allen Frauen, die du triffst, daß Gehorsam gegenüber ihren Männern und der Dank für ihre Gefälligkeiten dem Dschihad gleichkommt.«

Die moslemischen Behörden der Emirate zitierten diese *hadith* in ihren Einwänden gegen eine Rekrutierung weiblicher Soldaten. Doch Hessa al-Khaledi hielt ihnen historische Belege entgegen, wonach Frauen tatsächlich an der Seite Mohammeds gekämpft und von ihm dafür geehrt worden waren.

Nusaybah bint Kaab ist vielleicht die berühmteste aller moslemischen Kriegerinnen, da sie in der Schlacht von Uhud half, Mohammeds Leben zu retten. Als die moslemische Armee von einem feindlichen Angriff zerstreut worden war, gehörte sie zu den zehn Kriegern, die ihre Stellung hielten und den Propheten mit ihrem Leben schützten. Nusaybah empfing in ihrem tapferen Kampf dreizehn Wunden; der fast tödliche Schwerthieb gegen ihren Nacken brauchte beinahe ein Jahr, bis er verheilt war. Am Tag nach der Schlacht schwebte sie noch in Lebensgefahr, da hörte sie, wie Mohammed Freiwillige zur Verfolgung der Feinde suchte. Sie wollte seinem Ruf Folge leisten, doch der Blutverlust ließ sie in Ohnmacht fallen. In einer späteren Schlacht verlor sie eine Hand. Mohammed hat Nusaybahs Taten zweifellos geschätzt. Er hat sie oft in ihrem Haus aufgesucht und dort mit ihr gegessen.

Frauen zählten auch zu den grausamsten Gegnern der Moslems. Die berüchtigte Hind bint Utbah, Frau des Anführers von Mekka, war in der Schlacht von Uhud eine furchteinflößende Erscheinung und schrie kriegerische Reime, um die Kämpfer auf ihrer Seite anzufeuern und den Feind zu demütigen. Einer ihrer Spottgesänge auf Mohammed ist uns überliefert, in etwas holpriger Übersetzung lautet er:

> Wir schmähen den schuftigen Wicht!
> Seinen Gott wollen wir nicht!
> Seine Religion ist gemein und widerlich!

Omar, Mohammeds frauenfeindlicher Leutnant, ließ sich diese grausame und vielsagende Antwort einfallen:

> Gott verfluche Hind,
> Dies ganz besondere Rind!
> Die mit der Klitoris, der riesigen,
> Und ihren Mann, den soll er auch gleich züchtigen!

Hind ließ sich nicht abschrecken. Als die Mekkaner die Moslems besiegten und ihnen schwere Verluste zufügten, suchte Hind unter den toten Moslems nach dem Mann, der in einer früheren Schlacht ihren Vater getötet hatte. Als sie den Leichnam fand, schnitt sie ihm die Leber heraus, säbelte ihm Nase und Ohren ab und fädelte sie auf Armreifen, die sie trug, als sie sich auf einen Felsen stellte und Siegesreime hinausschrie, während Mohammeds Frauen und andere Moslimen das Schlachtfeld absuchten, um die Leichname zu retten, bevor noch mehr von ihnen geschändet werden konnten.

Es gibt zahllose Geschichten über den Mut moslemischer Frauen auf dem Schlachtfeld. Mohammeds Tante, Safiyah, war die erste Moslime, die einen Feind im Kampf tötete; Asma bin Yazid tötete in der Schlacht von Yarmouk neun gegnerische Männer. Khawla bint al-Azwar ritt mit ins Gesicht gezogenem Mantel in die Schlacht. Als sie über den Feind herfiel, fragten sich Beobachter, wer der tapfere Mann an der Seite des Propheten war.

Nach Mohammeds Tod nahmen auch weiterhin Frauen an Feldzügen teil. Als die Moslems einen persischen Hafen angriffen, ließ eine Gruppe von Frauen, angeführt von Azdah bint al-Harith, ihre Schleier wie Banner im Wind wehen und marschierte geschlossen dem Feind entgegen, der glaubte, es handle sich um Verstärkung.

Mit diesen Beispielen bewaffnet, gelang es Hessa nach und nach, den Widerstand gegen die neue Militärakademie für Frauen zu überwinden. »Ich fragte sie, warum heute verboten sein sollte, was damals nicht verboten war?« Selbst die Konservativen konnten dem Beispiel des Propheten nicht widersprechen. Doch eine Frage tauchte immer wieder auf: Wer würde die Frauen ausbilden? Die einzigen qualifizierten Ausbilder der Emirate waren Männer, und die kamen nicht in Frage. Ein männlicher Offizier konnte kein Fitneßtraining unverschleierter Frauen leiten oder in eine Frauenkaserne stürmen, um Disziplin durchzusetzen; er konnte auch keine Frau berühren, um ihre Schußstellung zu korrigieren.

Die Antwort lag auf der Hand für all jene, die den Einmarsch des US-Militärs im nahen Saudi-Arabien beobachtet hatten. Dort flogen US-Soldatinnen Truppentransporter, warteten Raketenabschußbatterien und fuhren Munition zur Front. Die Emirate fragten die US-Armee, ob sie einige Frauen mit langjähriger Diensterfahrung für die Durchführung einer Grundausbildung freistellen könnte. Fort Bragg entschied sich für zehn Spezialistinnen, deren durchschnittliche Dienstzeit vierzehn Jahre betrug. Ihr Kommandeur, Major Janis Karpinski, diente bereits in Saudi-Arabien.

Hessa hatte dafür gesorgt, daß alle amerikanischen Soldatinnen vor Arbeitsbeginn zwei Tage bei einer Familie der Emirate verbrachten, damit sie wenigstens einen flüchtigen Eindruck vom kulturellen Hintergrund ihrer künftigen Rekruten bekamen. Als Tracy Borum, ein Captain der Militärpolizei von Nashville in Tennessee, vor dem riesigen Haus eines Offiziers der Emirate stand, war sie nervös. »Ich hatte Angst, daß sie mich für eine Frau aus dem Westen halten würden, die in ihr Haus eindrang und ihre Lebensweise in Frage stellte«, sagte sie, statt dessen war sie Ehrengast. Sie ließ sich Kamelfleisch schmecken (»süß und ein bißchen fettig«), probierte eine *burka* an (»ein irres Gefühl – als wollte ich mich vor jemandem verstecken«) und sah den Frauen zu, wenn sie sich parfümierten und zu dem Zweck eine Räucherpfanne unter ihre langen Gewänder stellten (»Ich war überzeugt, daß sie sich in Brand stecken würden«).

Unterdessen prüfte Hessa die Bewerbungen von mehr als tausendzweihundert Frauen, die auf ihre Anzeigen geantwortet hatten. Sie entschied sich für vierundsiebzig Frauen im Alter von siebzehn bis einunddreißig Jahren, deren Bildung von Grundschule bis Collegeabschluß reichte. »Anfangs wollte ich keine Frauen nehmen, die kleine Kinder hatten«, sagte sie, »aber das war unmöglich.« In den Emiraten heiraten die Frauen noch immer ziemlich jung und gründen ihre Familien so bald wie möglich, so daß fast alle Frauen der fraglichen Altersgruppe auch kleine Kinder hatten. Doch da die meisten von ihnen in großen Familien lebten, gab es in fast allen Haushalten genügend Mütter und Tanten, die sich um die Kinder kümmern konnten. Hessa stellte fest, daß viele Bewerberinnen aus Familien stammten, von denen bereits ein Bruder oder Vater im Militär diente. In der ausgewählten Gruppe gab es vierzehn verschwisterte Frauen. Als die US-Ausbilderinnen die Rekrutinnen in drei Züge gliederten, dachten sie zuerst daran, die Schwestern zu trennen, entschieden sich aber dagegen, als sie sahen, daß die Frauen mit Unterstützung ihrer Schwestern besser zu arbeiten schienen. Keine der Frauen hatte Sport betrieben; die meisten hatten noch nie eine Nacht außerhalb ihres Elternhauses verbracht, und Tracy Borum erinnert sich, daß sie auffällig scheu waren. Von Kindheit an hatten sie mit dem Gebot des Korans gelebt, »den Blick zu senken und sittsam zu sein«, und nun brüllte man sie an, die Schultern zu straffen und ihren Offizieren in die Augen zu sehen. »In den ersten Tagen mußte ich die Reihen abgehen und die Kinne anheben, damit die Frauen mich ansahen«, erinnert sich Tracy.

Die Amerikanerinnen mußten einige Punkte in ihrem Programm ändern. »Die Ausbilderinnen blafften die Frauen an, sich in Reih und Glied aufzustellen, und erschreckten damit die

Armen zu Tode«, erinnert sich Janis Karpinski. »Amerikanische Rekruten erwarten das – die haben das alle schon im Kino gesehen.« Die Ausbilderinnen merkten bald, daß sie mehr erreichten, wenn sie jene Rekrutinnen über die Maßen lobten, die es richtig gemacht hatten, als wenn sie jene ausschimpften, die es falsch gemacht hatten. Die Frauen wollten gefallen, das war ihnen anerzogen, stellte Tracy Borum fest, »also versuchten wir, jene Menschen zu sein, denen sie gefallen wollten«. Des weiteren mußte der Ausbildungsplan an die Gebetszeiten angepaßt werden, und im Monat Ramadan mußte schweres körperliches Training auf die Nachtzeit verlegt werden, da die Frauen tagsüber fasteten. Janis Karpinski und einige Ausbilderinnen fasteten tagsüber mit ihren Truppen. »Ich wollte Solidarität zeigen, außerdem wollte ich aber auch genau wissen, in welcher körperlichen Verfassung sie waren. Wenn eine von ihnen sagte, sie könne keinen Lauf über vier Meilen durchhalten, konnte ich ihr sagen, doch, du schaffst das, weil wir das schaffen, und wir fasten auch.«

Außer im Ramadan begann der Tag jeden Morgen um halb sechs mit dem Ruf zum Gebet. Nach dem Gebet stellten sich die Rekrutinnen in schwarzen Trainingsanzügen zum Frühsport auf. »Wir machten Sport, ehe unsere männlichen Verwaltungsbeamten aufkreuzten«, sagte Tracy. So konnten die Rekrutinnen mit unbedecktem Haar trainieren – allerdings hatten sie sich die Kopftücher zumeist um die Hüften gewickelt, man konnte ja nie wissen.

Nur fünfzehn Frauen schieden aus dem Kurs aus. Manche kamen mit der Anwesenheit einiger männlicher Verwaltungsbeamter in der Militärschule nicht zurecht, andere vermißten ihre Familien. Wer blieb, blühte auf. Anfangs hatten die amerikanischen Ausbilderinnen ihre Fitneßziele nach unten korrigiert, um sie Frauen anzupassen, die noch nicht einmal zum Lebensmittelladen zu Fuß gegangen waren, von einem anstrengenden Marsch ganz zu schweigen. Doch schon nach wenigen Wochen wurden die Ziele wieder angehoben, da die Frauen problemlos ihre hundert Liegestützen am Tag meisterten. Eine Rekrutin verlor vierundvierzig Pfund in diesem fünfmonatigen Training.

Als sich der Kurs im Mai 1991 seinem Ende näherte, »erlebten wir diese Metamorphose«, sagte Janis Karpinski. »In den letzten dreißig Tagen sah ich die Frauen nur noch mit straffen Schultern und erhobenen Hauptes.« Als Hadra Dawish Urlaub nahm, um ihre Familie zu besuchen, war man über ihre Verwandlung schockiert. »Sie sagten mir, ich hätte zuviel auf einmal geändert, von der Art, wie ich gehe, bis zu der Art, wie ich mit ihnen umgehe«, sagte sie. »Manches gefiel, anderes nicht.« Am schwersten fand es Hadra, ihre Freundinnen zu überzeugen. Wenn sie in deren vergoldeten Salons saß, ausländische Hausmädchen Schalen mit Süßigkeiten herumreichten, dann schauderten die Freundinnen über Hadras Geschichten von Schützengräben und vom nächtlichen Wachestehen in Wüstenlagern. »Ständig sagten sie zu mir: ›Du mußt da raus, das ist nichts für dich.‹ Aber ich wußte, ich hatte die richtige Entscheidung getroffen.«

Manchen ranghohen Offizieren in der Armee der Emirate fiel es unterdessen schwer, an die hervorragenden Resultate der weiblichen Rekruten zu glauben. Oberstleutnant Mohammed Nasser, Kommandeur der Akademie, gab zu, dieser Sache mit den weiblichen Soldaten von Anfang an skeptisch gegenübergestanden zu haben. »Mir wäre es lieber, die Frauen blieben zu Hause«, sagte er, doch nach und nach mußte er seine Ansicht über die Fähigkeiten weiblicher Soldaten revidieren. Anfangs weigerte er sich, an ihre Leistungen auf dem Schießstand zu glauben. »Wenn ich solche Ergebnisse sehe, achtunddreißig von vierzig Punkten, dann bin ich natürlich erstaunt«, sagte er, schließlich seien die Frauen in einer Umgebung aufgewachsen, in der Mädchen niemals zum Spaß mit einem Spielzeuggewehr zielten. Der Oberstleutnant fragte sich, ob die guten Ergebnisse nicht einen Defekt im neu errichteten Schießstand der Frauenakademie anzeigten. Um dies zu überprüfen, nahm er den Schießstand der Männerakademie in Beschlag und befahl den Frauen, den Test dort zu wiederholen. Und dann sah er mit wachsendem Erstaunen, wie eine Kugel nach der anderen die Mitte der Zielscheibe durchschlug.

Bevor ich in den Mittleren Osten ging, stand ich in jedem Streit stets auf der Seite der Gemäßigten. Trotz niederschmetternder Gegenbeweise (Golda Meïr, Margaret Thatcher) glaubte ich daran, daß eine Welt, in der mehr Frauen in Machtpositionen gelangten, ein friedlicherer Ort wäre. So ist es seltsam und ein wenig traurig, daß von allen Rechten, die eine Frau erstreben kann, Hadra und ihre Freundinnen sich das Recht auf Töten und Getötetwerden erkämpft hatten. Und doch war es unmöglich, sich nicht über die Kraft zu freuen, die die Frauen aus den Emiraten in sich gefunden hatten, über die Fähigkeiten, die sie erlernt hatten, und über das Vertrauen, das in jedem Gesicht zu leuchten schien.

In Eritrea, geduckt in einem Graben, der in eine afrikanische Hügelkuppe gegraben worden war, hatte ich mich schon einmal mit diesem Paradox herumgeschlagen. Nur wenige Meter entfernt starrten äthiopische Soldaten durch ein Fernglas und warteten darauf, daß sich jemand auf unserer Seite rührte. Von den etwa einhundert Soldaten auf eritreischer Seite waren an diesem Frontabschnitt fünfzehn Frauen, darunter der befehlshabende Offizier.

Diese eritreischen Guerillafrauen hatten die schlimmsten Seiten des Krieges kennengelernt. Eine hatte gesehen, wie eine Freundin eine Kalaschnikowsalve mitten ins Gesicht bekam, die ihr den Kiefer fortriß. Eine andere hatte die Hand einer Kameradin gehalten, als man ihr das von einer Mine zerfetzte Bein ohne Betäubung amputierte. Die Frauen sprachen über diese Dinge mit traurigem Pragmatismus. Die meisten von ihnen waren erst nach 1962, dem Beginn der Kämpfe mit Äthiopien, geboren worden und kannten kein anderes Leben als den Krieg.

Wie in den Emiraten hatten die eritreischen Frauen sich den Guerillas angeschlossen, weil sie keine Wahl zu haben glaubten; es gab einfach nicht genügend Männer, um der Macht der größten schwarzafrikanischen Armee trotzen zu können. Ihre Gesellschaft hatte sich vielleicht sogar noch stärker als die der Emirate gegen den Gedanken an Soldatinnen gesperrt. Noch in den sechziger Jahren dieses Jahrhunderts galt eine Frau in eritreischen Dörfern so wenig, daß sie nur dann ein Wort an ihren

Mann richten durfte, wenn es unbedingt nötig war. Aus der Verkündigung des Korans, daß die Menstruation »eine Krankheit« sei, während der sich die Frauen dem Gebet und dem Sex enthalten sollten, hatten die eritreischen Dorfbewohner eine Tradition abgeleitet, derzufolge menstruierende Frauen jeden Monat für eine Woche aus dem Haus vertrieben wurden, um sich Tag und Nacht in eine Grube zurückzuziehen, die den »Unreinen« vorbehalten war.

Als der Krieg mit Äthiopien ausbrach, ließen sich einige Frauen nicht vom Kämpfen abhalten. »Wir wurden gebraucht, also konnten sie sich den Luxus nicht leisten, uns abzuweisen«, sagte Chuchu Tesfamarian, die mit siebzehn eine Guerilla geworden war. Ihr Können als Kämpferinnen gewann den Frauen allgemein neues Ansehen und brach mit vielen Tabus. Das bitterarme Eritrea verfügte nur über wenige Fabriken, doch als Geste der Anerkennung für die Kämpferinnen investierte man einen Teil der geringen Ressourcen in eine Fabrik zur Herstellung von Monatsbinden.

Die Lebensbedingungen an der Front waren grausam. Die Guerillas, schmal und unterernährt nach Jahren der durch Hungersnöte reduzierten Rationen, lebten von einem Linsenbrei, den sie mit schwammigem Brot auflöffelten. Ihr Grabensystem im Stil des Ersten Weltkriegs zog sich mittlerweile entlang hoher Gebirgskämme. Nachschub wurde von Hand über die nahezu senkrechten Felswände gehievt, eine Arbeit, die sich die Frauen gleichermaßen mit den Männern teilten. Alle schliefen auf nackter Erde.

Die Guerillas waren von unterschiedlichster Herkunft. Manche, wie etwa die Idealisten von den Universitäten, die aus dem Exil zurückgekehrt waren, um sich ihnen anzuschließen, fanden es normal, daß Frauen und Männer zusammen kämpften. Andere, einfache Dorfbewohner, hatten Mühe, sich an diesen Gedanken zu gewöhnen.

Ismail Idriss, ein dreiundzwanzigjähriger Ziegenhirt und frommer Moslem, hatte nie mit einer Frau gesprochen, die nicht seiner Familie angehörte, als er plötzlich den Befehlen einer Frau gehorchen mußte. »Über die Kämpferinnen wußte ich von Anfang an Bescheid, ich hatte sie sogar schon gesehen, als ich noch mit meinen Ziegen umherzog«, erklärte Ismail und sonnte sich in einer der seltenen Feuerpausen auf einer Felsbank. »Aber ich hätte nie geglaubt, daß eine Frau einem Mann Befehle erteilen kann.« Ismails Kompaniechefin war eine untersetzte, schweigsame Frau seines Alters namens Hewit Moges, eine Veteranin mit dreizehnjähriger Fronterfahrung, die aus christlichem Hause stammte. »Da ich es jetzt selbst erlebt habe, werde ich mich wohl daran gewöhnen müssen«, sagte er, schien aber bei diesem Gedanken immer noch zu zögern. »Gibt es eine harte Klettertour, rennt sie den Berg hinauf, kommt es zum Kampf, steht sie in erster Reihe, ist jemand verwundet, trägt sie ihn vom Feld.« Er drehte die Handinnenflächen nach oben, hob die Arme und zuckte die Schultern. »Wie kann ich dagegen sein, wenn ich so etwas gesehen habe?«

Einige Abende darauf gönnte sich der Krieg eine seiner seltenen Pausen für eine Hochzeit. Guerillas heiraten immer in großen Gruppen; ein einzelnes Paar könnte sich das traditionelle Festessen mit Ziegenfleisch nicht leisten. Eine junge Tänzerin in einem Kleid aus Kornsäcken mit der Aufschrift »Geschenk der Bundesrepublik Deutschland« hüpfte und wirbelte über den Sand, gefolgt von hundertundzwanzig Bräuten und Bräutigamen, alle mit denselben schäbigen Khakiuniformen bekleidet, die sie noch kurz zuvor im Kampf getragen hatten. Die Paare stellten sich auf, hielten sich an den Händen und warteten darauf, daß der Divisionskommandeur ihre Namen vorlas und sie zu Mann und Frau erklärte. Jedes Paar erhielt eine Hochzeitsurkunde, hergestellt in einer Untergrunddruckerei der Guerillas und versehen mit einem Zitat aus dem Ehegesetz von 1977, demzufolge die Verbindung »der freie Wille der beiden Partner« sei und »auf Liebe beruhe«.

Ich saß im Sand und lauschte der langen Namensliste. Nura Husseini heiratete Haile Gabremichael. Abdullah Doud ehelichte Ababa Mariam. Moslems und Christen heirateten einander zu Dutzenden. »Vielleicht stammen diese Leute noch von Eltern ab, denen man beigebracht hatte, eher zu verhungern, als sein Essen mit einem Andersgläubigen zu teilen«, sagte Chuchu, die neben mir im Sand saß. Doch in den Gräben dieses langen Krieges hatten diese jungen Männer und Frauen viel mehr geteilt: Angst und Siege und den Glauben an ihre Sache. In der Dunkelheit konnte ich gerade noch Chuchus Profil ausmachen. Ein trauriges, halbherziges Lächeln umspielte ihre Lippen. »Es ist nicht alles schlecht, was der Krieg bringt«, flüsterte sie.

Und unglücklicherweise ist nicht alles gut, was der Frieden bringt. 1994 kehrte ich nach Eritrea zurück, das mittlerweile seit fast einem Jahr unabhängig war. Die Hauptstadt Asmara war den Guerillas kampflos in die Hände gefallen. Unversehrt von den Kämpfen, die so vieles im Land vernichtet hatten, glühten die Kolonialgebäude im sanften winterlichen Licht, ergoß sich scharlachrote Bougainvillea hier und da über die Terrakottamauern. Die Straßen waren sauber und sicher, selbst spät am Abend. Während des Krieges hatten sogar Schullehrer eine AK-47 getragen; heute trug keiner mehr Waffen, auch nicht am Flughafen oder vor Regierungsgebäuden. Eines der militarisiertesten Völker der Welt hatte die Waffen abgelegt.

Ausnahmsweise war einmal eine Guerillabewegung an die Macht gekommen und nicht sogleich von ihr korrumpiert worden. Die Führer der Bewegung trugen noch immer die billigen Plastiksandalen, in denen sie auch gekämpft hatten, und keiner von ihnen, der Präsident nicht ausgenommen, bezog ein Gehalt. Wie die übrigen Guerillas widmeten auch sie ihre Arbeit den Anstrengungen des Wiederaufbaus.

Doch für die Kämpferinnen hatte der Frieden einige unerwartete Enttäuschungen gebracht. Zwar bot die neue Regierung Frauen eine politische Beteiligung und neue, gesetzlich festgelegte Rechte an, wie etwa das Recht, Land zu besitzen und zu erben. Außerdem wurde die genitale Verstümmelung in Krankenhäusern verboten, und man finanzierte eine Reihe von Radiosendungen, in denen der moslemische Mufti ebenso wie der christliche Bischof unmißverständlich verkündeten, daß es keine religiöse Verpflichtung zu solcherlei Praktiken gebe.

Trotzdem wogen die allgemeinen gesellschaftlichen Traditionen schwerer als jene Kultur, die an der Front entstanden war. Plötzlich kehrten nun die Guerillas zu Familien heim, die den

Krieg unter der Besatzung äthiopischer Truppen verbracht hatten. Oft standen die fortschrittlichen Sitten der Guerillas im Widerspruch zu den zutiefst konservativen Werten ihrer Eltern. »Meistens respektieren sie uns – sie verstehen, daß wir ein anderes Leben geführt haben«, sagte Rosa Kiflemariam, eine Dreiunddreißigjährige, die acht Jahre an der Front gewesen war. »Aber andere sagen uns: ›Das war damals – und dies ist heute; jetzt müßt ihr wieder so leben wie wir.‹«

1989 hatte Rosa auf einer der Fronthochzeitsfeiern einen Guerillero geheiratet. Das Paar hatte nur einen Monat zusammengelebt, als der Friede kam. Jetzt versuchten die beiden, sich trotz des außerordentlich hohen Drucks ihrer Familien kennenzulernen. Rosas Schwiegermutter paßte es nicht, daß die Frau ihres Sohnes arbeiten ging, und sie wollte, daß Rosa ihre Stelle als Kassenwart in der eritreischen Frauengewerkschaft aufgab. »Jedesmal, wenn wir uns sehen, fragt sie: ›Warum hast du keine Kinder? Warum bleibst du nicht zu Hause?‹«

Vor allem in den Dörfern fiel es den Familien schwer, sich mit den starken jungen Frauen abzufinden, die völlige Gleichberechtigung oder gar Befehlspositionen in militärischen Einheiten gewöhnt waren. In solchen Fällen drängten die Familien auf eine Scheidung und boten ihren Söhnen junge, willfährige Dorfmädchen als Alternativen an, wenn Mann und Frau unterschiedlichen Religionen angehörten.

Für eine junge, unverheiratete Guerilla war die Zukunft nicht einfach. Sie war zwar eine Heldin, doch das steigerte nicht unbedingt ihre Heiratschancen in den Dörfern, die von einer Frau noch immer Bescheidenheit und vor allem Jungfräulichkeit verlangten.

Für Rose und viele andere Frauen hatte ein neuer Kampf begonnen. »Wir müssen darum kämpfen, ihnen klarzumachen, daß alle Menschen das gleiche Recht auf freie Gestaltung ihres Lebens haben. Ich glaube, das ist ein neuer Krieg.«

7. KAPITEL

Eine Königin

*»Ich fand eine Frau über sie herrschen,
und ihr ist alles beschert worden,
und sie hat einen mächtigen Thron.«*
Der Koran: Die Ameise; 27. Sure, 24.

Die uralten Handelswege Arabiens sind heute Straßen voller Schlaglöcher. Auch die langen Reihen aneinandergeketteter stöhnender Kamele, die Mohammed für Khadija vom Küstenhafen zur Festung im Landesinnern führte, sind verschwunden. Statt dessen rumpeln und schieben sich Lastwagen von Akaba nach Mekka durch Diesel- und Staubwolken. Heutzutage dient ein grauer, betonierter Rastplatz für Lkw-Fahrer als Oase, von Palmen oder auch nur einem Grashalm keine Spur.

Um über eine Rebellion zu berichten, fuhr ich im Frühjahr 1989 an einen derartigen Ort – eine elende Barackenstadt namens Maan mitten in der jordanischen Wüste. Der Premierminister Jordaniens hatte den Preis für Benzin angehoben, und Maans Lkw-Fahrer strömten auf die Straßen, um dagegen zu protestieren. Der Aufstand breitete sich von dort über das ganze Land aus und untergrub die Stabilität des Regimes von König Hussein, des dienstältesten Monarchen im Mittleren Osten. Ich hatte die gleiche Geschichte schon ein halbes dutzendmal geschrieben: Ein armes Land benötigte Hilfe, der Internationale Währungsfonds kam und verlangte ökonomische Reformen, stellte harte Bedingungen, gegen die sich die Menschen auflehnten.

Doch als ich in der ausgebrannten Ruine einer Maan-Bank

auf den Überresten eines Stuhls hockte, nahm die Geschichte plötzlich eine andere Wendung. Vor mir saß auf der umgedrehten Lade eines Aktenschranks ein verärgerter Beduine im schmuddeligen Kaftan und spielte mit den Fransen seines *kaffiyeh*. Anfang der Woche war er mit dem Mob durch die Stadt gezogen. »Die Demonstranten wollten natürlich niedrigere Preise. Sie sind arm, und der Preisanstieg stiehlt ihren Kindern den letzten Bissen. Aber das war nicht der einzige Grund.« Er warf einen Blick über die Schulter, um sicherzugehen, daß ihm auch niemand zuhörte. »Sie forderten den König auf, sich von seiner Königin scheiden zu lassen.«

Wie die meisten Korrespondenten im Mittleren Osten war mir vage bewußt, daß König Hussein eine Amerikanerin geheiratet hatte, nur war sie in meinen Augen eher ein fotogenes Thema für die Klatschseiten als eine Frau, deren Namen ich im Zusammenhang mit einer Demonstration gegen eine Preiserhöhung erwartet hätte.

»Die Menschen hier haben viele Fragen an die Königin«, sagte der Beduine, ließ das *kaffiyeh* los und suchte in den Taschen seines Kaftans nach der Gebetskette. Als die Kugeln durch seine fettfleckigen Finger glitten, listete er die Fragen eine nach der anderen auf: »War sie eine Jungfrau, als sie den König geheiratet hat? Ist sie wirklich eine Moslime? Wenn ja, warum trägt sie dann ihr Haar offen? Stimmt es, daß sie das Christentum unterstützt? Ihre Familie stammt aus Halab (der arabische Name für die Stadt Aleppo in Syrien, in der ihr Großvater geboren wurde, bevor er in den Libanon zog), und in Halab wohnten viele Juden. Wie können wir also wissen, daß kein jüdisches Blut in ihren Adern fließt? Man hat uns gesagt, daß die CIA sie geschickt hat, um den König zu vergiften.«

Den Beduinen plagte eine ganze Schar von Schreckgespenstern, die im Mittleren Osten recht häufig anzutreffen sind: Da ist einmal Amerika im allgemeinen und die CIA im besonderen; ferner die Juden, und sind es keine Juden, dann die Christen sowie die weibliche Sexualität – zum einen die Angst vor einer »Vergangenheit«, aber auch die Furcht vor Emanzipation, wie sie ein fehlender Schleier signalisiert.

Es fiel mir schwer, sein Genörgel ernst zu nehmen, doch hatten sich im Iran und in Ägypten der Unmut der Bevölkerung zuvor schon einmal auf eine Frau konzentriert; zumindest hatte die Kritik an diesen Frauen wie ein Barometer das drohende Unwetter angezeigt. Kaiserin Farah und Sadats Frau Jehan waren beide betont moderne Frauen in prominenter Position gewesen, die sich für Reformen eingesetzt hatten. Doch wie hatte sich Königin Noor eine derartige Schmährede verdient?

Mit vierundfünfzig Jahren war ihr Mann König Hussein der große Überlebenskünstler des Mittleren Ostens. Als Dreizehnjähriger war er nur knapp jenem Kugelhagel entgangen, in dem sein Großvater starb. Mit Fünfzehn erbte er 1952 einen wackligen Thron, 1967 hat er den Verlust der Westbank – sein halbes Königreich – an Israel überdauert, 1970 einen bewaffneten Aufstand von palästinensischen Flüchtlingen überlebt, und 1989 wurde er der dienstälteste Monarch des Mittleren Ostens. »Er hat all jene zu Grabe getragen, die behauptet hatten, daß er sich keine Woche halten würde«, sagte der Israeli Dan Shifton, ein Kenner Jordaniens. Nur Tage nach Beginn der Rebellion veranlaßte der königliche Überlebenskünstler das Nötige: Er entließ den Premierminister Zaid Rifai und versprach seinen aufgebrachten Untertanen die erste allgemeine Wahl seit zweiundzwanzig Jahren. Ich fragte mich, ob seine Ehe mit Noor, die vierte und bisher längste, ebenfalls dem Interesse seines Überlebenskampfes geopfert werden mußte.

Als der Aufstand ausbrach, waren König und Königin in Washington zum Abendessen im Weißen Haus eingeladen. Bilder von einer strahlenden Noor im marineblauen Chiffonkleid und die Nachricht, daß ihre Schwester am Arm des Filmproduzenten George Lucas zum Essen erschienen sei, fachten das wütende Gerede über amerikanische Moral und Extravaganz nur noch weiter an.

Ich hatte regelmäßig vergebens um ein Interview mit dem König gebeten und erwartete auch diesmal keine Antwort, schickte aber erneut ein Telex und bat, auch die Königin sehen zu dürfen, um sie zu fragen, wieso sie die Aufmerksamkeit der

Aufständischen auf sich gezogen hätte. Zu meiner Überraschung erhielt ich beinahe postwendend Antwort: Beide Hoheiten waren bereit, mich zu empfangen, und ein Wagen aus dem Palast würde vor dem Hotel auf mich warten.

Außer meinem Tschador hatte ich stets mein sogenanntes »Königskostüm« dabei – ein dezentes italienisches Seidenensemble, das sich in eine Ecke der Reisetasche stopfen ließ und ganz respektabel aussah, sobald die Hotelwäscherei es aufgebügelt hatte. Ich zog das Kostüm an, dazu Pumps, die ich seit meiner Hochzeit nicht mehr getragen hatte, und ging hinunter zum pistolentragenden Soldaten am Steuer eines silbergrauen Mercedes.

Der königliche Palast liegt auf einer Hügelkuppe unweit vom Zentrum der alten Stadt Amman, deren römischer Name Philadelphia lautete – die Stadt der brüderlichen Liebe. Der königliche Hof erledigt seine Geschäfte hinter hohen Eisentoren, die wohl eher gegen brüderlichen Haß schützen sollen. Ich war schon zuvor auf dem Palastgelände gewesen, hatte bisher aber nur den Amtsbereich des Königs, den Diwan, kennengelernt, wo tscherkessische Soldaten mit hohen Pelzmützen Wache standen und unterwürfige Höflinge auf den Ruf des Königs warteten. Ich hatte angenommen, daß unser Treffen in dem mit Bücherwänden gesäumten Büro des Königs stattfinden würde. Aber der Wagen brauste an der breiten Treppe zum Diwan vorbei und setzte mich unter den dröhnenden Rotoren eines Black-Hawk-Hubschraubers ab. Der König saß bereits im Pilotensitz. »Kommen Sie an Bord«, rief er und wies auf den Sitz an seiner Seite.

Der König schob den Steuerknüppel vor, und bald schwebten wir über dem Palast und Ammans engmaschigen Waben flacher Häuser. Nur Sekunden später war die Stadt unter uns verschwunden, und wir huschten über uralte Olivenbäume und ausgebleichte, weiße Steinrücken dahin. Fast-Food-Läden mit Namen wie »New York New York-Pizza« und riesige Supermärkte mit Brezeln in den Tiefkühltruhen gaben Jordanien eine vertraute, westliche Fassade. Doch die moderne Oberfläche ist dünn wie eine Staubschicht, und darunter liegt eine alte, biblische Landschaft, bevölkert von Stämmen, die wie seit alters her von ihren Ziegen und mit ihren Blutsbrüderschaften lebten.

Winston Churchill prahlte oft damit, daß er Jordanien an einem Sonntagnachmittag mit einem Federstrich geschaffen habe. Bei einem Treffen in Kairo 1921 hatten Churchill und T. E. Lawrence (Lawrence von Arabien) die amöbenhafte Kontur Transjordaniens auf die Karte der Arabischen Halbinsel gekritzelt, um ihrem Verbündeten Abdullah, der Lawrence im Ersten Weltkrieg im Kampf gegen die Türken beigestanden hatte, zu einem Thron zu verhelfen. Abdullahs Vater, Sherif Hussein, ein direkter Nachfahre Mohammeds in der fünfunddreißigsten Generation, hatte über Mekka und die Hedschas-Region geherrscht, bis die al-Sauds aus der Nefud-Wüste über ihn herfielen und ihn verdrängten.

1951 wurde Abdullah von einem Palästinenser ermordet. Sein Sohn Talal war geistesgestört und dankte knapp zwei Jahre später ab. So erbte der jugendliche Hussein den Thron eines Staates, in dem die Wüstenaraber, zu denen er selbst gehörte, zahlenmäßig bald den palästinensischen Flüchtlingen unterlegen waren, die nach jedem Krieg mit Israel über die Grenze strömten. Als einziges arabisches Land bot Jordanien den palästinensischen Flüchtlingen von der Westbank die Staatsbürgerschaft an. Doch im »Schwarzen September« 1970 glaubte König Hussein, daß die Palästinenser die Kontrolle über sein Königreich übernehmen wollten. Er schlug den Aufstand brutal nieder, und es gab zahlreiche Opfer.

Ich starrte auf den Sturzhelm des Königs; von hinten war in Druckbuchstaben »Hussein I.« darauf zu lesen. Im Westen fiel es leicht, im König einen aalglatten, in Harrow und Sandhurst geschulten Diplomaten zu sehen, doch hier draußen war er eine weit mächtigere Gestalt: die göttliche Verkörperung seines Vorfahren Mohammed, Vorbeter, Kriegsherr und Vater aller Stämme. Solch ein Führer muß mit den Augen seines Volkes gesehen werden, aber Hussein hatte sich so sehr in die Außenpolitik verstrickt, daß er den Kontakt mit seinem Volk verloren hatte. Nun machte er sich daran, diese Kluft wieder zu überbrücken.

Die Vereinigten Staaten von Amerika scheinen stets aufs neue überrascht, wenn ein von ihnen unterstützter Herrscher gestürzt wird. Teilweise liegt dies gewiß daran, dachte ich, daß wir diese Männer immer nur so sehen, wie sie sich in den Verhandlungen mit dem Westen zeigen. Uns fehlt das Gespür dafür, wie sie auf ihr eigenes Volk wirken: diese riesige Wählerschaft, der letztlich auch die größten Diktatoren verantwortlich sind.

Als Hussein den Hubschrauber am Rand einer Wüstenstadt absetzte, übertönten die Rufe der wartenden Menge selbst das Rattern der Rotoren. »*Bil rub, bil damm*...« (Mit unserer Seele und mit unserem Blut... opfern wir uns dir, o Hussein!) Im Staubwirbel wirkten die Gesichter, die sich zum König emporreckten, entstellt, fast schmerzverzerrt. Leiber drängten sich vor, wurden von Soldaten zurückgehalten, die auf Schädel einschlugen, als hätten sie es mit den Todfeinden der Nation zu tun. Gewöhnlich wirkte der König ernst, grau, doch jetzt strahlte er, er riß sich den Sturzhelm ab, warf sich ein rotweißes *kaffiyeh* über die Halbglatze und stürzte sich in die Menge.

Ich stieg hinter ihm aus dem Hubschrauber und wurde beinahe im selben Moment von ihm und dem engen Kreis der Leibwächter getrennt. Die Menge bewegte sich wie ein einziges, tobsüchtiges Wesen, schloß sich unmittelbar hinter dem König zusammen und trug ihn davon. Ich spürte, wie ich in die andere Richtung gedrängt wurde. Ich hörte den Fledermausschrei zerreißender Seide, als sich die Jacke meines »Königskostüms« am Knauf eines Beduinendolchs verfing. Ich stolperte auf den Pumps einher und versuchte, mein Gleichgewicht zu wahren. Ein stämmiger Soldat der Leibwache des Königs entdeckte mich, fluchte, hieb sich eine Bahn durch das Gedränge, packte mich mit einer Hand, ließ mit der anderen weiterhin Schläge auf die Menge niederregnen und schob mich zurück in den Kreis, den die Leibwächter um den König bildeten.

Die Menschenwoge trug uns auf eine Ansammlung von Zelten zu. Als wir näher kamen, wurde der allgemeine Gesang von einem gurgelnden Stöhnen übertönt. Unmittelbar vor dem König sank ein Kamel taumelnd in die Knie, brach – wie ein aufblasbares Spielzeug, aus dem die Luft herausgelassen wurde –

langsam in sich zusammen und fiel mit leisem Platschen in der schimmernden Pfütze seines eigenen Blutes zu Boden. In den langgeschwungenen Hals des Tieres hatte der Ritualdolch des Schlächters die Parodie eines Lächelns geritzt. Wie die Tradition es verlangte, schritt der König durch das Opferblut des Willkommens, und die Leibwächter schoben mich hinterher. Als ich Tage später meine Schuhe auspackte, meinte ich noch immer auf halber Hackenhöhe den rostfarbenen Pegelstand des Blutes erkennen zu können.

Als wir in den Schatten eines Zeltes aus schwarzem Ziegenfell traten, schenkte uns ein Stammesangehöriger im weißen Kaftan mit zitternder Hand aus langschnabliger Kanne Kaffee in winzige, henkellose Tassen ein. Heftig zitternd führte er die Tasse an den Mund und leerte sie aus, um uns zu beweisen, daß ihr Inhalt nicht vergiftet war. Dann goß er, immer noch zitternd, eine zweite Tasse für den König ein.

Dieser lange, glühendheiße Tag verflog wie im Traum mit lauter malerischen Szenen aus *Tausendundeiner Nacht*: Ein barfüßiger Poet sang seine Gedichte zum Lobe des Königs; eine alte Beduinin, in schwarzes Tuch gehüllt und das Gesicht mit blauen Tätowierungen verziert, drückte dem König eine Bittschrift in die Hand; beim Essen tauchte der König eine Hand in eine Schale voller dampfender Lammköpfe auf Reisbergen; Stammesmitglieder, die alt genug waren, um seine Väter sein zu können, küßten ihn ehrerbietig auf Schultern und Nase, redeten ihn aber in ihrer gleichberechtigten Wüstenart mit seinem *kunya* Abu Abdullah an.

Ich weiß nicht mehr, wie viele Siedlungen wir aufsuchten, wie oft wir mit dem Hubschrauber von einer zur anderen jagten, während die ernste Miene des Königs mit fortschreitendem Tag immer mehr von ihrem Grau verlor. Am späten Nachmittag überraschte es mich dann beinahe, als der Hubschrauber wieder auf Amman herabschwebte und die sanfte Stimme des Königs mich bat, mit ihm al-Nadwa, seinen rosafarbenen Steinpalast, aufzusuchen. »Noor wartet auf uns«, sagte er.

Auf dem breiten Flur wies er mir diskret den Weg zum Bad, dann eilte er über die persischen Teppiche davon, vorbei an den

Schaukästen mit antiken Gewehren und Schwertern, die imposante Treppe hinauf, immer zwei Stufen auf einmal, wie ein kleiner Junge.

Ich bespritzte mein Gesicht mit warmem Wasser, das aus goldenen Hähnen strömte, und griff nach einer goldenen Bürste auf der schimmernden Marmorablage, um mein windzerzaustes, staubverkrustetes Haar in Ordnung zu bringen. Als ich mich wieder blicken ließ, schwebte die Königin in einem langen, nach palästinensischer Art geschnittenen Kleid mit pflaumenfarbenen und mattgoldenen Streifen die Treppe herunter. Ihr Haar war von hellerem Gold und fiel ihr offen auf den Rücken. Sie war eine beeindruckende Frau, schlank und hochgewachsen – mindestens zehn Zentimeter größer als ihr Gatte. Auf offiziellen Porträts wirkte sie immer kleiner àls er, und ich fragte mich, ob er dann auf einer Kiste stand.

Sie lächelte und streckte mir die Hand zu einem festen Händedruck hin. »Ich fragte Seine Hoheit, wie es Ihnen geht, und er meinte: ›Na ja, sie ist ein bißchen eingestaubt‹«, sagte sie. »Aber so sehen Sie gar nicht aus. Lassen Sie uns im Garten miteinander reden. Das ist das beste Zimmer im ganzen Haus. 1970 mußte oben in allen Fenstern kugelsicheres Glas eingesetzt werden. Wahrscheinlich wirkt es deshalb drinnen ein wenig bedrükkend.«

Sie trat durch eine offene Glastür auf die Terrasse, die in Rasen und Blumenbeete überging. Die Nachmittagssonne sorgte für mildes Licht. Wir spazierten hinüber zu einer Sitzgruppe vor einem duftenden, wild wuchernden Jasminstrauch. Ich legte mir mein Notizbuch auf die Knie. »Sie brauchen einen Tisch«, sagte sie, entdeckte ein gußeisernes Gartenmöbel am anderen Ende des Rasens, ging hinüber, wuchtete den Tisch in die Höhe und scheuchte den bestürzt dreinschauenden Dienstboten fort, der ihr zu Hilfe eilen wollte. Sie war schon immer sehr sportlich gewesen: Cheerleader und 1969 Mitglied der Hockeymannschaft der ersten gemischten Klasse in Princeton sowie eine begeisterte Skiläuferin in jenem Semester, in dem sie als Kellnerin in Aspen gearbeitet hatte. Heute ging sie reiten, spielte Tennis oder machte zwei- bis dreimal die Woche Aerobic.

Ein Dienstmädchen brachte mir frischen Orangensaft in einem mit Goldrand verzierten Glas. Die Königin nippte an einem streng riechenden Kräutertee, blickte mich aus ihren grünen Augen an und legte mir einfach und direkt ihre Gedanken über die Rebellion dar, über deren Bedeutung und Folgen. »Wir flogen gleich von Washington nach Hause«, sagte sie. »Und kaum war ich angekommen, nahm mich eine Freundin zur Seite und erzählte mir, was los war – diesen völligen Unsinn, der über mich verbreitet wurde.« Die Freundin war Leila Sharaf, Jordaniens einzige weibliche Abgeordnete und eine Vertraute der Königin. »Manches davon war so absurd, daß man es schon mit Humor nehmen muß, will man sich davon nicht deprimieren lassen. Ich meine, über Menschen in meiner Position wird immer geredet, egal, was ich tue.«

Es war kein Geheimnis, daß es Ammans Oberschicht lieber gewesen wäre, wenn der König keine Außenseiterin, sondern eine Tochter aus den eigenen Reihen geheiratet hätte. Husseins erste Frau war die um sieben Jahre ältere Dina Abdul Hamid gewesen, eine Intellektuelle ägyptischer Herkunft mit Universitätsabschluß. Nach achtzehn Monaten und der Geburt einer Tochter kam es plötzlich zur Scheidung. Dina machte gerade Urlaub in Ägypten, als sie von der Trennung erfuhr; später behauptete sie, sie habe ihre Tochter in den folgenden sechs Jahren nur einmal sehen dürfen. Die nächste Wahl des Königs fiel auf Toni Gardner, neunzehn Jahre alt und Tochter eines britischen Offiziers. Der König lernte sie beim Tanzen kennen und schlug alle Warnungen über die möglichen Fallstricke einer solchen Beziehung in den Wind. Er nannte sie Muna al-Hussein, arabisch für »Husseins Wunsch«. Sie bekam zwei Söhne sowie Zwillingstöchter, doch 1972 ließ der König sich von ihr scheiden, um eine Jordanierin palästinensischer Herkunft namens Alia Toucan zu heiraten.

Alia war die erste Frau, der er den Titel einer Königin verlieh. Sie war die perfekte Wahl, um die Wunden des Schwarzen Septembers zu heilen und das Königreich auf altehrwürdige Stammesart wieder zu versöhnen. Ihr Sohn Prinz Ali wurde 1975 geboren und nahm fortan nach Husseins Bruder, Kronprinz Hassan, den zweiten Platz in der Thronfolge ein. Alia gebar auch eine Tochter und zog ein Baby auf, dessen Mutter bei einem Flugzeugunglück ums Leben kam. Sie hatte in ihrem Leben eine Menge böswilligen Klatsch ertragen, doch ihr plötzlicher Tod bei einem Hubschrauberunglück im Februar 1977 sorgte dafür, daß sie als große Liebe des Königs und ideale Königin des Landes in Erinnerung blieb.

Daher trat die sechsundzwanzigjährige Lisa Halaby keine leichte Nachfolge an, als sie den König nur sechzehn Monate später heiratete. Ihrer Herkunft nach war sie kaum auf das vorbereitet, was sie erwartete, denn sie entstammte einer begüterten und einflußreichen Washingtoner Familie. Ihre Mutter, die Tochter eines eingewanderten Schweden, heiratete Najeeb Halaby, den Sohn eines syrischen Immigranten, und ließ sich später wieder von ihm scheiden. Najeeb verkörperte die typische Erfolgsgeschichte des amerikanischen Schmelztiegels, sprach außer Englisch keine weitere Sprache und brachte es zu einflußreichen Positionen. Er wurde Vorsitzender der Pan Am und war unter den Präsidenten Kennedy und Johnson Direktor der Bundesflugbehörde. Seine Interessen galten der Innen-, nicht der Außenpolitik, und seine Tochter konnte sich kaum an ein Gespräch daheim über die Probleme des Mittleren Ostens erinnern. Trotzdem hielt sie störrisch an ihrem arabischen Erbe fest. »In den fünfziger Jahren ging es überall um Konformität, und wahrscheinlich habe ich mich dagegen aufgelehnt«, sagte sie. »Als alle so sein wollten wie die anderen, hielt ich mich an das, was mich anders machte.« Eine Zeitlang versuchte sie gar, ihre amüsierten Mitschüler in der Washington Cathedral School dazu zu bringen, sie Lisa, Mensch aus Halab, zu nennen, da so die wörtliche Übersetzung ihres Nachnamens aus dem Arabischen lautete.

In Princeton studierte sie Architektur und Städteplanung und arbeitete nach ihrem Abschluß während vier Jahren überall auf der Welt als Konstruktionszeichnerin, war in Teheran an der Stadtplanung und in Sydney an Architekturprojekten beteiligt. In Jordanien nahm sie eine Stelle als Designerin bei der nationalen Fluggesellschaft an. Auf einem Empfang zur Feier der Lieferung von Jordaniens erstem Jumbo-Jet stellte Najeeb Halaby seine Tochter König Hussein vor. Der König lud sie zum Essen in seine Residenz ein und blieb fünf Stunden mit ihr zusammen, zeigte ihr den Palast und stellte sie seinen Kindern vor. In den nächsten Wochen aßen die beiden beinahe täglich gemeinsam zu Abend. Danach brausten sie mit dem Motorrad über Ammans Hügel, in diskreter Distanz gefolgt von den Leibwächtern.

Lisa arbeitete weiterhin bei der Fluggesellschaft, wohnte im Hotel Intercontinental und hielt die Affäre geheim. Rebecca Salti, eine mit einem Jordanier verheiratete Amerikanerin, hatte sie damals recht gut kennengelernt und erinnerte sich, Lisa in jenem Sommer vor dem Hotel getroffen zu haben. »Es war schrecklich heiß, und wir beide setzten uns einfach auf den Bürgersteig und schwatzten über dieses und jenes. Wenn ich heute daran zurückdenke, so scheint sie mir doch etwas abwesend gewirkt zu haben.« Einige Stunden später verkündete der königliche Palast offiziell die Verlobung von König Hussein mit der Frau, die von nun an den Namen Noor al-Hussein, das Licht Husseins, tragen sollte. In der offiziellen Verlautbarung hieß es, daß Noor dem islamischen Glauben beigetreten sei.

»Als er mir einen Antrag machte, habe ich lange und gründlich darüber nachgedacht«, sagte Noor. »Nicht etwa, weil ich an meinen Gefühlen gezweifelt hätte; die waren so stark, daß ich wohl mehr an ihn als an mich dachte. Aber ich war mir nur zu deutlich bewußt, daß ich nicht dem Bild einer typischen, traditionellen Frau entsprach. Ich wollte nicht, daß er meinetwegen Ärger bekam.«

Doch dazu war es nun gekommen. Dabei ließ sich gar nicht genau sagen, was eigentlich falsch gelaufen war. Anfangs nahm das jordanische Volk sie sehr herzlich auf. »Mit einer solch überwältigenden Zuneigung hatte ich nicht gerechnet«, sagte sie und dachte an die frühen Tage ihrer Ehe zurück. Andere Menschen in Jordanien können sich ebenfalls daran erinnern. »Sie wollte eine Ansprache auf arabisch halten, geriet mittendrin ein wenig durcheinander und sah aus, als würde sie gleich in Tränen ausbrechen«, erinnerte sich Metri Twall, ein junger Geschäftsmann aus Amman. »Das gesamte Publikum hielt zu ihr. Die

Leute riefen: ›Mach dir nichts draus, wir lieben dich, du machst das prima!‹ Außerdem gefiel diesem familienbesessenen Volk, daß sie in sechs Jahren vier Kinder gebar.«

Damals, in den Jahren des Ölbooms, konnten sich clevere Jordanier mit ihrer Arbeit am Golf ein Vermögen verdienen. Wenn sie heimkehrten, bauten sie sich Villen, verschönten sie mit Bougainvilleasträuchern und legten sie mit dicken Teppichen aus, die die Schritte philippinischer Dienstboten dämpften, so daß einzig das Plätschern dekorativer Springbrunnen zu hören war.

In dieser Zeit demonstrativen Konsums wirkte Noor anfangs längst nicht so prunksüchtig wie die Elite ihrer neuen Untertanen. Ihre Hochzeit im Juni 1978 fiel nach königlichen Maßstäben recht bescheiden aus und fand in den Gärten des Palastes der Königinmutter statt. Fotos von Verlobung und Hochzeit zeigen eine recht unköniglich wirkende Braut mit geschrubbtem Gesicht und glattem Haar. Doch dieser ungekünstelte Studentenlook sollte bald verschwinden. Da die Medien eine neue Grace Kelly verlangten, fanden internationale Fotografen wie Norman Parkinson mit berühmten Make-up-Künstlern im Gefolge ihren Weg nach Jordanien. Anthony Clavet, der sich darauf spezialisiert hatte, Prominenten wie David Bowie und Sophia Loren ein charakteristisches Aussehen zu geben, verhalf Noor zu elegantem, königlichem Glanz, der von ausgewähltem Schmuck und der Mode französischer Couturiers noch unterstrichen wurde. Der König und seine Frau gehörten zum internationalen Jet-set: Man konnte sie ebenso an ihrer Londoner Adresse gegenüber vom Kensington Palace antreffen wie in ihrem Schlupfwinkel in der Nähe von Wien oder unter den Superreichen an Floridas Palm Beach.

Doch inzwischen waren die Zeiten in Jordanien härter geworden. Der Ölboom ging zu Ende, den cleveren jungen Jordaniern, die ihr Vermögen am Golf gemacht hatten, fehlte es nun an Arbeit, und sie blieben zu Hause. Geplatzte Träume zeugen Enttäuschung, und Enttäuschung führt zum Fundamentalismus. Dazu kam, daß Amerikas Unterstützung des Staates Israel stets vorhandene antiamerikanische Gefühle schürte.

Nach Beginn der Rebellion schien jedermann in Amman bereit, die Königin als Modepüppchen anzuprangern. »Sie ist unsere Imelda Marcos geworden«, höhnte ein junger Geschäftsmann, und selbst Regierungsbeamte fielen in den Chor ein. »Die Menschen erinnern sich an das junge Mädchen, das in Bluejeans herkam. Sie hatten mit jemand Bodenständigem gerechnet und keine Frau erwartet, die sich mit Juwelen behängt und nach Europa jettet«, sagte ein prominenter Politiker.

Überall in der Stadt, sagte er, erzählte man sich die neueste Ungeheuerlichkeit. Während der König in Kuwait weilte, um Unterstützung für Jordaniens kränkelnde Wirtschaft zu erbitten, sei die Königin einkaufen gegangen. »Sie hat sich ein Schmuckstück im Wert von einer dreiviertel Million Dollar gekauft«, sagte er. »Eine kuwaitische Zeitung konnte den Scheck an sich bringen und druckte ihn mit der Überschrift: ›Der König bettelt, die Königin verschleudert‹.« Ich fragte ihn, ob er mir eine Ausgabe dieser Zeitung borgen könnte. »Na ja«, sagte er, »eigentlich habe ich den Artikel nicht selbst gelesen. Aber ein Freund von mir.« Während der nächsten Tage verfolgte ich diesen Artikel durch ganz Amman. Der Freund verwies mich an einen Nachbarn, der mich wiederum zu einem Ladenbesitzer schickte, der schwor, daß sein Sohn mir den Artikel geben könnte. Konnte er nicht. Ich versuchte es mit allen arabischen Pressediensten und hielt Rücksprache mit den Presseattachés der ausländischen Botschaften. Nichts. Schließlich nahm ich mir das kuwaitische Telefonbuch vor und rief alle Zeitungen der Emirate an, eine nach der anderen. Bei jeder Zeitung bekam ich die gleiche Antwort: Nein, solch ein Artikel sei nie erschienen. Doch in den Köpfen der Jordanier war er so real, als hätten sie den eselsohrigen Ausschnitt selbst in den Händen gehalten.

Im Garten gesellte sich der König zu uns. Jetzt warf er mit seiner leisen, tiefen Stimme ein: »Es ist doch nur natürlich, daß man sich eine Person in meiner Nähe als Zielscheibe sucht.« Die uralten Bande zwischen den Beduinen und ihrem Anführer, vor allem einem vom Propheten abstammenden Anführer, sorgten dafür, daß jede direkte Kritik starken Tabus unterworfen worden war. Frauen dagegen waren eine leichte Beute. Wann immer im Mittleren Osten etwas schieflief, hatten die Frauen als erste darunter zu leiden. Eine fundamentalistische Revolution konnte nicht die Wirtschaft eines Landes im Handumdrehen retten, aber sie konnte den Frauen befehlen, einen Schleier zu tragen. Wenn die Jordanier zufrieden waren, konnten sie nicht ihren König bestrafen, aber sie konnten seiner Frau das Leben zur Hölle machen.

König Hussein war stets ein umgänglicher Herrscher gewesen, der die westlichen Medien kannte und selten eine Gelegenheit ausließ, seine Ansicht der Verhältnisse im Mittleren Osten darzulegen. Doch in den späten achtziger Jahren schienen sich die Dinge zum Schlechten zu wenden. Als ich 1987 Korrespondentin für den Mittleren Osten wurde, konnte man nur noch schwer zu ihm vordringen, so sehr schirmte ihn eine schier unüberwindbare Schar von Höflingen ab. Sie waren allesamt Männer im mittleren Alter und gehörten zum gleichen Typ – intelligent und elitär, aber dem König fast hündisch ergeben. Der gefeuerte Premierminister Zaid Rifai war ein ausgezeichneter Diplomat, der scharfsinnig die launischen Stimmungsschwankungen der gefährlichen Nachbarn Jordaniens analysieren konnte – sei es nun Syrien, Irak, Israel oder Saudi-Arabien. Doch seine Innenpolitik war katastrophal; er mißtraute dem einfachen Volk von Jordanien und mißachtete die öffentliche Meinung. Während seiner Amtszeit wurden Presse und Fernsehen völlig kontrolliert, und schon ein Hauch von Kritik, vor allem von Bürgern palästinensischer Herkunft, führte zu Gefängnisstrafen. Was für eine Ironie, dachte ich, daß ich 1987 und 1988, als Israel eigentlich einen Bürgerkrieg gegen seine Palästinenser führte, jedes Flüchtlingslager in der Westbank oder im Gazastreifen aufsuchen konnte und geredet habe, mit wem ich reden wollte. Doch auf der anderen Seite des Flusses Jordan brauchte man für eine Fahrt zu einem Palästinenserlager eine Besuchserlaubnis und eine furchteinflößende Eskorte aus Geheimpolizisten, deren Anwesenheit jede Chance auf eine offenherzige Diskussion unmöglich machte. Die Aufstände waren auch eine Reaktion auf Rifais Regime, und der König hatte die Beschränkungen der Meinungsfreiheit bereits gelockert.

Hussein betrachtete seine Frau, als wollte er sich für das entschuldigen, was sie seinetwegen auszuhalten hatte. »Es ist traurig und schwer für Noor, die hier wie auch überall in der Welt so viel für Jordanien getan hat.«

Noor gab zu, daß sie einen Teil der Kritik akzeptierte und versuchte, zwischen Verhalten zu unterscheiden, das sie ändern wollte, und solchem, das sie nicht bereit war aufzugeben. Sie hatte sich mehr oder weniger entschlossen, ihren Stil, nicht aber die Substanz zu ändern. Nach den Aufständen trug sie nur noch Kleider, die fast ausschließlich in Jordanien hergestellt worden waren, ob Ballkleider oder Bluejeans. Die großen Juwelen verschwanden in irgendeinem Gewölbe, um etwa einfachen, von ihren Kindern ausgesuchten und mit Ornamenten bedeckten Armreifen Platz zu machen. Gleich nach unserer ersten Begegnung lud sie mich ein, mit ihr nach Jerash zu fahren, um die Vorbereitungen für das diesjährige Kulturfestival in Augenschein zu nehmen. Sie trug einen wadenlangen khakifarbenen Rock, meiner dagegen reichte nur bis auf die Knie. Amüsiert sah ich am nächsten Tag ein Foto in der Zeitung, das mich hinter der Königin zeigte. Man hatte die Fotografie retuschiert und mir sittsame Hosen angezogen. Offenbar war man in diesen Dingen so empfindlich, daß selbst jemand aus dem Gefolge der Königin bedeckt sein mußte.

Doch die Königin war nicht bereit, der Forderung nach islamischen Kopftüchern nachzukommen. »Ich habe es bisher weder mit der einen noch mit der anderen Seite gehalten, und daran werde ich jetzt nichts ändern«, sagte sie. »Ich halte es für möglich – und ich glaube, ich schaffe dies auch –, einen Kompromiß zu schließen zwischen dem, was in diesem Land Tradition hat, und dem, was mit meiner Arbeit vertretbar ist.«

Diese Arbeit – ihre Projekte – sollte fortgesetzt werden, auch wenn sie, wie sie versonnen sagte, »manche Jahre braucht, bis sie verstanden wird«. Nach der Hochzeit mit dem König hatte sie ihn gefragt, was sie machen sollte. »Er sagte: ›Ich denke, du wirst dich schon für das Richtige entscheiden‹«, erinnerte sie sich. Damals hatte ihr sein Vertrauen großen Auftrieb gegeben, doch ihre ersten Gespräche mit Regierungsbeamten waren weniger ermutigend. Ein Minister riet ihr dringend, ihre öffentliche Rolle auf das gelegentliche Durchschneiden eines zeremoniellen Bandes zu beschränken.

»Das hätten alle verstanden«, sagte Ranya Khadri, eine jordanische Jurastudentin. »Wenn man einfach nur zu Hause sitzt und Kinder bekommt, freuen sich alle. Doch sobald eine Frau in dieser Gesellschaft etwas anderes versucht, setzt sie sich Tratsch und Kritik aus.«

Doch Noor konnte sich ein Leben ohne Arbeit nicht vorstellen. »Ich habe immer gearbeitet«, erklärte sie. Zuerst unterstützte sie Projekte, die mit ihrer früheren Tätigkeit zusammenhingen: Städteplanung, Bauvorschriften und Umweltbelange. Als ihre Kinder geboren wurden, interessierte sie sich mehr und mehr für die Themen Mutter und Kind, Gesundheit und Erziehung, danach war es die Frage nach Ausbildung und Beschäftigung der Frauen, später Sport und Kultur. 1985 stand sie bereits einer großen Stiftung vor, deren Büro sich im neu eingerichteten Palast des ehemaligen Königs Abdullah befand. Ihre Projekte drehten sich vorzugsweise um Frauen, besonders um die Frauen der abgelegenen ländlichen Gebiete. Viele Beduinen hatten es aufgegeben, mit den Jahreszeiten umherzuziehen, und ließen sich nun das ganze Jahr über in provisorischen Lagern nieder, denen es an Transportmöglichkeiten, an sauberem Wasser und medizinischer Versorgung mangelte. Lisa Halaby, die Städteplanerin, sah diese Orte und entwarf sie im Geiste neu; Noor, die Königin von Jordanien, drängte die Politiker dazu, ihre Vorstellungen Wirklichkeit werden zu lassen. Die Männer, die in Jordanien den Ton angaben, waren es nicht gewöhnt, von einer jungen Frau Befehle entgegenzunehmen.

Und die Männer, deren Frauen sie half, waren auf die Folgen ihrer Hilfe oft nicht gut zu sprechen. Ein Projekt zur Förderung der Teppichknüpferei auf der sturmgepeitschten Höhe von Jebel Bani Hamida wurde ein durchschlagender Erfolg, denn die Frauen konnten die Arbeit daheim an einfachen, traditionellen Webstühlen verrichten. Die Königin hatte bei Design und Organisation geholfen und schließlich die Teppiche als Geschenk für Jordaniens offizielle Besucher aufgekauft. Außerdem hatte sie die Frauen besucht, sich zu ihnen in den Staub gesetzt und ihren Problemen zugehört. Das Geld für diese Teppiche ging direkt an die Frauen und gab ihnen zum ersten Mal in ihrem Leben ein gewisses Maß an Unabhängigkeit. Eine der Frauen kaufte sich mit dem Geld für ihren ersten Teppich eine Busfahrkarte in die Stadt, um eine Scheidung zu beantragen.

Noor hatte noch andere Interessen, die den religiösen Extremisten nicht sonderlich behagten. So hatte man gedroht, das Kulturfestival von Jerash zu stören, dessen oberste Schirmherrin sie war. Das Festival war von Jahr zu Jahr größer geworden und lockte traditionelle Künstler, wie etwa arabische Dichter, an, aber zunehmend auch europäische Kulturschaffende, unter anderem Ballettgruppen aus dem Ausland, deren Vorführung die Fundamentalisten unanständig fanden. Diese hatten sich auch gegen die Gründung eines Internats für Stipendiaten ausgesprochen, die von der Königin unterstützt worden war. Die Schule sollte gemischt sein – undenkbar für islamische Fanatiker. Zu der »Förderung des Christentums«, die dem Beduinen in Maan solche Kopfschmerzen bereitet hatte, gehörte die Zusammenarbeit mit religiösen Gruppierungen wie den Mennoniten, den Anglikanern und den Anhängern der römisch-katholischen Kirche, die alle ein Flüchtlingshilfswerk in Jordanien unterhielten.

Sooft Noor von ihrer Bekehrung zum Islam sprach, betonte sie die Vereinbarkeit des Islams mit den Werten der judäischchristlichen Tradition, in der sie aufgewachsen war, und redete davon, wie notwendig es sei, »ein angemessenes Bild« vom Humanismus und universellen Charakter des Islams zu verbreiten. Sie kritisierte die »Extremisten«, die, wie sie sagte, ein verzerrtes Bild des Glaubens wiedergaben.

Ihre abrupte Rückkehr aus Washington während der Rebellion bescherte ihr einen Kalender mit lauter leeren, unverplanten Tagen. Sie mußte sich entschließen, wie sie die Zeit nutzen wollte: sich vor der Kritik verstecken oder ihr entgegentreten. Sie stellte sich. »Vielleicht wäre es leichter, sich ein wenig zurückzuziehen oder ein wenig kürzer zu treten«, sagte sie und betrachtete ein Beet hellrosafarbener Rosen, »ich hätte mehr Zeit für die Kinder« – ihre eigenen Kinder waren mittlerweile neun, acht, sechs und drei Jahre alt. »Ich könnte mehr Sport treiben oder gar ein Buch lesen. Aber ich fühle mich für die jungen Leute verantwortlich, die an dieselben Ideale glauben wie ich, aber nicht die Macht haben, sie verwirklichen zu können. Wenn ich aufgebe, lasse ich sie im Stich – vor allem die Frauen.« Ihr erster öffentlicher Auftritt war gut verlaufen. »Ich war so erleichtert, als ich spürte, daß all dieser Unsinn über mich keine Wirkung gehabt hatte – Gott sei Dank. Ich fürchtete, die Gerüchte könnten die Haltung der Menschen zu mir verändert haben. Aber es war nur eine Laune, die kam und wieder ging ... allerdings sollte man nie vergessen, daß die Menschen so reagieren können.«

Als ich sie später ein wenig besser kennenlernte, gestand sie mir, daß sie daran gedacht habe, ihren Kritikern eine völlig andere Antwort zu geben: ein weiteres Baby. »Ich dachte, das wäre etwas, womit ich sie zufriedenstellen könnte.« Aber letztlich entschied sie sich dagegen. »Ich hätte gern noch ein Baby, aber ich will auch ein gutes Vorbild für die Familienplanung geben«, sagte sie. Ich lachte und meinte, die elf Kinder des Königs würden aber sehr dagegen sprechen, doch sie wies darauf hin, daß die Fruchtbarkeitsrate – Jordanien hat eine der höchsten der Welt – sich nach den Kindern der Frauen und nicht nach der der Männer errechnet. »Nach jordanischem Maßstab sind vier Kinder noch eine große Kleinfamilie. Hätte ich fünf, wäre es eine kleine Großfamilie.«

An diesem Abend im Garten deutete sie an, daß die Rebellion keineswegs eine solche Katastrophe für sie bedeutete, wie ich angenommen hatte. Ich fragte den König, ob seiner Meinung nach die Aufstände eine einmalige Gefühlsaufwallung seiner Untertanen gewesen seien oder ob es erneut zu Unruhen kommen würde. »Ich denke, es war eine einmalige Geschichte«, sagte er, aber die Königin schüttelte den Kopf. »Ich glaube, davon solltest du nicht ausgehen, Sidi«, sagte sie. Sidi bedeutet Führer, und so wurde der König von seinen engsten Vertrauten genannt. Ich fragte mich, ob sie als einzige den Mut aufbrachte, ihm zu widersprechen. Sie fuhr fort, daß viel davon abhänge, ob das Volk an die Verwirklichung der versprochenen Änderungen glaube, und sprach begeistert von dem Entschluß des Königs, Wahlen auszurufen und die Meinungsfreiheit für die lokale Presse zuzulassen. Einige Tage zuvor war eine kritische palästinensische Journalistin, deren Paß konfisziert und deren Karriere von Zaid Rifais Regierung beendet worden war, vom Palast zu einem versöhnlichen Treffen eingeladen worden. »Ich habe mich so gefreut«, sagte Noor. »Genau dafür habe ich mich stets eingesetzt, und Seine Hoheit hat auch nie etwas anderes für Jordanien gewollt. Aber manche Menschen in seiner Nähe haben sich immer sehr bemüht, gerade solche Dinge zu verhindern.«

Wenn man zwischen den Zeilen las, so wurde deutlicher, was geschehen war: Es hatte Spannungen zwischen den westlichen Wertvorstellungen der Königin und Zaid Rifais autoritärer Haltung gegeben. Die Aufstände bewiesen, daß die Königin recht und Rifai unrecht hatte. Rifai mußte gehen; die Königin würde bleiben.

Noch im selben Jahr trug die demokratische Initiative des Königs Früchte, und es kam zu einer Wahl, nach der die islamischen Hardliner im Parlament in der Überzahl waren. Kurz vor der Wahl hatte eine Abordnung liberal gesinnter Jordanier im Palast vorgesprochen, um über die Verfolgung von Toujan Faisal zu berichten, einer Kandidatin, deren Kampagne für mehr Frauenrechte sie zur Zielscheibe extremistischer Drohungen und Schikanen gemacht hatte. Am Abend vor dem Urnengang trat Hussein im Fernsehen auf und warnte vor religiösem Extremismus. Die Teilung seines Landes entlang religiöser Fronten, sagte er, wolle er nicht hinnehmen, so lange er lebe. Die Extremisten schienen seine Warnung verstanden zu haben und verzichteten auf Gewalt gegen Toujan oder ihre Anhänger.

Bis zum August 1990 blieb in Jordanien eigentlich alles beim alten, die fundamentalistischen Parlamentarier machten ihre Vorschläge – so wollten sie etwa männliche Friseure für weibliche Kunden verbieten –, und die restliche Gesellschaft verwarf ihre Ideen und lebte weiter wie bisher. Die Meinungsfreiheit sorgte dafür, daß dem fundamentalistischen Programm ein frischer Wind entgegenblies, und offenbar fielen die meisten Menschen nicht auf die Extremisten herein. Eine Initiative, die den islamischen Block bei den religiösen Jordaniern viel Glaubwürdigkeit kostete, war der Vorschlag, Vätern den Besuch der Sportfeste ihrer Töchter zu verbieten. »Soll das heißen, die glauben, ich hätte eine so schmutzige Phantasie, daß man mir nicht einmal zutrauen kann, meiner Tochter beim Basketball zuzuschauen?« schäumte ein äußerst frommer Vater, der den islamischen Block zuvor recht wohlwollend unterstützt hatte.

Doch dann marschierte Saddam Hussein in Kuwait ein, die Vereinigten Staaten entsandten Truppen nach Saudi-Arabien, und Jordanien erlebte eine Welle der Sympathiekundgebungen für den Irak. Ich ging in eine der größten Moscheen Ammans und hörte, wie der Prediger die riesige Menge aufpeitschte, sie in antiamerikanische Ekstase versetzte und der US-Regierung warnend zurief, daß sie ihre »Schweine, so Gott will, nur in Särgen zurückbekommt«.

So bot sich der Königin eine ideale Gelegenheit. Plötzlich konnte sie ihrer Wahlheimat helfen, wie es keinem arabischen Prinzen möglich war. Als Washington den König kaltstellte und seinen Außenminister James Baker sowie andere offizielle Vertreter in alle Länder der Region, nur nicht nach Jordanien schickte, bestieg sie ein Flugzeug, flog in ihre alte Heimat und warb bei Senatoren und Kongreßmännern um Verständnis für das Bemühen des Königs um eine diplomatische Lösung. Es war interessant, die öffentliche Aufmerksamkeit auf diesen Reisen mit jenen Artikeln zu vergleichen, die anläßlich ihres ersten Besuches in Washington nach ihrer Hochzeit geschrieben worden waren. »Ich freue mich auf ein Kind von ihm«, flötete 1978 die Zeitschrift *People* in einem Artikel, der sich mit den Gedanken der Königin über Sport und Einkaufsbummel befaßte. Doch diesmal sprach sie vor der Brookings-Institution, und als sie in *Nightline* auftrat, wurde sie nicht nach Frisuren und Kindererziehung gefragt, sondern mußte knallharten Fragen nach Jordaniens Außenpolitik Rede und Antwort stehen. Sie hielt sich gut, bewahrte Haltung und blieb klar.

Kaum wieder in Amman, ermunterte sie den König, alle Journalisten umfassend zu informieren, die durch Jordanien als einzigem Tor zum Irak, das die UN-Sanktionen noch offengelassen hatten, nach Bagdad hasteten oder von dort zurückkehrten. Sie veranstaltete Abendessen im engen Kreis von zehn, zwölf Journalisten und bat den König dazu, damit er seine Version der Ereignisse geben konnte.

Ich sah sie damals oft, als ich zwischen Saudi-Arabien und Bagdad hin und her pendelte. Manchmal lud sie mich in den Palast zum Essen ein. Sie bemühte sich mit leichter Hand, den Schaden zu begrenzen. Und es funktionierte. Man konnte unmöglich stundenlang neben dem Königspaar sitzen und hinterher kein Verständnis für den heiklen Balanceakt des Königs zwischen dem Irak einerseits und der harschen amerikanischen Mißbilligung andrerseits aufbringen.

Mein Vergnügen an den Besuchen im Palast wurde von einem schlechten Gewissen begleitet. In meinem Hotelzimmer in Jordanien stapelten sich die Packungen mit gefriergetrockneten Lebensmitteln, außerdem standen eine Kiste Wasser und Benzinkanister herum: die Ausrüstung, die ich für meine Fahrten an die Front in Saudi-Arabien oder zu den Ruinen im Irak brauchte. Auf der Toilette hing meine khakifarbene Hose, die noch von meinem letzten Ausflug, als ich mit US-Marines im Sand gehockt und Bohnenbrei von Papptellern gegessen hatte, voller Flecken war.

Einladungen in den Nadwa-Palast waren die Ausnahme auf meinen Kriegsreisen. Wenn Noor sich entschuldigte, um »nach dem Essen zu sehen«, kehrte sie meistens mit einem Trupp Dienstboten zurück, die zwei Suppen zur Wahl anboten, drei Vorspeisen und vier Hauptgerichte – und stets gehörten auch die leichten, gesunden Speisen dazu, die Noor so sehr liebte: Seetangsuppe etwa, gegrillten Fisch oder gewürzte Linsen mit Joghurt. Der König aß nur selten etwas von dem, was er scherzend als Noors »Naturkost« abtat. Jeden Abend stocherte er im gleichen Essen herum: ein Spieß mit gegrilltem Lammfleisch auf Reis. Sobald es die Etikette erlaubte, schob er den Teller zur Seite und steckte sich eine Zigarette an. Noor war um seine Gesundheit besorgt und runzelte die Stirn, wenn er mehr als eine Zigarette anzündete. »Wenn ich gefragt werde: ›Macht es Ihnen etwas aus, wenn ich rauche?‹, antworte ich immer, ›*Ihnen* sollte es etwas ausmachen«, erzählte sie. »Ich finde es schrecklich, was sich die Menschen antun.« Ihr ältester Sohn, der zehnjährige Hamzah, war darin ihr Verbündeter; er schalt seinen Vater *sotto voce* auf arabisch.

Zu den Abendessen, selbst zu den einfachen am runden Bambustisch im Wohnzimmer, wurden stets kleine Kerzen in Glasschalen angesteckt. Die Gespräche waren der Traum eines jeden Journalisten und zugleich sein schlimmster Alptraum. Denn zum einen war hier eine Quelle, die genau wußte, was geschah, und die bereit war, auch darüber zu reden, andererseits aber war das meiste davon nicht für die Öffentlichkeit bestimmt. Solchen Gesprächen zuzuhören ist gefährlich, weil man zu der Annahme verführt wird, im Besitz der Wahrheit zu sein, dabei kennt man vielleicht nur schönfärberische Grübeleien.

Doch der König hatte alle amerikanischen Präsidenten seit Truman gekannt und war mit den meisten von ihnen befreundet gewesen. Er konnte witzig von arabischen Führern erzählen, konnte sie aber auch vernichtend kritisieren. Dabei dominierte er keineswegs die Unterhaltungen. Im Gegensatz zu manch anderen Ehemännern schien er wirklich daran interessiert, was Noor zu sagen hatte. Selbst Hamzah wurde nicht ausgeschlossen. Obwohl der Junge perfekt englisch sprach, redete er lieber arabisch und zwang seinen Vater so, als Übersetzer zu fungieren.

Eines Tages flog ich mit der Königin zu den Grenzlagern, da Ägypter, Singhalesen, Sudanesen und Bengalen in Scharen aus dem Irak flohen, ihre Stellungen aufgaben und die Früchte jahrelanger harter Arbeit hinter sich zurückließen. Uns bot sich ein jammervolles Bild: In langen Reihen standen Zelt an Zelt, in denen sich verzweifelte Menschen drängten. Noor ging durch das Krankenzelt, redete mit allen, die arabisch oder englisch sprachen, zog ein Taschentuch aus ihrer Tasche, um eine weinende Frau aus Sri Lanka zu trösten, tastete nach der Stirn eines Kindes, um zu sehen, ob es Fieber hatte. Mit den Lagerverwaltern beugte sie sich über die Pläne für die Zeltlager und überlegte, ob man die Verteilerstellen für Wasser und Lebensmittel noch besser anordnen konnte. Kaum zurück in ihrem Büro auf dem Palastgelände hängte sie sich ans Telefon und rief Richard Branson an, um ihn um zusätzliche Flugzeuge für die Heimflüge dieser Menschen zu bitten; andere reiche Bekannte ging sie um finanzielle Hilfe für einen Berg von Decken an. Plötzlich wurde ihr Adreßbuch voller Berühmtheiten zum Segen für die ganze Nation.

Sie kam abends spät nach Hause und warf sich zerzaust und erschöpft auf ein baumwollbespanntes Bambussofa in einem der oberen Familienzimmer des Palastes. Überall in Jordanien schien ein Dutzend Jahre ihrer Arbeit zunichte gemacht zu werden. Als Durchgangsstation für den Handel mit dem Irak hatte Jordanien gute Geschäfte gemacht, doch der UN-Boykott legte die Häfen still und machte die Lkw-Fahrer arbeitslos. »Bei den Mädchen stieg die Rate der Schulabgänger, weil sich das Einkommen der Familien verringert und zuerst an der Ausbildung der Mädchen gespart wird«, seufzte sie. In den Kinderärztezentren tauchten erste Fälle von Unterernährung auf. »Die Menschen nehmen weniger Proteine zu sich, und bei den Kindern machen sich die Folgen sofort bemerkbar.« Oft klingelte das Telefon im Palast, wenn befreundete Mitarbeiter von Hilfsorganisationen bei ihr zu Hause anriefen und sie um Hilfe im Umgang mit störrischen Bürokraten baten.

Manchmal sahen wir uns gemeinsam die Kriegsberichterstattung von CNN an und schlürften dazu unsere Seetangsuppe aus großen Bechern. Wenn Hamzah noch auf war, saß er neben uns auf der Couch, beugte sich über seinen Gameboy und kämpfte gegen imaginäre Feinde, während CNN-Aufnahmen von den Vorbereitungen eines wirklichen Krieges gleich hinter der Grenze zeigte. Manchmal lieh sich der König den Gameboy, um seine Nerven zu beruhigen. Neben dem Fernseher stapelten sich die Videokassetten – Western mit Clint Eastwood für den König; romantische Liebesfilme für die Königin. Und es gab Videos, die sie selbst während der Krise aufgenommen hatten, darunter auch ein Auftritt von Ross Perot bei Larry King, in dem Perot, damals ein relativ unbekannter texanischer Geschäftsmann, Bushs Golfpolitik heruntermachte.

Hussein spielte für mich das Perot-Band ab und lachte laut auf, als der Texaner den rätselhaften Ablauf arabischer Diplomatie darstellte. Viel von dem, was Perot sagte, war nicht gerade schmeichelhaft. Er erzählte Larry King in seinem volkstümelnden Akzent, daß die Araber, kaum ließe man sie allein, in irgendein Zelt gingen, etwas Sand hin und her schoben und mit einem Deal wieder auftauchten, den kein Amerikaner je verstehen würde. Was für eine seltsame Szene: der König, ein wahrer Verhandlungskünstler, der sich der größten diplomatischen Herausforderung seiner Laufbahn gegenübersah, lachte lauthals über Perot, der Husseins lebensbedrohliche Konflikte auf einige Spötteleien reduzierte.

Einige Tage später erfuhr Hussein in einem Telefongespräch vor Morgengrauen von der ersten Bombardierung Bagdads. Noor lag im Bett neben ihm und spürte, wie er erstarrte, als er den Hörer ans Ohr preßte und den schlechten Neuigkeiten lauschte. Hussein stand auf, zog die Uniform an und stattete seinen Truppen einen Besuch ab.

Seit diesem Morgen war der König sichtlich entspannter. Fast schien es, als hätte er alles versucht, um den Krieg zu verhindern, als hätte er sein Bestes gegeben und als sei er nun bereit, dem Schicksal seinen Lauf zu lassen. Ich besuchte den Palast zwei Tage nach einer Ansprache Husseins im jordanischen Fernsehen, die das Weiße Haus in Rage versetzt hatte. Hussein hatte den Vereinigten Staaten und ihren Verbündeten vorgeworfen, den »Irak vernichten« zu wollen, und hatte den Mut der Iraker angesichts dieses Angriffs gepriesen. An jenem Abend im Palast sah der König CNN und erfuhr, daß Washington plante, die Hilfeleistungen an Jordanien im Wert von fünfzig Millionen Dollar zu kürzen. Er zuckte die Achseln und stellte das Gerät mit der Fernbedienung ab. »Die Schlinge zieht sich zu«, sagte er, »aber ich bin nicht bereit, jedes meiner Worte einer Zensur oder Kritik irgendwelcher Art zu unterwerfen.« Dabei war ihm durchaus bewußt, daß er das eigentlich auch nicht nötig hatte: Die Amerikaner brauchten den König, weil sie ein stabiles Jordanien brauchten, und trotz der harschen Worte aus dem Kapitol floß heimlich ein steter Strom an Unterstützungen.

Unten, im offiziellen Wohnzimmer, konnte ich meinen Blick kaum von der Kommode voller Silberrahmen mit den Bildern von Staatsmännern abwenden. Seit Beginn des Golfkrieges waren die Bilder in ständiger Bewegung. Saddam Hussein trat nach dem Einmarsch in Kuwait aus der ersten Reihe zurück. Ägyptens Präsident Hosni Mubarak verschwand völlig, während George Bush hinter einer Lampe abgestellt wurde. An jenem Abend tauchte George Bush wieder auf und stand nun Seite an Seite mit Saddam, als wollten sie sagen, daß Jordanien in diesem Konflikt trotz allem noch eine neutrale Partei war. Allen voran aber stand ein Bild, das ich zuvor noch nie gesehen hatte. Es zeigte Papst Johannes Paul II., der gerade ein sofortiges Ende des Krieges gefordert hatte.

Oben hockte Noor in Bluejeans und telefonierte mit Freunden in den Vereinigten Staaten. Sie fragte an, ob sie ihnen Kopien von der Rede des Königs faxen solle, damit sie seine Bemerkungen im Zusammenhang lesen könnten. Ihre Mühen brachten ihr auf den Straßen Jordaniens, in Geschäften und Moscheen Lob ein. Selbst die Fundamentalisten meinten, sie würde vortreffliche Arbeit leisten und Jordaniens Sache vor einer feindlichen Welt gut vertreten. In den Tagen hörte ich zum ersten Mal, wie die Gläubigen in der Moschee eine Frau dafür lobten, aktiv geworden zu sein.

Es ließ sich unmöglich sagen, ob Noor Tratsch und Kritik ohne die Golfkrise überstanden hätte. Doch der Krieg verhalf ihr zu einem Maß an Beliebtheit, das ein Jahr zuvor noch undenkbar gewesen wäre. Ein junger Taxifahrer, mit dem ich unterwegs war, hatte ihr Bild hinter den Rückspiegel geklemmt. Sie trug eine militärische Uniform, als wolle sie eigenhändig Krieg mit Amerika führen. Ob er wisse, fragte ich ihn, daß sie Amerikanerin sei? »Sie ist Araberin«, erwiderte er grimmig. »Sie ist eine von uns.«

Doch kaum ein Jahr nach dem Krieg brodelte es erneut in der Gerüchteküche, und es war die Rede von Scheidung. Diesmal hofften die Jordanier, daß nichts Wahres daran sei. Der König, so wollte es das Gerücht, hatte sich in eine fünfundzwanzigjährige palästinensisch-jordanische Journalistin verliebt und ihr die Ehe versprochen. Die junge Frau hatte während des Krieges für CNN gearbeitet und war kürzlich in dem Bemühen, jüngeres Personal an den Hof zu bringen, zur Pressereferentin des Königs ernannt worden. »Wenn man junge Menschen in den Palast aufnimmt, darunter auch Frauen, und wenn eine dieser Frauen schön ist, dann muß man mit dieser Art Gerüchten rechnen«, sagte ein Journalist aus Amman.

Ein zynischer arabischer Geschäftsmann war anderer Ansicht. »Alle Ehen des Königs waren Ehen im Staatsinteresse«, sagte er. »Als er auf Nasser angewiesen war, heiratete er eine Ägypterin. Als er England brauchte, heiratete er eine englische Rose. Als er sich mit den Palästinensern aussöhnen mußte, suchte er sich eine Frau aus einer Familie von der Westbank. Die achtziger Jahre waren das amerikanische Jahrzehnt, also hatte er in den Achtzigern eine Amerikanerin zur Frau.«

Und in den neunziger Jahren, sagte der Geschäftsmann, kommt der König vielleicht auf die Idee, daß er andere Bündnisse braucht.

Doch die meisten Jordanier schienen dieser Geschichte keinen Glauben zu schenken. Selbst wenn Hussein in eine jüngere Frau vernarrt sei, behaupteten sie, wäre eine Scheidung in seinem Alter einfach zu frivol. Womit man bei einem zwanzigjährigen Mann rechnet, was man sogar von ihm erwartet, das schickt sich nicht für einen Mann von siebenundfünfzig Jahren, auch wenn er König ist. Manche führten das Gerede von einer Scheidung auf den Neid jener Männer zurück, die selbst gerne Pressereferenten geworden wären. Traditionell hatte sich ein Skandal stets als probates Mittel erwiesen, um eine lästige Frau loszuwerden.

Noor war einundvierzig Jahre alt, seit fünfzehn Jahren mit dem König verheiratet und aufgrund ihrer Rolle während des Kriegs von den Jordaniern respektiert und viel besser angesehen als früher. Ihre Söhne hatte man an religiösen Feiertagen am Bildschirm gesehen, wie sie in makellos klassischem Arabisch aus dem Koran vorlasen. Manche Jordanier tuschelten bereits über die Thronfolge und sagten, wenn der König lange genug lebe, bis diese Jungen erwachsen waren, gäbe es keinen Grund, warum nicht einer von ihnen die Krone übernehmen sollte. Fünfzehn Jahre an der Seite des großen Überlebenskünstlers im Mittleren Osten hatten Noor das eine oder andere über die Stärkung der eigenen Position gelehrt.

Doch die Gerüchte erwiesen sich als ungewöhnlich hartnäckig, und als Artikel über eine bevorstehende Scheidung in den Zeitungen der Vereinigten Staaten und in Großbritannien auftauchten, entschieden sich die jordanischen Botschaften zu einem ungewöhnlichen Schritt und gaben ein offizielles Dementi heraus. Auf eine Freundin in Washington, die Noor bei einem kleinen Empfang zu ihren Ehren traf, machte die Königin einen nervösen Eindruck; ihren sonstigen Charme und ihre Gefaßtheit schien sie völlig verloren zu haben.

Einige Wochen später fand sich eine andere Erklärung für ihre Nervosität. Der König war eilends zu einer Krebsoperation in ein Krankenhaus der USA gebracht worden. Die Krankheit hatte seinen Harntrakt angegriffen. Die Operation verlief erfolgreich, aber sein Zustand verlangte eine ständige Überwachung.

Die Stimmung in Jordanien war gedämpft und von Ungewißheit geprägt. Als der König nach der Operation heimkehrte, drängte sich die größte Menschenmenge in der Geschichte des Landes auf der Straße zum Palast. Ihre Schreie »*Aish Hussein!*« (Lange lebe Hussein) klangen verzweifelt. Es findet sich kaum ein anderes Land im Mittleren Osten, in dem es zu derart spontanen und ernstgemeinten Sympathiekundgebungen für das Staatsoberhaupt kommen kann.

Es würde keinen Tratsch mehr geben. Niemand, nicht einmal die Extremisten, würden eine Kritik am König auch nur zu flüstern wagen, auch keine indirekte Kritik durch einen Angriff auf die Königin. Für die verbleibende Lebenszeit ihres Gatten schien Königin Noor auf ihrem Thron sicher zu sein.

Wenn es Spannungen in der Ehe gegeben hatte, so war 1994 davon nichts mehr zu spüren, als das Paar den USA einen Besuch abstattete. Nach einer Kontrolluntersuchung in der Mayo-Klinik, die dem König einen ausgezeichneten Gesundheitszustand bescheinigte, sah man das Paar in Washington Harley Davidsons und BMW-Motorräder einkaufen. Zusammen wählten sie drei neue Maschinen aus, um sie nach Jordanien verschiffen zu lassen, außerdem kauften sie für etwa zweitausend Dollar farblich abgestimmte Motorradkleidung. Nach diesem Einkaufsbummel würden sie wieder wie einst als frischverliebtes Paar auf dem Motorrad über die Hügel von Amman touren können.

Die Genesung des Königs von lebensgefährlicher Krankheit schien die Risikobereitschaft in ihm zu verstärken. Vielleicht spürte er, daß ihm nur noch wenige Jahre blieben. Kurz nach der unvermuteten und heftig umstrittenen Unterzeichnung des Friedensabkommens zwischen Israel und der palästinensischen Befreiungsorganisation in Washington ließ Hussein die angesetzten Wahlen in Jordanien wie geplant vonstatten gehen. Ausländische Diplomaten und fast alle seine Minister hatten ihn davor gewarnt, da sie fürchteten, daß der politische Wahlkampf islamischen Extremisten und unnachgiebigen Palästinensern, die keinen Frieden mit Israel wollten, eine Plattform für ihre Agitation bieten könnte. Jordanien, sagten sie, würde ins Wanken geraten.

Doch die Wahlen gingen glatt über die Bühne. Ich war überzeugt, daß sich hinter der Entschlossenheit des Königs der stille Einfluß der Königin bemerkbar machte, denn allmählich glich sich die Weltsicht der beiden an. Kurz nach den Wahlen, im Winter des Jahres 1993, hatte in Amman eine satirische Revue Premiere, die spöttisch den schwülstigen Stil arabischer Führer aufs Korn nahm. Einige Nachbarstaaten Jordaniens fanden dies keineswegs amüsant und verlangten die Absetzung der Revue. Doch der König widersetzte sich ihrem Druck und sagte, die Show müsse weitergehen, auch jene Parodie auf seinen eigenen, manchmal recht schwerfälligen und rhetorischen Stil.

Jordanien hatte zu den ersten Ländern gehört, die ich aufsuchte, als ich 1987 in den Mittleren Osten kam. Im Verlauf von nur sechs Jahren konnte ich erleben, wie es sich aus einem starren Polizeistaat zur hoffnungvollsten Wiege politischer Freiheit in dieser Region wandelte. Die Fundamentalisten gab es noch immer, doch ebenso die Feministen. Kein Recht einer Minderheit war zugunsten des Rechts einer anderen Gruppierung eingeschränkt worden. Der Kampf ging weiter, aber er fand jetzt in der Öffentlichkeit statt. Und gekämpft wurde mit Worten und nicht länger mit Bomben, Gewehrsalven oder Massenverhaftungen.

Für mich war klar, daß diese Verwandlung größtenteils einer Frau zu verdanken war.

8. KAPITEL

Die Weisheit erlangen

»Lies im Namen deines Herrn, der erschuf;
erschuf den Menschen aus einem Klumpen Blut.
Lies! denn dein Herr ist der Allgütige,
der (den Menschen) lehrte durch die Feder;
den Menschen lehrte, was er nicht wußte.«

Der Koran: Das geronnene Blut; 96. Sure; 3–6.

Die Straße nördlich von Riad in Saudi-Arabien ist ein makelloser Streifen sechsspurigen Asphalts, der sich durch die windgeformten Sanddünen zieht. Alle paar Meilen kann man die Ruinen lehmgelber Wachtürme mit Schießscharten sehen. Sie verfallen wie die Sandburgen kleiner Kinder.

Mein saudischer Freund nahm eine Hand vom Steuer, griff in das gekühlte Handschuhfach seines luxuriös eingerichteten Jeeps und reichte mir ein eiskaltes Soda. Dann warf er dem Amerikaner auf dem Rücksitz eine Flasche zu, einem Kollegen, den er für einen Tag als meinen Mann engagiert hatte.

Mein saudischer Freund, ein weltgewandter Akademiker mit westlicher Bildung, wollte mich seinem Onkel vorstellen, einem alten Mann, der draußen in den Sanddünen unweit des Geburtsortes von Mohammed Abdul Wahhab lebte, jenem Prediger, der einen derart strikten Islam verkündet hatte, daß selbst das Pfeifen verboten war. Der Onkel war ein echter Wahhabit, streng und unnachgiebig, und es war keineswegs gewiß, daß er mit mir reden würde. »Er hat noch nie mit einer Frau geredet, die nicht zur Familie gehört«, sagte mein Freund, aber er meinte, der Versuch lohne sich, wenn ich die Zwänge verstehen lernen wollte, die einer Änderung des Lebens für Frauen in Saudi-Arabien im Wege stehen. »Meine Familie ist manch Seltsames von mir gewohnt, aber allein in meinem Wagen mit einer fremden Frau auftauchen, hieße die Dinge ein wenig zu weit treiben.«

Mohammed al-Ghazi, sein Onkel, wohnte in einem Haus in der Nähe eines Dattelpalmenhains. Hohe, apfelsinenfarbene Sanddünen schmiegten sich um den kleinen Hof. Als ich die Tür des klimatisierten Jeeps öffnete, traf mich ein Schwall heißer Luft wie der Lufthauch aus einem Krematorium. T. E. Lawrence beschrieb diese Hitze der arabischen Wüste: »Die Sonne erschien wie ein gezücktes Schwert am Himmel und verschlug uns die Sprache.« Dabei mußte er damals nicht einmal eine schwarze *abaya* und undurchsichtige Strümpfe tragen. Mit zusammengekniffenen Augen sah ich neidisch zu, wie sich mein Freund und sein Onkel in ihren kühlen, weißen Gewändern umarmten. Ein ketzerischer Gedanke ging mir durch den Kopf: Wenn Gott die Frauen wirklich liebte, hätte Er den Koran einem Pelzhändler der Inuit und nicht einem arabischen Führer von Kamelkarawanen offenbart.

Mohammed al-Ghazi rief nach seiner Frau und bedeutete mir, ihr zum Frauenquartier zu folgen. Mein Freund legte seinem Onkel eine Hand auf den Arm und erklärte ihm, er wolle, daß ich mich zu ihnen in den Empfangsraum der Männer setze, um mit ihnen über lokale Geschichte zu reden. Ich stand etwas abseits, und meine *abaya* blähte sich im heißen Wind, als ein blitzschneller Wortwechsel auf arabisch begann. Schließlich zuckte der Onkel bedrückt die Achseln und bat mich, ohne mir einen Blick zuzuwerfen, ins Innere des Hauses.

Der *majlis*, der Versammlungsort oder Empfangsraum für Männer, erstreckte sich über das ganze Haus. Mohammed al-Ghazi war ein bedeutender Mann in seinem winzigen Dorf. Fünfmal am Tag sprach er die Gebete in der Moschee vor. Als Betführer oder Imam galt er als geistliches Oberhaupt des Dorfes und bekam für diesen Dienst ein Gehalt von der Regierung. Ehe es der Regierung möglich geworden war, solch milde Gaben auszuteilen, hatte Mohammed sein Leben mit Dattelanbau gefristet und war jeden Morgen vor Sonnenaufgang aufgestanden, um eigenhändig die wenigen Palmen zu gießen, die so rar und kostbar waren, daß er jeder einzelnen einen Namen gegeben hatte. Erst mit Fünfzehn hatte er genügend Zeit gefunden, um den Koran lesen lernen zu können, so mühselig war die Plackerei für jene, die der Wüste ihren Lebensunterhalt abringen mußten. Inzwischen war mit dem Öl auch der Strom für eine Wasserpumpe gekommen, und das Einkommen reichte, um einen Fremdarbeiter einstellen zu können. Jeden Freitag nach dem Gemeinschaftsgebet schlachtete der Imam ein Schaf und verteilte Schüsseln voller Lamm und Reis auf dem Boden seiner *majlis*. Dann kamen die Männer des Dorfes zum Essen, und man besprach die Ereignisse des Tages.

Wenn er bisher nie mit einer Frau gesprochen habe, die nicht zu seiner Familie zählte, fragte ich ihn, wie könne er da der geistliche Ratgeber der Dorffrauen sein. Mein Freund sah mich verwundert an. »Ihre Probleme werden natürlich durch ihre Männer vorgebracht«, sagte er.

»Aber wenn die Männer das Problem sind?«

Daran hatten die beiden Männer noch nie gedacht.

Am Freitag vor unserem Besuch war es in Mohammeds *majlis* hoch hergegangen, denn es lief das Gerücht um, Frauen hätten für das Recht demonstriert, fahren zu dürfen, hätten ihre Chauffeure entlassen und sich in der Innenstadt von Riad selbst hinter das Steuer ihres Wagens gesetzt. Der Onkel schlug sich mit knochiger Hand ans Herz und blickte zum Himmel auf: »Ich hoffe, ich werde das mein Lebtag nicht mit ansehen müssen«, sagte er.

Doch einmal, vor vielen Jahren, war er in seiner kleinen ländlichen Gemeinde zum Radikalen geworden. Er hatte bei der Regierung den Antrag gestellt, im Dorf eine Schule für Jungen gründen zu dürfen. Manche Nachbarn fanden den Gedanken an weltliche Erziehung skandalös. Imame in benachbarten Städten predigten gegen Schulbildung und setzten für das Wort »Schule«, also *madrassa*, das Wort »Dreck«, *mingissa*, ein. Für sie war der Koran das einzige, was sich zu lernen lohnte, und den lernten ihre Jungen bereits in den Moscheen auswendig. Was nutzte schon das Wissen um Geschichte, Geographie und fremde Sprachen, so argumentierten sie, wenn die Kinder dadurch auch von unheiligen Ländern und Völkern erfuhren?

Doch Mohammed al-Ghazi wußte, daß die Statthalter des Propheten fremde Sprachen gesprochen und mit Hilfe dieses Wissens den Islam verbreitet hatten. Und welche Gefahr liege darin, so entgegnete er, die Geographie und Geschichte islamischer Länder zu lehren? In den Städten hatten die *ulema*, die Wächter der Religion, diese Kämpfe bereits ausgefochten und dafür gesorgt, daß der Lehrplan Fächer wie die nach Meinung der Wahabiten allzu sinnliche Musik oder die Kunst ausschloß, die zur Herstellung von Götzenbildern führen mochten. Mohammed al-Ghazis Bemühungen verhalfen dem Dorf schließlich zu einer Schule: Zwei Söhne des Imams hatten diese Schule besucht und waren von dort an die Universität gegangen, ein dritter hatte sich zum Militär gemeldet.

Mit seinen Töchtern hatte es eine andere Bewandtnis. Sie außer Haus zu schicken – so daß sie über die Straße gingen, und sei es auch verschleiert, oder unter Fremden saßen, und seien es auch alles Frauen –, war für den knorrigen alten Imam eine schändliche Vorstellung. Seine Töchter lernten, was sie seiner Meinung nach wissen mußten; das heißt, sie lernten den Koran aufsagen – in der Abgeschiedenheit der Frauengemächer in seinem Haus.

Väter wie Mohammed al-Ghazi können im heutigen Saudi-Arabien noch immer derartige Entscheidungen für ihre Töchter treffen. Mittlerweile gehen zwar viele Mädchen zur Schule, doch wenn die Väter dagegen sind, kann niemand den Schulbesuch erzwingen. Viele Männer glauben an den Spruch, eine Frau zu unterrichten sei ebenso, als ließe man ein Kamel die Nase ins Zelt stecken: Über kurz oder lang wird sich das Vieh ganz hineindrängen und allen Platz wegnehmen.

Saudi-Arabien erhielt seine erste Mädchenschule erst 1956. Ihre Gründung war das Werk von Iffat, der Frau König Faisals, der einzigen Frau eines saudischen Herrschers, die je Königin genannt worden ist. Iffat war in der Türkei aufgewachsen und wollte den Unterricht in den Schulen auf wissenschaftliche Fächer und westliche Themen ausweiten, aber schon bei der Eröffnung einer derartigen Schule für ihre eigenen Söhne mußte sie vorsichtig vorgehen. Die Mädchenschule war eine ungleich

heiklere Angelegenheit. Als Dar al Hanan, das Haus der Zuneigung, 1956 in Dschidda die Tore öffnete, wurde es als Waisen-
haus getarnt. Da der Koran die Moslems wiederholt auffordert,
sich um verwaiste Mädchen zu kümmern, war eine solche Institution über jeden Verdacht erhaben. Erst als die Schule bereits
etwa ein Jahr existierte, sah Iffat sich schließlich in der Lage, den
wahren Zweck der Anstalt offenlegen zu können.

In einem Artikel der Lokalzeitung mit dem Titel: »Die Mutter
kann selbst Schule sein, wenn sie entsprechend unterrichtet
wurde«, hieß es, das Ziel Dar al Hanans sei eine bessere Bildung
für Mütter und Haushälterinnen durch islamisch geprägte Erziehung.

Iffat ließ ihr Engagement für Frauenbildung mit einer berühmten Reihe von Koranversen rechtfertigen, die als Verse der
Umm Salameh bekannt geworden sind. Umm Salameh, die
schöne Witwe, deren Heirat mit dem Propheten Aischa so verstimmt hatte, fragte Mohammed eines Tages, warum Gott,
wenn er seine Offenbarungen verkünde, sich dabei stets nur an
Männer wende.

Einem Hadith zufolge saß Umm Salameh in ihrem Zimmer im
Anbau der Moschee und kämmte ihr Haar, als sie die Stimme
des Propheten von der *minbar*, der Kanzel, hörte. »Hastig
steckte ich mein Haar auf und lief in ein Zimmer, von dem aus
ich besser hören konnte. Ich preßte mein Ohr an die Wand, und
dies ist, was der Prophet gesagt hat:

»Höret! Männer, die sich Gott hingeben, und Frauen, die sich
ihm hingeben, und Männer, die glauben, und Frauen, die glauben, und Männer, die gehorchen, und Frauen, die gehorchen,
und Männer, die die Wahrheit sprechen, und Frauen, die die
Wahrheit sprechen, und Männer, die standhaft sind, und
Frauen, die standhaft sind, und Männer, die demütig sind, und
Frauen, die demütig sind, und Männer, die Almosen geben, und
Frauen, die Almosen geben, und Männer, die fasten, und
Frauen, die fasten, und Männer, die ihr Schamgefühl wahren,
und Frauen, die ihr Schamgefühl wahren, und Männer, die Gott
oft gedenken, und Frauen, die gedenken – Gott hält Vergebung
und reiche Belohnung für sie bereit.«

Die Verse machten deutlich, daß die Pflichten des Glaubens unterschiedslos für Mann und Frau galten. Doch Iffat behauptete, um diese Pflichten ausüben zu können, müßten Frauen gebildet und informiert sein. 1960 erklärten sich die *ulema* schließlich widerstrebend mit diesem Grundsatz einverstanden und stimmten zögernd der Verbreitung von Mädchenschulen im ganzen Land zu, baten sich jedoch aus, daß die Schulen weiterhin der Kontrolle der *ulema* unterworfen blieben und daß kein Vater seine Töchter zur Schule schicken mußte, wenn er es nicht wollte.

Manchen Saudis ging dies nicht weit genug. In der Stadt Burayda, unweit von Minsaf, rebellierten 1963 Männer gegen die Eröffnung der ersten Mädchenschule. Ungefähr in der Zeit, als die USA die Nationalgarde rief, um die Rassentrennung in den Schulen des amerikanischen Südens aufzuheben, rief König Faisal die Nationalgarde, um die Schule in Burayda mit Gewalt geöffnet zu halten. Ein Jahr lang war die Tochter des Schuldirektors die einzige Schülerin.

Viele Väter machten weiterhin Gebrauch von ihrem Vorrecht, die Töchter unwissend halten zu dürfen. 1980 besuchten erst fünfundfünfzig Prozent der saudischen Mädchen eine Grundschule, und nur dreiundzwanzig Prozent gingen auf eine weiterführende Schule. Im Vergleich zu zweiundsechzig Prozent der Männer konnten nur achtunddreißig Prozent der Frauen lesen.

Trotzdem gelang es manchen Mädchen, die beste Ausbildung zu erhalten, die mit Geld zu kaufen war. Auf dem von deutscher Hand erbauten Campus von Dar al Fikr, einer privaten Mädchenschule in Dschidda, stehen Schulgebäude, wie man sie sich großartiger kaum vorstellen kann. In der Geborgenheit turmhoher weißer Mauern öffnen sich zischend die Glastüren und führen in ein frisches, klimatisiertes Foyer aus poliertem Stein. Der Komplex ist sternförmig angelegt, die Klassenzimmer zweigen von großen Pausenhallen ab. Hohe Decken und riesige Fensterscheiben vermitteln eine offene, luftige Atmosphäre in den Kunststudios, der Sporthalle, den Labors und dem Computerzentrum mit Desktops von Commodore und MacIntosh.

In keiner Klasse saßen mehr als zwanzig Schülerinnen. Es gab eine Kinderkrippe, die während meines Besuches von den Kindern der Lehrer genutzt wurde, aber auch den Schülerinnen eines Landes zur Verfügung stand, in dem frühe Heiraten und Schwangerschaften allgemein üblich und erwünscht waren. Über den akademischen Lehrplan hinaus, der den Erwerb von Fremdsprachen betonte, konnten die Mädchen Kurse in Kochen und Nähen, Karate oder Ballett, in Desktop Publishing oder in Automechanik belegen. Die Kurse in Automechanik verblüfften mich, da saudische Frauen nicht fahren dürfen. »Wenn ihr Fahrer sagt, daß irgendwas mit dem Wagen nicht stimmt, dann sollen sie wissen können, ob er die Wahrheit spricht«, erklärte die Direktorin Basilah al-Homoud.

Die Schülerinnen hatten das gepflegte Aussehen von Kindern wohlhabender Eltern. Sie waren groß gewachsen und trugen ihr schimmerndes Haar in langen Zöpfen. Die Direktorin, eine grazile, in Seide gekleidete Achtunddreißigjährige, besaß die faltenfreie Haut eines Teenagers und den straffen Körper einer Aerobic-Fanatikerin. »Der Gymnastikraum ist das wichtigste Zimmer in meinem Haus«, sagte sie. Zwanzig Jahre zuvor hatte ihre ältere Schwester Zahnmedizin studieren wollen, doch das war damals für Frauen in Saudi-Arabien unmöglich. Basilahs Vater zog daraufhin mit der ganzen Familie nach Syrien, damit ihre Schwester an der Universität in Damaskus studieren konnte. Sie kehrte als erste saudische Zahnärztin heim und eröffnete eine Klinik für Frauen und Männer. Bald mußte sie allerdings feststellen, daß manche, an die strikte Zurückgezogenheit der Frauen gewöhnte Männer es nicht ertrugen, wenn eine fremde Frau sie berührte, und sei es auch nur mit einem Bohrer. Sie war die Anträge und Mißverständnisse rasch leid, teilte ihre Klinik in einen Männer- und einen Frauentrakt und stellte Zahnärzte ein, die die Männer behandelten.

Basilah selbst zog im Beruf auch eine Geschlechtertrennung vor. In Dar al Fikrs Nachbarschaft gab es eine Schule für Jungen mit männlichem Direktionskollegium. Wenn Basilah ein Treffen mit dem Kollegium oder mit ihrem Pendant an der Jungenschule wünschte, benutzte sie eine Videoanlage. »Manchmal brauche ich die Unterstützung eines Kollegen«, sagte sie, »aber dazu muß ich nicht in einem Zimmer mit ihm sitzen. Wenn die Männer hereinkommen und sich hier aufhalten könnten, würden sie uns bald das Heft aus der Hand nehmen und uns sagen, wie die Dinge zu laufen haben. Ich ziehe es vor, meine eigene Show zu veranstalten.«

Basilah benutzte ebenfalls eine Videoanlage an der Universität, wo sie einen Abschluß in Betriebswirtschaft machen wollte. 1962 wurden Frauen zum ersten Mal an einer Universität in Saudi-Arabien zugelassen, doch blieben sie von ihren Kollegen strikt getrennt. Vorlesungssäle sind mit Videoanlagen ausgestattet, damit die Studentinnen ihrem männlichen Professor zuhören und über ein Mikrofon Fragen stellen können, ohne durch seinen Blick verunreinigt zu werden. Als 1973 das erste Dutzend Frauen von der Universität abging, waren sie schrecklich enttäuscht, da sie ihre Namen nicht auf der Einladung zur Abschlußfeier fanden. Die alte Überlieferung, derzufolge es Frauen entehrt, wenn man sie beim Namen nennt, raubte ihnen die Anerkennung, die sie sich verdient zu haben glaubten. Die Frauen und ihre Familien protestierten, so daß man schließlich ein neues Programm druckte und eine gesonderte Veranstaltung für die weiblichen Verwandten der Studentinnen abhielt. Zweitausend Frauen kamen. Das Siegesgeheul war ohrenbetäubend.

Die Gründung von Frauenuniversitäten ermöglichte den Frauen zwar Zugang zu höherer Bildung, minderte aber zugleich das Bildungserlebnis. Vor 1962 hatten viele progressive saudische Familien ihre Töchter ins Ausland auf die Schule geschickt. Sie kehrten nicht nur mit einem universitären Abschluß, sondern auch mit Kenntnissen über eine andere Welt in ihr Königreich heim, ob sie nun im Westen oder in liberalen arabischen Ländern, wie etwa Ägypten, Libanon oder Syrien, studiert hatten, wo sie einen Hauch weltlicher Kultur geatmet hatten. Heute hat eine ganze Generation saudischer Frauen ihre Ausbildung ausschließlich innerhalb des Landes abgeschlossen. Während saudische Männer zu Tausenden in den Genuß einer Weiterbildung im Ausland auf Regierungskosten kommen, wurde Frauen seit 1980 kein Stipendium mehr gewährt. Die Haltung der Regierung läßt sich etwa folgendermaßen beschreiben: Die Fortbildungsmöglichkeiten für Frauen haben sich innerhalb Saudi-Arabiens so sehr verbessert, daß allen Bildungsansprüchen einer Frau innerhalb des Königreiches Genüge getan werden kann. Die Definition der bildungsspezifischen Ansprüche der Frauen umfaßt laut Statement des Ministeriums für Höhere Bildung »eine solide islamische Erziehung, die es ihr ermöglicht, ihre Rolle im Leben als erfolgreiche Hausfrau, ideale Ehefrau und gute Mutter zu erfüllen, und die sie darauf vorbereitet, andere, im Einklang mit ihrer Natur stehende Tätigkeiten, wie etwa Unterrichten, Säuglingspflege und medizinische Betreuung, zu übernehmen.«

So kommt es, daß heute ein Kader älterer saudischer Professorinnen weit liberaler ist als die jungen Studentinnen, die sie unterrichten. Als einige der Professorinnen an der Autodemonstration teilnahmen, gehörten ihre Studentinnen zu den ersten, die sich gegen sie wandten. Eine Studentin platzte in das Büro einer Professorin, zog sie am Haar und beschimpfte sie. Junge Frauen führten aus Protest gegen die Fahrerinnen eine wütende Massenkundgebung vor der Campus-Moschee durch. Unter anderem forderten die Fanatikerinnen im Anschluß an die Autodemonstration, daß die Frauenuniversitäten auf Dauer geschlossen werden sollten.

Mangelnde Gelegenheit zum Schulbesuch im Ausland bedeutet, daß saudische Frauen in den Grenzen eines Bildungssystems gefangen sind, das dem der Männer immer noch unterlegen ist. Fächer wie Geologie und Erdölfördertechniken – Garanten einflußreicher Jobs in der saudischen Ölindustrie – bleiben Frauen verschlossen. Drei von den sieben Universitäten Saudi-Arabiens – die Imam-Mohammed-bin-Saud-Universität in Riad, die Öl- und Mineralienuniversität und die islamische Universität in Medina – nehmen keine Frauen auf. Nur wenige Dozentinnen haben ihre eigenen Büchereien, und für Büchereien, die mit männlichen Schulen geteilt werden, ist Frauen der Zutritt entweder gänzlich verboten, oder sie stehen ihnen nur einen Tag der Woche zur Verfügung. Meistens können Frauen auch nicht in den Bücherregalen herumstöbern, sondern müssen die gewünschten Titel angeben und sich die Bücher bringen lassen.

Doch Frauen und Männer legen dieselben Prüfungen ab. Professoren geben stillschweigend zu, daß die Frauen gewöhnlich bessere Resultate erzielen als Männer. »Das überrascht uns nicht«, sagte eine Professorin. »Sehen Sie sich ihr Leben an. Die Jungs haben ihre Autos, können am Abend mit Freunden durch die Straßen fahren, in Cafés sitzen, auf dem Schwarzmarkt Alkohol kaufen und die ganze Nacht trinken. Was bleibt den Mädchen? Die vier Wände und ihre Bücher. Bildung bedeutet ihnen alles.«

Wenn saudische Frauen in den fünfziger und sechziger Jahren zum Studium ins Ausland gingen, entschieden sie sich oft für die Amerikanische Universität in Beirut. Ein Missionar aus Vermont mit Namen Daniel Bliss hatte 1866 den Grundstein für die Männer-Lehranstalt, der künftigen AUB, gelegt und verkündet, daß die Schule »für Menschen jeden Ranges und jeder Klasse« sei, »ohne Rücksicht auf Hautfarbe, Nationalität, Rasse oder Religion. Ob weißer, schwarzer oder gelber Mann, Christ, Jude, Mohammedaner oder Heide, sie alle mögen kommen und sich der Vorzüge der Institution erfreuen ... und sie wieder verlassen im Glauben an einen Gott, an viele Götter oder an keinen Gott.«

Bereits 1905 wurde an der Universität ein Frauenkolleg für Kranken- und Säuglingspflege eingerichtet, und 1921 wurde die erste Studentin zum allgemeinen Studienprogramm zugelassen. Sie kam gänzlich verschleiert und in Begleitung ihres Mannes. Mitte der sechziger Jahre fiel mit dem Studium der Ingenieurswissenschaften die letzte Männerbastion und öffnete ihre Pforten der Koedukation.

Eine Zeitlang schien es, als ließe sich der amerikanische Liberalismus transplantieren. Leila Sharaf, eine libanesische Drusin, erlebte in den fünfziger Jahren die Geburt unzähliger politischer und philosophischer Bewegungen auf dem Campus und förderte den aufkeimenden arabischen Nationalismus. »Es gab viele Klubs«, sagte sie. »Den Arabischen Kulturklub, den Klub zum Verlust Palästinas, die Baathisten.« Frauen saßen mit Männern in den Cafés rund um den Campus und diskutierten leidenschaftlich bis tief in die Nacht. Leila Sharaf traf ihren zukünftigen Ehemann, einen jordanischen Moslem, in einem dieser

Klubs und kehrte mit ihm nach Jordanien zurück, wo sie schließlich Informationsministerin in der jordanischen Regierung und enge Beraterin von Königin Noor wurde.

Doch Mitte der sechziger Jahre entstand mit der Rückwendung zum islamischen Fundamentalismus eine Ideologie, die mit dem arabischen Nationalismus konkurrierte. Der Liberalismus der Universität und ihr amerikanischer Name machten die AUB zur Zielscheibe der Attacken der Extremisten.

Kernstück des liberalen Studienprogramms an der AUB waren stets die Kulturstudiengänge, die den Studenten von den Epen Gilgameschs über Homer und Vergil zu Locke, Descartes und Hobbes alles boten. 1966 fiel den Imams einiger Beiruter Moscheen die Pflichtlektüre aus diesem Kurs in die Hände, die den mittelalterlichen christlichen Theologen Thomas von Aquin mit einer Bemerkung zitierte, derzufolge die rasche Ausbreitung des Islams nichts über die dieser Religion innewohnende Wahrheit besage. Die Polizei stürmte auf den Campus, um den ketzerischen Autor zu verhaften. »Ich erzählte ihnen, daß Mr. Aquin im Augenblick nicht zu sprechen sei«, erinnerte sich Tarik Khalidi, Mediävist und Mitbegründer der Kulturstudiengänge. Also wurde er selbst zum Verhör abgeschleppt. Eine seiner Studentinnen, Hanan Ashrawi, schlug Alarm und mobilisierte den Universitätspräsidenten und den libanesischen Innenminister.

In den achtziger Jahren waren die Angriffe nicht mehr zum Lachen. 1984 strömte eines Tages eine Schar von Hisbollah-Aktivisten auf den Campus und zog auf einem Gebäude eine grüne islamische Flagge auf. Scheich Fadlallah, der geistliche Anführer der Hisbollah, hielt eine Rede über Fatima, die Tochter des Propheten, und deren Bedeutung als Vorbild für die moslemische Frau. »Dabei hat er nicht einmal etwas besonders Strittiges gesagt, aber man kann auch über das Wetter reden, und jeder weiß, was gemeint ist«, sagte Wolfgang Köhler, ein deutscher Student, der sich damals zufällig auf dem Campus befand. Seiner Meinung nach sollte mit dieser Rede gesagt werden, daß Hisbollahs Macht sich auch auf die wichtigste amerikanische Institution im Libanon erstreckte.

Auf brutale Weise wurde dies im Januar 1984 deutlich gemacht, als zwei Schützen Schalldämpfer auf ihre Pistolen schraubten und den Universitätspräsidenten Malcom Kerr vor seinem Büro ermordeten. Außerdem wurden Lehr- und Verwaltungspersonal der AUB Opfer von Entführungen. Nach dem Mord an Kerr gerieten 1985 die Kulturstudiengänge erneut unter Beschuß. Diesmal ging es um eine Vorlesung über religiöse Texte – ein Evangelium, ein Brief des Apostels Paulus und Teile des Korans –, gehalten von einem christlichen Mitglied der Fakultät. »Mit der wachsenden Anzahl von ›Fundies‹ im Fachbereich Kunst mißbilligten es die Studenten immer stärker, daß der Koran von einem Christen gelehrt wurde«, erinnerte sich Tarif Khalidi. »Also beschlossen wir, sehr zu meinem Bedauern, die religiösen Texte ganz zu streichen. Wie will man denn zum Beispiel Augustinus verstehen, ohne je im Alten und Neuen Testament gelesen zu haben?«

Zumeist widerstand die Universität dem sektiererischen Druck. Männer und Frauen trafen sich auch weiterhin ungehindert auf dem baumbestandenen, am Meer gelegenen Campus, und immer mehr Frauen trugen Bluejeans statt Schleier. Doch das war den Extremisten ein Dorn im Fleisch. 1991 zerfetzte eine mächtige Bombe das Herz des Campus und hinterließ einen Haufen Geröll hinter dem Tor mit dem eingeschriebenen Wahlspruch der Universität: »Möge sie voller Leben sein und es stets noch vermehren.«

Tarif Khalidi zweifelte nicht daran, was die Fundamentalisten, ob Christen oder Moslems, von ihm und seinen Kollegen hielten. »Ich habe allen Grund zu der Annahme, daß sie uns hassen wie die Pest. Von mir weiß ich, daß ich den Zweifel in ihnen absichtlich geschürt habe.« Ein Gebiet, auf dem er vorzugsweise den Zweifel nährte, war die Rolle der Frauen. Seine Mutter hatte zu den ersten arabischen Frauen gehört, die sich ohne Schleier in die Öffentlichkeit wagten. »Sie las immerzu den Koran und schüttelte den Kopf«, erinnerte er sich. »Die Zeile ›Frauen sind den Männern untertan‹ konnte sie wirklich in Harnisch bringen.«

Wer vom liberalen, toleranten Campus der AUB zu den Toren der Islamischen Universität in Gaza fährt, meint, rückwärts durch die Zeit zu reisen. Dabei bietet der Campus in Gaza eigentlich ein genaueres Bild der Zukunft, seit islamische Gruppen allgemein an Einfluß gewinnen.

Der Campus der Universität in Gaza ist in der Mitte geteilt; die eine Hälfte bleibt den Männern, die andere den Frauen vorbehalten. Als ich im Frühjahrstrimester 1993 den Frauencampus besuchte, trug ich ein Kopftuch und ein weites, langärmeliges, bis auf die Knöchel fallendes Kleid, da ich wußte, daß diese Institution auf strikte Einhaltung des Hidschab besteht. Doch meine Ankunft sorgte trotzdem für einige Aufregung. »Wir müssen eine *julabiyya* für Sie auftreiben«, erklärte Asya Abdul Hadi, die vor kurzem ihr Studium abgeschlossen hatte, und deutete dabei auf ihren von Hals bis an die Zehen zugeknöpften Mantel. »Selbst auf dem Frauencampus haben wir viele männliche Professoren.«

Schließlich fand jemand einen sackartigen blauen Sergeüberwurf, der einer mindestens zwölf Zentimeter größeren Studentin gehören mußte. Ich raffte eine Handvoll von dem Stoff auf, damit ich überhaupt gehen konnte, und stolperte hinter Asya her auf den von hohen Mauern umgebenen Campus, vorbei an einigen scheinbar wahllos verstreuten, niedrigen, asbestgedeckten Baracken.

Was Berkeley für die Antikriegsbewegung der sechziger Jahre war, das war die islamische Universität von Gaza für die Scharen des Heiligen Krieges der neunziger Jahre. Die meisten Bewohner des Campus unterstützten Hamas, jene islamische Gruppe, die gegen Israel einen Krieg bis zum Tode forderte. Die Israelis fanden die Militanz der Universität derart bedrohlich, daß die Armee den Campus von 1987 bis 1991 zum militärischen Sperrgebiet erklärte und einen Großteil des Lehrkörpers und eine Auswahl der Studentenvertreter ins Gefängnis steckte.

Wir gingen in den Aufenthaltsraum der Studentinnen. Einige Frauen nippten an Colaflaschen und schwatzten miteinander. Sie trugen ausnahmslos *julabiyya* in matten Braun-, Oliv- oder Marineblautönen. Asya stellte mich einigen ihrer Freundinnen vor, die in der Universitätsverwaltung arbeiteten. Ich fragte sie, ob ich auch Professorinnen kennenlernen könnte. »Eigentlich haben wir nicht so viele Professorinnen«, sagte Majida Anan, eine dreißigjährige Verwaltungsbeamtin. »Die Mehrheit hier ist für einen Unterricht durch Männer, da Männer auf eine Karriere angewiesen sind. Die Frauen heiraten und werden von ihren Männern versorgt. Und wenn die Universität eine Frau einstellt, kann sie nur hier, auf dem Frauencampus, unterrichten; ein Mann aber kann hier und auf der anderen Straßenseite bei den Männern lehren. Wenn wir unseren islamischen Staat verwirklicht haben, wird es überhaupt keine Geschlechtermischung mehr geben.«

Khomeinis Tochter Zahra lehrte Philosophie an der Teheraner Universität vor gemischten Seminaren. Ich fragte Majida dazu nach ihrer Meinung. »Der Islam kennt keine Meinungen«, antwortete sie brüsk. »Der Islam sagt, daß Männer und Frauen zusammenkommen können, wenn es unbedingt nötig ist. Besteht die Notwendigkeit nicht, sollten sie es auch nicht tun.«

Ich hatte gehofft, in der Universität von Gaza etwas anderes vorzufinden – vielleicht gar die Anfänge eines islamischen Feminismus. Palästinenserinnen waren stets recht fortschrittliche Frauen gewesen, und ich hatte angenommen, daß ein Aufeinandertreffen ihrer Geisteshaltung mit dem militanten Islam zu interessanten Ergebnissen führen würde.

Doch die militanten Kräfte in Gaza hatten sich einer Spielart des islamischen Radikalismus angeschlossen, der für palästinensische Frauen nicht nur das Rad der Zeit zurückdrehen wollte, sondern mit Schlimmerem drohte. Was Majida vorschlug, war nie Bestandteil der palästinensischen Kultur gewesen. Ihre Ideen hatte sie importiert: Ihnen haftete unübersehbar ein »Made in Saudi-Arabien« an.

Zwei Paragraphen in ihrer sechsunddreißig Paragraphen umfassenden Charta widmet Hamas der Rolle der Frauen. Frauen, heißt es da, »bringen Kinder zur Welt und spielen daher eine große Rolle in Anleitung und Erziehung der (neuen) Generation. Der Feind weiß um diese Rolle und hat erkannt, daß er den Krieg gewinnt, wenn er die Frauen auf eine Weise leiten und erziehen kann, die sie vom Islam entfernt. Daher seine unablässigen Anstrengungen im Film- und Publikationswesen sowie auf dem Gebiet der Curricula [sic!] für Erziehung und Kultur. Als Mittelsmänner werden hierzu Künstler eingesetzt, die den diversen zionistischen Organisationen unterschiedlichster Couleur angehören, zum Beispiel den Freimaurern, dem Rotary Club, Spionagebanden und ähnlichem... Deshalb müssen wir den Lehrplänen der moslemischen Mädchenschulen besondere Beachtung schenken, auf daß die Kleinen zu achtbaren Müttern erzogen werden, die um ihre Pflichten im Befreiungskrieg wissen. Sie müssen sich ihrer Aufgabe bewußt und vollkommen in der Lage sein, ihre Haushalte zu führen. Ökonomisches Wirtschaften und Vermeiden von Haushaltsausgaben sind Grundvoraussetzungen für das Gelingen unserer Sache...«

Als ich 1987 zum ersten Mal Gaza besuchte, waren unter den Jugendlichen auch verschleierte Mädchen in Bluejeans zu sehen, die Steine auf israelische Soldaten warfen. Ihre Mütter hielten im Hintergrund nasse Tücher und Zwiebelscheiben bereit, um die Wirkung des Tränengases zu mildern. Frauen hatten durch ihre Rolle in solchen Protesten an Format gewonnen. Dank Hamas wurden sie nun wieder nach Hause geschickt, um männliche Kinder in die Welt zu setzen und die Haushaltsausgaben möglichst niedrig zu halten.

»Der Kampf hat sich verändert«, sagte Asya, eine hochgewachsene, hellwache Frau mit großen, dunklen Augen und dichten Augenbrauen. »Steine werfen ist heute was für Kinder. Die Aktivisten mit den echten Waffen bleiben nicht zu Hause; sie sind ständig unterwegs von Ort zu Ort, schlafen hier und da. Eine Frau kann das nicht.«

Der Kampf hatte sich verändert und Gaza mit ihm. Als ich durch die riesige Straßensperre fuhr, die den Gazastreifen von Israel trennt, hatte ich keine einzige unverschleierte Frau gesehen. »Es herrscht kein Zwang«, sagte Majida. Ich blickte auf meinen schäbigen Sergesack herab. »Hier, in der Universität, können wir natürlich eine Kleiderordnung vorschreiben. Aber draußen könnten wir das nicht. Da gilt nur die Beziehung zu Gott, und jede Frau kann für sich selbst entscheiden.«

Ich nippte an meiner Cola und sagte nichts. Ich war in einem Krankenhaus in Gaza in der Notaufnahme gewesen, als eine junge palästinensische Schwester hereinkam; sie zitterte, und ihre Tracht war mit feuchten, braunen Flecken übersät. »Das waren die Jungs auf dem Markt«, sagte sie. »Sie wollten, daß ich meinen Kopf bedecke. Ich erzählte ihnen, ich sei eine Christin, aber sie meinten, das sei egal. Sie sagten: ›Die Jungfrau Maria hat sich den Kopf bedeckt, dann kannst du das auch!‹ Sie haben mich mit faulem Obst beworfen und gesagt, beim nächsten Mal würden sie Säure nehmen.«

Für die meisten Seminare war der Unterricht heute bereits zu Ende. Wenn ich an einer Religionsstunde für Frauen teilnehmen möchte, sagte mir Asya, sollte ich morgen früh wiederkommen. »Warum übernachten Sie nicht bei mir?« fragte sie.

Ich zögerte. »Das macht Ihnen doch bestimmt zuviel Mühe«, sagte ich.

»Was ist los?« fragte sie lachend. »Haben Sie Angst davor, auf dem Campus zu bleiben? Wir sind sehr gastfreundlich hier.«

Ich war tatsächlich ein bißchen nervös. In jener Woche war ein für Entwicklungsprojekte in Gaza zuständiger israelischer Rechtsanwalt mit einer Axt zerhackt worden, als er sich mit seinen palästinensischen Klienten traf. Meine journalistischen Kollegen in Jerusalem hatten mich sogar davor gewarnt, in einem Hotel in Gaza abzusteigen. »Wenn sich herumspricht, daß du da wohnst, ist es jedenfalls gefährlich, länger als eine Nacht zu bleiben«, sagte ein Journalist.

Ich erzählte Asya, daß ich gern bei ihr übernachten würde.

Sie ging vor mir her zum Pförtnerhaus, wo ich mein langes Obergewand abgeben mußte. »Übrigens«, fragte sie und blickte sich um, »welcher Religion gehören Sie an?«

»Ich bin Jüdin.«

Asya wirbelte herum. Sie kniff den Mund zu einem schmalen Strich zusammen. Ihr Blick huschte über mein Gesicht, dann suchten ihre Augen den Horizont ab. Ich versuchte, ihre Miene zu deuten. War sie wütend? Verletzt? Ich konnte es nicht sagen.

Ich habe meine Religion nur einmal verschwiegen, gleich nach meiner Ankunft im Mittleren Osten. Ich fühlte mich so beschämt und feige, daß ich beschloß, es nie wieder zu tun. Seither habe ich es mir zur Regel gemacht, allen offen zu antworten, die mich fragte. Zumeist reagierten die Menschen eher fasziniert als ablehnend. Oft folgt dann ein Verhör: Was ich vom Zionismus halte? Ob es in meiner Familie jemanden gibt, der Geld an Israel spendet? Doch Asya sagte nichts.

Ich legte eine Hand auf ihren Arm. »Wenn es Ihnen lieber ist, daß ich im Hotel übernachte, kann ich das verstehen«, sagte ich. »Nein«, sagte sie und fuhr aus ihrer Trance auf. »Sie müssen mit zu mir kommen.« Sie schritt voran, rief ein Taxi, und wir rumpelten durch die Schlaglöcher zum Flüchtlingslager Dier el Balah. Als das Taxi die Stadt Gaza verließ und durch die duftenden Haine erblühter Orangen brauste, wechselte Asya das Thema und kam von Religion auf Bücher zu sprechen. Sie hatte ihren Abschluß in Anglistik gemacht und erzählte von den Romanen, die ihr im Studium am besten gefallen hatten: Thomas Hardys *Tess of the D'Urbervilles* und Jane Austens *Pride and Prejudice*. Ich lächelte. Es ließen sich wohl kaum zwei westliche Bücher finden, die in stärkerem Einklang mit der islamischen Weltsicht standen als Hardys Erzählungen von einer Frau, die durch sexuelle Schande zugrunde gerichtet wurde, oder die Geschichte der Schwestern Bennet und ihrer vor allem im Salon stattfindenden Suche nach geeigneten Gatten.

Asyas Heim hatte keinerlei Ähnlichkeit mit den dicht gedrängten Baracken auf dem Campus. Es stand unmittelbar am Lagerrand Dier el Balahs, wo die klaustrophobisch engen Gassen mit unzureichender Kanalisation sich zum Ackerland und dem würzigen Geruch des dahinterliegenden Meeres öffneten. Das Haus war solide gebaut und großzügig angelegt; zur Straße hin wurde es durch eine hohe, mit Grafitti bedeckte Ziegelmauer abgeschirmt. Asya wohnte hier mit ihrer verwitweten Mutter, einer gebückten, ungebildeten Frau, die mehr als nur eine Generation von ihrer hochgewachsenen, intellektuellen Tochter zu trennen schien. Sie teilten sich das Haus mit zwei jüngeren Schwestern sowie einem Bruder und dessen Frau. Asyas jüngerer Bruder saß im Gefängnis; man warf ihm vor, Aktivist der Hamas zu sein. Die übrigen Brüder waren über die Landkarte der palästinensischen Diaspora verstreut. Ein Bruder war Kämpfer der Palästinensischen Befreiungsorganisation im Irak, ein anderer in Saudi-Arabien, ein dritter arbeitete in Griechenland. Mit Überweisungen aus der Diaspora war das Haus gebaut worden.

Der Bruder, mit dem sie zusammenwohnte, arbeitete gewöhnlich in Israel, doch seit einer Reihe von Morden vor mehreren Wochen verwehrte Israel den Palästinensern aus Gaza und der Westbank den Zugang zu ihren israelischen Arbeitsplätzen. Das machte Asya, die als Assistentin für einen palästinensischen Journalisten arbeitete, zum wichtigsten Brotverdiener der Familie. Als sie zur Tür hereinkam, wurde sie von ihrer Mutter und den kleinen Schwestern umringt; man brachte ihr Tee, frische Kleider, eine Haarbürste und kümmerte sich geschäftig und mit jener respektvollen Aufmerksamkeit um ihr Wohl, wie ich sie bisher nur Männern zukommen sah.

Asya warf ihren Hidschab ab, zog sich Leggins an und schüttelte ihr schulterlanges Haar auf. Ihre Schwester brachte einen Strickpullover, den Asya aber zurückwies; auf arabisch verlangte sie etwas Hübscheres. Die Schwester kehrte mit einer schwarzglänzenden Bluse aus Baumwolle mit kastanienbraunen, handgemalten Blumen am Saum zurück. »Nicht wahr«, sagte Asya, »jetzt sehe ich ganz anders aus.« Natürlich tat sie das. Sie hatte hohe Wangenknochen, die unter dem Kopftuch verborgen blieben, und eine drahtige, athletische Figur. Ich merkte, daß ich sie enttäuschte: Sie hatte ein Kompliment ähnlich wie die in jenen alten Filmen erwartet, wenn die Sekretärin ihr Haar offen fallen läßt und die Brille abnimmt: »Aber Miss Asya, Sie sind ja hübsch!« Doch ich war diese Verwandlungen schon zu sehr gewöhnt, sie konnten mich nicht mehr überraschen.

Als ihre Schwester für das Abendessen deckte, trug sie eine Reihe ägyptischer Standardgerichte auf: *foul, tumiyya* und *molokiyya* – pürierte Bohnen, geröstete Kichererbsen und eine Art Okragemüse. Ägypten hatte Gaza von 1949 bis 1967 regiert, und der ägyptische Einfluß war immer noch deutlich spürbar. Wir hockten auf Kissen und löffelten das Gemüse mit dem flachen Brot, das Asya morgens buk, ehe sie zur Arbeit ging.

Meistens schlief Asya im Empfangszimmer der Frauen, das sie

mit ihren jüngeren Schwestern teilte, aber heute nacht sollten wir ein Zimmer für uns allein haben. Sie zog zwei dünne Matratzen in einen großen Salon, der bis auf einen Wandschrank leer war. Ich hätte die Matratzen instinktiv auseinander gerückt, um uns beiden etwas Privatsphäre und Ungestörtheit zu geben. Doch Asya legte beide Matten in eine Ecke, Seite an Seite, so daß sie sich fast berührten.

Asya griff nach dem Radio und drehte am Senderknopf. Ich lächelte, da ich selbst die Angewohnheit besaß, abends als letztes und morgens als erstes nach dem Radio zu greifen, um die Nachrichten zu hören. In all dem Rauschen fand sie hintereinander den arabischen Dienst der BBC, Kairos *Stimme der Araber* und *Radio Monte Carlo*. Sie runzelte aufmerksam die Stirn, als sie eine Stimme erkannte: den von den Israelis in den Libanon deportierten Sprecher der Hamas-Bewegung. Erregt verurteilte er die Aufnahme von Friedensgesprächen zwischen Israel und den Palästinensern. Ein Friedensabkommen, sagte er, würde das *bab al fitna* öffnen, das Tor zum Bürgerkrieg. Asya nickte. »Er hat recht. Hamas wird ein solches Abkommen niemals akzeptieren.« Doch als Arafat im Herbst tatsächlich ein Friedensabkommen unterschrieb, blieb der Bürgerkrieg zwischen Hamas und der PLO aus. Hamas war zwar gegen das Abkommen, schwor aber, kein palästinensisches Blut zu vergießen. Statt dessen griffen die Islamisten verstärkt die Israelis an und warteten darauf, daß die Durchsetzung des Abkommens scheiterte.

Nach den Nachrichten stand Asya auf und machte das Deckenlicht aus. Sie ließ ein kleines Nachtlicht in der Ecke brennen. Im Halbdunkel schwatzten wir im Flüsterton wie zwei Teenager auf einer Pyjamaparty.

Asya hatte durch das Beispiel ihres jüngeren Bruders – des verhafteten Hamas-Aktivisten – zur Religion gefunden. Vor zehn Jahren, mit neunzehn, hatte sie begonnen, Hidschab zu tragen. »Sie waren alle so überrascht«, sagte sie. »Es hieß immer: ›Warum trägt Asya das?‹ – Sehen Sie, das war lange bevor die islamische Bewegung hier so stark wurde. Ehe ich Hidschab anlegte, hatte ich vor allem Angst; ich hatte Angst vor Geistern und Angst davor, allein in einem Zimmer zu sein. Seit ich Hidschab trage, ist die Furcht verschwunden. Jetzt weiß ich, daß dieses Leben nur ein Spiel ist, ein Ort der Prüfung. Sobald man dies einsieht, gibt es nichts im Leben, was einem Angst machen kann.«

Asya hatte gerade ein Stipendium des British Council für ein Journalistikstudium in London erhalten. »Kennen Sie Journalistinnen, die Hidschab tragen?« fragte sie. Ich sagte, daß ich in den großen Medien noch keine kennengelernt hätte, ausgenommen im Iran, da es dort weibliche TV-Crews, Sportreporterinnen und Fotografinnen gab.

»Vielleicht bin ich die erste in London«, sagte sie.

Asya galt als etwas Besonderes in Gaza, da sie mit neunundzwanzig Jahren noch unverheiratet war. Den ersten Anlauf in Richtung Heiratsantrag hatte sie schon des öfteren unternommen. »Zuerst kommen seine Mutter und seine Schwester zu Besuch, um mich ohne Hidschab zu sehen. Wenn ich ihnen gefalle, sagen sie, daß sie mich gern mit ihrem Sohn bekannt machen würden. Aber ich sage dann: ›Nein, nicht so schnell.‹ Zuerst will ich wissen, ob er fromm ist und was er arbeitet. Wenn er betet und eine gute Arbeit hat, schicke ich jemanden, der die Nachbarn nach ihm ausfragt; Freundinnen bringen mir detaillierte Berichte. Meistens reicht das schon; dann sage ich seiner Mutter: ›Machen Sie sich keine Mühe, ich bin nicht interessiert.‹«

Da sie eine Arbeit hatte, bot sich ihr auch die Gelegenheit, Männer ohne all den Mummenschanz einer Heiratsvermittlung kennenzulernen. Doch eine Liebesromanze nach westlicher Manier kam für sie nicht in Frage. »Wenn ein Mann zum ersten Mal zu mir sagt, daß er mich mag, wird es auch das letzte Mal sein«, sagte sie. »Ich werde ihm antworten: ›Sag so was nicht zu mir. Hier hast du den Namen meines Bruders. Geh und sag ihm, was du zu sagen hast.‹« Nach ihrem Einstellungsgespräch mit dem palästinensischen Journalisten hatten ihre Brüder ihr eigenes Gespräch mit dem zukünftigen Arbeitgeber geführt, um zu prüfen, ob er und sein Büro für ihre Schwester geeignet waren. Sie waren es. Asyas Chef, selbst ein frommer Moslem, arbeitete außer Haus, hatte aber aus Anstandsgründen ständig seine Frau und Kinder um sich.

Asya lag auf dem Rücken, die Hände hinter dem Kopf verschränkt, und setzte ihren Monolog fort. »Eigentlich interessieren mich Männer nicht besonders. Nur Babys hätte ich gern.«

War dies also das logische Ende des Ideals der Geschlechtertrennung? Eine tiefe Abneigung gegen das andere Geschlecht? Während ich dalag und Aysa zuhörte, dachte ich an all die klugen, jungen islamischen Frauen, die ich kannte: an Hamideh, meine Übersetzerin im Iran; an Nahid, die ehemalige Medizinstudentin und eine der vier oder fünf schönsten Frauen, die ich je getroffen habe; an Hadra, die Soldatin in den Emiraten; an eine kuwaitische Aktivistin, eine jordanische Journalistin, eine kurdische Lehrerin – sie alle waren allein und längst über das in ihren Gesellschaften übliche Heiratsalter hinaus. Und sie alle, fiel mir jetzt auf, hatten erzählt, wie schwer es war, Männer kennenzulernen, mit denen sie reden konnten, die sie verstanden, denen sie vertrauen konnten.

»Sicher«, sagte Asya, als wäre sie meinen Gedanken gefolgt. »Es wäre schön, eine gute Beziehung zu dem Mann zu haben, den man heiratet, aber mit den Männern hier ist das nicht so einfach.« Was sie so schwierig macht, betonte sie, sei nicht ihr islamisches Erbe. »Ich würde gern einen islamischen Prediger heiraten – einen *westlichen* islamischen Prediger.«

»Na denn viel Glück«, sagte ich, und wir beide kicherten.

Asya drehte sich auf die Seite, mit dem Gesicht zur Wand. Ich dachte, sie würde nun einschlafen, drehte mich auch um und döste bereits, als sie, mit immer noch abgewendetem Gesicht, weitersprach. »Jedesmal, wenn jemand kommt, um den Islam zu erforschen, stellt sich raus, daß er Jude ist. Was glauben Sie, warum das so ist?«

»Ich weiß nicht«, sagte ich und wußte es wirklich nicht. Mein Interesse am Islam hatte sehr viel damit zu tun, daß ich eine Frau bin, nichts aber mit meinem Judentum. Dennoch verstand ich, was sie meinte. Ein Drittel aller westlichen Journalisten im Mittleren Osten waren Juden. »Vielleicht wachsen Juden mit einem größeren Interesse für die Vorgänge im Mittleren Osten auf«, sagte ich. »Vielleicht liegt es auch daran, daß sich hier Juden und Moslems bekämpfen und daß die Juden meinen, durch ein Verständnis des Islams den Konflikt lösen zu können?« Asya schwieg. »Vielleicht«, überlegte ich, »glauben manche auch, daß der Islam gefährlich ist, und sie kommen her, um Belege für ihre Überzeugung zu finden.«

»Das denke ich auch«, sagte sie. »Gute Nacht.«

Am nächsten Morgen in der Universität machten wir uns auf den Weg zu einer Veranstaltung des Fachbereichs Theologie, in der die Studentinnen eine Vorlesung über islamische Regierungen hören sollten. »Sie werden feststellen, daß es bei uns sehr lebhaft zugeht«, sagte Asya. »Viele Fragen und Wortgefechte.«

Doch als wir eintrafen, war der Vorlesungssaal leer. Eine verschleierte Studentin erzählte Asya, daß die Frauen beschlossen hätten, gegen die am Tag zuvor verkündete Wiederaufnahme der Friedensgespräche mit Israel zu protestieren und ein Sit-in vor dem Haus von Dr. Haider Abdul Shafi zu veranstalten, dem Wortführer der palästinensischen Friedensunterhändler. Unterricht fände zur Zeit nur in Mathematik statt.

Auf der Suche nach dem Sprecher der Universität wagten Asya und ich uns auf den Männercampus. Die Korridore waren voller bärtiger Studenten, die gewissenhaft ihre Augen abwandten, als wir in unseren *julabiyya* vorüberrauschten. Ahmad Saatin, der Universitätssprecher, war ein untersetzter, fülliger Mann, der wie fast alle Fakultätsmitglieder seine Zeit in einem israelischen Gefängnis abgesessen hatte, da er verdächtigt worden war, ein Aktivist der Hamas zu sein. Er entschuldigte sich, als er uns nicht die Hand reichte. »Wir haben ein Sprichwort: ›Es ist besser, sich selbst einen Dolch in die Hand zu stoßen, als die Hand einer Frau zu berühren.‹«

»Aber zählt nicht auch die Absicht?« fragte Asya. »Ich dachte, es sei in Ordnung, sich die Hand zu geben, wenn man gute Absichten hat.« Ahmed, der seinerseits Absolvent des Islamischen Instituts für Höhere Bildung in Ägypten war, korrigierte sie höflich. »*Ihre* Absichten mögen gut sein, aber was ist mit meinen? Wie wollen Sie die Absichten Ihres Gegenübers erkennen?«

Als ich mich nach Koedukation erkundigte, explodierte Ahmed geradezu vor Aufregung. »Der Islam verbietet Koedukation! Wir kennen die katastrophalen Folgen. Wir kennen die Namen, die Zahlen.« In Birzeit, sagte er, einer gemischten palästinensischen Universität in der Westbank, sei es zu *zina* gekommen, zu außerehelichem Geschlechtsverkehr. »Das ist katastrophal, besonders für junge Mädchen.«

Es kann katastrophal enden, stimmte ich zu, da Väter und Brüder die jugendlichen Mädchen noch immer umbrachten, wenn sie im Verdacht standen, Sex gehabt zu haben. »Wir billigen diese ungesetzlichen Tötungen nicht«, sagte er. »Der Islam billigt sie nicht. Der Islam verlangt Beweise. Nicht nur einen Zeugen, sondern vier. Nicht nur ein Bekenntnis, sondern ein stichhaltiges Bekenntnis.«

Warum sprachen sich dann islamische Gelehrte wie die Dozenten der Universität nicht deutlicher gegen diese Tötungen aus, statt auf diesem Auge blind zu sein? Warum sagten die Gelehrten nichts gegen die Klitoridektomie, die unter ägyptischer Herkunft ihren Weg nach Gaza gefunden hatte?

»Das ist eine heikle Sache. Manche Menschen behaupten, daß es die Frauen sanfter mache. Aber der Islam ist natürlich dagegen. Jeder Körperteil wurde geschaffen, weil er eine Funktion hat. Wie die Mandeln: Nur wenn sie die Gesundheit gefährden, sollte man sie entfernen; bedeuten sie keine Gefahr, läßt man sie in Ruhe. Vielleicht sprechen sich die Predigerinnen dagegen aus. Aber solche Operationen kommen hier natürlich nicht vor. In Ägypten gewiß, aber nicht hier.«

»Unter den älteren Frauen...«, begann Asya, aber Ahmed unterbrach sie. »Hier nicht. Unter Palästinensern niemals.« Asya schwieg. Am Abend zuvor hatte sie mir erzählt, daß man ihrer Mutter die Klitoris entfernt hatte.

»Dies ist eine östliche Gesellschaft«, fuhr er fort. »In östlichen Gesellschaften gibt es in bezug auf Frauen so manches, was laut Islam nicht korrekt ist. Aber dies zu ändern braucht seine Zeit. Zuerst müssen wir den islamischen Staat durchsetzen. Alles Unglück auf der Welt rührt daher, daß man den Islam nicht angenommen hat. Bekehrt man sich zum Islam, wird sich alles zum Guten wenden.«

Als sich Ahmed einen Augenblick entschuldigte, um mit einem Kollegen zu sprechen, sagte Asya, sie müsse auf die Toilette auf dem Frauencampus. »Ich könnte auch hier auf die Toilette gehen, aber das ist mir nicht recht.«

Als Ahmed zurückkehrte und mich allein antraf, schreckte er an der Türschwelle zurück. »Wo ist Asya? Ich darf mit Ihnen nicht allein sein.« Dabei waren wir nicht allein. Die Tür zum Büro stand weit offen, und auf dem Flur wimmelte es von Studenten.

»Selbst wenn die Tür offen ist?« fragte ich.

»Ja, tut mir leid. Sie müssen Asya holen«, sagte er und wich auf den Flur zurück, als hätte ich die Pest. Sobald Asya zurückkehrte, setzten wir unser Gespräch fort und wandten uns der Rolle zu, die Frauen in der Politik einnehmen. Ahmed erklärte, daß Frauen zwar kein moslemisches Land führen konnten, aber die Pflicht hatten, die Taten eines Staatsoberhauptes zu kommentieren und dagegen zu protestieren, wenn sie ihn auf dem Irrweg glaubten.

»Es ist die gleiche Aufgabe, die der Frau auch beim Familiengebet zukommt«, sagte er. »Eine Frau kann nicht ihren Mann – keinen Mann – beim Gebet führen, doch wenn ihm ein Fehler unterläuft – sagen wir, er vergißt etwas –, muß sie ihn durch ein Händeklatschen darauf aufmerksam machen.«

»Kann sie nicht einfach die richtigen Worte sagen?«

»Nein, da ihre Stimme verführerisch ist. Sie darf sie nicht erheben.«

Asya warf ein: »Aber wenn es ihre eigene Familie ist, kann sie doch bestimmt ihre Stimme erheben, um *subhan Allah* zu sagen?«

»Nein«, sagte er. »Sie darf sie überhaupt nicht erheben. Sie darf nur in die Hände klatschen. Frauen müssen ihre Stimmen mit Bedacht gebrauchen. Wenn jemand in mein Haus kommt und nach mir fragt, darf meine Frau antworten: ›Ja, warten Sie‹ oder ›Er ist nicht da‹. Sehr kurz, sehr höflich. Sie darf nicht mit sanfter Stimme reden. So steht es im Koran: Was mit wenigen Worten beginnt, wird zu weiterem führen.«

Ich verließ Gaza am Abend und fuhr am nächsten Tag durch die steinigen Hügel und Olivenhaine der Westbank, um mich mit einigen Professorinnen von Birzeit, einer gänzlich anders gearteten palästinensischen Universität zu treffen.

Diese Frauen trennte nicht einmal eine Generation von Asya – sie waren Ende Dreißig, Anfang Vierzig und hätten ihre älteren Schwestern sein können. Doch etwas war in jenen Jahren geschehen, das Asyas Ausbildung von ihrer trennte und die Kluft zwischen ihnen vertiefte; fast schien sie schon unüberbrückbar. Die Professorinnen von Birzeit gaben zwar die Existenz des Problems zu, schienen es aber in seinem Ausmaß völlig zu verkennen.

»Die Schwierigkeit liegt darin, daß diese Menschen ihre eigene Kultur nicht kennen«, sagte Islah Gad und nippte nach einem langen Unterrichtstag an einem frischen Orangensaft. Wir saßen im Sonnenzimmer ihres Hauses, einem riesigen, ottomanischen Steingebäude mit Säulengang und Gewölbedecken. Islahs Blick wanderte hinüber zum Garten, in dem sorgsam gepflegte Obstbäume auf roter Erde blühten. Sie beobachtete eine kleine Schildkröte, die sich ihren unsicheren Weg durch die Furchen gepflügter Erde suchte. Sie hatte das Tier bei der Heimfahrt von der Universität auf der Straße entdeckt und davor bewahrt, unter den Rädern eines Autos zermalmt zu werden.

Islah war in Ägypten aufgewachsen und hatte dort an der Universität ihren Mann, einen prominenten palästinensischen Widerstandskämpfer, kennengelernt. Sie kehrte mit ihm nach El Bireh zurück, dem Dorf in der Westbank, in dem sein Vater bis zur Deportation des Sohnes durch die Israelis Bürgermeister gewesen war. »Die Israelis haben viel dazu beigetragen, die palästinensische Kultur zu vernichten, aber sie sind längst nicht so schlimm wie die islamischen Bewegungen«, sagte Islah. Sie zählte die Probleme an ihren langen, eleganten Fingern auf. Da war zuerst einmal die traditionelle palästinensische Kleidung, die Hamas kritisierte – der schöne lange schwarze oder kastanienbraune Kaftan, den Palästinenserinnen seit alters her getragen haben und der vorn sowie am Saum mit Kreuzstichen verziert und mit einem feinen weißen Kopftuch getragen wird.

»Das ist islamische Kleidung – aber nicht für die Leute von Hamas. Sie finden die Farben der Stickerei *haram*. Wo steht so etwas im Koran? Zu Tausenden verdienen sich die Palästinenserinnen ihr Brot mit dem Nähen dieser Kleidung. Aber daran denken sie nicht. Sie werfen Linken vor, importierte Ideen zu vertreten, dabei sind ihre eigenen Ideen sämtlich importiert. Beim diesjährigen Bücherbasar an der Birzeit habe ich hundert Bücher über Frauen und Islam gezählt – und alle sind aus Ägypten oder Saudi-Arabien.«

An Birzeit, der liberalsten und weltlichsten palästinensischen Universität, haben islamische Bewegungen wie Hamas und Dschihad längst nicht so Fuß fassen können wie an anderen Hochschulen, trotzdem blieb ihr Einfluß spürbar. »Sie sind wie Pilze«, sagte Lily Feidy, eine Kollegin von Islah. »Sie wachsen unter bestimmten Bedingungen, und wenn sich die Bedingungen ändern, verkümmern sie. Im Augenblick ist ihr Wiederaufleben ein Zeichen von Pessimismus. Da die Menschen verzweifelt sind, suchen sie Zuflucht beim Übernatürlichen.«

Lily Feidy, die an der Birzeit-Universität Linguistik unterrichtete, hat nie den Campus der Islamischen Universität Gaza betreten. »Ich kann da nicht hin, weil ich keinen Schleier tragen will. Außerdem bin ich nicht daran interessiert, mich zu ihnen zu setzen und mit ihnen zu diskutieren. Was vor vierzehnhundert Jahren gestimmt hat, stimmt heute nicht mehr. Es tut mir leid, aber wir leben nicht mehr in der Wüste und hausen nicht mehr in Zelten.«

Islah Gad ihrerseits begrüßte jede Gelegenheit, mit den Fundamentalisten reden zu können. »Es ist nicht schwer, ihre Logik zu durchbrechen«, sagte sie. »Während einer Debatte über Koedukation sagten die Hamas-Jungs, daß Koedukation *haram* sei – daß wir die gemischten Schulen schließen sollten. Ich sagte ihnen: ›Moment mal: In unseren Dörfern sind die Schulen gemischt, denn die Dörfler können sich keine zwei Schulen leisten. Was passiert also? Die Mädchen müssen zu Hause bleiben. Ist es das, was ihr wollt?‹ Natürlich erwiderten sie: ›Nein, an die Ausgaben für eine neue Schule haben wir nicht gedacht.‹ Also sagte ich ihnen: ›Lernt erst einmal, eure eigene Wirklichkeit zu begreifen. Vergeßt diese vorfabrizierten Ideen aus Saudi-Arabien.‹«

Sowohl Islah wie auch Lily sperrten sich gegen den Gedanken, daß die wachsende islamische Flut eine Gefahr für ihre liberalen Ansichten bedeuten könnte. Ich habe dergleichen oft von den gebildeten Frauen ihrer Generation gehört – Frauen wie Jordaniens Leila Sharaf, die in den hitzigen Tagen der arabischen Nationalbewegung aufwuchsen, als die charismatischen Gestalten allesamt weltliche, auf Gleichberechtigung beharrende Linke waren. Für diese Frauen waren Hamas' Ansichten über die Frauen einfach lächerlich. Da sie selbst die Faszination solcher Ansichten nicht nachvollziehen konnten, waren sie blind für die Anziehung, die sie auf ihre Studenten ausübten.

Die islamische Bewegung fand an fast allen Universitäten des Mittleren Ostens Zulauf, und ihre meisten Anhänger gewann sie in den Fachbereichen mit den begabtesten Studenten – bei den Medizinern und den Ingenieuren. Keineswegs nur verzweifelte Studenten vernahmen den islamischen Ruf, sondern auch jene mit den allerbesten Aussichten für ihre Zukunft: die Sahars und die Asyas mit den Stipendien für Harvard und London. Sie waren die Elite des nächsten Jahrzehnts – Menschen, die die Zukunft ihrer Länder gestalten würden.

Ein oder zwei Jahrzehnte zuvor waren diese begabten Intellektuellen arabische Nationalisten geworden, aber diese Idee hatte nur militärische Niederlagen und ruinierte Ökonomien eingebracht. Für einen Außenstehenden ließ sich schwer vorstellen, wie es dieser neuen »großen Idee« besser ergehen sollte. Doch die Rückkehr zu den Wurzeln und die Ablehnung aller äußeren Einflüsse ist stets ein verführerischer Gedanke; als australischer Teenager hatte ich selbst seine Anziehungskraft in einem Land gespürt, das im Schatten amerikanischer Einflüsse lebte und in geschlossenen Reihen auf den Morast von Vietnam zumarschierte. Für intelligente junge Moslems, deren Zukunft durch das Versagen so vieler importierter Ideologien bestimmt wurde, lag die Faszination des Islams gerade in seiner heimischen Herkunft. Sahar hatte es von Anfang an gesagt: »Warum versuchen wir es nicht mit etwas Eigenem?«

Doch die größten Sorgen bereitete mir, daß der Islam, der sich an so vielen Universitäten ausbreitete, nicht der eigene Islam war, nicht der Islam der toleranten Tradition Ägyptens und nicht der Islam der progressiven Lebensweise Palästinas, sondern jene verzerrte Spielart, wie sie der Reichtum der Saudis propagierte. Mir war der Gedanke an eine Generation zuwider, die ihre Talente im Dienste dieser repressiven Weltanschauung vergeudete.

Als mein saudischer Freund mich in die Sanddünen nördlich von Riad mitnahm, um mich dort seinem Onkel vorzustellen, hatte ich den alten Mann für ein Relikt aus vergangener Zeit gehalten, dessen Wertvorstellungen so gewiß dahingehen würden wie die Sandburgen, an denen wir vorbeigefahren waren.

Mein Freund schien eine solch riesige Entfernung in nur einer halben Lebensspanne zurückgelegt zu haben. Er wurde unter einer Palme auf dem Hof seines Onkels geboren und auf dem Kamelrücken zum Hause seines Vaters gebracht. Fünfundzwanzig Jahre später überquerte er den Atlantik in einer Concorde. Ausgebildet an den besten Universitäten der Vereinigten Staaten, ging er seinem Beruf gleichermaßen in London, Washington und Riad nach und besaß einen rebellischen Instinkt, der mit Vergnügen Frömmeleien an den Pranger stellte und orthodoxe Überzeugungen ins Wanken brachte.

Ich zweifelte nicht daran, daß er die Zukunft verkörperte: Sein Onkel mit der traurigen Geschichte von den weltabgewandten, der Schule beraubten Töchtern war die Vergangenheit. Ich brauchte eine Weile, bevor ich begriff, daß die Dinge nicht so einfach waren.

Meinem Freund lag es mehr, die Eigentümlichkeiten der OPEC zu kritisieren oder über die Dominanz der levantinischen Stimme in der arabischen Literatur zu lamentieren, als über sein persönliches Leben zu reden. Einmal ließ ich nicht locker, und er beschrieb in leicht selbstironischem Ton, wie er aus dem befreiten Leben im Westen zurückkehrte, um eine saudische Braut zu heiraten, die er »mit Mühe« kurz vor der Hochzeit einmal zu Gesicht bekommen hatte. Er nahm sie nie auf seinen Geschäftsreisen mit, und er hat sich nie erboten, sie mir vorzustellen, wenn ich in Saudi-Arabien war. Er hatte Töchter, die ihn offensichtlich entzückten, aber er sprach nie von ihnen, wenn ich nicht danach fragte.

Welche Ausbildung, fragte ich ihn eines Abends beim Essen in London, sollten sie bekommen? Er sah auf seinen Teller mit Nudeln und spielte mit der Gabel. »Sie sollen als saudische Frauen aufwachsen. Ich werde nicht dem gleichen Fehler verfallen, den junge Leute machen, die ihre Kinder halb hier und halb dort aufziehen, so daß sie schließlich nicht mehr wissen, wer sie eigentlich sind«, sagte er.

»Und was ist, wenn eine von ihnen eine begnadete Physikerin oder Mathematikerin ist?« fragte ich. »Was ist, wenn sie ins Ausland gehen muß, um studieren zu können?« Ich dachte, er würde mir antworten: »Nun, natürlich, in dem Fall soll sie in Harvard, Princeton oder Cambridge studieren.« Aber er sagte überhaupt nichts.

Statt dessen seufzte er. Es war ein langer, tiefer Seufzer, der mich an seinen Onkel erinnerte, als ich ihn nach Frauen am Steuer fragte.

»Das«, sagte er, »wäre ein Problem. Und ich werde es lösen, wenn es soweit ist.« Erst da begriff ich, daß der Abstand zwischen Onkel und Neffe längst nicht so groß war, wie ich angenommen hatte.

Wie die meisten Menschen aus dem Westen hatte ich mir die Zukunft stets unwillkürlich als den schöneren Ort vorgestellt, an dem die harten Kanten der Vergangenheit und die Ungerechtigkeiten der Gegenwart abgetragen sein werden. Doch das, was ich in Gaza und Saudi-Arabien sah, änderte meine Meinung.

Dort ist die Zukunft ein Ort, der mit jedem Tag düsterer aussieht.

Riskante Geschäfte

»*Ich lasse das Werk
des Wirkenden unter euch,
ob Mann oder Weib,
nicht verlorengehen.*«

Der Koran: Die Familie Amrans; 3. Sure; 196.

Im Büro der *Arab News* in Dschidda hatte sich eine Journalistin namens Faiza Ambah eine Karikatur an die Pinnwand über ihrem Tisch geheftet. »Denk an die Schildkröte!« hieß es unter der drolligen Zeichnung dieser Karikatur. »Sie kommt nur voran, wenn sie den Kopf riskiert.« Dann und wann richtete sich Faiza aus ihrer zusammengesunkenen Haltung über der Tastatur auf und zupfte nachdenklich an dem schwarzen Chiffontuch, das sie sich um ihr Haar gebunden hatte.

Faiza riskierte ihren Kopf. Nach saudischem Maßstab waren ihre Artikel sehr gewagt. Sie lotete die Stimmung der saudischen Frauen nach der Invasion Kuwaits aus und schrieb über die heikle Frage der Pressezensur. Doch den größten Mut erforderte es, überhaupt zur Arbeit zu gehen. Selbst mit Mantel und Schleier nahm sie jeden Tag ein Risiko auf sich, wenn sie zur Redaktion eilte, um Seite an Seite mit Männern zu arbeiten. »Als der Herausgeber mich einstellte, hat er wahrscheinlich gedacht, ich würde zu Hause arbeiten, meine Reportagen per Telefon erledigen und meine Berichte elektronisch übermitteln«, sagte sie. »Aber so kann man als Reporterin nicht arbeiten. Man muß mit eigenen Augen sehen, was in der Welt vorgeht.«

Am Ende des Tages, nachdem sie ihren Artikel eingereicht hatte, zog sie Kopftuch und *abaya* zurecht und eilte zum Parkplatz. Da ihr nach saudischem Gesetz das Fahren verboten war, wartete dort ihr jemenitischer Chauffeur, um sie nach Hause zu bringen. Als ich Faiza das erste Mal traf, schalt sie mich wegen eines meiner Artikel über saudische Frauen und die Schwierigkeiten, mit denen sie zu kämpfen hatten. Faiza war stolz auf ihre Leistungen und auf die ihrer Freundinnen, die als Ärztinnen arbeiteten oder Firmen leiteten. Sie meinte, ich hätte jenen saudischen Frauen nicht genug Aufmerksamkeit geschenkt, die tatsächlich eine Arbeit hatten und etwas in dieser Gesellschaft bewirkten.

Faiza und ihre Freundinnen eroberten sich einfach jenen Freiraum zurück, den sie in den Jahrhunderten seit dem Tode des Propheten verloren hatten. Jeder Saudi wußte, daß Mohammeds erste Frau Khadija eine internationale Handelsgesellschaft geleitet hatte. Sawdah, seine zweite Frau, war für ihre Lederarbeiten berühmt gewesen, mit deren Verkauf sie zum Haushalt beigetragen hatte. Fatima, die Tochter des Propheten, hatte Wolle gesponnen, bis ihr die Hände bluteten, und ihre Tage abwechselnd mit Arbeit und Studium verbracht. Wenn sie arbeitete, ließ sie ihrem Sklavenmädchen Zeit zum Lernen, denn sie bestand darauf, daß jeder das Recht auf Bildung hatte.

Faiza zählte zu den bekanntesten der wenigen saudischen Frauen, die eine Arbeit hatten, da ihr Name oft in der Zeitung stand. Es gab noch einige andere saudische Journalistinnen, aber meines Wissens war Faiza die einzige, die es riskierte, in der Redaktion zu arbeiten. Das Risiko bestand darin, daß eines Tages die *mutawain* – die Religionspolizei von der »Gesellschaft zur Förderung der Tugend und Verhinderung des Lasters« – ins Büro platzte und feststellte, daß sie gegen die Vorschriften der Geschlechtertrennung verstieß. Die *mutawain* sind die Haudegen im saudischen Rechtssystem: fanatische Freiwillige, die in Straßen und Einkaufspassagen patrouillieren und Leute anschreien. Frauen mit unverhüllten Gesichtern gehören ebenso zu ihren Opfern wie Männer, die beim Schließen der Läden zu den Betzeiten trödeln. Manche *mutawain* schwingen lange Rohrstöcke, mit denen sie auf die Missetäter einschlagen. Die Regierung hat die Exzesse der *mutawain* nie gebilligt, die Religionspolizei aber auch nie in ihre Schranken verwiesen. Da sich die saudische Herrscherfamilie vor der fundamentalistischen Flut, die sie aus ihrer Machtposition fortschwemmen könnte, fürchtete, kaufte sie sich das Wohlwollen der *mutawain* mit einer Flotte imposanter Patrouillenautos und drückte beide Augen zu, wenn es um das Vorgehen der Religionspolizei ging. Folglich kannten die *mutawain* keine Angst, sondern beschimpften sogar eine saudische Prinzessin, als diese mit einem Dienstmädchen ohne Gesichtsschleier aufgehalten wurde.

Vom Beschimpfen der Frauen auf offener Straße einmal abgesehen, war es besonders erniedrigend, daß die *mutawain* es nicht nötig fanden, sich bei sogenannten »Missetaten« direkt an die Frauen zu wenden. Wenn eine Frau eine Vorschrift, etwa der Kleiderordnung oder der Geschlechtertrennung, übertrat, verhandelte die *mutawain* die Sache mit ihrem Mann, ihrem Vater oder Bruder – eben mit dem Mann, der ihrer Meinung nach für die Frau verantwortlich war –, so wie ein Schuldirektor bei einem aufsässigen Kind reagieren würde. Frauen jeder Altersgruppe wurden durch das saudische System zu Kindern degradiert. Jede Frau mußte unabhängig von ihrem Alter eine unterschriebene Erlaubnis ihres Mannes, Sohnes oder Enkels vorzeigen, um sich innerhalb ihres Landes ungehindert bewegen zu können.

Einmal vergaß Faiza ihre Erlaubnis in Kairo. Ihr Mann war außer Landes und unerreichbar. Sie sollte selbst eine Reise antreten, doch ohne Erlaubnis saß sie in Dschidda fest. »Ich habe mir die Haare gerauft«, sagte sie. Ihr Vater konnte ihr nicht helfen, denn sobald eine Frau verheiratet ist, zählt für die saudischen Behörden nur das Wort des Mannes. Schließlich mußte sie warten, bis ein Vetter ihr das Dokument aus Kairo brachte. Solche Gesetze können besonders für alte Frauen sehr demütigend sein. Eine verwitwete Großmutter kann zum Beispiel auf die Erlaubnis ihres Enkels angewiesen sein, wenn er der nächste männliche Verwandte ist.

Aus Angst vor einer solchen Demütigung arbeiten nur wenige saudische Frauen außer Haus. 1986 umfaßte der Anteil der Frauen an der bezahlten Arbeitskraft gerade vier Prozent. Doch diese geringe Zahl verweist auch auf den Mangel an Arbeitsplätzen für Frauen. In der saudischen Regierung werden sogar die unmittelbar für Frauenangelegenheiten zuständigen Stellen von Männern besetzt. Auf der Internationalen Frauenkonferenz der Vereinten Nationen 1975 in Mexico City und auf der Konferenz »Das Jahrzehnt der Frau« 1985 in Nairobi bestanden die saudischen Frauendelegationen ausschließlich aus Männern.

Doch selbst dort, wo Frauen arbeiten könnten, lassen die Männer dies nur ungern zu. Faizas Mann, ein Libanese, war stolz auf das, was sie erreicht hatte. Und manch saudischem Mann ging es ähnlich. Doch nur allzuoft kam es zu Spannungen zwischen dem Stolz auf die Leistungen der Frau und der Sorge um die Anforderungen, die eine Arbeit an die Frau stellte. Ein Geschäftsmann prahlte mit dem Abschluß seiner Frau in Medizin und erzählte mir dann, er hoffe, seine Frau spezialisiere sich auf Chirurgie, »dann sind ihre Patienten nämlich bewußtlos, wenn sie sie berührt«.

Das Thema Frauenarbeit wurde oft in den saudischen Zeitungen behandelt, besonders auf den Religionsseiten. »Welche Bestimmungen gelten für eine Frau, die außer Haus arbeiten geht? Ist dies im Islam erlaubt, und wenn ja, unter welchen Bedingungen?« fragte eine »arbeitende Frau aus Dschidda« in einem Brief an den Redakteur für religiöse Fragen der *Saudi Gazette*. »Es gibt legale und moralische Rechte, die mit der Ehe in Kraft treten«, antwortete der Redakteur. »Aufgrund ihres unterschiedlichen Körperbaus und der unterschiedlichen biologischen Funktionen ist jedem Geschlecht in der Familie eine eigene Rolle zugewiesen ... Dem Mann fällt es zu, für die Familie zu sorgen. Kann er nicht ausreichend für den Unterhalt der Familie aufkommen, oder ist sein Einkommen zu niedrig für ein vergleichsweise akzeptables Lebensniveau, und ist es der Wunsch der Frau, dann können auch beide zum Zwecke des Broterwerbs arbeiten. Doch:

1. Der Mann hat das Recht, das Arbeitsverhältnis seiner Frau zu beenden, sobald er dies für notwendig erachtet.

2. Er hat das Recht, ihr die Arbeit zu verbieten, wenn er glaubt, daß seine Frau sich dadurch möglichem Schaden, verführerischen Situationen oder der Schande aussetzt.

3. Die Frau hat das Recht, die Arbeit niederzulegen, wann immer sie will.«

Einmal flog ich nach Saudi-Arabien und saß neben einem Saudi, der bereits seit einem Jahr überlegte, welche Art von Arbeit für seine Frau angemessen wäre. Er selbst trieb Handel und wurde immer nervöser, je mehr wir uns Dschidda näherten. Beim Landeanflug wischte er sich die Stirn mit einem großen weißen Taschentuch. Er machte sich Sorgen um die Unterwäsche in seinem Gepäck. »Über zweihundert Büstenhalter«, flüsterte er. »Ich habe sie in London bei Marks and Spencer gekauft. Allesamt in Israel hergestellt.« Saudi-Arabien boykottierte alle Waren aus jenem Land, das es »dieses zionistische Gebilde« nannte. Am Abend zuvor hatte der Saudi also in seinem Londoner Hotel bis spät in die Nacht mit einem dicken Filzstift Preise in saudischen Riyal über die anstößigen Etiketten geschrieben, um den Namen des Herkunftslandes unlesbar zu machen. »Aber zum Schluß war ich so müde«, sagte er. »Wenn ich einen übersehen habe und der Zoll entdeckt den BH, steck' ich in großen Schwierigkeiten.« Wieder wischte er sich über die Stirn. »Was soll ich machen? Ich bin Händler, und das sind nun einmal die Büstenhalter, die saudische Frauen kaufen wollen.«

Die saudischen Zollkontrollen waren berüchtigt. Einem Amerikaner, der in dem Land arbeiten wollte, wurde die fünf Generationen alte Familienbibel vor der Nase zerrissen, da im Königreich alle nichtmoslemischen Religionsgegenstände unerwünscht waren. Die Saudis nahmen das Verbot der Symbole fremder Religionen derart ernst, daß das Flugzeug, mit dem wir flogen – ebenso wie alle übrigen Maschinen der saudiarabischen Luftflotte – gerade neu gestrichen worden waren, da sich ein Fundamentalist darüber beschwert hatte, daß der Freiraum zwischen dem ... s ... und dem ... a ... im alten saudischen Logo die Form eines christlichen Kreuzes hätte.

Ich hatte geglaubt, mein Gepäck von allem befreit zu haben, was als religiös gedeutet oder mißdeutet werden konnte. Doch am Zolltisch in Dschidda runzelte der grimmige junge Inspektor die Stirn, als er die Schmuggelware aus meiner Tasche fischte: ein trockenes Nachschlagewerk mit dem Titel *Politisches Wör-*

terbuch der arabischen Welt und ein Buch über frühe Entdek-
kungreisende: *Leidenschaftliche Pilger.* Er beanstandete das erste Buch, da das Wort »politisch« es zu einem potentiell staats-
gefährdenden Buch machte; das Wort »leidenschaftlich« im
zweiten Buchtitel deutete er dagegen auf einen möglichen por-
nographischen Inhalt, während das Wort »Pilger« auf einen
religiösen Inhalt verweisen mochte.

Mohammed, der saudische Geschäftsmann, hatte mehr
Glück gehabt. Ich sah ihn in der Ankunfthalle, ein breites Grinsen im Gesicht. Die illegalen Büstenhalter hatten die Kontrolle
passiert. Um dies zu feiern, sagte er, solle ich am nächsten Tag
zum Essen kommen und seine Frau Adela kennenlernen.

Mohammed teilte sich ein kleines Apartmenthaus mit seiner
weitläufigen Familie: Vater und Mutter wohnten im Parterre,
seine Brüder mit ihren Frauen und Kindern füllten die darüber-
liegenden Wohnungen. Selbst in den modernen Städten Saudi-
Arabiens halten sich die Familien noch immer an die Stammes-
gewohnheiten der Wüste. Wenn saudische Männer heiraten,
bringen sie ihre Frauen ins Haus ihrer Eltern. Für reiche Familien auf weitläufigen, ummauertem Gelände mit mehreren Villen um einen gemeinsamen Garten ist dies kein Problem. Ärmere
Familien bauen sich Plattenhäuser, die stets um ein Stockwerk in
die Höhe wachsen, wenn ein Sohn sich eine Frau nimmt. So
kommt es, daß saudische Städte aussehen, als seien sie mit
halbfertigen Gebäuden übersät. Stahlbüschel ragen aus den
Stützpfeilern der Flachdächer, als hätte man den Häusern eine
Punkfrisur verpaßt.

Meine Familie lebte über drei Kontinente verstreut, und ich
fand den Gedanken beneidenswert, zusammen in einem Haus zu
wohnen. Mohammed dagegen fand es erdrückend. Als wir die
Treppe zu seiner Wohnung hinaufgingen, öffneten sich auf je-
dem Stockwerk die Türen, und Brüder und kleine Nichten und
Neffen schauten nach, wen Mohammed nach Hause brachte.
Um sich etwas Ungestörtheit zu verschaffen, hatte er mit dem
Bau eines neuen Hauses begonnen, das nur für ihn selbst, für
Adela und die drei Kinder sein sollte. Aber er wußte nicht, ob er
je darin einziehen konnte. »Es ist nicht leicht, meinen Vater

davon zu überzeugen, daß es keine schlechte Idee wäre, aus dem Haus auszuziehen«, seufzte er. Mohammed war schon fünfunddreißig Jahre alt, aber das Wort seines Vaters war immer noch Gesetz.

Wie die meisten Saudis arbeitete Mohammed von sieben Uhr morgens bis ein Uhr mittags und kehrte dann gegen Abend noch einmal für einige Stunden ins Geschäft zurück. Schulen und Büros blieben während der großen Tageshitze geschlossen, und die Familien trafen sich zum gemeinsamen Mittagessen. Mohammed und Adela aßen nach westlicher Manier an einem Tisch, statt nach traditionellem arabischen Brauch ein Tuch auf dem Boden auszubreiten. Es gab eine Auswahl arabischer Spezialitäten – dampfende Reisschüsseln, geschmortes Lamm in Safransoße, Spieße mit gegrilltem Hühnerfleisch – und nach westlicher Art einen Teller mit Pommes frites. Anschließend machte es sich die Familie vor dem Fernseher bequem und zappte rasch durch die allzu religiösen saudischen Programme, um einen etwas undeutlichen ägyptischen Kanal mit seinen pikanteren Filmen und spritzigeren Spielshows einzustellen.

Adela war erst sechzehn Jahre alt gewesen und hatte noch die Schule besucht, als Mohammed sie heiratete. Sie machte einen Abschluß in Soziologie und bekam unterdessen ihre Kinder. »Den meisten Frauen in meinem Seminar ging es ähnlich«, sagte sie. Viele saudische Universitäten bieten für die Kinder ihrer Studentinnen Kindertagesstätten und Kinderkrippen an. Examen können verlegt werden, wenn ein Kind erwartet wird. Als sie die Universität beendet hatte und ihre beiden Kinder zur Schule gingen, fühlte sich Adela schrecklich elend. »Da war einfach jeden Morgen diese entsetzliche Langeweile, sobald die Kinder aus dem Haus waren«, sagte sie. Früher hätte sie einfach wieder ein Kind bekommen. In ländlichen Gegenden produzierten die saudischen Frauen noch immer so oft wie möglich Nachwuchs. Ein britischer Arzt, der achtzehn Monate lang in einem Krankenhaus in Dschidda gearbeitet hatte, glaubte während einer Geburtsvorsorgeuntersuchung an einer achtundzwanzigjährigen Beduinin an ein Mißverständnis seines Übersetzers. »Ich fragte, wann sie ihre letzte Periode gehabt hatte, und sie sagte: ›Was ist eine Periode?‹ Wie sich herausstellte, hatte sie noch nie ihre Tage gehabt. Man hatte sie vor ihrer Menarche mit zwölf Jahren verheiratet, und seither war sie schwanger gewesen, oder sie hatte gestillt.«

Doch wie für Adela und Mohammed war auch für die Mehrzahl der städtischen Saudis die Stammesforderung nach einer großen Familie ungültig geworden. Immer mehr gebildete Frauen bewarben sich um die wenigen islamisch sanktionierten Arbeitsplätze im Bildungsbereich, in der Medizin oder bei den Frauenbanken. Die von saudischen Direktorinnen und weiblichen Angestellten geführten Banken waren 1980 gegründet worden, da der Koran zwar den Frauen die Kontrolle über ihren Besitz ermöglichte, die saudischen Vorschriften der Geschlechtertrennung sie aber praktisch am Betreten all jener Banken hinderten, die auch von Männern benutzt wurden. Selbst wenn die Töchter nur die Hälfte von dem erbten, was den Söhnen zustand, kam dies im Saudi-Arabien der Post-Ölboom-Zeit doch oft einem Vermögen gleich. Die neuen Banken waren gewissenhaft nach Geschlechtern getrennt, bis hinab zu den Rechnungsprüferinnen, die die Konten der Frauenfilialen überprüften. Wachtposten vor der Tür verhinderten, daß Männer aus Versehen das Gebäude betraten. Meistens war der Wachtposten mit einer weiblichen Angestellten verheiratet, so daß er abgegebene Dokumente seiner Frau weiterreichen konnte, statt auch nur den geringsten Kontakt mit unverheirateten Mitgliedern des anderen Geschlechts zu riskieren.

Die medizinische Ausbildung, die einzige, in der keine Geschlechtertrennung vorgeschrieben ist, wird unablässig von den Fundamentalisten attackiert, die sich darüber beklagen, daß weibliche Ärzte männliche Patienten behandeln. Bislang war ihre Kampagne erfolglos, da die Regierung nachweisen konnte, daß es im medizinischen Bereich nicht genügend saudische Männer gibt, um den Personalbedarf decken zu können.

Es hatte eine freie Stelle im Gesundheitsministerium gegeben, für die Adela qualifiziert gewesen wäre, aber Mohammed winkte ab, da diese Arbeit Kontakt mit Männern bedeutet hätte. »Sie hätte ihr Kopftuch aufbehalten müssen, hätte nie lachen, nicht einmal lächeln dürfen – wenn sie einen Mann anlächelt, denkt der: ›Aha, sie liebt mich‹«, erklärte Mohammed. Er saß auf dem Sofa und schaltete durch die Fernsehkanäle, als er einen Augenblick innehielt, da eine Ansagerin auf einem saudischen Kanal mit sorgsam bedecktem Haar erschien und die Nachrichten verlas. »Das ist neu«, sagte er. Zwar hatte das Fernsehen zuvor schon Nachrichtensprecherinnen gekannt, doch war dies bislang nur selten eine saudische Frau gewesen. »Und wenn Adela Nachrichtensprecherin werden möchte?« fragte ich. »Freiwillig würde sie so niemals in der Öffentlichkeit auftreten, und ich würde es ihr nicht erlauben«, sagte Mohammed bestimmt. Bald darauf begann Adela mit ihrer Arbeit; es war die einzige Stelle, die sowohl ihr als auch Mohammed angemessen erschienen war: Sekretärin in einer Mädchenschule. Die Stelle entsprach nicht ihren Fähigkeiten, »aber die Arbeitszeiten sind günstig, und die Arbeit ist allemal besser, als sich den ganzen Tag zu langweilen«, sagte sie. Ohne Arbeit, ohne irgendeine Arbeit, gab es für Adela außer Fernsehen, Videos und Frauenteepartys nur wenig, womit sie ihren Tag füllen konnte. Es gab keine Theater und keine Kinos in Saudi-Arabien, und allein konnte sie nicht einmal einkaufen gehen, wenn sie nicht riskieren wollte, angestarrt und belästigt zu werden.

Als der Nachmittag in den Abend überging, schlug Mohammed eine Fahrt an Dschiddas Strand vor. Ehe Adela das Haus verließ, wand sie einen langen schwarzen Schal um ihr Haar, band sich – wie ein Bösewicht im Western – ein kleines schwarzes Tuch vors Gesicht, das nur die Augen freiließ, warf sich die *abaya* über und bedeckte ihr buntes, bodenlanges Kleid. Wir beide saßen auf dem Rücksitz mit den Kindern, Mohammed und sein Onkel saßen vorn. Überall an der Küste des Roten Meeres hockten Grüppchen weißgekleideter Männer wenige Schritte neben einer Schar Frauen, deren schwarze Mäntel sich im heißen Wüstenwind blähten, als sie das abendliche Picknick ausbreiteten.

Wir parkten und schlenderten am Strand entlang, das weiße Pflaster strahlte die tagsüber gespeicherte Hitze zurück. Als die Sonne im Meer versank, brach hinter uns in der Stadt eine wahre

Kakophonie von Rufen zum abendlichen Gebet aus. Mohammed holte die Gebetsteppiche aus dem Kofferraum. Er und sein Onkel stellten sich nebeneinander auf, hoben die Handflächen zu Gott und verbeugten sich in Richtung der nahen Stadt Mekka. Adela schloß sich ihrem Gebet nicht an; saudische Frauen, erklärte sie, beten gewöhnlich nicht in der Öffentlichkeit. Während wir warteten, griff sie nach einem Taschentuch, hob den schwarzen Schleier und trocknete sich das schweißüberströmte Gesicht, und dennoch schien sie diesen bescheidenen Ausflug zu genießen. Er gehörte zu den wenigen Dingen, die sie noch gemeinsam mit Mohammed unternehmen konnte. Einige Monate zuvor hatten sie die Kinder noch auf einen Spielplatz oder zum Schlittschuhlaufen in ein Stadion mitnehmen können, in dem festes, weißes Plastik das Eis ersetzte. Doch beide Vergnügungsstätten hatten dem Druck des religiösen Establishments nachgegeben und boten jetzt nur noch Männer- oder Frauenstunden an, so daß Familienbesuche unmöglich geworden waren.

So manche saudische Geschäftsleute waren die Folgen der Geschlechtertrennung für ihre Firmen leid. Hussein Abudawood, dessen Fabriken Waschpulver herstellten, wollte nach westlichem Vorbild eine Umfrage zum Waschverhalten saudischer Haushalte machen. »Ich konnte natürlich keine männlichen Marktforscher losschicken, um sie mit Frauen reden zu lassen. Aber ich konnte auch keine saudischen Frauen schicken, da sie unter Umständen den Mann im Haus antrafen. Und woher sollte ich genügend arabischsprechende Frauen nehmen, die keine Saudis waren?« Schließlich hatte er aber einige Ägypterinnen und Libanesinnen zusammengebracht, die in diesem Land, in dem keine Fremden an die Tür kommen, entsetzliche Mühe hatten, ihr Anliegen zu erklären. »Vor den Türen der meisten Häuser steht eine Wache mit der Anweisung, niemanden vorzulassen, der keinen Termin vereinbart hat«, sagte Hussein Abudawood.

Er meinte, das gesamte System sei mit Widersprüchen durchsetzt. »Wenn eine saudische Frau einen neuen Büstenhalter haben will, muß sie das am Tresen eines Ladens bereden, der von einem Haufen Kerle aus Indien geführt wird. Ist sie aber eine Geschäftsfrau, die ein Dokument bei einem Ministerium einreichen möchte, darf sie nicht einmal das entsprechende Gebäude betreten – sie muß einen Mann schicken.« Hussein hatte zu einer Gruppe von Geschäftsleuten gehört, die gebeten worden waren, den Entwurf eines Strategiepapiers des Ministeriums für Wirtschaftsentwicklung zu kommentieren. Er hatte sich über eine Zeile in diesem Entwurf aufgeregt, in der es hieß, daß die Regierung Frauen fördern wolle, deren Arbeit im Einklang mit den islamischen Gesetzen stand. »Ich erhob mich und sagte: ›In einem sechsunddreißigseitigen Papier steht hier eine halbe Zeile über Frauen, und da heißt es dann ›im Einklang mit den islamischen Gesetzen‹. Was ist mit den übrigen sechsunddreißig Seiten? Wollen Sie damit sagen, daß der Rest *nicht* mit dem islamischen Gesetz in Einklang steht? Schreiben Sie das nur, um die Extremisten zufriedenzustellen?‹«

Die Extremisten waren kaum noch zufriedenzustellen. Selbst nach Geschlechtern getrennte Arbeitsplätze waren bedroht. Die saudische Cable Company, der größte Industriekonzern des Landes, hatte den Bau einer Fabrik vorgeschlagen, in der vom Fließband bis zur oberen Geschäftsetage alle Arbeitsplätze mit Frauen besetzt werden sollten. Ich hätte erwartet, daß ein solcher Plan in einem Land mit akutem Arbeitskräftemangel begeistert aufgenommen werden würde. Doch als ich den Projektleiter traf, bat er mich, kein Wort darüber zu schreiben. »Wir haben schon zuviel Aufmerksamkeit auf uns gezogen«, sagte er und sorgte sich, daß man eilends vom Projekt Abstand nehmen würde, wenn die Fundamentalisten in einer Kampagne den Vorwurf erheben sollten, daß man die Frauen aus ihren Heimen fortlocken wolle. Doch stellte er mich immerhin seiner Frau Basilah vor, die die großartige Mädchenschule Dar al Fikr leitete.

Nachdem sie mir ihre Schule gezeigt hatte, lud mich Basilah zum Nachmittagstee in ihr Haus. Die Villa in matten Farben mit dem flutlichterhellten Pool, den persischen Teppichen und dem eleganten Mobiliar machte deutlich, daß Basilah nicht wegen einer jener »finanziellen Notlagen« arbeitete, wie sie der Redakteur für Religionsfragen bei der *Saudi Gazette* gebilligt hätte. »Ich habe nicht gleich nach meiner Heirat gearbeitet«, sagte sie. »Erst habe ich die meiste Zeit auf dem Bett gelegen, und wenn Fawas dann müde von einem Tag harter Arbeit nach Hause kam, war ich so gelangweilt, daß ich unbedingt von ihm ins Einkaufszentrum ausgeführt werden wollte. Nach einiger Zeit kamen wir beide zu dem Schluß, daß es so nicht weitergehen konnte, daß ich etwas Sinnvolles mit meinem Leben anfangen und meinen Beitrag leisten sollte.«

Basilah hatte noch eine Freundin zum Tee eingeladen, die ihrer Mutter bei der Führung einer erfolgreichen Baufirma half. Als ihr Vater starb, hatten sie und ihre Mutter angenommen, daß die männlichen Verwandten das Geschäft übernehmen und für die Mutter und ihre Kinder sorgen würden. Aber die Männer waren faul und inkompetent, und alles, was ihr Vater aufgebaut hatte, schien zugrunde zu gehen. »Schließlich nahm meine Mutter die Sache selbst in die Hand«, erklärte die Frau. »Sie ging zum Ministerium für Bauwesen mit allen Papieren, die der offiziellen Zustimmung bedurften. Noch nie zuvor war eine Frau in dem Gebäude gewesen. Die Beamten schickten sie hinaus. Meine Mutter weigerte sich. Sie saß da und wartete, bis die Beamten gezwungen waren, sich mit ihr abzugeben. Sie erwies sich als ausgezeichnete Geschäftsführerin, und die Firma wurde gerettet.«

Während Dienstmädchen mit Teegläsern und einer überreichen Auswahl an französischem Kuchen und Gebäck durch das Zimmer glitten, wandte sich die Unterhaltung der Frage zu, was mein Mann zu den vielen Reisen sagte, die ich im Verlauf meiner Arbeit unternahm. Ich erzählte Basilah, daß es uns beiden nicht gefiel, so oft getrennt zu sein, daß mein Mann aber, da er selbst Journalist war, die Anforderungen meiner Arbeit respektierte. Dann prahlte ich ein wenig damit, wie er seine eigenen beruflichen Pläne abgeändert hatte, um mir entgegenzukommen. »Als meine Zeitung mir die Stelle im Mittleren Osten offerierte«, sagte ich, »gab er seine eigene Arbeit auf, damit ich das Angebot annehmen konnte.« Ich hatte erwartet, daß Basilah überrascht reagieren würde: Tony und ich waren im Mittleren Osten daran gewöhnt, daß man unwillkürlich annahm, *seine* Arbeit habe uns hierher gebracht. Doch Basilahs Miene zeigte mehr als nur bloße Überraschung. Sie schien eher völlig verzweifelt zu sein, als hätte ich ihr gerade gestanden, daß mein Mann einen Massenmord begangen hatte. Sie spielte mit ihrem Teeglas, räusperte sich und wechselte das Thema.

Es war nicht leicht, an Informationen über Frauen heranzukommen, die in anderen Stellen als auf den vergleichsweise sicheren Gebieten des Mädchenunterrichts, der Frauenbanken oder der Medizin arbeiteten. Als ich das Ministerium für Information um Hilfe bat, stieß ich auf eine Mauer des Schweigens. Also probierte ich es über diverse andere Kontakte. »Lassen Sie die Finger von diesem Thema, es sei denn, Sie wollen darüber nur Positives schreiben«, warnte mich ein libanesischer Geschäftsmann in Dschidda. Als ich andeutete, daß dies höchst unwahrscheinlich sei, weigerte er sich, Gespräche mit entsprechenden Frauen zu arrangieren. Ich hatte von Frauen in Dschidda und Riad gehört, die Chefinnen solch unterschiedlicher Geschäfte wie Fotostudios, Kleiderfabriken oder einer Computerschule sein sollten. Mir kam der Gedanke, daß die Handelskammer weiterhelfen könnte. »Kein Problem«, meinte ein hilfsbereiter Beamter. »Ich arrangiere einige Termine für Sie.«
Am nächsten Tag bat er mich, um vierzehn Uhr im Verwaltungsbüro des Flughafens von Dschidda zu sein. Ich nahm an, daß er dort eine Geschäftsführerin für mich gefunden hatte. Doch als ich am Flughafen eintraf, stellte ich fest, daß man mich für eine nervenraubende »offizielle Besichtigungstour« angemeldet hatte, die nun wirklich überhaupt nichts mit Frauen zu tun hatte. Stundenlang saß ich da, schaute mir Videos an, wanderte durch Computerräume und wurde mit offiziellen Statistiken überschüttet – zwischen 1975 und 1988 hatte der Personentransport um sechshundertfünfundzwanzig Prozent zugenommen und der Warentransport um achthundertsiebzig Prozent; einzig für die Pilger der Hadsch war eine Abfertigungshalle so groß wie achtzig Fußballfelder erbaut worden, deren Dach aus

einem teflonbeschichteten Fiberglas bestand, das die Hitze abhielt. Es war unmöglich, die Tour auf höfliche Weise abzukürzen. Aufstrebende Länder beschweren sich stets darüber, daß die Journalisten nichts über ihre Errungenschaften schreiben, daß wir uns auf die farbenfrohen Stammestraditionen konzentrieren und den technologischen Fortschritt vernachlässigen. Trotzdem habe ich mich über die Handelskammer geärgert, die meine Zeit und die Zeit der Flughafenvertreter so verschwendete.

Wie der Zufall es wollte, gab es in diesem glitzernden, hochmodernen Flughafen doch etwas, das für meine Arbeit über die Stellung der Frau in Saudi-Arabien von Bedeutung war. Es gehörte allerdings nicht zur offiziellen Tour. Und ich sah es auch erst, als ich zwei Wochen später das Land verließ. Während ich in der Abflughalle wartete, mußte ich auf die Frauentoilette. Ich ging an dem gewienerten Glas und dem funkelnden Chrom des Passagierbereiches vorbei und stieß eine helle Holztür auf, die das stilisierte Bild einer verschleierten Frau trug.

Ich rang nach Luft. Der Boden war mit Exkrementen bedeckt. Verstopfte Toiletten flossen über. Die Toilette sah aus, als wäre sie wochenlang nicht gereinigt worden. Und niemand hatte etwas bemerkt, da niemand von Bedeutung je diesen Ort betrat.

Saudi-Arabien ist extrem. Aber warum beim Extrem verweilen, wenn es doch ebenso einfach wäre, über ein moslemisches Land wie die Türkei zu schreiben, das von einer Frau geführt wird, in dem jeder sechste Richter eine Frau ist und in dem jede dreißigste Privatfirma von einer Direktorin geleitet wird?

Ich halte es für wichtig, sich Saudi-Arabiens harsche Wirklichkeit genauestens anzuschauen, da es eben diese sterile, nach Geschlechtern getrennte Welt ist, die sich die Hamas in Israel ersehnt, die sich die meisten Fraktionen der Mudschaheddin in Afghanistan wünschen, die die vielen Radikalen in Ägypten und die Islamische Heilsfront in Algerien für ihre Länder und für die gesamte islamische Welt einfordern. Keine dieser Gruppierungen sagt: »Laßt uns der Türkei nacheifern und die Kirche vom Staat trennen.« Sie wollen nach Art der Saudis die theokratisch erwirkte Unterdrückung der Frauen, auch wenn dies mit den faden Klischees vom Platz der Frau im Paradies ihres Heims umschrieben wird.

In den letzten fünfzig Jahren haben in den meisten moslemischen Ländern die Vorbehalte gegen Frauenarbeit derart abgenommen, daß es unmöglich scheint, diesen Prozeß umzukehren, selbst wenn fanatisch fundamentalistische Regierungen eines Tages an die Macht kommen sollten. Doch insgeheim sieht man Frauen am Arbeitsplatz oft mit gemischten Gefühlen, und dadurch wird ihre Stellung geschwächt.

In Ägypten arbeiten Frauen in sämtlichen Bereichen: Sie säen und pflanzen wie eh und je auf den Feldern und hocken am Rand der Bürgersteige, um ihre Ernte zu verkaufen. Aber sie haben auch Positionen erreicht, die für sie in der ersten Hälfte dieses Jahrhunderts undenkbar gewesen wären, als nur die ärmsten und notleidendsten Familien ihre Frauen der »Schande« außerhäuslicher Arbeit unterwarfen. Ägyptische Frauen sind Ärztinnen, Filmemacherinnen, Politikerinnen, Wirtschaftsfachfrauen, Akademikerinnen und Ingenieurinnen. Zumeist sind sie Beamtinnen – Zahnräder im Getriebe des aufgeblähten Beamtenapparates. Heute ist es fast undenkbar, daß eine junge Ägypterin nicht mindestens bis zu ihrer Heirat arbeiten geht. Oft findet sie ihren zukünftigen Mann unter ihren Arbeitskollegen.

Präsident Nasser hatte den Frauen den Weg in die Regierungsstellen geebnet und allen Ägyptern eine Arbeit versprochen, die einen Collegeabschluß besaßen. Heute findet eine gebildete Frau der unteren Mittelschicht Arbeit als *muwazzaf*, als Regierungsangestellte, die sechs Tage die Woche tippt, Akten abheftet oder sonstwie von morgens acht bis nachmittags um zwei Papiere hin und her schiebt. Die Bürokratie hat derartige Ausmaße angenommen, daß fast alle Angestellten unterbeschäftigt sind und Männer wie Frauen ihren Arbeitstag zumeist mit Tratschen und über endlos vielen Tassen süßen Tees verbringen. Der Lohn ist erbärmlich – weniger als vierzig Dollar im Monat –, doch können die Frauen damit immerhin nach eigenem Gutdünken etwas Geld ausgeben; außerdem verhilft ihnen der Beitrag zum Familienhaushalt zu einigem Ansehen.

Die meisten jungen, unverheirateten Frauen meines Bekanntenkreises genossen die Freiheit, die ihnen der regelmäßige Lohn und sogar die Herausforderung eines anspruchslosen Arbeitsplatzes bot. Oft galt die Arbeitszeit als Erholung und wurde mit großer Mühe zwischen die Stunden zermürbender Hausarbeit eingeschoben.

Ein Nachmittag, den ich mit einer frisch verheirateten Frau verbrachte, sah folgendermaßen aus: Nach etwa anderthalb Stunden Rückfahrt vom Büro in einem Bus, der so überladen war, daß drei oder vier Passagiere sich an die Tür gehängt hatten und nur mit einem Fuß auf dem Trittbrett standen, drängelte sie sich an ihrer Haltestelle aus dem Bus; bis zu ihrem Apartment war es noch etwa achthundert Meter. Sie stand zwanzig Minuten wartend in der Schlange vor einem staatseigenen Lebensmittelladen, um dort das Essen im Angebot zu kaufen. Danach schleppte sie die Lebensmittel nach Hause in eine Küche ohne Warmwasser und ohne Kühlschrank und setzte gleich den Tee für ihren Mann auf, der von der Arbeit kam, sich auf das Sofa warf und mit seinem Vater und einem jungen Neffen ein Schwätzchen hielt. Danach ging sie hinauf zum Taubenverschlag auf dem Dach ihres Apartmenthauses, verfütterte das restliche Brot vom Vortag an die Vögel, wählte zwei möglichst fette Tauben aus und drehte ihnen auf der Stelle den Hals um.

Sie rupfte die Vögel, nahm sie aus und kochte sie, setzte gequollenen Weizen und Nudeln für die Füllung auf, servierte den Männern das Essen, die ein wenig mürrisch schienen, weil sie so lange auf ihr Mahl gewartet hatten, machte noch einmal Tee, schenkte ein, wusch Töpfe und Teller ab, fegte den allgegenwärtigen Staub Kairos von Böden und Möbeln, schrubbte die Wäsche der Familie mit der Hand und warf sie in einen Eimer, um sie am nächsten Morgen vor der Arbeit auf dem Dach aufzuhängen, weichte Linsen fürs morgige Essen ein und setzte sich schließlich gegen neun Uhr abends mit einigen Näharbeiten hin, nur um zehn Minuten später wieder aufzuspringen und noch einmal Tee zu machen, da einige Nachbarn auf einen Sprung vorbeikamen. An ihrer Situation war zweierlei ungewöhnlich: Sie war die einzige Frau im Haus – keine Schwägerin oder Schwiegermutter half ihr bei der Arbeit –, und sie hatte noch keine Kinder, die später ihre Pflichten vermehren würden.

Während Frauen heutzutage zwar zum Einkommen ihrer Familie beitragen, sind nur wenige ägyptische Männer bereit, die Hausarbeit mit ihnen zu teilen. Für Frauen, die erschöpft von der alltäglichen Hetze nach Hause kommen, um ihrer anspruchsvollen Familie das Essen zu bereiten, klingt die fundamentalistische Botschaft vom Platz der Frau daheim am Herd manchmal durchaus verlockend.

Aber auch die Ehemänner vernehmen diese Botschaft. Meistens wurden sie von Frauen erzogen, die nicht außer Haus arbeiteten, und so sind sie einen Haushalt gewöhnt, in dem ihre Hemden stets gebügelt sind, die Böden gewischt, das Essen sorgfältig zubereitet und rechtzeitig auf den Tisch gebracht wird. Heute lernt ein junger Mann seine Frau vielleicht als Kollegin in seinem Büro kennen. Vor der Ehe bewunderte er ihre Schönheit und genoß es, mit ihr zu schäkern. Doch kaum ist sie seine Frau, mißfällt es ihm, daß andere Männer im Büro ebenfalls Vergnügen an ihrer Gesellschaft finden. Wenn sie noch nicht verschleiert ist, wird er sie wohl bald dazu drängen, Hidschab anzulegen.

Obwohl das Leben daheim mit einer arbeitenden Frau nicht so behaglich ist wie mit den Frauen seiner Kindheit, kommt er nicht auf die Idee, ihr bei den Hausarbeiten zur Hand zu gehen, denn derartiges hat er einen Mann noch nie tun sehen. Statt dessen schimpft er über die verfahrene Wirtschaftspolitik der Regierung, die dafür sorgt, daß er auf den Lohn seiner Frau angewiesen ist. Und wenn er einen Imam oder Scheich über den eigentlichen Platz der Frau predigen hört und vernimmt, wie ihm unter einem islamischen Regime bessere Zeiten versprochen werden, betrachtet er den Haufen zerknüllter Wäsche, den staubigen Boden und das einfache Essen, das seine erschöpfte Frau auf die Schnelle zusammengekocht hat, und fragt sich, ob es sich nicht vielleicht doch lohnt, den Scheich oder den Imam zu unterstützen.

Will man sehen, was passiert, wenn dieser Mann den nächsten Schritt macht und sich den Revolutionären anschließt, muß man sich dem Iran zuwenden.

Selbst wenn eine Revolution erfolgreich verläuft, läßt sich nicht alles verwirklichen, was sich ihre glühendsten Anhänger vorgestellt haben. Es ist eine Sache, sich wie Saudi-Arabien zäh an jahrhundertealte Traditionen zu klammern, doch es ist etwas völlig anderes, solche Traditionen erneut durchzusetzen, wenn Veränderungen eine Gesellschaft bereits geprägt haben.

Seit Beginn der zwanziger Jahre hatten Irans Herrscher, die Pahlawis, teilweise mit Gewalt versucht, ihr Land dem Westen anzunähern und Tausende von Jahren der Trennung von Mann und Frau auszumerzen. Als die iranischen Revolutionäre den Schah 1979 aus dem Land vertrieben, gab es männliche Friseure für Frauen, männliche Schneider für Frauenkleider, männliche Lehrer in Mädchenklassen.

Die Extremisten machten sich daran, all dies zu ändern, rieten männlichen Gynäkologen, sich nach einem anderen Betätigungsfeld umzusehen, wollten Vorlesungssäle in den Universitäten mit Vorhängen in eine Hälfte für Männer, eine für Frauen unterteilen und verboten männlichen Friseuren, weibliche Köpfe zu berühren.

Sie konnten sich fast nur in der Frage der Friseure durchsetzen, denn sie hatten nicht gemerkt, daß Khomeini in Sachen Geschlechtertrennung keineswegs mit ihnen übereinstimmte. Der stets buchstabengetreue Khomeini las die Worte des Korans und der Hadith und hielt sich daran. Wenn er las, daß die Frauen des Propheten in ihren Häusern bleiben sollten, dann waren für ihn damit die Frauen des Propheten gemeint – und zwar nur die Frauen des Propheten. Andere moslemische Frauen hatten Aufgaben außerhalb ihrer Häuser zu erfüllen, und er ermutigte sie dazu. Von Anfang an drängte er die Frauen, auf die Straße zu gehen und zu demonstrieren, und er pries ihre Rolle als Revolutionärinnen, die auf den Straßen Seite an Seite mit den Männern kämpften.

Für Khomeini waren die Vorschriften eindeutig: miteinander nicht verwandte Männer und Frauen durften nicht allein zusammen sein; sie durften sich – Krankenbehandlung ausgenommen – nicht berühren; und Frauen mußten Hidschab tragen. Da Friseure ihre Kunden natürlich berührten und sie ohne Hidschab sahen, durften männliche Mitarbeiter keine Frauen mehr bedienen. Gleiches galt für Sportlehrer, deren Schülerinnen Sportkleidung trugen, wie auch für Reporter, die über weibliche Aktivitäten berichten wollten, bei denen kein Hidschab getragen wurde.

Damit war allerdings nicht gesagt, daß solche Aktivitäten aufhören mußten. Statt dessen gab es plötzlich eine Vielzahl von Arbeitsplätzen für Frauen. Da es Männern und Frauen verboten war, allein zusammen zu sein, wuchs die Nachfrage nach Fahrlehrerinnen, und da in den Medien Frauen gebraucht wurden, um über bestimmte Frauensportarten und andere, nach Geschlechtern getrennte Ereignisse berichten zu können, ergaben sich Arbeitsmöglichkeiten für Produzentinnen, Regisseurinnen, Reporterinnen und Toningenieurinnen.

Da der Hadith zweifelsfrei belegte, daß Frauen mit Billigung des Propheten Kriegsverletzungen der Männer behandelt hatten, gab es auf medizinischem Gebiet keine Geschlechtertrennung. Doch da viele Frauen unter den neuen islamischen Bedingungen vorzugsweise Ärztinnen aufsuchten, gab es plötzlich einen sprunghaften Anstieg in den Bewerbungen um Frauenstudienplätze an den medizinischen Fakultäten der Hochschulen. Die Bedeutung der Hebammen wuchs. Während Schulen sehr bald unterteilt wurden, um die für Eindrücke noch sehr empfänglichen Kleinen zu schützen, wurde der Gedanke, Vorhänge in Vorlesesälen aufzuspannen, bald verworfen. Da die Universitäten meistens sehr islamisch waren und der künftige Student für die Zulassung ein Empfehlungsschreiben der örtlichen Moscheen vorlegen mußte, bestand keine Notwendigkeit, diese frommen Jugendlichen, die sich spontan vom anderen Geschlecht fernhielten, auch noch durch eine derartige Vorrichtung zu trennen. Während der Vorlesungen saßen die Männer auf der einen, die Frauen auf der anderen Seite, nur der Platz für das Podium des Professors stellte ein Problem dar. In manchen Vorlesesälen schraubten die Bauleute das Pult auf der Männerseite des Raumes fest, wohl in der überholten Annahme, daß alle Professoren Männer waren. Und so stand um der neuen Schicklichkeit willen eine wachsende Anzahl von Professorinnen auf der Frauenseite, ohne Möglichkeit, die Notizen ablegen zu können.

In der Stadt Awas traf ich an der dortigen Universität eine junge Studentin, für die die postrevolutionären Veränderungen von Vorteil gewesen waren. Sie studierte Medizin und wohnte in einem Studentenwohnheim, weit fort von ihrer extrem religiösen, bäuerlichen Familie. Ihre Eltern, sagte sie, hätten ihr unter dem Schah niemals erlaubt, an eine Universität zu gehen, an einem anderen Ort als im Haus der Familie zu wohnen oder in einem Krankenhaus zu arbeiten. Aber jetzt gehörten die Universitäten und Krankenhäuser zum islamischen System, und so waren sie ein sicherer Platz für die Tochter. Seit sie nicht mehr zu Hause wohnte, stand es ihr frei, Männer zu treffen, wenn auch nur unter äußerst kontrollierten Bedingungen, und kürzlich hatte sie den Mann gefunden, den sie heiraten wollte. Zu ihrem Erstaunen hatten die Eltern ihre Wahl akzeptiert, und so wurde sie die erste Frau in der Geschichte ihrer Familie, die aus Liebe heiratete.

In der theokratischen Regierung Irans erreichten Frauen den Rang stellvertretender Ministerinnen, und vor jeder Wahl forderte Rafsanjani die Wähler auf, mehr Frauen ins Parlament zu wählen. In der Geschäftswelt lernte ich eine Frau kennen, die eine Ventilfabrik führte, und eine andere, der eine Transportfirma unterstand. Nasi Ravandoost, die Chefin der Ventilfabrik, sagte, innerhalb Irans habe sie keinerlei Probleme mit ihrer Arbeit. »Meine Probleme werden alle außerhalb des Landes verursacht«, sagte sie. Reisen zum Einkauf von Ersatzteilen wurden oft durch Embargos oder Visabeschränkungen erschwert. Die Leiterin der Transportfirma meinte, Erfolg sei eine Frage des Menschenverstandes und des Taktgefühls, wie in allen Geschäftsbereichen. »Wenn ich das Verkehrsministerium betrete, trage ich natürlich nicht so was«, sagte sie und strich über das blumengeschmückte Seidenkleid, das sie auf einer Abendparty in Nordteheran trug.

Mittlerweile haben die Frauen ihre Position in der postrevolutionären Gesellschaft so sehr gefestigt, daß manche von ihnen bereits offene Kritik riskieren. In den Büroräumen der satirischen Zeitschrift *Golagha* werden einige der bissigsten Karikaturen von einer Frau gezeichnet. Noch bezeichnender aber ist die Herbstausgabe des *Iranian Journal for International Affairs* von 1991, Irans Vorzeigeblatt unter den außenpolitischen Publikationen, in dem Fatemeh Givechian, eine Assistenzprofessorin für Anthropologie, die immer noch existierenden Restbestände einer Politik der Geschlechtertrennung anprangerte.

»Diese Politik führt«, so schrieb sie, »fraglos zu einer ausgeprägteren Wahrnehmung des eigenen Geschlechtes, aber man erfährt dadurch nicht gerade mehr über das andere Geschlecht. Geschlechtertrennung in einem solchen Ausmaß ist unnatürlich... Sie fördert eine duale Gesellschaft von Männer und Frauen, die einander fremd sind und die gegenseitigen Sorgen und Nöte nicht kennen.«

10. KAPITEL

Politik mit und ohne Stimmrecht

»Sprich: O Allah, Herr der Herrschaft,
Du gibst die Herrschaft, wem Du willst,
und Du nimmst die Herrschaft,
wem Du willst.«

Der Koran: Die Familie Amrans; 3. Sure, 27.

Ein Jahr nach dem Golfkrieg schienen sich die langen Reihen der Frauen in den Bergen und Tälern Irakisch-Kurdistans endlos hinzuziehen. Die Strahlen der Frühlingssonne glitzerten auf silbern und golden schimmernden Kleidern. Die Frauen trugen ihre besten Sachen, denn dies war ein Freudentag. Zum ersten Mal in ihrem Leben reihten sich die Frauen Kurdistans ein, um ihre eigenen Volksvertreter zu wählen.

Ein Jahr zuvor hatte ich während des kurdischen Aufstandes nach dem Ende des Krieges ähnlich funkelnde, schimmernde Kleider gesehen, zerrissen und achtlos fortgeworfen auf einen staubigen Haufen an der Tür zu einer Baracke auf dem Gelände eines irakischen Gefängnisses. In der Baracke lag eine blutbefleckte Matratze.

Kurdische Frauen waren hierher gebracht, nackt ausgezogen und vergewaltigt worden. Für manche Frauen war die Vergewaltigung Teil der systematischen Folter, die sie als politische Gefangene erleiden mußten. Andere wurden vergewaltigt, weil man dadurch ihre verhafteten Väter, Brüder oder Ehemänner foltern wollte. Man wollte den Widerstand der Männer brechen, ihnen die Ehre nehmen, indem man die Körper ihrer Frauen schändete. Ein solcher Vorgang gehörte so sehr zur Routine des Gefängnisses, daß für Aziz Saleh Ahmad, einen der

Angestellten, eine Karteikarte angelegt worden war. Ordentlich und methodisch waren in der unteren linken Ecke Beruf: »Kämpfer in der Volksarmee« und »Beschäftigung« angeführt: »Schänder der Frauenehre«. Aziz Saleh Ahmad war mit anderen Worten als Vergewaltiger im Gefängnis angestellt. Saddam Hussein hatte seinen Feldzug gegen die Kurden *anfal* genannt, nach einer Sure im Koran, die von der Beute des Krieges berichtet. Ein perverserer Mißbrauch der Religion läßt sich kaum denken.

Die meiste Zeit ihres Lebens hatte Politik eben diese Bedeutung für die Frauen Kurdistans gehabt: Es war eine gefährliche und manchmal todbringende Aktivität, die auf solch fleckigen Matratzen oder in den fäkalienverschmierten, in die Erde getriebenen Zellen darunter endete. Mir kam es wie ein Wunder vor, daß sich im Verlauf eines kurzen Jahres diese Bedeutung in etwas so gänzlich anderes wie die Reihen dieser Frauen gewandelt hatte, die darauf warteten, ihre Stimme abgeben zu können. Und noch mehr überraschten mich die Namen der Frauen auf den Wahlzetteln.

Der Weg zur Macht ist für Frauen in moslemischen Gesellschaften voller Hindernisse. In Ländern wie Kuwait müssen sich die Frauen noch das aktive Wahlrecht erkämpfen, vom passiven ganz zu schweigen. Und selbst wenn das politische System Frauen angeblich offensteht, riskiert die Frau, die ihren Platz einfordert, oft genug Beschimpfung und die Androhung körperlicher Gewalt. In Jordaniens Wahl von 1993 mußte eine Kandidatin auf einer Versammlung sogar um ihr Rederecht kämpfen, da die moslemischen Extremisten sich gegen den Klang einer weiblichen Stimme auf einer gemischten Versammlung wehrten.

1994 waren Frauen Staatsoberhäupter in drei moslemischen Ländern. Und doch hat ihr Leben an der Spitze nur wenig Auswirkungen auf das Leben der Frauen am unteren Ende der gesellschaftlichen Skala. Als Tansu Çiller sich daranmachte, die türkische Wirtschaft umzustrukturieren, wurden in ländlichen Gebieten junge türkische Frauen, die man in der Gesellschaft von Männern angetroffen hatte, auf den örtlichen Polizeirevieren zu einem »Jungfräulichkeitstest« gezwungen. Als 1993 mit Bangladeschs Begum Khaleda Zia zum ersten Mal eine Staatschefin eine Rede vor der UN-Vollversammlung hielt, stießen moslemische Extremisten Todesdrohungen gegen eine Schriftstellerin des Landes aus, die bestimmte Aspekte des Islams kritisiert hatte. Während ihrer ersten Amtszeit ließ Pakistans Benazir Bhutto ein Gesetz unangetastet, das die Opfer einer Vergewaltigung als »Huren« bestrafte, die Vergewaltiger aber straffrei ausgehen ließ. Als sie 1993 an die Macht zurückkehrte, schien sie sich diesmal etwas mehr vorgenommen zu haben und versprach, einige Polizeireviere ausschließlich mit Frauen besetzen und weibliche Richter ernennen zu wollen.

Ein Teil der Schwierigkeiten für Politikerinnen in moslemischen Ländern liegt darin, daß ihre eigene Position oft so prekär ist und ihnen stets das Risiko eines Rückschlags droht. Auf einer Konferenz im August 1993 zu Ehren des früheren Staatspräsidenten Mesyut Yilmaz wurden erste Anzeichen des Unmuts über Frau Çillers Geschlecht laut, als die Delegierten in Sprechchören riefen »Mesyut koltuga, Tansu mutfaga!« (Mesyut zurück an die Macht, Tansu zurück in die Küche.)

Moslemische Politikerinnen sind meistens ein ganz besonderer Menschenschlag. In Kurdistan trug die Kandidatin Hero Ahmed am Wahltag im Mai 1992 kein funkelndes Kleid, sondern eine erdfarbene Pluderhose und ein Schärpenhemd, dieselben Sachen, die sie seit dem Jahre 1979 getragen hatte, als sie in die Berge ging, um sich der Pesh Merga anzuschließen, den kurdischen Guerilleros, deren Name »Wir, die wir uns dem Tode stellen« bedeutet. In ihren zwölf Jahren in den Bergen hatte Hero, eine Psychologin, gelernt, ein Sturmgewehr und eine Flugabwehrwaffe zu benutzen, aber meistens schoß sie mit der Kamera. Ihre bekannteste Aufnahme von 1988 zeigt Gaswolken über dem Dorf Yak Sammer, einer der wenigen Filme, die es über einen irakischen Giftgasangriff gibt.

Am Wahltag standen die Frauen den ganzen Tag an, um sie wählen zu können. Manche Frauen konnten nicht lesen und hatten nie zuvor einen Stift in der Hand gehalten. Nach der

Auszählung zeigte sich, daß sieben Frauen, darunter auch Hero, ins hundertsitzige Parlament gewählt worden waren.

Was dann geschah, folgte einem Ablauf, wie er sich in fast allen islamischen Staaten wiederholt, in denen Frauen sich ein politisches Mitspracherecht erringen. Die Politikerinnen versuchen meist, die Gesetze der ungleichen Rechtsstellung von Mann und Frau zu ändern, die sich auf Ehe, Scheidung, Sorgerecht und Besitzrecht auswirken. In Kurdistan begannen die Parlamentarierinnen für die Reform der auf Scharia basierenden Gesetze zu kämpfen, die ihnen die gleichen Rechte wie den Männern verweigerten. Zu ihren Forderungen gehörte ein Verbot der Polygamie mit Ausnahme jener Fälle, in denen die Frau geisteskrank ist, und eine Veränderung der Erbgesetze, so daß Töchter vom elterlichen Besitz einen gleichen Anteil erhalten und nicht nur die Hälfte dessen, was den Söhnen zugesprochen wird.

Hero rechnete damit, daß das Parlament wenigstens das Anti-Polygamie-Gesetz verabschieden würde. Der Koran erlaubt Männern die Polygamie, schreibt sie ihnen aber nicht vor. Im Arabien des 7. Jahrhunderts konnte sich ein Mann beliebig viele Frauen nehmen. Als der Koran daher ein Maximum von vier Frauen festlegte, zog er Grenzen, statt Zügellosigkeit zu befürworten. Eine genaue Lektüre des Textes legt sogar nahe, daß der Monogamie Vorzug gegeben wird. »...und wenn ihr fürchtet, ihr könnt nicht billig handeln, dann (heiratet nur) eine...«, heißt es im Koran, und etwas später: »Und ihr könnt kein Gleichgewicht zwischen (euren) Frauen halten, sosehr ihr es auch wünschen möget.« (Der Koran: Die Weiber, 4. Sure; 4 und 130)

Polygamie läßt sich mit der Sklaverei vergleichen, die im Verlauf der Zeit von den islamischen Ländern abgeschafft wurde. Saudi-Arabien war eines der letzten Länder, das die Sklaverei 1962 verbot, als es alle Sklaven des Königreiches zum Dreifachen des Marktwertes freikaufte. Ähnlich wie die Polygamie gestattet der Koran die Sklaverei, rät aber von ihr ab. In Mohammeds Sunna wird von der Freilassung vieler seiner kriegsgefangenen Sklaven berichtet. Da die Freilassung von Sklaven als Tat eines guten Moslems gepriesen wird, sind die

Moslems inzwischen der Auffassung, die Bedingungen hätten sich seit dem 7. Jahrhundert derart geändert, daß sich heute gesetzlich verbieten läßt, was der Prophet wohl gern selbst verboten hätte, wäre dies zu seiner Zeit möglich gewesen. Polygamie schwindet bereits überall in der islamischen Welt, und viele moslemische Gelehrte sehen keinen religiösen Hintergrund für ein gesetzliches Verbot.

Für das kurdische Parlament begannen die Schwierigkeiten allerdings erst mit der Forderung nach einer Veränderung jener Bräuche, die im Koran eindeutig beschrieben werden, so etwa wenn es dort heißt, daß bei einer Vermögensaufteilung den Söhnen der doppelte Anteil dessen zusteht, was die Töchter bekommen.

Der Koran schreibt die Vorgehensweise bei Vererbungen als Anweisung fest, der alle Gläubigen zu folgen haben. Im Arabien des 7. Jahrhunderts bedeutete diese Festlegung des Korans eine gewaltige Verbesserung für die Frauen, die bis dahin eher dem Vieh gleichstanden und zum Erbteil zählten, statt als eigenständige Erben und Eigentümerinnen angesehen zu werden. Die meisten europäischen Frauen mußten noch zwölfhundert Jahre auf jene Rechte warten, die der Koran den moslemischen Frauen garantierte. In England wurde erst 1870 mit dem »Gesetz zum Eigentum verheirateter Frauen« die Vorschrift abgeschafft, derzufolge aller Besitz einer Frau mit dem Tag der Ehe der Aufsicht ihres Mannes unterstellt wurde.

Heute verteidigen moslemische Behörden die ungleiche Aufteilung des Erbes mit dem Hinweis, daß der Koran von den Männern verlangt, Frauen und Kinder zu versorgen, während die Frauen ihren Besitz ausschließlich für den eigenen Gebrauch behalten dürfen. So verhält es sich in Wirklichkeit natürlich nur selten. Hero war Vorsitzende der kurdischen Sektion von »Save the Children«, einer Organisation, deren Nachforschungen ergaben, daß Geld in den Händen von Frauen der Familie weit stärker zugute kommt als Geld, das durch die Hände der Männer geht.

Ich besuchte Hero im Januar 1993, als das Parlament mit der Debatte über die Grundsatzerklärung der Frauen begann. Ihr

Büro war ein kleines Zimmer in einem großen Haus, das einmal einem hohen Beamten Saddam Husseins gehört hatte. Hero hatte alles Mobiliar aus dem Zimmer entfernt und versucht, die Atmosphäre eines traditionellen kurdischen Berghauses nachzuahmen. Kurdische Kelims und Kissen bedeckten den Boden. Kletterpflanzen wucherten über Wände und Deckenstreben. Unter der Zimmerdecke huschte ein Eichhörnchen aus einem kleinen Strickbeutel, der von einem Balken herabbaumelte.

Gesetzgebung war für Hero nur der Anfang. »Ich glaube nicht, daß sich manche Verhaltens- und Denkweisen durch neue Vorschriften ändern lassen«, sagte sie. »Es braucht Zeit, bis die Menschen das Neue begreifen und schließlich auch akzeptieren.« Hero wußte nur zu gut, daß einer regierungsgestützten Reform der auf Scharia basierenden Gesetze nur selten dauerhafter Erfolg beschieden war.

Tunesien ersetzte 1956 sein auf dem Koran beruhendes Rechtssystem durch ein Einheitsrecht für Moslems, Christen und Juden, das Polygamie sowie die Verstoßung der Frau verbot und Frauen außerdem gleichen Lohn und bei einer Scheidung gleiche Rechte gewährte. Aber das Recht war der öffentlichen Meinung derart weit voraus, daß es keinen tiefgreifenden Wandel bewirken konnte. Wer heute durch die Straßen von Tunis geht, fühlt sich auf einen Planeten versetzt, auf dem es kaum Frauen zu geben scheint, von einigen Touristinnen abgesehen.

Im Iran wurden die Gesetze des Schahs gegen Polygamie und Kinderehen nach der Revolution aufgehoben. In Ägypten, dem Geburtsland der modernen arabischen Frauenbewegung, haben Gesetzesreformen eine bewegte Geschichte. 1919 marschierten verschleierte Frauen durch die Straßen von Kairo, um gegen die britische Fremdherrschaft zu protestieren. Als 1956 die britische Herrschaft zu Ende ging, garantierte Präsident Nasser den Frauen das Wahlrecht. Doch bis 1979 verboten die restriktiven Gesetze über die persönliche Rechtsstellung, daß eine Frau das Haus ihres Mannes ohne seine Erlaubnis oder eine gerichtliche Verfügung verlassen durfte.

In seinem Roman *Zwischen den Palästen* schreibt Ägyptens Nobelpreisträger Nagib Machfuß in bewegenden Worten, wie

Amina nur einmal in fünfundzwanzig Jahren das Haus verläßt, um eine nahegelegene Moschee aufzusuchen. Als ihr Mann erfährt, daß sie seinen Anordnungen zum Trotz ausgegangen ist, wirft er sie aus dem Haus: »Der Befehl traf sie wie ein tödlicher Schlag. Sie stand sprachlos da, rührte sich nicht ... (sie) hatte ... alle Gesichter der Angst kennengelernt. Er würde, befürchtete sie, mit seinem Zorn über sie herfallen, er würde sie vor lauter Gebrüll und Beschimpfung taub machen, er würde sie, selbst das traute sie ihm zu, prügeln. Aber daß er sie aus dem Haus treiben würde – auf diesen Gedanken war sie nie gekommen. Fünfundzwanzig Jahre lebte sie an seiner Seite, und niemals hätte sie sich vorstellen können, es könnte etwas geben, das sie beide trennte. Nie hätte sie geglaubt, sie müßte dieses Haus verlassen, in dem sie ein nicht wegzudenkender Teil war.«

Doch schlimmer noch als die Drohung, verstoßen zu werden, war wohl das Gesetz des *Bait el Taa*, das »Haus des Gehorsams«. Dieses Gesetz ermächtigt einen Mann, mit seiner Frau gegen ihren Willen zu schlafen oder die ihm fortgelaufene Frau nach Hause zu holen und Sex mit ihr zu haben, wie stark ihr Haß oder ihre Abneigung auch immer sein mögen. Falls nötig, kann er auch die Polizei rufen, um seine Frau wieder nach Hause zurückbringen zu lassen. Andere Gesetze legen fest, daß ägyptische Frauen ohne ihr Wissen geschieden werden können. Polygame Ehemänner sind gesetzlich nicht verpflichtet, ihren Frauen voneinander zu erzählen. Schon manche Frau erfuhr erst beim Tod ihres Mannes, wenn eine »neue« Familie auftauchte, um ihren Anteil am Erbe zu fordern, daß sie nicht allein mit ihm verheiratet gewesen war.

Nach und nach bahnten sich die Ägypterinnen ihren Weg in die Politik. 1962 wurde Hakmet Abu Zeid mit dem Posten einer Ministerin für Gesellschaftliche Angelegenheiten die erste Frau im ägyptischen Kabinett. Doch erst 1978 begann ihre Nachfolgerin Aisha Rateb mit Unterstützung von Jehan Sadat, der Frau des Präsidenten, eine anhaltende Kampagne zur Reform der Gesetze über die Rechtsstellung der Frauen. Es waren behutsame Reformen, die den Mann zwangen, seine Frau von der Scheidung in Kenntnis zu setzen oder ihr mitzuteilen, wenn er sich eine zweite Frau nahm. In letzterem Fall hatte seine erste Frau das Recht, sich innerhalb der nächsten zwölf Monate von ihm scheiden zu lassen. Die Reformen sprachen den geschiedenen Frauen auch das Sorgerecht für die Kinder zu, für Jungen bis zum zehnten, für Mädchen bis zum zwölften Lebensjahr, eine Frist, die sich durch Gerichtsbeschluß auf fünfzehn Jahre beziehungsweise bis zur Heirat verlängern ließ.

Doch trotz ihres bescheidenen Ansatzes provozierten die Reformen einen Aufschrei der Empörung: »Islams Gesetze, nicht die Gesetze Jehans«. Radikale Scheichs brandmarkten Jehan Sadat und Aisha Rateb als Atheisten und Feinde der Familie. An der Al Azhar, der alten islamischen Universität, brachen Unruhen aus. »Eine, zwei, drei vier!« schrien die männlichen Studenten. »Wir wollen eine, zwei, drei, vier Frauen!« Dabei waren die Gesetze über Polygamie oder einseitige Scheidung gar nicht in Frage gestellt worden. Nicht einmal die Klitoridektomie hatte die Reformen erwähnt.

1979 erhob Anwar Sadat während der Parlamentsferien die Reformen mittels präsidialem Erlaß zum Gesetz. Außerdem legte er höhere Quoten für die Anzahl der Frauen in der Regierung fest. Doch die Gegner führten den Kampf vor Gericht fort. 1985 gelang es ihnen, »Jehans Gesetze« für ungültig erklären zu lassen. Und seither hat sich die Auseinandersetzung verschärft, da die Fundamentalisten versuchen, die ägyptische Regierung zugunsten eines angeblich rein islamischen Systems zu stürzen. Und dieses System unterscheidet sich von allen gegenwärtig existierenden Regierungsformen, die westliche Demokratie nicht ausgenommen.

In seiner idealen Gestalt ist der islamische Staat keine Nation im modernen Sinne des Wortes. Er kennt keine Grenzen und würde eine politische und religiöse Einheit aller Moslems nach dem Vorbild jener Gemeinschaft bedeuten, die Mohammed in Medina gegründet hat. Es gäbe keine politischen Parteien außer jener einen und einzigen, einheitlichen islamischen *ummah*, also der Gemeinschaft. Sie würde angeführt von einem Kalifen, was wörtlich übersetzt Nachfolger bedeutet, der als politisches und religiöses Oberhaupt in die Fußstapfen des Propheten Mohammed tritt.

Der Kalif muß ein Mann sein, da es zu seinen Pflichten gehört, die Gemeinschaftsgebete vorzusprechen; und eine Frau darf keine Männer im Gebet führen, da der Klang ihrer Stimme fleischliche statt geistliche Gedanken wecken könnte. Der Kalif sollte von ehrenwerten Mitgliedern der Gemeinschaft gewählt werden. Idealerweise sollte er jemand sein, der das Amt eher unwillig übernimmt und sich keineswegs zur Wahl drängelt.

Dem Kalifen untergeordnet sind die legislativen und judikativen Funktionen der Regierung: die *majlis as shura*, die sich in mancherlei Hinsicht mit einem Parlament vergleichen läßt, obwohl ihre Rolle eher beratender als legislativer Natur ist, und die *qadis*, die Richter, sollten den meisten Quellen zufolge ebenfalls Männer sein, da Frauen angeblich zu emotional sind, um zu Gericht sitzen zu können.

Die Gesetze des islamischen Staates sind dem Koran entnommen. Doch da nur sechshundert der sechstausend Verse sich mit Rechtsfragen befassen und davon kaum achtzig direkt von Verbrechen, Strafen, Verträgen und Familienrecht handeln, müssen andere Quellen hinzugezogen werden. Der Hadith füllt manche Lücke. Eine dritte Quelle der Gesetzgebung für Fragen, die weder im Koran noch im Hadith berührt werden, sind Verfahrensweisen, die einstimmig von der islamischen Gesellschaft beschlossen wurden, denn Mohammed soll gesagt haben, daß sich »meine Gemeinschaft nicht auf einen Irrtum einigen kann«.

Obwohl die Moslems im idealen islamischen Staat ihre politischen Vertreter wählen, könnte man das System keine Demokratie nennen, da keine abweichenden Ideologien toleriert werden. Keiner irdischen Ideologie – und sei sie auch vom Willen der Mehrheit getragen – kann es erlaubt sein, das göttliche Gesetz des Korans zu überstimmen. Als die algerische Regierung 1992 Wahlen absagte, die vermutlich zu einer islamischen Regierung geführt hätten, tat sie dies mit der Begründung, daß die Islamisten, sobald sie einmal demokratisch gewählt worden waren, die demokratischen Institutionen Algeriens abschaffen würden.

Mitglieder der größten islamischen Partei, der Islamischen Heilsfront, witzelten sogar, ihr Wahlspruch laute: »Stimmrecht für alle. Einmal.«

Wie Frauen am idealen islamischen Staat teilhaben, ist umstritten. Zwar können sie weder Kalif noch *qadi* werden, aber die Geschichte der Gemeinschaft in Medina zeigt, daß Frauen an wesentlichen Entscheidungen beteiligt und bei den Gesprächen über Politik anwesend waren. Frauen haben mit Mohammed und den nachfolgenden Kalifen oft gestritten, und manchmal war ihre Meinung ausschlaggebend.

Doch den Studentinnen der islamischen Universität in Gaza wird ein entschieden düsteres Bild von ihrer wahrscheinlichen Rolle in einem zukünftigen islamischen Staat vermittelt. »Politik verlangt gewisse geistige Fähigkeiten«, erklärt Ahmad Saatin, der Universitätssprecher, »über die nur sehr wenige Frauen verfügen.« Ich fand seine Antwort etwas seltsam, schließlich war die bekannteste politische Gestalt der Palästinenser derzeit Hanan Ashrawi, die palästinensische Sprecherin bei den Friedensverhandlungen in Washington. Hanan ist eine Christin und mit einem Moslem verheiratet.

»Fragen Sie Ashrawis Mann, fragen Sie ihre Kinder«, erwiderte Ahmad Saatin, »ob sie eine gute Frau, eine gute Mutter, eine gute Schwester ist – wenn sie alle diese Aufgaben perfekt erfüllt und darüber hinaus noch in der Lage ist, etwas anderes tun zu können, schön, dann sei sie in der Politik willkommen. Aber wenn ihr Mann und ihre Kinder unter ihrer Abwesenheit oder ihrer Beschäftigung mit der Politik leiden, dann widerspricht das dem Islam.« Es war allgemein bekannt, daß Hanans moslemischer Mann sich während ihrer Abwesenheit um die beiden Töchter kümmerte, sich in der Küche zu helfen wußte und auf die Arbeit seiner Frau stolz war. Ahmad Saatin konnte dies weder verstehen noch billigen. »Wie«, fragte er verächtlich, »kann ich ein Heim für andere schaffen, wenn mein eigenes zusammenbricht?«

Im Iran, der viele seiner politischen Institutionen nach dem Vorbild der ursprünglichen islamischen Gemeinschaft ausgerichtet hat, wurde die Beteiligung der Frauen an der Politik seit jenen Demonstrationen gefördert, die die Revolution erst möglich gemacht haben. Im iranischen Parlament sind Frauen vertreten, und manche Frauen haben es bis zum Amt einer stellvertretenden Ministerin gebracht.

Nach der Revolution leistete der Iran nur einmal eine Verbeugung in Richtung Demokratie und hielt ein Referendum zur Frage ab: »Islamische Republik, ja oder nein?« Ein überwältigendes Ja öffnete den Weg für eine Auflösung der politischen Parteien und brachte all jenen eine Absage ein, die sich um ein Amt bewarben, die Ziele der islamischen Revolution aber nicht unterstützen wollten. Alle Iraner sind mit sechzehn Jahren stimmberechtigt. Da die Stimmabgabe einer religiösen Pflicht gleichkommt, ist die Wahlbeteiligung sehr hoch. Doch die Auswahl der Kandidaten beschränkt sich ausschließlich auf Personen, die der Theokratie angenehm sind.

Marziyeh Dabbagh, eine von vier Frauen, die in das erste postrevolutionäre Parlament Irans gewählt wurden, ist ein typisches Beispiel für jene Politiker, die innerhalb des iranischen Systems erfolgreich sind. Eine schwere Prügelstrafe sorgte dafür, daß sie heute krumm und älter als dreiundfünfzig aussieht. Wie Armreifen zieren ihre Handgelenke Narben von Zigaretten, die in den Gefängnissen der Geheimpolizei des Schahs auf ihrer Haut ausgedrückt wurden. Vor der Revolution nutzte Marziyeh den Buchladen ihres Vaters als Fassade für terroristische Aktivitäten. Als die Polizei ihr auf die Spur kam und versuchte, Informationen aus ihr herauszufoltern, steckte man ihr Elektroden in die Vagina und verursachte dadurch eine derart schwere Entzündung, daß, wie sie sagte, der »Chef der Savak nicht mehr in meine Zelle kommen wollte, so stank es darin«. In einem letzten Bemühen, ein Bekenntnis aus ihr herauszupressen, folterte die Polizei ihre zwölfjährige Tochter. Doch selbst das half nichts. »Als ich meine Tochter schreien hörte«, sagte sie, »zitierte ich Verse aus dem Koran.«

Wahrscheinlich wäre Marziyeh im Gefängnis der Savak gestorben, hätte eine Verwandte sich nicht bereiterklärt, ihren Platz einzunehmen, damit Marziyeh sich in einen Tschador gehüllt davonschleichen konnte. Kaum war sie wieder gesund, begann sie erneut, Waffen zu schmuggeln und Kommandoeinheiten in den Lagern im Libanon zu schulen. Für die Dauer von Khomeinis Exil in Paris war sie für die Sicherheit seines Haushalts verantwortlich. Sie erzählte mir, sie hätte es der Presse nie ganz verziehen, daß sie 1979 bei Khomeinis historischem Rückflug nicht dabei sein konnte. Am Tag zuvor nämlich wollte ein französischer Journalist einen Knüller landen und kletterte über die rückwärtige Mauer auf das Grundstück des Ayatollas. »Ich habe ihn mir gepackt und dabei den Knöchel verstaucht«, gestand sie. Als sie heimkehrte, waren ihre militärischen Fähigkeiten nach wie vor gefragt. Sechs Monate lang befehligte sie ein Korps Revolutionärer Wachen in ihrer Heimatstadt Hamdan. Den Männern, sagte sie, fiel es nicht schwer, Befehle von einer Frau entgegenzunehmen: »Ich wußte, wie man schießt; sie nicht.«

Nach ihrer Wahl ins Parlament war sie eine von Khomeinis Gesandten in Moskau, als der Iran seine Beziehungen zur Sowjetunion wieder aufnahm. Sie erinnerte sich, wie sie einen Augenblick der Panik verspürte, als Gorbatschow ihr zum Gruß seine Hand entgegenstreckte. Moslemische Frauen dürfen keine Männer berühren, mit denen sie nicht verwandt sind, aber sie wollte den sowjetischen Führer in einem derart heiklen diplomatischen Augenblick auch nicht vor den Kopf stoßen. Sie löste das Problem, indem sie ihre Hand in den Tschador wickelte.

Im Parlament stimmte Marziyeh in Fragen der Außenpolitik und der Wirtschaftsreform grundsätzlich mit dem konservativen Flügel, unterstützte aber stets Gesetzesinitiativen zugunsten der Frauen, etwa wenn es um einen erleichterten Rentenbezug, um Vergünstigungen für alleinstehende Mütter oder um ein Ende der Benachteiligung in der Vergabe von Auslandsstipendien ging.

Es scheint absurd, daß Frauen wie Marziyeh im konservativen Iran ins Parlament gewählt werden, während Frauen im wesentlich liberaleren Jordanien oft nichts erreichen. Die jordanischen Frauen erhielten 1973 ihr Stimmrecht. Nur gab es seit 1967 kein Parlament mehr, und so hatten sie keine Gelegenheit, ihr Stimmrecht auszuüben, bis König Hussein 1989 Wahlen anberaumte. Toujan Faisal, eine einundvierzigjährige Fernsehmoderatorin, rechnete sich gute Chancen auf einen Parlamentssitz aus. Ein Jahr zuvor war sie Moderatorin einer neuen Talkshow namens »Frauenfragen« geworden, die sich jede Woche ein bestimmtes Thema vornahm, das für Frauen von besonderer Bedeutung war. Die Show wurde rasch zur umstrittensten Fernsehsendung in der Geschichte Jordaniens. So zog eine Sendung, in der darüber geklagt wurde, wie oft die Frauen geschlagen wurden, Hunderte von Briefen wütender Männer nach sich, die darauf bestanden, daß es ihr gottgegebenes Recht sei, ihre Frauen schlagen zu dürfen.

Für moslemische Feministinnen gibt es wohl kaum ein brisanteres Thema. »Darum sind tugendhafte Frauen die Gehorsamen«, heißt es im Koran. »Und jene, von denen ihr Widerspenstigkeit befürchtet, ermahnt sie, laßt sie allein in den Betten und züchtigt sie.« Moslemische Feministinnen behaupten, daß »züchtigt« nur eine der möglichen Übersetzungen des im Koran verwandten Wortes *dharaba* ist. Sie sagen, das Wort könne auch mit »schlagt sie mit einer Feder« übersetzt werden. Da der Koran an anderer Stelle zu sanftem Umgang mit Frauen aufruft, sei es unlogisch, so die Feministinnen, das Wort in seiner strengsten Bedeutung zu verstehen. In diesem Abschnitt handelt es sich ihrer Meinung nach um eine Stufenfolge von Strafen: Ermahne zuerst die Frau; wenn das nichts fruchtet, verweigere den Sex, und hilft alles nicht, versetze ihr einen leichten Klaps. Kein Moslem, der Mohammed nacheifert, würde diesen Schritt in Betracht ziehen. Denn man weiß von dem Propheten, daß er seinen Frauen zur Strafe Sex verweigert hat, aber es gibt keinen Hinweis darauf, daß er je die Hand gegen sie erhoben hätte. Laut eines Hadith erzählte Mohammed seinen Anhängern: »Manche eurer Frauen kommen zu mir und beklagen sich, daß ihre Männer sie geschlagen haben. Ich schwöre bei Allah, dies sind nicht die besten Männer unter euch.« Toujan stöberte ausgiebig in den Hadith, um ihre Kampagne für ein Ende häuslicher Gewalt zu untermauern, aber eine buchstabengetreue Lektüre des Korans erlaubt es den Männern zweifelsfrei, ihre Frau zu schlagen;

und die Männer, die Toujan angriffen, brandmarkten sie bald als Ketzerin.

Als der Fernsehsender nach ungefähr einem Jahr und unzähligen Drohungen ihre Sendung einstellte, beschloß Toujan, sich zur Wahl aufstellen zu lassen. Zu ihrem Wahlkampfprogramm gehörte eine Reform der Familiengesetze, die den Frauen zu mehr Rechten verhelfen sollte. Als Antwort auf ihre Kandidatur reichten die Fundamentalisten gegen sie bei den Religionsgerichten eine Klage wegen Abtrünnigkeit ein. Der Koran schreibt für Abtrünnige die Todesstrafe vor, doch Jordanien genehmigt keine Hinrichtung aus solchem Grund. Sollte man Toujan jedoch schuldig sprechen, würde dies das Ende ihrer Ehe und den Verlust des Sorgerechts für ihre Kinder bedeuten. Damit nicht genug: Ihre Ankläger verlangten auch noch, daß alle Strafen gegen einen Moslem, der sie umzubringen versuchte, fallengelassen würden. Bei ihren Auftritten im Gericht mußte Toujan von der Polizei vor den Scharen kreischender Fanatiker geschützt werden.

»Ich bekam mitten in der Nacht Anrufe von Frauen und Männern, die mich anschrien«, sagte sie. »Sie drohten mir mit dem Tod.« Toujan mußte ihren Wahlkampf unter dem Schutz freiwilliger Leibwächter führen. Ihrem Mann, einem Gynäkologen, blieb wegen permanenter Schikanen nichts anderes übrig, als seine Klinik zu schließen. Toujan bekam von sechs Kandidaten die drittmeisten Stimmen. Ihr Wahlkreis gehörte zu den zweien, bei denen Wahlbeobachter Hinweise auf schwerwiegende Formfehler, gar Betrug entdeckt haben wollten. Keine Frau gewann einen Sitz im Parlament. Die Islamisten wurden die stärkste Gruppierung, etwa zwanzig Sitze gingen an die Islamische Bruderschaft, ein weiteres Dutzend an unabhängige Konservative.

Der islamische Block begann sogleich, sich für reine Jungen- oder Mädchenschulen, Alkoholverbot und die Einstellung von Zinszahlungen einzusetzen. Im Parlament beraumten sie Debatten über solch triviale Themen wie ein Verbot männlicher Friseure für Frauen an. Als einige Fundamentalisten zu Ministern ernannt wurden, wurde es für Frauen schwierig, in ihren Ministerien zu arbeiten. Manche wurden genötigt, ihr Haar zu bedecken, vor allem verheiratete Frauen drängte man zur Kündigung, damit ihre Stellen für arbeitslose Männer frei wurden.

Bald meldete sich ein steter Strom von Frauen in Toujans kleiner Wohnung. »Die meisten kamen, um ihr Bedauern darüber auszudrücken, daß sie die Wahlen nicht ernster genommen hatten«, sagte sie. Jordaniens Gemäßigte, die Reichen und Gebildeten, hatten eher zynisch auf die Wahl reagiert und nicht geglaubt, daß Jordaniens König wirklich beabsichtige, dem Parlament Macht einzuräumen. Sie nutzten den Wahltag für einen Kurzurlaub, fuhren an den Strand von Akaba oder zu einem Einkaufsbummel nach Damaskus und hatten sich nicht die Mühe gemacht, ihre Stimmen abzugeben. »Jetzt sagen sie alle, daß sie das nächste Mal wählen wollen«, sagte Toujan. »Ich will nur hoffen, daß es dann nicht zu spät ist.«

Als Jordanien im November 1993 wieder an die Urnen ging, betrug die Wahlbeteiligung über sechzig Prozent, verglichen mit einundvierzig Prozent bei der Wahl 1989. Die zusätzlichen Stimmen reichten aus, um fast die Hälfte aller Fundamentalisten aus dem Parlament zu werfen, und Toujan nahm als erste gewählte Vertreterin Jordaniens ihren Platz im Parlament ein.

Teilweise verdankte sie dieses Ergebnis auch der Hilfestellung von König Hussein, der einige geringfügige Veränderungen der Wahlregelung veranlaßt hatte, um die Überlegenheit der Fundamentalisten in den städtischen Gebieten einzuschränken, wo sie ihre stärkste Gefolgschaft hatten. In einer Rede zur Aufhebung eines Verbots von Massenkundgebungen warnte Hussein jene, die »auf die Kanzeln steigen... Gott in ihren Worten zu fürchten«. Des Königs Geschick lag darin, den Einfluß der Fundamentalisten zu zügeln, ohne sie vom politischen Prozeß auszuschließen und in den Untergrund zu treiben, wie dies in Algerien geschehen war.

Doch auch ohne die Änderungen des Wahlmodus war Toujans Anhängerschaft gewachsen. Viele Jordanier bewunderten ihren Mut in einem Wahlkampf, in dessen Verlauf die Fundamentalisten wieder einmal erklärt hatten, daß es eine religiöse Pflicht sei, Toujans »Blut zu vergießen«. Ein Gegenkandidat in

Amman warb mit dem Slogan, Frauen »die Verfassungsrechte entreißen« zu wollen.

»Ich bin mir selbst treu geblieben, und deshalb habe ich es geschafft«, erklärte eine über ihren Erfolg hochzufriedene Toujan. Andere Kandidatinnen hatten weniger Glück. Nadia Bouchnaq, eine Fünfzigjährige, die drei Jahrzehnte in der Sozialhilfe gearbeitet hatte, wurde mit Steinen beworfen, als sie Debatten verließ, auf denen Fundamentalisten verlangten, daß ein Mann die an sie gerichteten Fragen beantworte, da eine weibliche Stimme in einer gemischten Versammlung aufreizend wirke. Nadia nahm ihre Niederlage gelassen. »Es wird eine Zeit kommen, in der sich das Volk an Frauen im Parlament gewöhnt hat«, sagte sie.

Toujan setzte sich ebenfalls dafür ein und ging dabei keineswegs sonderlich duckmäuserisch vor. Als Politikerin nahm sie sich zuerst eine bescheidene, aber bezeichnende Reform eines der vielen für Frauen so demütigenden Gesetze vor. Sie wollte eine alte Reisevorschrift ändern, die Frauen zwang, vor Verlassen des Landes die Einwilligung ihrer Männer einzuholen. Außerdem wollte sie die Pässe der Frauen ändern lassen, die sie bisher nur als »Frau des«, »Witwe des« oder »Geschiedene des« Mannes oder Exmannes aufführten und ihnen die Würde ihres eigenen Namens verwehrten.

Es läßt sich noch nicht sagen, was Toujan im Parlament erreichen wird. Doch die Extremisten wissen, daß sie allein dadurch schon Außerordentliches erreicht hat, daß sie einen Platz einnimmt, auf dem zuvor einer gesessen hatte, der sie mit allen Mitteln vernichten wollte.

In manchen islamischen Ländern bleibt die Aussicht auf weibliche Politiker bis heute ein ferner Traum. In vielen Ländern kämpfen die Frauen noch immer um ihr Stimmrecht, ganz zu schweigen von dem Gedanken, sich zu einer Wahl aufstellen lassen zu können. Während der siebenmonatigen Besatzung in Kuwait waren es die Frauen, die den irakischen Kugeln trotzten und für eine Rückkehr des Emirs demonstrierten. Frauen hielten die kleine Widerstandsbewegung am Leben, schmuggelten Waffen und Lebensmittel, versteckten Ausländer und Kampfgenossen. Doch als der Emir zurückkehrte, zeigte er den Frauen sein Wohlgefallen, indem er ihnen verbot, an der Parlamentswahl von 1992 teilzunehmen.

Vor der Invasion erledigte die Medizinstudentin Areej al-Khateeb ihre politische Organisationsarbeit vom Telefon ihres goldenen Mercedes-Sportwagens aus. Die Iraker stahlen den Wagen mitsamt den »I Love Democracy«-Aufklebern. Areejs sozialistische Eltern hatten sich von Kuwaits traditionellem Frauenbild gelöst, doch Areej schlug einen vorsichtigeren Weg ein und zügelte ihre feministischen Ansichten. Sie besaß ein sicheres Gespür dafür, wie weit sie sich vorwagen durfte, ohne ihre Kommilitoninnen vor den Kopf zu stoßen. Um dem kuwaitischen Brauch der Geschlechtertrennung Genüge zu tun, beschaffte sie den Frauen zu politischen Veranstaltungen sogar getrennte, mit Videogeräten ausgestattete Räume, damit sie der Diskussion folgen konnten.

Jenseits der Grenze, in Saudi-Arabien, war selbst eine Diskussion unmöglich. Saudi-Arabien verfügt praktisch über keinerlei politische Kultur. »Wir brauchen keine Demokratie, wir haben unsere ›Wüstendemokratie‹, erklärt Nabila al-Bassam, eine Saudi-Araberin, die ihr eigenes Bekleidungsgeschäft in Dhahran führt. Sie spielte damit auf einen uralten Wüstenbrauch an, der sich *majlis* nennt; wöchentliche Versammlungen unter dem Vorsitz eines Mitglieds der Herrscherfamilie, auf denen jeder Untertan eine Bittschrift einreichen oder seinem Kummer Luft machen kann. Doch im Grunde sind die *majlis* eine ausgesprochen feudalistische Angelegenheit, bei der ehrerbietige Untertanen demütig auf die Gelegenheit warten, ihrem Prinzen einige Sekunden lang etwas ins Ohr flüstern zu dürfen.

Nabila erzählte mir von einer Freundin, die kürzlich König Fahds Frau gebeten hatte, die Einfuhr von Friseursaloneinrichtungen zu genehmigen. Eigentlich waren Friseursalons in Saudi-Arabien verboten, da die führenden Geistlichen alles mißbilligten, was die Frauen aus ihren Häusern locken konnte. Dabei gab es so manchen Friseursalon, der bekannten Saudis gehörte, von Filipinas und Syrerinnen geführt wurde und glänzende

Geschäfte machte. »Meine Freundin ist es leid, ihr Geschäft nur heimlich leiten zu dürfen«, erklärte Nabila. Doch bislang erhielt sie keine Antwort auf ihre Eingabe. »Bittschriften *wirken*«, sagte Nabila. »Man muß die Probleme in dieser Gesellschaft nur in freundlichem Ton angehen – wie in einer Familie. Man kann um etwas bitten, man kann nicht einfach zugreifen und sich etwas nehmen, als hätte man ein Anrecht darauf.« Wurde die Eingabe abschlägig beschieden, blieb dem Bittsteller nichts anderes übrig, als sich mit der Entscheidung der al-Sauds abzufinden. Ohne freie Presse oder sonstige Möglichkeiten, die öffentliche Meinung zu mobilisieren, herrschten die al-Sauds nach eigener Willkür.

Doch wenn es ein Thema gab, das die saudischen Frauen dazu bringen konnte, sich über ihr Los zu beklagen, dann das Verbot, Auto fahren zu dürfen. Der Anblick pferdeschwanztragender Soldatinnen, die Lkws und Jeeps durch die saudischen Straßen steuerten, belebte erneut die seit langem schwelende Debatte. Die Amerikanerinnen waren nicht die einzigen Fahrerinnen, die der Krieg nach Saudi-Arabien geführt hatte. Viele kuwaitische Frauen waren auf der Flucht vor der irakischen Invasion unverschleiert am Steuer ihrer Familienlimousinen in Saudi-Arabien eingetroffen.

Im Oktober 1990 drangen Artikel über saudische Frauen, die das Recht einforderten, selbst fahren zu dürfen, sogar bis in die eigentlich zensierte Presse. In diesen Artikeln kamen Frauen zu Wort, die sagten, der Gedanke habe sie erschreckt, daß sie ihre eigenen Kinder nicht in Sicherheit bringen könnten, wie die kuwaitischen Frauen es getan hatten. Andere gaben wirtschaftliche Gründe an und errechneten, daß durchschnittlich etwa zwanzig Prozent des Einkommens einer saudischen Familie für Fahrer ausgegeben wurde, denen man außer Gehalt auch noch Kost und Logis zahlen mußte. In Saudi-Arabien gab es dreihunderttausend hauptberufliche Chauffeure – eine überwältigende Anzahl, und trotzdem war noch lange kein Fahrer für jede Frau vorhanden, die ohne Auto nicht auskommen konnte. Frauen ohne Fahrer waren auf die Launen ihrer Männer und Söhne angewiesen. Manche Verfechter einer Fahrerlaubnis für Frauen brachten religiöse Bedenken vor und betonten, wie unangenehm es für die Frau sei, mit einem fremden Mann im Haushalt leben und allein mit ihm umherfahren zu müssen.

An einem Dienstagnachmittag Anfang November wurden siebenundvierzig Frauen von ihren Chauffeuren auf einen Parkplatz des Al-Tamimi-Supermarktes mitten in Riad gefahren. Dort entließen sie ihre Fahrer. Etwa ein Viertel der anwesenden Frauen glitt hinter das Steuer ihrer Autos, die übrigen stiegen als Beifahrerinnen ein. Danach fuhren sie im Konvoi über die belebte Hauptverkehrsstraße. Einige Häuserblocks weiter hielten die stockschwingenden *mutawains* vom »Komitee zur Förderung der Tugend und Verhinderung des Lasters« die Wagen auf einer Kreuzung an und befahlen den Frauen, den Fahrersitz freizumachen. Kurz darauf trafen Polizisten ein. Die Frauen baten, man möge sie nicht ins Hauptquartier der *mutawa* abführen. Es kam zum Gerangel zwischen den *mutawains*, die behaupteten, daß sich die Frauen eines Religionsvergehens schuldig gemacht hätten, und der Verkehrspolizei, die behauptete, daß diese Angelegenheit ihrer Zuständigkeit unterliege. Schließlich fuhr die Polizei die Frauenautos zum Polizeirevier, auf dem Beifahrersitz ein *mutawain*, die Frauen auf den Rücksitzen.

Die Frauen, die an dieser Demonstration teilgenommen hatten, kamen alle aus sogenannten »guten Familien« – wohlhabende, prominente Sippen mit engen Verbindungen zur herrschenden al-Saud-Dynastie. Alle Frauen, die selbst hinter dem Steuer gesessen hatten, waren versierte Fahrerinnen mit im Ausland erworbenen internationalen Führerscheinen. Viele von ihnen gehörten einer Fakultät der Frauensektion der Universität von Riad an, so auch Fatin al Zamil, Professorin für Medizin. Außerdem waren bekannte Persönlichkeiten unter den Demonstrantinnen wie Aisha al-Mana, die ihren Doktor der Soziologie an der Universität von Colorado gemacht hatte und einem Konsortium von Geschäften von Modeboutiquen bis Computerzentren vorstand, deren Eignerinnen allesamt Frauen waren. Auch wenn einige dieser Frauen normalerweise keinen Schleier trugen, hatten sie sich zur Demonstration ausnahmslos so bedeckt, daß nur die Augen freigeblieben waren.

Vor der Demonstration hatten die Frauen eine Bittschrift an den Gouverneur von Riad, Prinz Salman bin Abdul Aziz, gesandt, den man für ein vergleichsweise fortschrittliches Mitglied der Herrscherfamilie hielt. In der Petition wurde König Fahd gebeten, sein »väterliches Herz« zu öffnen, um den Frauen ihre, wie sie es nannten, »menschliche Forderung« zu erfüllen. Sie führten aus, daß die Frauen zu Zeiten des Propheten auf Kamelen geritten seien, dem damaligen Hauptverkehrsmittel. Der Islam, so hieß es in ihrer Bittschrift, liefere den Beweis, denn »so überaus wunderbar ist der Lehrer der Menschlichkeit und der Herr über die Menschen, daß er uns Lektionen erteilt, die so klar sind wie das Sonnenlicht, das die Düsternis der Unwissenheit vertreibt«.

Während die Frauen auf dem Polizeirevier festgehalten wurden, rief Prinz Salman eine Gruppe anerkannter Religions- und Rechtsexperten zu sich, um mit ihnen das Geschehene zu besprechen. Die Rechtsexperten entschieden, daß keine Verletzung bestehender Gesetze vorliege, da die Frauen über internationale Fahrerlaubnisse verfügten, die vom saudischen Gesetz anerkannt wurden. Die Vertreter der Religionen befanden, daß die Moral nicht verletzt worden sei, da die Frauen einen Schleier getragen hatten und im Koran kein Wort steht, das sich als ein Verbot des Autofahrens interpretieren läßt. Die Frauen wurden freigelassen.

Ermutigt von der ihrer Meinung nach stillschweigenden Unterstützung der Herrscherfamilie versammelten sich in Dschidda und Dhahran Frauen, um ähnliche Demonstrationen zu veranstalten. Doch dann kam der Rückschlag.

Trotz einer totalen Nachrichtensperre der saudischen Medien verbreitete sich die Nachricht von der Demonstration in Windeseile. Als die Teilnehmerinnen am nächsten Tag zu ihrer Arbeit an der Universität erschienen, rechneten sie damit, von ihren Studentinnen als Heldinnen gefeiert zu werden. Statt dessen waren die Bürotüren einiger Frauen mit Graffiti beschmiert, die ihnen unislamisches Verhalten vorwarfen. Andere Frauen mußten feststellen, daß ihr Unterricht von einer großen Zahl konservativer Studentinnen boykottiert wurde. Bald hagelte es

Verleumdungen aus den Moscheen. Flugblätter überschwemmten die Straßen. Unter der Schlagzeile »Förderer von Laster und Lüsternheit« wurden die Teilnehmerinnen der Demonstration mit ihren Telefonnummern aufgelistet, und hinter jedem Namen fand sich zusätzlich der Vermerk »amerikanische Säkularistin« oder »Kommunistin«. »Sie sind die Wurzel des Bösen«, tönten die Flugblätter. »Vernichtet sie! Vernichtet sie! Vernichtet sie! Säubert das Land des Monotheismus!« Man kann sich denken, daß beleidigende Anrufe die Telefone der Frauen pausenlos klingeln ließen. Wenn sich ihre Männer meldeten, riet man ihnen, sich von ihren verhurten Frauen scheiden zu lassen, oder beschimpfte sie, weil sie nicht auf ihre Frauen aufpassen könnten.

Die königliche Familie gab dem Druck der Extremisten sofort nach. Die Resultate von Prinz Salmans Komitee verschwanden in irgendeiner Schublade. Statt dessen enthob die Regierung die Frauen ihres Amtes; ihre Reisepässe wurden einbehalten. Die Sicherheitspolizei verhaftete auch einen bekannten saudischen Mann mit ausgezeichneten Verbindungen, dem man vorwarf, einem britischen Fernsehteam Hinweise auf die bevorstehende Demonstration geliefert zu haben. Er wurde grausam gefoltert, verprügelt und mehrere Wochen ins Gefängnis geworfen.

Nach islamischem Recht hätte die Herrscherfamilie den Frauen beistehen können. Was die Extremisten taten, stand im Widerspruch zum Koran, der jeden tadelt, der den Ruf einer Frau schädigt und ihn zu achtzig Peitschenhieben verurteilt.

Doch eine Woche nach der Demonstration stimmte Prinz Naif bin Abdul Aziz in den Chor der Verleumder ein. Auf einem Treffen in Mekka verurteilte er die Demonstration als »eine dumme Tat« und behauptete, daß manche der daran beteiligten Frauen außerhalb Saudi-Arabiens aufgewachsen seien und in »keinem islamischen Haus« groß geworden seien. Er verkündete dann eine neue *fatwa*, eine Anordnung mit Gesetzeskraft, die Abdul Aziz bin Baz, der führende Scheich Saudi-Arabiens, erlassen hatte und die besagte, daß Frauen am Steuer den »islamischen Traditionen widersprechen, wie sie die saudischen Bürger befolgen«.

Wenn Autofahren für Frauen zuvor nicht ungesetzlich gewesen war, dann war es das nun.

Vor der Demonstration hatte ich mit einigen Fahrerinnen in Verbindung gestanden, doch hinterher blieben meine Telefonanrufe unbeantwortet. Man hatte die Frauen gewarnt, daß ein Kontakt mit ausländischen Medien zu erneuter Verhaftung führen würde. Die Frauen waren überzeugt, daß ihre Telefone abgehört und ihre Häuser überwacht wurden. Ich bekam einen traurigen, mit »eine saudische Frau« unterschriebenen Brief, der mir von den Einzelheiten der »Hexenjagd« berichtete. »Fanatikerinnen«, schrieb sie, »zwingen Studentinnen, Hetzschriften gegen die Demonstrantinnen zu unterzeichnen.« Man nutze »diesen Zwischenfall, um die eigene Stärke zu beweisen und antiliberale, regierungsfeindliche und antiamerikanische Gefühle zu schüren«. Eine andere Frau schickte mir die simple Nachricht: »Ich habe es getan, damit meine Enkelinnen sagen können, daß ich dabeigewesen bin.«

Ich sprach auch mit dem Verwandten einer Teilnehmerin. »Ich habe sie ermutigt«, sagte er traurig. »Ich dachte, die Zeit sei reif. Jetzt ist die Sache um zehn Jahre zurückgeworfen – vergraben unter zwanzig Tonnen Zement. Menschen wie mir« – dem Sohn eines Diplomaten, der im Ausland aufgewachsen und in Amerika zur Schule gegangen war – »passiert es schnell, daß sie den Kontakt zu diesem Land verlieren und sich über das Ausmaß dessen täuschen, was es verkraften kann.«

11. KAPITEL

Die moslemischen Frauenwettspiele

»O die ihr glaubt,
erklärt nicht als unerlaubt die reinen Dinge,
die Allah euch erlaubt hat,
doch übertretet auch nichts.
Denn Allah liebt nicht die Übertreter.«

Der Koran: Der Tisch; 5. Sure; 88.

Als zur Eröffnungsfeier der ersten Islamischen Frauenspiele die Fackelträgerin in die Arena einlief, brachen zehntausend Zuschauer in ohrenbetäubenden Jubel aus. Mit langen, gleichmäßigen Sätzen legte die Athletin eine Runde zurück, und die Flammen züngelten hoch über ihrem verhüllten Kopf in die Luft.

Oben auf der Tribüne stand ihr Vater in der Menge und platzte fast vor Stolz. Die Fackelträgerin, die achtzehnjährige Padideh Bolourizadeh, war schon mit sieben Jahren eine iranische Königin der Aschenbahn gewesen, doch heute sah ihr Vater sie zum ersten Mal laufen.

Er konnte ihr zusehen, weil Padideh den ersten Trainings-Hidschab der Welt trug. Die weiße Kapuze verbarg sämtliche Haarlocken, und unter einem weiten Trikot trug Padideh eine schwarze, knöchellange Tunika, die ihr um die Beine der Trainingshose flatterte.

Inmitten der Arena hatten sich die weiblichen Sportteams aus zehn moslemischen Ländern hinter ihrer jeweiligen Nationalflagge aufgestellt. Hin und wieder konnte man bei den Kontrahenten aus Syrien und Turkmenistan eine Hand verstohlen das ungewohnte Kopftuch zurechtzupfen sehen.

Am nächsten Tag begannen die eigentlichen Wettkämpfe, und die Athletinnen entkleideten sich bis auf die vertrauteren

Shorts und knappen Trikots. Als im Basketballstadion die Anführerin der iranischen Mannschaft an den Aserbeidschanern vorbei über den Platz fegte, hochsprang und den Ball in den Korb pfefferte, brüllten die begeisterten Frauen auf den Zuschauertribühnen so laut auf, daß sie selbst die Massen im Metrodome bei einem Spiel der Twin World Serie übertönt hätten. Auf den Bürgersteigen vor dem Stadion patrouillierten Polizisten und achteten darauf, daß kein Mann durch den Eingang schlüpfte. Drinnen schaute hoch oben von der Stadionwand ein überlebensgroßes Porträt von Khomeini auf die verschwitzten Athletinnen in ihren Shorts herab. Wenn schon nicht im Leben, so ließ seine Miene doch in der Kunst die leise Andeutung eines Lächelns erkennen.

Ich hatte Anfang Februar 1993 von den ersten Islamischen Frauenspielen gehört, als Mary Glen Haig, eine britische Vertreterin des Internationalen Olympischen Komitees, mich daheim in London anrief und fragte, was eine Frau aus dem Westen für eine Reise nach Teheran einpacken sollte. Das Internationale Olympische Komitee, sagte sie, sei zu den Spielen eingeladen, und sie – eine ehemalige olympische Fechtsiegerin – habe man auserkoren, sich die Spiele anzusehen.

Nachdem ich mir auch eine Einladung beschafft hatte, suchte ich unter den Kontrahentinnen und Zuschauerinnen auf den Bahnen und im Stadion nach Mary Glen Haig, um sie nach ihrer Meinung über diese Veranstaltung zu befragen. Jemand verwies mich an einen offiziellen Tisch, wo unter einer schwarzen Kapuze eine Frau neben einer sportlichen, schlanken Gestalt mit kurzem, blondem Haar, Jeansjacke über Liberty-Hemd, Bluejeans und Asics-Turnschuhen saß. Ich hatte am Telefon erklärt, daß es unnötig sei, auf einer reinen Frauenveranstaltung Hidschab zu tragen, war aber überrascht, sie so leger gekleidet zu sehen. Ich trat auf sie zu und stellte mich vor. Die Blonde lächelte und streckte mir ihre Hand hin. »Faezeh Hashemi«, stellte sie sich vor. »Vizepräsidentin des iranischen Olympia-Komitees. Dies«, sagte sie und deutete auf die Frau unter der schwarzen Kapuze, »ist unser Gast vom Internationalen Komitee.«

Faezeh Hashemi war die dreißigjährige Tochter von Präsident Hashemi Rafsanjani und die treibende Kraft der ersten Islamischen Frauenspiele. Frauensport hatte es nach der Iranischen Revolution praktisch nicht mehr gegeben, als die Mullahs dem unter dem Schah erlaubten gemischten Training und Wettkampf abrupt ein Ende bereiteten. Die Vorstellung, daß Mädchen im freizügigen Sportdreß Seite an Seite mit Jungen trainieren könnten, hatte viele religiöse Iraner gegen Sport, vor allem aber gegen Frauensport, aufgebracht.

»Der Islam kennt kein Vergnügen«, verkündete Khomeini 1979 in einer Radioansprache. Solange er lebte, hatte Teheran diese Haltung widergespiegelt. Ein achtjähriger Krieg mit katastrophalen Folgen für die Wirtschaft und islamische Eiferer hatten die Stadt in einen düsteren Ort mit mißtrauischen Bürgern verwandelt. All die alten, vorrevolutionären Vergnügungsstätten waren verschwunden. Selbst das Hilton und das Kentucky Fried Chicken waren von Grund auf verändert. Schreckliche Zwitter waren entstanden, so etwa das frühere Intercontinental-Hotel auf dem ehemaligen Los Angeles Boulevard, das nun zur »Blüte des Märtyrertums« auf der Hidschab Street verkommen war, wo im Badezimmer der Schimmel wucherte und ein Schild in der Lobby »Nieder mit den USA« verkündete.

Doch selbst Khomeini fehlte nicht jegliches Verständnis für den Wunsch nach körperlicher Fitneß. Zu seinem Tagesablauf zählte ein Spaziergang – Runde um Runde im Innenhof seines Hauses.

Der wohlhabende, landbesitzende Rafsanjani-Clan hatte dagegen eine fast locker zu nennende Einstellung zur körperlichen Ertüchtigung und sogar etwas für mullahuntypischen Spaß übrig. In der privaten Ungestörtheit ihres eigenen Familienanwesens fuhren Rafsanjanis zwei Töchter und drei Söhne Rad, spielten Tischtennis und Volleyball. Und ehe die Pflichten der Präsidentschaft seine ganze Zeit in Anspruch nahmen, sprang Rafsanjani oft selbst zu seinen Kindern in den Pool oder spielte mit ihnen eine Partie Tischtennis.

Nach der Revolution von 1979 waren die meisten Sportstätten Irans einfach an die Männer übergeben worden. Die Regierung gründete 1980 zwar ein »Direktorium für Frauensportangelegenheiten«, doch bestand dies nur dem Namen nach, bis schließlich 1985 eine seltsame Allianz iranischer Frauen eine beharrliche Kampagne zur Wiederbelebung des Frauensports begann. Einige Aktivistinnen dieser Kampagne waren ehemalige Sportlerinnen – unter ihnen manche Olympiateilnehmerin –, die gezwungen worden waren, ihre Sportsachen mit dem Hidschab zu vertauschen. Wer von den Athletinnen nicht ins Exil ging, bekehrte sich schließlich zu einer Philosophie des »Kannst du sie nicht überwinden, so schließ dich ihnen an« und wandte sich an Frauengruppen innerhalb des religiösen Establishments um Hilfe. Faezeh Hashemi schließlich beherrschte die Sprache der radikalen Mullahs und erwies sich als beste Verbündete der Frauen. Faezeh hatte viele Vorteile auf ihrer Seite, nicht zuletzt die Unterstützung ihres Vaters. An der Universität in Teheran hatte sie ihr Studium mit einem Magister in Unternehmensführung abgeschlossen und wußte daher, wie man Organisationen manipulieren kann.

Wie die meisten religiösen Frauen, die etwas durchsetzen wollen, führte sie ihr Anliegen auf ein Hadith des Propheten zurück. Von Mohammed wird erzählt, daß er Moslems empfahl, »kräftige Körper« zu haben. Er sagte auch: »O die ihr glaubt, ihr sollt euch in allen Dingen auszeichnen.« Faezeh argumentierte, daß der Sport Bestandteil des Strebens nach Auszeichnung sein müsse und daß diese Empfehlung Mohammeds gleichermaßen für Frauen wie für Männer gelte. Frauen als die Zentren der islamischen Familie brauchten den körperlichen und geistigen Gewinn, den der Sport ihnen bieten konnte. Schön, erwiderten die Konservativen, sollen sie ihre Gymnastik doch in der Abgeschiedenheit ihrer Häuser absolvieren. Daraufhin antwortete Faezeh, daß man Frauen und Mädchen nicht um die besondere soziale Erfahrung der Teamarbeit und des gemeinsamen Wettstreites bringen sollte.

Es heißt, der Prophet habe insbesondere drei Sportarten gelobt: Schwimmen, Bogenschießen und Reiten. Doch da im Hadith »Lehrt eure Kinder Schwimmen und Reiten« das arabische Wort *awalad* steht, das man sowohl mit »Söhne« als auch mit »Kinder« übersetzen kann, nicht aber das eindeutigere *awalaad wa binaat* – Söhne und Töchter –, behaupten einige gestrenge Eltern, daß nur Söhne an derlei Tätigkeiten teilnehmen dürfen. Doch das Schießen mit Pistole und Gewehr – die moderne Entsprechung zum Bogenschießen – erwies sich als nützliche Fähigkeit in einem revolutionären Land, das seit kurzem im Krieg stand; außerdem zählte Schießen zu den wenigen Sportarten, die man auch im Tschador ausüben konnte. So gehörten Schießplätze zu den ersten Sportanlagen, zu denen Frauen wieder zugelassen wurden, anfangs als Mitglieder ziviler Verteidigungsmilizen und später einfach als Frauen, die ein Hobby pflegten, das es ihnen erlaubte, eine Zeitlang aus ihren Häusern zu entfliehen.

Faezeh führte an, daß sich Irans islamische Regierung vom alten Schah-Regime auch dadurch abgrenzen könne, daß sie »Sport für alle Frauen« fördere, statt nur jene Elite hevorragender Athletinnen auszubilden, die sich zu Schahs Zeiten stets bei gemischten internationalen Wettkämpfen hervortun mußten. Faezehs Einsatz führte dazu, daß die Sportanlagen den Frauen wieder wöchentlich zu bestimmten »Frauenstunden« geöffnet wurden, und daß man in den Schulen größeres Gewicht auf Sportunterricht für Mädchen legte. Schließlich wurde Teherans bewaldeter »Läuferpark« an drei Tagen der Woche zwischen acht und vier Uhr für Männer gesperrt, damit die Frauen ohne Hidschab joggen konnten.

Dann wandte sich Faezeh dem weitaus schwierigeren Problem der internationalen Wettkämpfe zu. Viele islamische Länder entsandten keine Frauen in internationale Arenen: Zum einen widersprach es der Schicklichkeit, zum anderen lag es am Geldmangel. Ein knapper Sportetat verbot es Ländern wie Pakistan, das über viele olympiareife Sportlerinnen verfügte, auch nur eine von ihnen zu den Olympischen Spielen nach Barcelona zu schikken. »Die Männer sind im allgemeinen besser als wir, und die Regierung wählt nur die aus, die auch eine Medaillenchance haben«, sagte Firhana Ayaz, eine Sportjournalistin des *Pakistan Observer*. Doch hinter solchen Entscheidungen machte sich auch der wachsende islamische Einfluß bemerkbar. In Pakistan tragen die meisten Sportlerinnen eine sittsame Kombination aus einem weiten, langen T-Shirt über langen Hosen, doch hielt man diese Kleidung in gewissen Kreisen nicht länger für angemessen. »Die Mullahs regen sich seit einiger Zeit über Feldhockey auf, weil man beim Spiel laufen und sich bücken muß. Und während der Olympiade wurde kein Frauenwettkampf übertragen, weil die Mullahs entsprechenden Druck ausübten.«

Als Hassibar Boulmerke, die algerische Sprinterin, bei der Olympiade in Barcelona eine Goldmedaille für ihr Land gewann, hielt sie eine bewegende Rede, in der sie schilderte, wie sehr es sie freue, daß eine Moslime eine derartige Leistung vollbringen könne. Dabei freute sich keineswegs die gesamte islamische Welt über ihren Triumph. In den Moscheen Algeriens wurde sie von der größten moslemischen Gruppierung, der Islamischen Heilsfront, beschimpft, weil sie in Shorts und Trikot »halbnackt« gelaufen sei. Hassibar Boulmerke sah sich aufgrund fortgesetzter Schikanen gezwungen, das Land zu verlassen, um trainieren zu können.

Manche Iraner stimmten in den Chor mit ein und brandmarkten Hassibar als »falsche Moslime«, aber Faezeh Hashemi erkannte die Gefahr dieser Denunziation durch die Islamisten, die keine positive Alternative boten. Moslems, sagte sie, sollten froh sein, wenn moslemische Sportlerinnen sich auszeichnen. Alle moslemischen Länder hätten unterschiedliche Traditionen, sagte sie, und nun sei es Sache des Irans, die Überlegenheit eines wahrhaft islamischen Systems zu beweisen. Die »Unterdrücker«, behauptete sie und meinte damit die westlichen Länder, führten die Abwesenheit moslemischer Frauen auf den Wettkampfstätten als Beispiel für die untergeordnete Position der Frauen in islamischen Ländern an. »Wenn die islamischen Länder keine eigenen Regeln für Frauenwettkämpfe aufstellen«, sagte sie in einer weithin verbreiteten Rede, »dann werden uns die westlichen Unterdrückerstaaten ihre Regeln aufzwingen.« Iran schickte Männerteams zu internationalen Wettkämpfen. Warum also, sagte sie, sollen wir keine Frauen schicken, die sich in den fünf Sportarten hervortun, die man auch im Hidschab ausüben kann?

Im September 1990 hatte sich Faezeh Hashemi durchgesetzt, und bei der Eröffnung der asiatischen Spiele in Peking führten sechs Tschador tragende Frauen – das iranische Schützenteam – den Einmarsch der Sportlerinnen an. Eine Iranerin, die achtzehnjährige Studentin Elham Hashemi, brach den Rekord der iranischen Männer.

Faezeh hoffte, zu den Olympischen Spielen 1996 in Atlanta auch ein Team Reiterinnen im Hidschab entsenden zu können. Ich bezweifle, daß ihr das gelingen wird. Gewiß ist es durchaus möglich, unter dem Reiterhelm ein Tuch zu tragen, das den Nacken verdeckt, sowie einen Überwurf, der die Beine bis hinab auf die Stiefel verhüllt, aber was ist, wenn eine Reiterin vom Pferd fällt und mit verrenkten Gliedmaßen oder gar, Himmel bewahre, mit verrutschtem Kopftuch fotografiert wird? Konservative Moslems protestierten bereits dagegen, daß es weiblichen Bogenschützen gestattet war, im Angesicht der Männer zu schießen, da selbst im Tschador die Bewegung beim Spannen der Bogensehne allzu verführerisch sei.

Für die meisten iranischen Athletinnen – die Läuferinnen, Schwimmerinnen und Hochspringerinnen – gab es nicht die geringste Aussicht auf einen Wettkampf im Hidschab. An sie hatte Faezeh gedacht, als sie den Gedanken an eine alternative Olympiade vorbrachte, die Islamischen Frauenspiele, auf der Athletinnen aus moslemischen Ländern sich zu einer Eröffnungsveranstaltung im Hidschab versammelten, der Männer und Frauen beiwohnen konnten. Anschließend entledigten sich die Athletinnen dann ihrer islamischen Hülle und trugen ihre Wettkämpfe vor ausschließlich weiblichem Publikum aus.

Absurd an Faezehs Plan war nur, daß die strenggläubigen moslemischen Länder, die vom rein weiblichen Ambiente der Spiele profitiert hätten, keine Sportlerinnen entsenden konnten. In Saudi-Arabien und den meisten Golfstaaten gab es für Frauen keine Sportvereine irgendwelcher Art. Frauenwettkämpfe – und wären sie auch für die Zuschauer strikt nach Geschlechtern getrennt – fanden nicht statt. Wohlhabende Frauen, die sich fit halten wollten, besaßen in ihren Häusern gut eingerichtete Gymnastikräume und engagierten sich ihre eigenen Sportlehrerinnen. Die übrigen Frauen führten eine nahezu ausnahmslos sitzende Lebensweise.

Die Länder jedoch, die Irans Einladung mit Freuden annahmen, waren die ehemaligen sowjetischen Republiken, deren Athletinnen von der riesigen sowjetischen Sportmaschinerie trainiert worden waren. Keine von ihnen hatte jemals einen Schleier getragen; nur wenige kannten eine Zeile aus dem Koran. Doch mit dem Zusammenbruch des sowjetischen Reiches ging nominell moslemischen Republiken wie Aserbeidschan für einen derartigen Luxus wie Sport das Geld aus. »Dieses Jahr reicht unser gesamtes Budget gerade, um einen einzigen Athleten zu einem einzigen Wettkampf zu schicken – vorausgesetzt, er findet in Europa statt«, seufzte Alyev Mouslim, Trainer des aserbeidschanischen Teams. Das Angebot einer kostenlosen Reise für hundertzwanzig Athletinnen – auch wenn sie einen Schleier tragen und in Baku zu einer sechsundzwanzigstündigen Busfahrt einsteigen mußten – war zu schön, um es ablehnen zu können.

Wie stets im Iran spielte auch die Politik eine Rolle. Der Iran war bereit, für große Mannschaften aus den ehemaligen Sowjetrepubliken zu zahlen, da er seinen Einfluß auf diese Länder ausdehnen wollte, aber er weigerte sich, die Rechnung für Länder wie den Sudan zu begleichen, die seinem Einfluß bereits sicher unterstanden. So schickte also der mittellose Sudan keine Sportlerinnen zu den Spielen. Ebensowenig wie Ägypten, um dessen Beziehungen zum Iran es nicht zum besten stand. Andere Länder schickten kleine Mannschaften als Geste des guten Willens. »Wir sind hier, weil wir das iranische System befürworten«, sagte eine kleine Tischtennisspielerin aus der fünfköpfigen Mannschaft der Malediven. »Aber in sportlicher Hinsicht sind die Spiele für uns belanglos«, fuhr sie fort und zitterte, als ein leichter Schneeschauer auf Teherans mangelhaft geheiztes Tischtenniszentrum niederging. »Wir kommen vom Äquator. Wie sollen wir uns hier aufwärmen können?«

Die sowjetischen Republiken hatten letztlich die größten Mannschaften – in jeder Hinsicht. Vier Republiken schickten insgesamt dreihundertzweiunddreißig Athletinnen, zumeist große, grobknochige Blondinen, die die einundfünfzig Frauen aus den kleinen Mannschaften von Malaysia, Syrien, Pakistan, den Malediven und Bangladesch turmhoch überragten.

Manche Frauen hielten in ihrer Disziplin den Landesrekord; ein oder zwei waren Olympiateilnehmerinnen. Doch mit Ausnahme der Schützenmannschaft war es für alle Mitglieder der iranischen Mannschaft die erste Gelegenheit zu einem internationalen Wettkampf. Ihre Gesichter leuchteten unter den Tschadors, als sie ins zwölftausend Zuschauer fassende Azadi-Stadion einmarschierten.

Für die Dauer der Spiele war Männern der Zugang zu allen Zuschauertribünen mit Ausnahme der Tribünen am Schießstand verwehrt. In der Schwimmhalle füllten Schulmädchen die Zuschauerbänke und schauten hinunter auf das ungewöhnliche Bild iranischer Linienrichterinnen in attraktiven, purpurfarbenen Miniröcken und giftgrünen T-Shirts.

Auf der Leichtathletikbahn hatte Padideh, die Fackelträgerin, ihren Hidschab mit schwarzen Lycrashorts vertauscht und zur Feier des Tages ihren persönlichen Rekord im Hochsprung um neun Zentimeter verbessert. Ihre 1,67 Meter reichten allerdings nicht aus, um die kirgisische Meisterin schlagen zu können, aber sie brach den vor der Revolution aufgestellten iranischen Rekord. An diesem Nachmittag strahlte Padideh im Hotel der Sportlerinnen vor Freude. In den Vorläufen zum 400-Meter-Lauf hatte sie als eine der vier Besten abgeschnitten, und nun hoffte sie darauf, daß ihr der nächste Tag eine Medaille einbrachte.

Obwohl Padidehs Mutter zu Zeiten des Schahs Sportlerin gewesen war, hatte Padideh ihr Leben lang nur reinen Frauensport gekannt. »Wir finden das wunderbar«, sagte sie und wies dabei auf das Foyer voller Sportlerinnen. »Es entspricht unserem Denken, unserer Kultur. Es würde uns schwerfallen, die Wettkämpfe jetzt vor Männern austragen zu müssen.«

Offizielle Übersetzerinnen mischten sich unter die Athletinnen, um bei Verständigungsschwierigkeiten zu helfen. Sie trugen alle die übliche iranische Kleidung – schwarze Kapuzen und langes Übergewand –, dazu aber völlig unpassende, grellbunte Sportjacken. Indigoblau und giftgrün bedeuteten, daß die Übersetzerin Englisch sprach; rosa und chromgelb standen für Russisch; zitronenfarben und himmelblau für Arabisch. Und während die Sprache in den Unterhaltungen von Farsi zu Urdu oder Englisch wechselte, erfüllte die Hotellobby ein angenehmes Stimmengewirr, das mich an die Sportfeste meiner Mädchenhochschule erinnerte.

Nur in einer Ecke saß verlegen eine Gruppe Männer und unterhielt sich leise auf russisch. Alyev Mouslim, der für das aserbeidschanische Team verantwortlich war, seufzte, lehnte sich an die Wand und wartete auf den Aufzug mit dem Schild »Nur für Männer«. Es fiel ihm schwer, Athletinnen zu trainieren, die früh morgens in einen Frauenbus verschwanden und zu Sportstätten fuhren, die er nicht betreten durfte. »Eigentlich«, sagte er, »kann ich mich nicht beklagen; ich brauche nicht zu arbeiten.« Der kirgisische Volleyballtrainer mußte bei den Spielen seiner Mannschaft vor dem Stadion warten, bis sich eine der Frauen ein Kopftuch schnappte und zu ihm hinauslief, um ihn über das Spielgeschehen zu informieren, damit er seine taktischen Entscheidungen treffen konnte. Alyev zuckte die Achseln. »Wir können blind Schach spielen, warum also nicht auch so was?«

Ich fragte ihn, ob er sich langweile, da er von den Spielen ausgeschlossen sei. »Überhaupt nicht«, sagte er. »Ich habe genug damit zu tun, mein Team an all diese Vorschriften zu gewöhnen.« Manche Frauen hatten sich den Ärger der Iraner zugezogen, weil ihre großen, blumenbedeckten Kopftücher ständig verrutschten. »Offenbar gehört es hier zu den schlimmsten Verbrechen, wenn jemand dein Haar sieht. Aber wenn Gott das nicht will, warum hat er uns dann Augen gegeben?« Andere Frauen beklagten sich darüber, daß es ihnen zwischen den Wettkämpfen verboten war, in die Stadt zu fahren. Die iranischen Beamten gaben sich hinsichtlich ihrer weiblichen Gäste überaus besorgt und bestanden darauf, daß sie nur in den offiziellen Bussen und in Begleitung einer offiziellen Übersetzerin in die Stadt fuhren. Da ich mich auf den Straßen Teherans zu allen Tages- und Nachtstunden unbelästigt aufgehalten hatte, hielt ich die Vorschrift für reichlich dumm, würde sie doch bei den

Frauen einen völlig falschen Eindruck von Teheran hinterlassen. Für eine einzelne Frau ist diese Stadt eine der sichersten Metropolen der Welt.

Murshida Mustakim hielt die Vorschrift ebenfalls für ziemlich dämlich. Sie hatte einen der bewaffneten Revolutionären Wachen verblüfft, als der sie daran hindern wollte, das Hotel zu verlassen. »Ich erzählte ihm, daß ich eine pensionierte Kommissarin der malaysischen Polizei sei und mein halbes Leben damit verbracht hätte, Burschen wie ihm Befehle zu erteilen«, sagte sie. »Dann habe ich ihm geraten, mir aus dem Weg zu gehen.« Murshida, eine turmhohe Frau mit den Schultern eines Hafenarbeiters, war nach Teheran gefahren, um die malaysischen Schützen zu trainieren, die allesamt Polizistinnen waren.

Für Murshida Mustakim waren Reisen in Länder wie den Iran und Saudi-Arabien (das sie von ihrer Pilgerfahrt nach Mekka kannte) wie Reisen in die Vergangenheit, denn Malaysia war längst von einer doktrinären Interpretation des Islams abgewichen. »In meiner Jugend war die Frage der angemessenen Sportkleidung für Mädchen ziemlich umstritten«, sagte sie. Zwar hätte man die enganliegenden Sarongs in Teheran kaum als Hidschab erkannt, doch die konservativen Malaysier glaubten, dieses knöchellange Gewand sorge in ausreichendem Maße für moslemischen Anstand. Murshida war Hürdenläuferin gewesen. »Kurz vor dem Startschuß zog ich meinen Sarong aus, lief das Rennen in Shorts und wickelte mir hinter der Ziellinie rasch wieder den Sarong um.« Heutzutage, erzählte sie, hätten die malaysischen Moslems ein recht gelassenes Verhältnis zu ihrer Religion und akzeptierten das Recht der Frau, sich nach eigenem Belieben zu kleiden und ihren Platz in der Gesellschaft an der Seite des Mannes einzunehmen. Doch selbst Murshidas weit entferntes Land war gegen ein Wiederaufflammen des Islams nicht immun, und viele junge Frauen begannen, lange Schleier zu tragen, die Kopf und Oberkörper verdeckten. Im malaysischen Staat Kelantan hatten die Wähler sich kürzlich für einen fundamentalistischen Miniaturstaat entschieden, inklusive der »Moralpatrouillen« zum Aufspüren unverheirateter Paare.

Auf einem der offiziellen Ausflüge während der Spiele saß ich neben Murshida im Bus; die Fahrt ging zum Grab des Ayatollah Khomeini. Die meisten Exkursionen standen unter einem ähnlichem Thema: ein Besuch im Museum für Umkehr und Ermahnung (der ehemalige Schah-Palast) oder der Besuch einer Ausstellung mit dem Titel »Würde und Ansehen der Frau im islamischen Staat«. Ehe wir uns auf die lange Fahrt zur goldenen Kuppel von Khomeinis Schrein am südlichen Stadtrand machten, brachten in den Tschador gehüllte iranische Veranstalterinnen Kleenexschachteln in die Busse. Im ersten Augenblick dachte ich, sie wollten uns für die aufwallenden Gefühle wappnen, die wir zweifellos beim Anblick von Khomeinis Grab verspüren würden. Doch dann begriff ich, daß die Iranerinnen eher um den Lippenstift besorgt waren, den einige nichtiranische Sportlerinnen aufgetragen hatten. Höflich nahm Mushida ein dargebotenes Taschentuch und wischte sich über die glänzend roten Lippen. »Etwas Gutes hätte es ja«, sagte sie, »wenn ich hier leben würde: Ich könnte ein Vermögen an Make-up sparen.«

Nicht unbedingt. Am letzten Tag der Leichtathletikwettkämpfe verließen Frauen und Veranstalterinnen ohne Make-up die Busse und passierten die Wachen am Stadioneingang. Kaum waren sie im Gebäude, legte sie den Hidschab ab und hasteten zur Garderobe, um sich die Nasen zu pudern und Mascara aufzutragen. Sie wollten möglichst vorteilhaft auf dem Videofilm aussehen, den eine Kamerafrau von ihren Spielen drehte, um ihn später überall im Iran vor weiblichem Publikum zu zeigen.

Padideh, die iranische Läuferin, saß allein und spielte nervös mit ihrer Gebetskette, während sie auf ihre Medaillenchance beim 400-Meter-Lauf wartete. Am Abend zuvor hatte ich eine pakistanische Läuferin getröstet, die sich zu früh verausgabt und ihre Chance beim Endlauf vertan hatte. Für sie war es momentan zwar eine Katastrophe gewesen, doch am nächsten Tag freute sie sich bereits auf die nächste Gelegenheit bei den asiatischen oder den panpazifischen Spielen oder einem der halben Dutzend internationalen Wettkämpfe, an denen sie in den nächsten ein, zwei Jahren teilnehmen würde.

Doch für Padideh hing alles von diesem einen, kurzen Rennen

ab. Vier Jahre würden vergehen, ehe sie eine weitere Gelegenheit zu einem internationalen Wettkampf bekam. Als sie sich an der Startlinie niederkniete, wirkte ihre langbeinige, fohlenhafte Gestalt neben den muskulösen Athletinnen aus Turkmenistan, Kirgisien und Aserbeidschan recht zerbrechlich. Kaum war der Startschuß gefallen, schnellte sie davon und hielt mit langen, gleichmäßigen Sätzen mit ihren stattlicheren Kontrahentinnen Schritt.

Doch ließ sich die Illusion gleicher Stärke nur kurze Zeit aufrechterhalten. Schon nach einem Drittel der Strecke war Padideh zurückgefallen, und ihrem Gesicht war die Anstrengung anzusehen. Padideh mußte ihr Training zwischen den Seminaren an der Universität und während der wenigen Frauenstunden im nahegelegenen Stadion absolvieren. Sie hatte nie mit Gewichten gearbeitet und war noch nie von einem professionellen Trainer angeleitet worden. Fast drei Sekunden nach der Siegerin und noch gut zwei Sekunden nach der Drittplazierten taumelte sie über die Ziellinie. Sie brach zusammen, griff sich an die Brust und rang zwischen Seufzern der Enttäuschung und des Schmerzes keuchend nach Luft.

Es läßt sich unmöglich sagen, ob Padideh zu anderer Zeit an anderem Ort gewonnen hätte, in einer Gesellschaft, die der Sittsamkeit weniger und methodischem Training mehr Bedeutung beigemessen hätte. Padidehs Zeit beim 400-Meter-Lauf reichte zwar nicht aus, um es mit der Konkurrenz aufnehmen zu können, aber immerhin hatte sie ihre persönliche Bestzeit um erstaunliche acht Sekunden verbessert.

Beim Abschiedsessen im Anschluß an die Schlußveranstaltung hatte sich Padideh wieder gefaßt und erzählte stolz von der Bronzemedaille, die die iranische Staffelmannschaft mit ihrer Hilfe gewonnen hatte. »Natürlich hätte ich lieber eine eigene Medaille errungen«, sagte sie, »schließlich werde ich jetzt keine mehr gewinnen.«

Ich erinnerte sie daran, daß sowohl Pakistan als auch Aserbeidschan angedeutet hatten, die Islamischen Frauenspiele in vier Jahren ausrichten zu wollen. Vielleicht würde sie dann eine Medaille gewinnen.

Sie schüttelte den Kopf, und ein schnelles, trauriges Lächeln huschte über ihr Gesicht. »Nein«, sagte sie und wandte den Blick ab. »Vielleicht jemand anderes. Aber ich glaube, bis dahin ist es für mich einfach zu spät.«

12. KAPITEL

Es werden andere Saiten aufgezogen

>»O die ihr glaubt, wendet euch zu Allah
>in aufrichtiger Reue.
>Vielleicht wird euer Herr eure Übel
>von euch nehmen und euch in Gärten führen,
>durch die Ströme fließen...«
>
>Der Koran: Das Verbot; 66. Sure; 9.

Soheir el-Babli, Altstar der Kairoer Bühnen, schien alles zu haben, was das Herz begehrte. Sie galt als größter Kassenmagnet in einer Stadt, die stets ihre Darsteller geliebt hat, und mit »Attiya, die Terroristin« spielte sie seit über einem Jahr im siebenhundertsitzigen Misr-Theater vor ausverkauftem Haus.

Doch als das Stück im Juli 1993 in die zweite Saison gehen sollte, hörte Soheir el-Babli auf. Sie werde, verkündete sie, das Showbusineß für immer aufgeben und den islamischen Schleier nehmen.

Soheir stand mit ihrem Entschluß nicht allein. Eine Rücktrittswelle hatte die ägyptischen Künstlerinnen erfaßt. Zu Dutzenden hängten Sängerinnen und Schauspielerinnen ihre Armreifen an den Nagel, wischten sich das Make-up vom Gesicht, zogen sich Hidschab an und hielten ihrem einstigen Publikum flammende Reden über die Greuel des Künstlerlebens. Im Frühjahr 1992 geschah dann das Undenkbare: Die Musicals, die bis dahin die allabendlichen Feiern im Ramadan belebt hatten, wurden als unislamisch verboten und brachten Künstler zu Hunderten um ihre Arbeit.

Doch als Soheir die Bühne verließ, wehrte sich die Künstlerwelt. Der Regisseur des Stücks hatte das Skript für die zweite Saison bereits überarbeitet, um Anspielungen auf die Welle von

Bombenattentaten durch islamische Extremisten einzuflechten. Für Soheir sprang seine dreiundzwanzigjährige Tochter ein, deren einzige Theatererfahrung aus ihrer Studienzeit an der amerikanischen Universität in Kairo stammte.

Am Abend der Wiedereröffnung des Stücks erschien alles, was in der ägyptischen Künstlerwelt Rang und Namen hatte, um Solidarität zu demonstrieren. Das war der Beginn einer Gegenbewegung: Zum ersten Mal erhoben sich Künstler gemeinsam, um die religiös motivierten Rückzüge von der Bühne und den fundamentalistischen Druck auf die Unterhaltungsbranche zu kritisieren. Ein Witz machte in Kairo die Runde: Wer sind die zweitbestbezahlten Frauen in Ägypten? Natürlich die Bauchtänzerinnen, denn die saudischen Touristen werfen ihnen beim Tanz Hundertdollarscheine vor die Füße. Und wer sind die bestbezahlten Frauen? Natürlich die Tänzerinnen, die sich zu Ehren Allahs zurückgezogen haben, denn die saudischen Scheichs schieben ihnen Tausenddollarscheine auf ihre Konten, damit sie aufhören zu tanzen.

Der plötzliche Griff zum Schleier erfolgte immer nach demselben Muster. Eine berühmte Künstlerin trat in der beliebten Sendung von Scheich Mohammed Sharawi auf, Ägyptens Gegenstück zu einem Fernsehpfarrer. Dort verurteilte sie ihr früheres Leben als unislamisch, nahm aus den Händen des alternden Scheichs einen Schleier entgegen, band ihn um und empfing den Segen.

Zynische Ägypter glauben, daß die Saudis ein spezielles Spesenkonto eingerichtet haben, damit Sharawi Künstlerinnen einkaufen kann. »Wieso sollten sie damit in einer Fernsehsendung auftreten, wenn sie kein Geld dafür bekommen? Warum machen sie es nicht privat, nur mit Allah als Zeugen?« fragte Nawal Saadawi, Ägyptens radikalste Feministin.

Die frisch verschleierten Frauen schienen jedenfalls über reichlich Geld zu verfügen. Shams al-Berudi, eine der ersten Schauspielerinnen, die den Schleier nahm, gab ein Vermögen für die Rechte an Filmen aus, in denen sie spärlich bekleidet aufgetreten war, unter anderem in einer besonders gewagten Badewannenszene. Sie habe die feste Absicht, sagte sie, diese Filme nie wieder zur Aufführung kommen zu lassen. Sie verweigerte einen Kommentar zur Herkunft des Geldes, doch Gerüchte im Kairoer Filmgeschäft deuteten an, daß es von einem prominenten Geistlichen stammte.

Nawal Saadawi wies darauf hin, daß die meisten dieser Frauen den Höhepunkt ihrer Laufbahn als Schauspielerinnen oder Tänzerinnen bereits überschritten hatten. »Sie wissen, daß sie bald aufhören müssen, warum also keinen Abgang mit Pauken und Trompeten?«

Doch Nawals eigenes Schicksal lieferte eine weitere Erklärung für den hastigen Griff nach dem Schleier. In den sechziger Jahren hatte sie als Psychiaterin und gehobene Beamtin der staatlichen Gesundheitsbehörde die körperlichen und emotionalen Folgen genitaler Verstümmelung an ägyptischen Frauen kennengelernt. *Frauen und Sex*, ihr erstes, 1970 veröffentlichtes Buch, war eine Abrechnung mit jenen verdrehten Lehren des Islams, die ihrer Ansicht nach für die zerstörten Leben dieser Frauen verantwortlich waren. Obwohl sie ihre Stelle verlor und drei Monate im Gefängnis saß, behandelte sie in über dreißig Büchern weiterhin Tabuthemen. Sie beschrieb das Kindheitstrauma ihrer eigenen Klitoridektomie und gestand, daß sie seither keinen Orgasmus bekommen konnte, schrieb über die vorhochzeitlichen Nachfragen in den chirurgischen Stationen der Krankenhäuser Kairos nach künstlichen Jungfernhäutchen und deckte eine Flut von Inzestfällen in ägyptischen Familien auf.

In Zeitungen und auf öffentlichen Versammlungen griff sie die mächtigen Scheichs an. Während einer seiner Sendungen verdammte Scheich Sharawi alle, die lieber beim Klang westlicher klassischer Musik einschliefen, statt dem melodischen Gemurmel von Koranlesungen zu lauschen. Einige Tage später verhaftete man extremistische Jugendliche, die ein Konzert gestürmt und die Musikinstrumente zerbrochen hatten. In einem Zeitungsartikel fragte Nawal, warum die Regierung die Jugendlichen und nicht Sharawi verhaftet habe, dessen Ideen sie doch angespornt hätten.

Im Sommer 1992 setzte die Bewegung Islamischer Dschihad Nawal Saadawis Namen zusammen mit dem Namen des

Schriftstellers Faraq Foda auf eine Mordliste. Als man Faraq tot vor seinem Büro auffand, ordnete die ägyptische Regierung, die Nawal zuvor oft genug drangsaliert hatte, eine militärische Leibwache rund um die Uhr an. Bei dem Gedanken daran, daß Sadats Meuchelmörder einer extremistischen islamischen Zelle innerhalb der ägyptischen Armee angehört hatten, fand Nawal die Anwesenheit von Wehrdienstpflichtigen vor ihrer Tür keineswegs beruhigend. »Vor denen habe ich mehr Angst als vor allen anderen«, gestand sie. 1993 ging sie ins Exil und nahm eine Stelle als Gastprofessorin an der Duke University in Amerika an.

Wenn Schriftsteller zu Zielscheiben werden, so räsonierte Nawal, dann ist es nur noch eine Frage der Zeit, bis sich auch unpolitischere Künstler direkten Angriffen ausgesetzt sehen. Die Tänzerinnen, die ihrem Beruf abgeschworen hatten, redeten oft davon, wie nach ihrem Rückzug von der Bühne die Sorge und die Angst einer inneren Ruhe gewichen waren. Halah al-Safi, eine berühmte Tänzerin, erzählte einen Traum, in dem sie an einer Moschee vorbeispazierte und sich fürchtete, da sie nicht angemessen gekleidet war. Plötzlich, sagte sie, zog ein Mann im Traum seinen Mantel aus und bedeckte sie. Man muß kein Psychiater sein, um die Furcht in Halahs Traum als unbewußte Reaktion auf den Druck religiöser Extremisten interpretieren zu können.

1993 sollte sich Nawals Vorhersage bewahrheiten. Als Farida Seif el Nasr beschloß, ins Showbusineß zurückzukehren, obwohl sie zuvor ihren Rückzug von der Bühne verkündet hatte, versuchte ein unbekannter Attentäter, sie mit einer Gewehrsalve zu töten.

In meinem Büro las Sahar begeistert jede neue Geschichte über eine weitere Künstlerin, die den Schleier genommen hatte. Eines Morgens blickte sie von der Lokalzeitung auf und las mir einen Artikel über eine berühmte Tänzerin vor, die eine Pilgerfahrt nach Mekka unternehmen wollte. Die Religionsbehörden weigerten sich, der Frau die nötigen Papiere auszustellen, wenn sie zuvor nicht das Tanzen aufgab. Sahar billigte diese Entscheidung. »Warum sollte sie gehen und das Geld ausgeben können, das sie mit ihrem sündigen Leben verdient hat, um dann auf der Ebene von Arafat zu stehen und so zu tun, als sei sie eine gute Moslime?«

Doch mir tat es leid, Ägyptens schönen, traditionellen Tanz derart geschmäht und bedroht zu sehen. Meine erste ägyptische Tänzerin hatte ich nur wie durch einen Nebel gesehen, gleich nachdem ich müde von der Reise in Kairo eintraf und ein Freund uns zum Essen in den Nachtklub des Nile Hilton einlud. Ägypter bleiben gern lange auf, und ich hatte alle Mühe, meinen Kopf daran zu hindern, vornüber auf meinen Teller zu kippen. Doch kaum begann der Tanz, hatte ich alle Müdigkeit vergessen.

Souhair Zaki wirbelte auf einem Klangteppich über die Bühne. Das langsame An- und Abschwellen der Flötentöne lief in Wellen durch ihren Körper. Zum ersten Mal konnte ich mit der atonalen arabischen Musik etwas anfangen. Ich konnte *sehen*, wie sie sich in vielfältigen Arabesken im Raum bewegte. Aber ich konnte auch noch etwas anderes sehen: die Schönheit eines Frauenkörpers, der weder jung noch schlank war. Souhair Zaki war die gefeiertste Tänzerin Kairos, dabei war sie schon weit über Dreißig. Ihre Hüften waren voll und schwer, wie eine reife Birne wölbte sich ihr Unterleib vor. Ich hatte zuvor noch keinen traditionellen orientalischen Tanz gesehen, trotzdem war mir jede Bewegung vertraut. Was sie mit ihrem Körper tat, das *tat* ein Frauenkörper eben – sie zeigte die natürlichen Bewegungen beim Sex und beim Gebären. Der Tanz zog den Blick auf die Hüften und den Unterleib, die Zentren der Fraulichkeit eines weiblichen Körpers.

Als Mädchen hatte ich die zutiefst unnatürlichen Bewegungen des westlichen Balletts erlernt, deren Ziel es war, den Körper so unkörperlich wie Luft scheinen zu lassen. Mit der Betonung auf Streckung und lange, gleichsam flatternde Gliedmaßen sperrt sich das Ballett gegen die Weiblichkeit und verlangt von erwachsenen Tänzerinnen das Aussehen vorpubertärer Mädchen. Als ich vierzehn wurde, war das Studio, in dem ich unterrichtet wurde, ein kläglicher Ort voller Schülerinnen, die wußten, daß nie eine Ballerina aus ihnen werden würde; ihre

Körper hatten sie betrogen, waren zu groß, zu rund, zu weiblich geworden. Ich nahm mir vor, daß ich, ehe ich Ägypten wieder verließ, diesen weit älteren Tanz erlernen wollte, der in all seinen Bewegungen den weiblichen Körper in seiner tatsächlichen Gestalt verherrlichte.

Die Mullahs hatten Kairos Tänzerinnen bereits gezwungen, einteilige Kostüme zu tragen und die Taille nicht länger nackt zu zeigen. Was allzu freizügig war, konnte den Besuch einer Spezialtruppe provozieren, die man unter dem Namen »Höflichkeitspolizei« kannte. Vereinzelte Artikel in den Zeitungen erzählten von Razzien in Nachtklubs, deren Tanzdarbietungen zu erotisch gewesen waren oder deren Tänzerinnen allzu offenherzige Kostüme getragen hatten. Besonders die Tänzerin Sahar Hamdi landete immer wieder im Gefängnis. Wenn Sahar die Zeitungen überflog, las sie mir stets die Neuigkeiten über ihre Namensvetterin vor und schüttelte dann mißbilligend ihr verschleiertes Haupt. Sahar Hamdi war der Liebling der reichen saudischen Touristen. An manchen Abenden tanzte sie von oben bis unten mit Banknoten bedeckt und badete die tanzmüden Füße in von Saudis spendiertem Champagner. Doch 1993 war offenbar auch über sie die Erleuchtung gekommen, und es hieß, sie nehme Abschied von der Bühne, der Religion zuliebe.

Fundamentalisten, denen die Bekehrung der Künstler nicht schnell genug ging, verlangten von der Regierung, den Bauchtanz sofort und für immer zu verbieten. Aber der Bauchtanz lockte viele reiche Araber vom Persischen Golf an, die jeden Sommer nach Kairo strömten. Um beide Seiten zufriedenzustellen, entschied sich die Regierung für eine ihrer berüchtigten Halbherzigkeiten: Sie erteilte keine weiteren Zulassungen für neue Tänzerinnen, jene ausgenommen, die den klassischen Volkstanz pflegten, verbot den Tanz aber nicht. Als ich beschloß, einen Artikel über diese Auseinandersetzung zu schreiben, blickte Sahar zu Boden und sagte kein Wort. »Soll ich jemand anderen bitten, für mich zu übersetzen?« fragte ich. Sahar nickte. Sie wollte keine Nachtklubs aufsuchen und mit Tänzerinnen reden. Dabei hatte sie mir einmal erzählt, daß Souhair Zaki auf der Hochzeit ihrer Eltern getanzt hatte. Doch heute glaubte Sahar, daß Souhair ihren Körper auf sündhafte Weise zur Schau stellte.

Aber selbst Sahar fühlte sich nicht wohl angesichts der endlosen Forderungen an die Regierung, dieses und jenes zu verbieten. Für meine Assistentin war die Religion eine persönliche Angelegenheit, die nicht in politischen Zwang ausarten sollte. Die islamische Revolution, an die sie glaubte, erfolgte durch die allmähliche Bekehrung der Menschen und nicht durch Gewalt. Diese Auffassung hatte lange in Ägypten vorgeherrscht und schien dem Land gut bekommen zu sein. Es war nicht weiter schwierig, in Kairo Alkohol zu kaufen, aber keiner meiner ägyptischen Freunde trank Alkohol. Während die Saudis von der Religionspolizei zu den Gebeten getrieben werden mußten, strömten die Ägypter freiwillig in die Moscheen. Viele trugen den dunklen, ständig blauen Flecken der Frommen auf der Stirn, den man nur erhält, wenn man sein Leben lang im Gebet mit dem Kopf den Boden berührt.

Wollte man den Bauchtanz verbieten, würde man damit einen beunruhigenden Präzedenzfall schaffen, der zu immer lauteren Rufen nach weiteren islamischen Einschränkungen führen würde. Um herauszufinden, welche Folgen die neuen Vorschriften hatten, ging ich zu Mahmoud Ramadan. Mahmoud war Aufsichtsbeamter der Tänzerinnen gewesen und hatte jenen Künstlerinnen Zulassungen ausgestellt, deren Kostüme und Choreographien nicht allzu gewagt waren. »Das war eine herrliche Arbeit, damals«, seufzte er. Er hatte Vorstellungen aller führenden Künstlerinnen Ägyptens gesehen. Wirkliche Stars hatte es seiner Meinung nach nur in den fünfziger Jahren gegeben, als es noch in jedem ägyptischen Film eine Bauchtanzszene gab. Man hatte die Tänzerinnen angehimmelt und ihnen bis zu dreitausend Dollar für einen Bühnenauftritt oder als Gage für eine Hochzeitsfeier bezahlt.

Und jetzt mußte Mahmoud zusehen, wie diese Frauen alt wurden und die Nachfolgerinnen ausblieben. »Die nächste Generation ist nicht so gut, und danach, na ja...« Seine Stimme erstarb, als er mit unbestimmter Geste auf den leeren Tisch vor sich wies.

Die neue Regelung bedrohte auch jenes Grüppchen von Handwerkerinnen, das die ausgefallenen Kostüme der Tänzerinnen schneiderte. Die berühmteste Kostümbildnerin Ägyptens hauste in einer winzigen Kabine mitten auf dem riesigen Khanel-Khalili-Basar. Drinnen ergoß sich eine glitzernde Flut von Glasperlen und schimmernden Stoffen aus Kisten, die sich bis hinauf zur Decke stapelten. Kunden konnten ein Fotoalbum mit möglichen Designs durchblättern – Röcke mit Sonnenaufgängen in Orange und Gold oder mit Pfauen in Indigo und Blaugrün. Eine ältliche Näherin nahm die Bestellungen und die Maße der Kundinnen entgegen. »Es kommen keine Ägypterinnen mehr«, klagte sie. An jenem Tag waren eine Finnin und eine Deutsche bei ihr gewesen. Als ich die Perlen betastete und Gürtel anprobierte, trat eine weitere Frau ein. Sie unterhielt sich mit der Näherin in einem schweren Arabisch voller Zischlaute. »Entschuldigen Sie«, fragte ich auf englisch. »Sind Sie Israelin?«

»Ja«, sagte sie. »Ich bin heute mit dem Bus aus Jordanien gekommen.« Vor dem Friedensvertrag zwischen Ägypten und Israel mußte sie europäische Freunde bitten, ihre Kostüme für sie zu kaufen. »Die haben mir nie richtig gepaßt«, sagte sie. »Der Frieden hat meiner Show sehr gutgetan.« Weniger gut allerdings war die Aufmerksamkeit, die sie daheim in Israel bei den fundamentalistischen Juden erregte. Wie ihre moslemischen Pendants wollten auch sie den Bauchtanz verbieten. Sie drohten damit, den Hotels, in denen sie auftrat, das *kashruth*-Attest zu entziehen – die Bescheinigung dafür, daß die Mahlzeiten nach jüdischem Gesetz zubereitet worden waren. Da sie selbst Tochter eines orthodoxen Juden war, hatte sie nur wenig Geduld mit den Rabbis. »Dieser Tanz ist Teil unseres Erbes«, sagte sie. »Wahrscheinlich hat Moses Mutter ihn schon gekannt. Wir können nicht zulassen, daß diese alten Männer uns den Tanz verbieten.«

Zu Hause packte ich meine Einkäufe aus: eine billige Trainingsausstattung, bestehend aus Rock, Gürtel und Büstenhalter. Während ich das Kostüm betrachtete, kam Sahar aus dem Büro. Ich wartete auf ihr mißbilligendes Stirnrunzeln, statt dessen rieb sie den durchsichtigen Rockstoff zwischen den Fingerspitzen.

»Wieviel hat das gekostet?« fragte sie. Ich sagte es ihr.

»Kannst du mir aufzeichnen, wie ich zu dem Laden komme?«

»Warum?« fragte ich und fürchtete, sie wolle ihre fundamentalistischen Freunde veranlassen, vor dem Laden Wachtposten aufzustellen oder Schlimmeres anzurichten.

»Ich will mir auch so ein Kostüm kaufen«, sagte sie. »Ich bin eine wunderbare Tänzerin. Ich tanze für meinen Mann, wenn wir erst verheiratet sind.«

Mein eigener Versuch, eine wunderbare Tänzerin zu werden, ließ sich nicht so gut an. Ägyptische Mädchen sehen ihren Müttern, Schwestern und Tanten zu und lernen das Tanzen von klein auf ebenso selbstverständlich wie das Gehen. Im Haus meiner Freundin Sayed beherrschte die dreijährige Tochter bereits fließende *hip-drops* und Scherenschritte. Sayeds Schwestern gaben sich redliche Mühe mit mir, aber es fiel ihnen schwer, mir etwas beizubringen, was sie selbst eigentlich nie gelernt hatten.

»Du brauchst eine *maalimah*«, sagten sie. Die *maalimah* waren die gelehrten Frauen der ägyptischen Künste, die tanzen, singen und Instrumente spielen konnten und ihre Fertigkeiten an ihre Schülerinnen weitergaben. Vor einigen Jahrzehnten wäre es kein Problem gewesen, eine *maalimah* zu finden. Jahrhundertelang hatten die Künstlerclans in den Nildörfern die reinste Form des uralten ägyptischen Tanzes von Generation zu Generation weitergegeben. Als sich diese Familien in Kairo niederließen, blieben sie im Künstlerviertel beieinander. Ihre Spuren lassen sich noch immer in der Gegend der Mohammed Ali Street finden, in den kleinen Läden der Lautenschnitzer mit dem beißenden Geruch nach Klebstoff und Holzspänen und den stinkenden, trocknenden Fischhäuten der Trommelmacher. Aus den offenen Türen dringen das Klagen der Flöten und das Tamtam der Trommeln, die davon künden, daß ein Handwerker seine Arbeit prüft.

Doch die Tänzerinnen waren verschwunden. »Sie waren es leid, ständig von der Polizei belästigt zu werden«, erklärte ein älterer Handwerker. »Die Polizei behandelte sie wie Prostituierte und stürmte immerzu in ihre Wohnungen, um nach Männern zu suchen.« Heutzutage, sagte er, würde niemand mehr seine Tochter ermutigen, Tänzerin zu werden. »Der Druck ist zu groß. Aber er wird vergehen. Eines Tages werden sie zurückkehren.« Der alte Mann sah fast so aus, als wäre er in jenen Tagen schon dabeigewesen, da all dies schon einmal geschehen war. Als Gustave Flaubert 1850 Kairo besuchte, bemerkte er, daß man alle berühmten Tänzerinnen aus der Stadt verbannt hatte, da die Regierung der Ansicht war, daß sie die Prostitution förderten. Er mußte den Nil hinauffahren, um die Schaustellerinnen zu finden. Seine Tagebücher berichten von Tänzerinnen, die so erotisch wirkten, daß die Begleitmusiker die Augen mit einem Zipfel ihres Turbans bedecken mußten, um nicht dermaßen erregt zu werden, daß sie nicht weiterspielen konnten.

Mit einer Hand, die mir für seinen Beruf viel zu stark zu zittern schien, kritzelte der alte Mann auf arabisch eine Adresse auf einen Zeitungspapierfetzen. »Gehen Sie dorthin«, sagte er und gab mir das Papier. »Sagen Sie ihr, der Lautenschnitzer hätte sie geschickt.«

Das Taxi fuhr fast eine Stunde durch Kairos dichtes Gewirr von Wohnhäusern. Kurz bevor die Stadt abrupt in die Wüste übergeht, hielt der Fahrer an, um sich nach dem Weg zu erkundigen. Wie stets in Ägypten, zeigten die beiden Männer, die er gefragt hatte, in verschiedene Richtungen. Schließlich fanden wir die angegebene Adresse: ein hübsches, mit Oleander umstandenes Haus. Leise Musik drang über die niedrige Ziegelmauer. Die Tür stand auf, und ich spazierte hinein. Drinnen tanzten ein halbes Dutzend Frauen und Mädchen, balancierten Bambusstöckchen auf dem Kopf und zuckten dabei heftig mit den Hüften. Die Frauen bedeuteten mir, ich möge mich ihnen anschließen. Ich tat mein Bestes, ihren Bewegungen zu folgen, konnte aber mit ihrer Schnelligkeit und Geschmeidigkeit nicht mithalten. Eine Stunde später gab ich erschöpft auf. Ich ließ mich in eine Ecke sinken und sah den anderen zu. Eine Frau, offensichtlich die graziöseste und begabteste Tänzerin, führte den Tanz an. Doch falls sie unterrichtete, dann nur durch ihr Beispiel. Sie sagte kein Wort, korrigierte keine Haltung und keine Bewegung.

Schließlich hörte eine der übrigen Frauen schweißüberströmt auf und ging hinaus, um sich etwas Wasser zu holen. Ich folgte ihr und fragte, wer die Lehrerin sei. Die Frau nippte langsam an ihrem Wasser. Wir sind, sagte sie, im Haus einer der beliebtesten Tänzerinnen Kairos, die aus gewissen Gründen nicht mehr in der Öffentlichkeit auftritt. Wenn ich den Bauchtanz lernen wollte, sagte sie, würde ich sie an jedem Dienstag- und Donnerstagnachmittag hier antreffen.

Ich hatte meine *maalimah* gefunden. Von da an fuhr ich zu ihrem Haus, sooft ich Zeit hatte. Allmählich lernte ich die einzelnen Muskelgruppen zu isolieren, so daß das Bambusstöckchen auf meinem Kopf blieb. Ich lernte, auf die Musik zu hören und ihr mit meinem Körper zu folgen. Ich sah den übrigen Frauen zu und begann, mich ohne jene derbe Hüftenwackelei zu bewegen, die Westler unwillkürlich mit orientalischem Tanz assoziieren. Beim Tanz in seiner reinen Form bedeutet weniger mehr, und die mächtigsten Bewegungen sind oft nur winzige, überaus kontrollierte Zuckungen.

Immer stärker wurde mein Wunsch, der fundamentalistischen Kampagne gegen diesen künstlerischen Tanz etwas entgegenzusetzen. Als kleinen Solidaritätsbeweis mit den Tänzerinnen, die sich nicht von den Fundamentalisten hinter den Schleier drängen lassen wollten, beschloß ich schließlich, irgendwo in Kairo aufzutreten. Meinem Freund Ian, dem australischen Botschafter, gestand ich meine Absicht. In gespielter Verzweiflung schlug er die Hände vors Gesicht. »Ich sehe es schon kommen: Morgens um zwei Uhr werde ich aus dem Bett geworfen, um den Anruf einer ›verzweifelten Australierin‹ entgegenzunehmen, und das wirst du sein – eingebuchtet wegen Bauchtanz.«

Vorläufig beschäftigte mich jedoch vor allem das Problem, eine Bühne zu finden, die meinen bescheidenen Fähigkeiten entsprach. Ratsuchend kehrte ich in die Mohammed Ali Street zurück. Ich hatte mich dort mit einem jungen Trommelmacher angefreundet, der in der Band einer berühmten Tänzerin namens Lucy spielte. Er sagte gleich, daß die edlen Hotels und Klubs entlang der Pyramids Road nicht in Frage kamen. »Die sind erst- bis fünftklassig«, überlegte Khalid. »Aber du brauchst eigentlich etwas Zehntklassiges.«

Er schlug den New-Arizona-Nachtklub vor, Eintritt neunzig Cents. Mit Tony im Schlepp besah ich mir die Kaschemme. Das Publikum war gemischt, das Niveau der Darstellerinnen nicht sonderlich hoch, und die Geschäftsführung schien durchaus bereit, es mit einer unlizensierten Tänzerin versuchen zu wollen, solange es schien, als handle es sich bei meinem Tanz um einen spontanen Einfall. Wenn die Höflichkeitspolizei auftauchte, sollte ich so tun, als hätte mich die Faszination der Musik unwiderstehlich zum Tanzen verführt.

Als ich einige Abende später auf mein Zeichen wartete, bezweifelte ich, daß ich zu meiner Verteidigung weiterhin einen »unwillkürlichen Bauchtanz« angeben konnte. Unter meinem Mantel trug ich ein schwarz-goldenes Kostüm mit genügend Perlen, um damit ein kleines Pazifikatoll kaufen zu können.

Ich sollte nach Ashgan, der dritten Tänzerin, etwa in der Mitte des Programms, auftreten. Wie die meisten Tänzerinnen war sie mittleren Alters und hatte eine mehr als ausgeprägte Rubensfigur. Sie tanzte leidlich, aber dem Publikum schien es zu gefallen. Den Turbanen nach zu urteilen, die zu dieser Stunde schon recht schief saßen, waren die Gäste in der Mehrzahl *saydis*, ägyptische Landarbeiter, die zu einem feuchtfröhlichen Abend in die Stadt gekommen waren. Unter ihnen sah ich auch ein oder zwei Tische mit Golfarabern in ihren auffälligen rotkarierten Kopftüchern. Der Nachtklub schien viel zu schäbig für die wohlhabenden »Golfies«: Vielleicht hatten sie vorher schon zuviel getrunken, so daß sie den Unterschied nicht mehr bemerkten, oder der Ölpreis war stärker gefallen, als ich angenommen hatte.

Schließlich verbeugte sich Ashgan und führte mich auf die Bühne. Ich sah hinab auf ein Meer von Turbanen und spürte, wie mich Panik überkam. Doch sogleich erklang das Tamtam des Trommlers, und ich überließ mich der Musik, verlor mich in den Drehungen und Windungen. Orientalischer Tanz wird improvisiert und erfordert ein intuitives Verstehen zwischen Musiker und Tänzerin. Als die Trommel schneller und lauter wurde, mußte ich ihrem Rhythmus mit einem rasenden, ausschließlichen Hüftwirbel folgen, der die abertausend Goldperlen an meinem Gürtel hin und her schwingen ließ. Später verlangsamte sich das Tempo, bis ich beinahe stillstand: Nur einige Muskeln zuckten noch zu den langgezogenen letzten Tönen der *rebaba*.

Mir kam es vor, als stünde ich seit tausendundeiner Nacht auf der Bühne. Schließlich hörte ich den Wechsel in der Musik, der es der Tänzerin erlaubt, den Tanz mit einem graziösen *salaam* zu beenden. Ich verbeugte mich und wollte die Bühne verlassen. Ein Saudi sprang auf, wedelte mit einer ägyptischen Zehnpfundnote und verlangte eine Zugabe. Zu meinem Erstaunen hämmerte auch das übrige Publikum auf die Tische und wollte mehr sehen. Mit der anmutigsten Geste des Abends griff Ashgan mit der einen Hand nach der Zehnpfundnote, mit der anderen nach meinem Handgelenk und drängte mich zurück ins Licht der Scheinwerfer. Wir tanzten die Zugabe gemeinsam. Mitten im Tanz beugte sie sich zu mir herüber, warf einen Blick in den Ausschnitt meines Kostüms und wandte sich dann zum Publikum um. »*Mafish!*« rief sie auf arabisch. »Nichts da!« Unter donnerndem Applaus verließen wir die Bühne.

Später gab mir Samy Sallam, der Manager des Nachtklubs, seine etwas nüchterne Einschätzung. »Ihr Tanz«, sagte er, »ist technisch ziemlich gut. Aber Sie haben nicht genug Gefühl. Sie müssen lernen, das Gefühl mit den Schritten zu kombinieren.« Er gab mir seine Visitenkarte und meinte, recht zweideutig, ich solle ihn anrufen. Ich wußte, daß ich das nicht tun würde. Ich hatte meinen kleinen Protest für das Recht der Frauen auf Bauchtanz eingelegt.

Ich trat aus dem verrauchten Klub in die winterliche Nachtluft. Es war drei Uhr morgens, aber noch immer herrschte reges Leben auf den Straßen und in den Cafés, wo die Menschen zusammen lachten und sich amüsierten. Es schien unwahrscheinlich, daß sich ein griesgrämiger, Vergnügungen verbietender Fundamentalismus jemals wirklich auf längere Zeit in Ägypten durchsetzen konnte. Dafür haben die Ägypter offenbar zuviel Ähnlichkeit mit den Italienern: Die hören sich höflich an, was der Papst zu sagen hat, wählen aber trotzdem einen Pornostar ins Parlament.

Die meisten Ägypter waren viel zu fromm, um gutheißen zu können, daß die Extremisten wahllos Touristen, Schriftsteller oder Menschen niederschossen, die sich zufällig am falschen Ort befanden, wenn die Attentate auf den Straßen von Assuit oder Kairo begangen wurden. Trotz eines beschwerlichen Lebens voller Verzweiflung angesichts einer trägen, korrumpierten Regierung war es kaum vorstellbar, daß die Ägypter sich ihre Toleranz und ihren Humor nehmen lassen sollten, die ihre überfüllten Städte und schäbigen Dörfer so liebens- und lebenswert machten.

Der alte Lautenschützer in der Mohammed Ali Street hatte recht. Es mochte eine Weile dauern, aber die Tänzerinnen würden zurückkehren.

Schlußwort

»Sprich: »O ihr Ungläubigen!
Ich verehre nicht das, was ihr verehrt,
noch verehrt ihr das, was ich verehre . . .
Euch euer Glaube, und mir mein Glaube.«

Der Koran: Die Ungläubigen; 109. Sure; 2–7.

Ich habe gelernt, im Rhythmus der Gebete anderer Menschen zu leben. In Kairo erwachte ich bei Sonnenaufgang von den Rufen der Muezzins und aß zu Mittag, wenn der mittägliche Ruf zum Gebet erscholl. Es gibt keine Muezzins dort, wo ich jetzt wohne, in dieser Gasse voller alter Londoner Häuser, die vor zweihundert Jahren von Flüchtlingen aus Frankreich gebaut worden sind. Die Flüchtlinge, allesamt Katholiken, bauten auch eine kleine Kirche neben ihre Cottages, und so weckt mich in diesen Tagen am Morgen das Angelusläuten und schickt mich am Mittag in die Küche.

Eines Tages im Sommer des Jahres 1992 hatte ich einen Gast zum Essen. Zuerst traf ein Kriminalbeamter ein, durchsuchte meine Schränke und stöberte auf meinem Dachboden herum. Staubfäden hingen in seinem Haar, als er das »Alles in Ordnung« über sein Funksprechgerät durchgab. Die Wagen donnerten durch die Gasse. »Lassen Sie die Tür auf«, sagte der Kriminalbeamte. Der Gast konnte es nicht riskieren, auf der Türschwelle zu verweilen. Plötzlich trat er ein, eingekeilt von einer Schar Leibwächter. Er hatte sich einen weichen braunen Filzhut ins Gesicht gezogen, eine Sonnenbrille verbarg die auffällig herabhängenden Augenlider und den unwirklichen Schwung seiner Brauen. Nach vier Jahren im Untergrund hatte Salman Rushdies

Haut jenen durchsichtigen Schimmer eines Menschen, der nie an die Sonne kam. Sein Schritt erinnerte an das zurückhaltende Schlurfen eines Jugendlichen, der sich verzweifelt bemüht, jegliche Aufmerksamkeit zu vermeiden.

Ich wohnte in Kairo, als der Sturm über die *Satanischen Verse* losbrach. Kurz nachdem Khomeini Salman Rushdie zum Tode verurteilt hatte, brachte ich mein Exemplar des Romans zu Nagib Machfuß, Ägyptens Nobelpreisträger, dessen eigene Romane aus religiösen Gründen der Zensur unterworfen worden waren. Ich hatte darauf gehofft, daß er etwas zur Unterstützung Rushdies schreiben würde, eine Bitte um Toleranz, um die Freiheit der Gedanken. Machfuß nahm das Buch und schob es ans andere Ende seines Schreibtisches, wo er es nicht anzuschauen brauchte. Er sei müde, sagte er, ausgelaugt von seinen eigenen Kämpfen gegen den Fundamentalismus; er nehme nicht an, daß er sich in diese Auseinandersetzung einmischen werde.

Vielleicht hatte er recht. An dem Tag, als Salman Rushdie zu mir zum Essen kam, besprachen wir einen Artikel, in dem ich über die abschreckende Wirkung der *fatwa* auf alle Schriftsteller schrieb, die sich mit dem Islam beschäftigten. Ich hatte diesen Schrecken selbst gespürt, als ich mit einem führenden Geistlichen der Hisbollah auf einer Terrasse im Süden Libanons saß. Mittlerweile war ich den abgewandten Blick der frommen Moslems gewohnt, und es schien mir normal, mich mit jemandem zu unterhalten, dessen Blick auf eine Bodenfliese wenige Zentimeter vor meinen Schuhen haftete. Der Mullah überlegte, ob er mich seiner Frau vorstellen sollte. Ihn beunruhigte, daß mein Buch auch von den Frauen und Töchtern Mohammeds handelte. »Sie werden sehr vorsichtig sein müssen«, sagte er. Plötzlich hob er seinen turbangeschmückten Kopf und warf mir einen einzigen, durchdringenden Blick zu. »Passen Sie nur ja auf, daß Sie keinen Fehler machen.«

Rushdie und ich wußten nicht, daß an eben diesem Tag, als wir uns über diese Dinge unterhielten, der ägyptische Schriftsteller Faraq Foda im Sterben lag, nachdem ihn der Islamische Dschihad aus Rache für seine wortgewandte und oft beißende Kritik religiöser Extremisten niedergeschossen hatte.

In der progressiven schiitischen Zeitschrift *Dialogue* schreibt Ali Allawi, daß es europäischen Konvertiten zum Islam schwerfallen könnte, den Glauben von »den Vorurteilen und dem sozialen Ballast der islamischen Länder« zu trennen. Doch sobald die Westler »den Islam vom Hintergrundgeräusch losgelöst sehen«, schreibt er, »werden sie seine Wahrhaftigkeit erkennen«.

Doch in letzter Zeit ist das Hintergrundgeräusch recht laut geworden. Und mit jedem Tag scheinen die Nachrichten die Dezibelzahl zu erhöhen. Das World Trade Center explodierte offenbar auf den bloßen Befehl eines militanten islamischen Predigers hin. Ein Bericht der Vereinten Nationen über die Menschenrechte stellt fest, daß die auf dem Koran fußenden Strafgesetze des Sudans den internationalen Menschenrechtsvereinbarungen widersprechen, die das Land unterzeichnet hat. Die Regierung des Sudans bedrohte daraufhin den aus Rumänien stammenden Autor dieses Berichtes mit dem Tod. In Ägypten befahl ein militanter Geistlicher namens Ali Yehya seinen Anhängern, die Pyramiden und alle anderen Monumente der Pharaonen einzureißen, da die Zivilisationen, die vor dem Islam existierten, minderwertig und heidnisch gewesen seien. In Algerien erledigt man alle internationalen Geschäfte in gepanzerten Wagen und verbarrikadierten Hotelzimmern, da islamische Extremisten bereits die Kehlen zahlreicher ausländischer Arbeiter durchschnitten haben. In Saudi-Arabien wurde ein Zeitungsherausgeber ins Gefängnis geworfen, weil seine englischsprachige Zeitung einen Cartoon-Strip namens »BC« gebracht hatte, den die saudische Regierung für ketzerisch hielt. Der entsprechende Cartoon zeigte zwei Bilder, auf denen ein Steinzeitmensch auf einem Hügel steht und ruft: »Gott, wenn du da oben bist, dann gib mir ein Zeichen.« Auf dem zweiten Bild wird der Mann von einem plötzlichen Regenschauer durchnäßt. »Immerhin«, sagt er, »wissen wir jetzt zweierlei: Er ist da oben, und Er hat Sinn für Humor.« Die Saudis verhafteten den Herausgeber, einen Hindu, weil er einen Cartoon veröffentlicht hatte, der die Existenz Gottes anzweifelte.

Wie die Rushdie-*fatwa* scheinen uns diese Vorfälle so unwirklich, daß wir Westler nicht wissen, was wir davon zu halten haben. Wir zucken die Achseln. Verrückte Ausländer. Wer versteht die schon? Und warum auch?

Doch als ich mich in London heimisch einrichtete und allmählich die letzten feinen Staubkrumen von den Einbänden meiner Bücher blies, konnte ich in der Ferne noch immer das Hintergrundgeräusch des Islams vernehmen, fast wie von einem Nachbarn, der an die Wand hämmert. Und schließlich sah ich ein, daß es weder möglich noch richtig war, dieses Geräusch zu ignorieren.

Letzten Sommer, kurz nach dem Essen mit Salman Rushdie, bekam ich einen Anruf von einem aufgebrachten Freund, dessen Nachbarin man gerade ermordet hatte. Die Tote war die Tochter eines Imams aus dem Sudan. Sie war von ihrem Mann, der ebenfalls aus dem Sudan kam, erdolcht worden.

Es wurde Winter, ehe der Fall zur Verhandlung kam. Fünf Tage lang ging ich jeden Tag durch den Londoner Nieselregen zu einem kleinen Gerichtszimmer im Old Bailey. Für die große Maschinerie der britischen Gerichtsbarkeit war dies ein Routinefall. Die Presseplätze waren leer. Eine einfache »häusliche Angelegenheit« zwischen Verheirateten mittleren Alters aus mittelständischem Vorstadtgebiet war zu alltäglich, um irgendwelches Interesse zu wecken.

Der Ablauf der Tat stand zweifelsfrei fest. Kurz vor dem Essen erdolchte Omar seine Frau Afaf in der Küche eines hübschen viktorianischen Hauses. Noch mit dem blutigen Messer in der Hand ging er ans Telefon und rief seinen engsten Freund an, um ihm zu sagen, was er getan hatte, dann rief er die Polizei.

Auf der kleinen Zuschauergalerie saß ich zwischen den Brüdern des Mannes und den Nachbarinnen der Frau. Die Brüder waren zum Prozeß aus dem Sudan herbeigeflogen und fröstelten in ihren dünnen Sommeranzügen. Den Nachbarinnen, adrette junge Mütter, die das Opfer aus den abendlichen Elternsprechstunden und den Wochentagsausflügen zum Gartencenter kannten, schienen Old Baileys unerbittliche Polizeimethoden nicht zu behagen. Auf der Galerie kritzelten sie in Notizbücher, die sie auf ihren Knien balancierten, als könnte ihnen ein lückenloser Bericht helfen, irgendwie zu verstehen, was in ihrer ruhigen, baumbestandenen Straße vorgefallen war. Nur einmal in den fünf Tagen, als der Vertreter der Anklage die Waffe hochhielt – ein solides Küchenmesser – und einen Pathologen nach den Wunden fragte, die sie hinterließ, als sie fünfmal in Brust und Unterleib des Opfers gestoßen wurde, legte eine der Frauen ihren Stift zur Seite und schluchzte hemmungslos.

Das Gericht ging der Frage nach, ob es sich um vorsätzlichen Mord oder, wie die Verteidigung behauptete, um fahrlässige Tötung handelte, da der Angeklagte vorübergehend durch eine »Spontandepression« die Beherrschung verlor, als er erfuhr, daß seine Frau eine Affäre hatte und ihm am Morgen der Tat per Gerichtsbeschluß verboten hatte, die Kinder außer Landes zu bringen, um sie bei seiner Familie im Sudan aufzuziehen.

Als ich die Einzelheiten des Falles hörte, konnte ich sie auf zweierlei Weise verstehen. Nach westlichem Verständnis, dem auch die Jury folgte, handelte es sich bei der Schilderung des Vorfalls um etwas, das wir alle kannten: ein Verbrechen aus Leidenschaft in einem unkontrollierten Augenblick wahnsinniger Raserei. Die zweite Sichtweise aber, die ich unter den Frauen des Islams kennengelernt hatte, schilderte einen ganz anderen Fall: eine Bereinigung der Familienehre, ein vorsätzlicher Mord, der nach britischem Recht eine lebenslange Haftstrafe nach sich ziehen würde.

Von der Geschworenenbank konnten die Männer und Frauen der Jury Omar nicht sehen, der jeden Morgen an der Seite eines Polizisten darauf wartete, in den Gerichtssaal geführt zu werden. Doch von der erhöhten Zuschauergalerie war er für mich und auch für seine Brüder deutlich zu sehen. Jeden Morgen schaute er zu ihnen herauf und hob eine geballte Faust zum trotzigen Siegergruß. Wenn er die Anklagebank betrat, ging er mit fast beschwingten Schritten.

Afaf war achtunddreißig Jahre alt, als sie starb. Sie war mit Omar verwandt, ihre Heirat hatte man arrangiert. Afaf war damals gerade fünfzehn, Omar schon dreißig. Daß er nicht nur ihr Mann, sondern auch ihr Verwandter war, spielte in der Verhandlung eine größere Rolle als jedes andere Detail. Denn da er ihr Verwandter, also mit ihr blutsverwandt war, wog laut Tradition die Entehrung durch Afafs Ehebruch besonders schwer.

Afaf hatte das Beste aus einem Leben gemacht, das ihr kaum eine Wahl gelassen hatte. Ihr war keine Wahl geblieben, als man ihr die Klitoris ausschabte, und ihr war auch keine Wahl geblieben, als man sie mit einem Mann verheiratete, den sie kaum kannte, und sie Tausende Meilen weit fort von zu Hause in eine Stadt schickte, deren Sprache sie nicht verstand.

Afaf wohnte in London mit Omar zusammen, als er seinen Doktor machte. Da er 1985 in Großbritannien keine geeignete Stelle fand, begann er in Saudi-Arabien zu arbeiten. Zehn Monate im Jahr zog Afaf ihre vier Kinder allein auf. Sie arbeitete als Sekretärin, machte nebenher ihr Abitur, absolvierte einen Computerkurs und begann, Sozialwissenschaften zu studieren. Sie war eine untersetzte Frau mit offenem Lächeln und freimütigem Charakter, der es gelang, die britische Reserviertheit zu durchbrechen und Freunde zu gewinnen. Für Omar, der nur einmal im Jahr aus dem strengreligiösen Saudi-Arabien heimkehrte, war es nicht so einfach. Ihm mißfielen einige von Afafs engsten Freunden, vor allem ein unverheiratetes Paar, das auf der anderen Straßenseite wohnte. Er meinte, solche Nachbarn würden für seine Kinder eine »atheistische Atmosphäre« schaffen.

Allmählich begannen die langen Trennungen und Afafs Verwandlung von einer unterwürfigen, jungen Gattin in eine unabhängige, gebildete Frau die dünnen Bande der Ehe zu lockern. Seit 1987 teilten Afaf und Omar kein gemeinsames Schlafzimmer mehr. Aber Afaf hatte Angst, ihn um eine Scheidung zu bitten, da sie fürchtete, Omar würde die Kinder in den Sudan schaffen, wo ihr nach islamischem Gesetz kein Sorgerecht zustand.

Und dann verliebte sich ihr Arbeitskollege Andrew, ein großer, geschiedener Mann mit sandfarbenem Haar, in Afaf. Zuerst wahrte sie Distanz, aber nach und nach half er ihr nicht nur im Büro, sondern auch zu Hause, wo durch Omars jahrelange Abwesenheit manche Arbeit ungetan geblieben war und die Zimmer ziemlich heruntergekommen aussahen. Andrew erklärte Afaf auch, daß das britische Gesetz ihr Anrecht auf ihre Kinder schütze. Im Januar 1991 schrieb sie ihrem Mann und bat ihn um die Scheidung.

Omar willigte ein. Doch bei seinem nächsten Urlaub erfuhr er, daß Andrew in seinem Haus gewesen war und sogar die Nacht dort verbracht hatte, nachdem er bis spät abends gearbeitet und ein Zimmer gestrichen hatte. Omar tobte vor Wut bei dem Gedanken, daß die Nachbarn etwas erfahren haben könnten. Seine Sorge galt einzig der Frage, ob die Besuche geheimgehalten worden waren, da er, wie er dem Gericht gestand, um die Ehre seiner Familie fürchtete, wenn die Öffentlichkeit von Afafs Beziehung zu einem anderen Mann erfuhr. Laut Andrews Zeugenaussage hatte Omar ihm gesagt, daß er nichts dagegen habe, wenn er sich weiterhin mit Afaf treffe, solange dies nicht bei ihr zu Hause und unter den neugierigen Blicken der Nachbarn geschah.

Afaf hätte durchaus die Scheidung von Omar erleben und den Mann ihrer Wahl heiraten können, wäre da nicht dieser eine lange, anstrengende Tag gewesen, an dem sie Omar bat, nicht allein mit den beiden jüngeren Kindern auszugehen, da sie fürchtete, er könnte diese entführen. Omar war frustriert und wütend, besuchte einen sudanesischen Freund, brach zusammen und erzählte ihm, daß er seine Frau der Untreue verdächtige.

Dieser Freund wurde als Zeuge vor Gericht aufgerufen, und er beschrieb, wie er bei Omars Worten in Tränen ausgebrochen sei. Diese Tränen – tief aus dem Herzen eines sudanesischen Landsmannes, der wußte, wie sehr Omar entehrt worden war – können durchaus Afafs Tod verschuldet haben. Omars westlicher Intellekt hätte den Kampf mit seiner sozialen Erblast vielleicht bestanden, wenn die Affäre seiner Frau, wie beabsichtigt, geheim geblieben wäre. Doch sobald Omars Freund Bescheid wußte, war der Ehrverlust eine Tatsache, die sich nur auf die alte, blutige Weise wieder aus der Welt schaffen ließ. Daß Omars erster Anruf nach der Tat diesem Freund – und nicht einem Arzt, einem Krankenwagen oder der Polizei – galt, schien mir für sein Motiv der stärkste Beweis, der im Gericht vorgebracht worden war. Doch der Anklage entging dieser Zusammenhang.

Am Ende der Woche erkannte die Jury in ihrem Urteil auf

fahrlässige Tötung aufgrund »verminderter Zurechnungsfähigkeit«. Dafür, daß er seiner Frau das Leben genommen hatte, bekam Omar sechs Jahre Haft. Rechnet man die Zeit ab, die er seit dem Mord bereits im Gefängnis verbracht hat, und etwa zwei Jahre für gute Führung, dann wird Omar vermutlich 1996 wieder freigelassen werden.

So, wie die Tatsachen in diesem kleinen Gerichtszimmer dargestellt wurden, bestand kaum eine Chance auf ein anderes Urteil. Dabei mangelte es nicht an Beweisen, sondern am Verständnis für die Vorurteile und sozialen Prägungen islamischer Länder, die Omar aus dem Sudan, dem Land seiner Kindheit, und aus Saudi-Arabien mitgebracht hatte, dem Land, in dem er zehn Monate im Jahr arbeitete.

In ihrer eigenen Kultur und Erfahrung gab es nichts, was diese Jury durchschnittlicher Engländer darauf vorbereitet haben könnte, den vor Gericht geschilderten Ehrentod zu verstehen, einen von Hunderten, die jedes Jahr das Leben moslemischer Frauen kosteten.

Dies war kein Einzelfall; es war nur zufällig der Fall, von dem ich erfahren habe. In einer britischen Studie zur Gewalt innerhalb der Familie, die kurz nach Afafs Tod erstellt wurde, fand man heraus, daß für Frauen mit moslemischen Männern die Wahrscheinlichkeit, von ihren Gatten umgebracht zu werden, achtmal höher lag als für andere verheiratete Frauen in Großbritannien. Doch britische Anwälte, Richter und Geschworene legen an diese Verbrechen auch weiterhin einen Maßstab, der für ein Verständnis der tatsächlichen Vorgänge völlig ungeeignet ist.

Angesichts der Statistiken von Gewalt gegen Frauen oder der Empörung über die *fatwa* gegen Rushdie bitten uns progressive Moslems wie Ali Allawi, Rana Kabbani und andere, die Schuld bei einer ganzen Reihe von Missetätern zu suchen: der Kolonialgeschichte, der bitteren Erfahrung der Einwanderer, der Tradition der Beduinen oder der präislamischen Kultur Afrikas. Doch wenn der Koran billigt, daß Frauen geschlagen und Abtrünnige hingerichtet werden, so ist er von einer Mitschuld an der seuchenartigen Verbreitung von Frauenmorden und den Todesurteilen gegen Autoren nicht freizusprechen.

Letztlich wirkt Rana Kabbanis und Ali Allawis Vorschlag so aufgesetzt wie das Verhalten der Marxisten, die den Sozialismus in seiner reinen Form nicht wegen der Schwächen des »real existierenden Sozialismus« verleumdet und zurückgewiesen sehen wollen. Irgendwann muß eine jede Religion, besonders eine solche, die von sich behauptet, nicht nur das gesamte Leben, sondern auch die Regierungsform bestimmen zu wollen, für die Art Leben zur Rechenschaft gezogen werden, die sie den Menschen in den Ländern bietet, in denen sie vorherrscht.

Es reicht nicht mehr, sich den Islam auf dem Papier oder den Islam in der Geschichte zu betrachten und auf die fraglosen Vorteile zu pochen, die er dem Leben der Frauen im siebten Jahrhundert gebracht hat. Die vordringliche und bedeutsamere Aufgabe liegt heute in der Untersuchung der Frage, warum dieser Glaube solch fruchtbaren Nährboden für fast alle frauenfeindliche Bräuche bot, denen er auf seinem weiten Weg von Arabien begegnete. Als der Islam in Persien auf schleiertragende und zurückgezogen lebende Frauen traf, übernahm er diese Sitte; als er in Ägypten genitaler Verstümmelung begegnete, behielt er diesen Brauch bei; als er Gesellschaften vorfand, in denen sich Frauen öffentlich nicht zu Wort melden durften, verkümmerte die eigene Tradition einer lebhaften Teilnahme der Frauen an allgemeinen Auseinandersetzungen.

Doch es gibt auch Ausnahmen. Als die Armeen des Islams in Indien einfielen, reagierten die Moslems mit Entsetzen auf *safi*, jenen Brauch, demzufolge sich eine Witwe beim Tod ihres Mannes auf dessen Scheiterhaufen bei lebendigem Leibe verbrannte. 1650 berichtete der Forschungsreisende Jean-Baptiste Tavernier von Hinduwitwen, die, da ihr Glaube ihnen eine erneute Heirat verbot und der Tod ihres Mannes sie zu einem Leben der Armut und Verachtung verdammte, es vorzogen, ihr Leben durch *safi* zu beenden. »Doch es sollte nicht unerwähnt bleiben«, fährt er fort, »daß eine Frau sich ohne die Erlaubnis des Gouverneurs ihres Wohnortes nicht verbrennen darf, und da diese Gouverneure Muselmanen (Moslems) sind und diesen schrecklichen

Brauch der Selbstzerstörung abscheulich finden, wird diese Erlaubnis nicht leichtfertig erteilt.« Das Leben dieser Frauen kann der Islam sich immerhin gutschreiben. Doch warum widerstand dieser mächtige und unverwüstliche Glauben solch »schrecklichen Sitten« nicht häufiger?

Sobald ich mit der Arbeit an diesem Buch begann, forschte ich überall nach Beispielen von Frauen, die versuchten, die positiven Botschaften des Islams einzuklagen und den reformistischen Eifer ins 20. Jahrhundert hinüberzutragen, durch den Mohammed das Leben vieler Frauen (nicht nur das seiner eigenen und das der Kriegsgefangenen der moslemischen Armee) in der ersten moslemischen Gemeinschaft in Medina erleichtert hatte. Es wurde eine frustrierende Suche. In den meisten Fällen schien die Diskussion genau die entgegengesetzte Richtung eingeschlagen zu haben. Palästinensische, ägyptische, algerische und afghanische Frauen sahen sich mit dem Ende einer jahrzehntelangen Frauenbefreiung konfrontiert, als die geistlichen Führer ihrer Länder sich zu einem überaus engherzigen und einseitigen Verständnis des Islams bekannten. Für die Frauen, die gegen den Strom schwammen, blieb nur das entmutigende Trio der Anonymität, der Schikanen und des Exils.

In Marokko liefert Fatima Mernissis Lesart des Korans ein eindrucksvolles Beispiel für ein Verständnis des Islams als eine Religion der Gleichheit und der menschlichen Würde, deren Botschaft mit der Zeit durch selbstsüchtige Frauenfeinde in Machtpositionen einfach verschüttgegangen ist. Doch ihre Arbeiten werden weit häufiger an westlichen Universitäten als in marokkanischen Moscheen gelesen. So gewissenhaft ihre Hadith-Forschungen auch immer sein mögen, das von Männern dominierte, islamische Estabilishment scheint nicht willen zu sein, der Gelehrsamkeit einer moslemischen Frau lauschen zu wollen, die keinen Schleier trägt und ihre Frömmigkeit auch nicht auf andere Weise zur Schau stellt.

Vielleicht fand ich deshalb den strahlendsten Hoffnungsschimmer verborgen unter den schwarzen Tschadors frommer Iranerinnen. Selbst der engstirnigste Fundamentalist kann die islamischen Referenzen von Frauen wie Zahra Mostafavi, der

Tochter Khomeinis, oder Faezeh Hashemi, der Tochter Rafsanjanis, nicht bestreiten. Ihr unstrittiges Einhalten religiöser Vorschriften verhilft ihnen zu einem hohen Ansehen, das sie für die
Rechte der Frauen einsetzen. Zwar haben sie bisher nur selten
von ihrem Einfluß Gebrauch gemacht, konnten für die Frauen
aber ein größeres politisches Mitspracherecht, bessere Stellen-
angebote und ein Recht auf Sportausübung bewirken. Diese
Frauen werden gewiß nicht die Mauern der Tradition einreißen
und niemals die Argumente liefern, die sich *im* islamischen
Denken gegen Schleier und Polygamie finden lassen. Doch innerhalb der traditionellen Mauern können sie Frauen, denen im
Namen des Islams Schande und Ausbeutung droht, zu sehr viel
mehr Sicherheit verhelfen.

Für westliche Frauen mag dies allzu gering scheinen. Schließlich fällt es nicht schwer, in diesen unerbittlichen Gestalten mit
ihren schweren Umhängen die Symbole dessen zu sehen, was für
die Frauen im Islam beklagenswert und eben keineswegs hoffnungsvoll ist. Doch für moslemische Frauen in den gestrengeren
Gebieten der islamischen Welt ist der Anblick einer iranischen
Frau, die auf ihrem Motorrad zur Arbeit fährt – auch wenn
sie dabei den flatternden Tschador mit den Zähnen festhalten
muß –, ein beneidenswerter Anblick.

»Sie sind unsere Superfrauen«, sagte Iman Fadlallah, die
scheue, vierundzwanzigjährige Frau des Hisbollah-Scheichs im
Süden Libanons, der mit mir auf seiner Terrasse gesessen und
mich vor diesem Buch gewarnt hatte. Imans Vater, der promi-
nenteste Geistliche der Hisbollah in Beirut, hatte ihren Schulbesuch mit vierzehn Jahren abrupt abgebrochen und ihr einen
Mann ausgesucht, den sie erst am Tag ihrer Hochzeit kennenlernte. Nun saß sie zu Hause und zog ihre Kinder groß. Als ihr
Mann im Iran seine geistlichen Studien beendete, hatte sie einen
Blick auf eine weit größere Welt werfen können, wie sie dort
selbst für die frommsten Frauen existiert. Mit Sehnsucht in der
Stimme erzählte sie von den Studien- und Arbeitsmöglichkeiten,
die sich iranischen Frauen bieten. »Wir müssen kämpfen, damit
wir ebenso stark werden wie sie«, sagte Iman.

Jeder erinnert sich an seine Reisen auf die ihm eigene Weise. Manche führen ein Reisetagebuch, andere machen Fotos. Ich dagegen gehe in mein Schlafzimmer und öffne den Kleiderschrank. Da hängen die Erinnerungen, Fähnchen aus sechs Jahren und zwanzig Ländern. Dort liegt das selbstgestrickte, rotschwarze Kopftuch, das noch immer schwach nach Holzrauch vom Kochfeuer der Kurdin riecht, die es von ihrem eigenen Haar losband, um es mir um den Kopf zu wickeln. Dort hängt das lange, palästinensische Kleid, das Raeds Mutter Rahme für mich gemacht hat, damit ich bequem unter ihnen auf dem Boden sitzen konnte. Ich habe auch noch das italienische »Königskostüm« mit der diskreten, kleinen Naht, die von jenem Tag herrührt, an dem ich mit Hussein in der jordanischen Wüste unterwegs war. Meine Hochzeitsschuhe – die mit der Spur Kamelblut – habe ich fortgeworfen. Und ich will auch immer noch das Paar schwarzer Acrylsocken fortgeben, das ich mir in aller Eile kaufen mußte, als der islamische Anstandskontrolleur einer Teheraner Bank den Zoll allzu hauchdünner Strümpfe zwischen dem Rand meiner Schuhe und dem Saum des Tschadors beanstandete.

Schlaff hängt der Tschador auf einem Bügel, dieses große, schwarze, eckige Tuch aus Seide und Synthetik, das ich so verachtet hatte. Aber dieser abgetragene schwarze Lumpen mit Flecken am Saum und einem Riß an der Schulter ist mir ein alter Freund geworden. Wie das »kleine Schwarze« in den achtziger Jahren, so wurde der Tschador zum Tarnkleid, das mir half, meine Arbeit in einer Welt zu erledigen, in der ich nicht sonderlich willkommen war.

Wenn ich mir diesen Tschador anschaue, überläuft mich kein leichter Schauder der Angst mehr, den ich stets empfand, wenn ich die extremsten Formen der islamischen Kleidung sah. Heute sind meine Empfindungen weit komplexer. Tschadors verbinden sich für mich mit Frauen, denen ich mich trotz der religiösen Abgründe, die uns trennten, sehr nahegefühlt habe.

Wenn ich unter den Frauen des Islams lebte, wurde ich Teil einer Welt, die auch in der letzten Dekade des 20. Jahrhunderts noch immer ausgesprochen privat ist. In der Öffentlichkeit bewegen sich die meisten Frauen wie Schatten, körperlich durch ihren Hidschab behindert, psychisch durch hemmende Verhaltensnormen. Einzig hinter den hohen Mauern und geschlossenen Türen sind diese Frauen wirklich frei.

Wenn ich diese Welt betrat, wurden Gefühle in mir geweckt, die lange vergraben lagen. Seit der Zeit, da ich meine erste Stelle als Nachwuchsreporterin bei den Sportnachrichten des *Sydney Morning Herald* angenommen hatte, drängte mich meine Laufbahn in die Welt der Männer. Als ich Auslandskorrespondentin wurde, war die Mehrzahl meiner Kollegen Männer. Erst als ich nach Kairo zog und begann, moslemische Frauen kennenzulernen, merkte ich, daß ich seit meinem Schulabgang keine Freundin mehr gefunden hatte.

Ich hatte vergessen, wie gern ich mit Frauen zusammen war. Und doch hatten selbst die schönsten Begegnungen stets einen bitteren Beigeschmack. Wenn ich auf dem Boden in der Küche einer kurdischen Freundin hockte und den Frauen half, ihr Brot zu backen, spürte ich, wie angenehm es war, einzig von Frauen umgeben zu sein und eine Aufgabe zu haben, die allein unsere Aufgabe war. Als die Frauen mit geschickten Fingern Teigbällchen unter mein Nudelholz warfen und das Feuer unter dem Backblech aus geschwärztem Metall loderte, fühlte ich jene Zufriedenheit, die aus gutgetaner, gemeinsamer Arbeit erwächst.

Doch wenn mir nach kaum einer Stunde Arbeit die Schultern schmerzten und brennender Schweiß den Rücken herunterlief, begann ich den kleinen Jungen zu hassen, der immer wieder zum dampfenden Stapel frischer Brote kroch und leckere Brocken mit seiner fetten, kleinen Faust abbrach. Seine kaum ältere Schwester arbeitete bereits an unserem Brotbackfließband. Warum mußte er so früh schon lernen, daß es ihre Aufgabe war, zu seinem Vergnügen zu schuften?

Das nonnenhafte Kleid ganz hinten in meinem Schrank erinnerte mich an all diese gemischten Gefühle. Jedesmal, wenn ich über den weichen Stoff des Tschadors streiche, denke ich an Nahid Aghtaie, die iranische Medizinstudentin, die ein bequemes Leben in London aufgab, heimkehrte und schlechtbezahlte

Jobs übernahm, um den Zielen ihrer Revolution zu dienen. Ich weiß noch, wie sie in Qum über den Marmorboden einer Moschee auf mich zuschwebte, um mir zu sagen, daß sie darum beten werde, daß ich »schöne Kinder bekomme«. Und dann denke ich an ihr schönes Gesicht – das kleine, sichtbare Dreieck zwischen Augenbrauen und Lippen –, wie es im Juli 1991 am Morgen der Ermordung von Rushdies japanischem Übersetzer strahlte. »Das«, sagte sie triumphierend, »beweist die Macht des Islams.« Ich sagte ihr, daß dies für mich ebensowenig die Macht des Islams zeige, wie die Erschießung eines palästinensischen Kindes durch einen israelischen Soldaten die Macht des Judentums beweise. Warum, fragte ich sie, siehst du die »Macht des Islams« nicht in der humanitären Hilfe, die der Iran den Massen irakischer Flüchtlinge gewährt, die über seine Grenzen strömen? »Weil es niemand bemerkt, wenn wir solche Dinge tun«, sagte sie. »Aber heute werden alle Medien der Welt von der Hinrichtung des japanischen Übersetzers berichten.«

Solche Gespräche haben mich ausgelaugt. Freundschaften mit Frauen wie Nahid sind ein Wechselbad der Gefühle: Wie sollte ich Nahid für den Mut ihrer Überzeugungen bewundern können, wenn ihre Überzeugungen sie zu solch haßerfülltem Denken führen?

Gleich nach dieser Reise in den Iran, müde von Monaten der Berichterstattung über den Krieg mit dem Irak und seinen Folgen, flog ich zu einem Kurzurlaub nach Australien. Meine Maschine landete in Sydney kurz vor einer Maschine aus Jakarta. Als ich auf mein Gepäck wartete, öffnete sich die Tür zur Ankunftshalle, um eine Schar Indonesisch-Australier einzulassen, die darauf warteten, ihre Verwandten begrüßen zu können. Fast alle anwesenden Frauen waren verschleiert. Und mir schoß der gemeine Gedanke durch den müden Kopf: »O nein, nicht auch noch hier.«

Ich wurde nicht zur Frömmlerin erzogen. Meine Eltern hielten religiöse Intoleranz für eine Sünde. Meine Mutter hatte in ihrer Kindheit unter katholischen Einwanderern aus dem bäuerlichen Irland allzuviel davon erlebt. Ihre Heirat mit einem Nichtka-

tholiken war eine mutige Tat und ihre Geschichte typisch für
Australien: In nur zwei Generationen hatte sie den Dreck der
Vorurteile des alten Landes von ihren Schuhen gestreift und die
besondere »Religion« Australiens angenommen – einen leidenschaftlich toleranten Säkularismus. So erging es fast allen. Eine
der aufschlußreichsten Statistiken über mein Land, die ich je
gelesen habe, betraf die zwölf Mitglieder aus dem Vorstand der
größten Synagoge Sydneys. Um 1890 gehörten diese zwölf Männer zu den konservativsten Juden der Stadt. Kaum hundert Jahre
später konnte keiner der zwölf einen definitiv jüdischen Vorfahren nachweisen. Gemischte Ehen und der Sirenengesang des
Säkularismus hatten sie alle für sich eingenommen.

Ich fragte mich, ob dies auch mit der neuen Welle moslemischer Einwanderer geschehen würde. Würden ihre Kinder lernen, die zweifelsfreien Lebensvorschriften des Korans anzu-
zweifeln? Würden sie begreifen, daß Australien, in dem Atheisten immer wieder zum Premierminister gewählt wurden, eine
gerechtere, sanftere Gesellschaft war als die religiösen Regime in
Ländern wie Saudi-Arabien und dem Sudan? Oder würden sie,
wenn ihre Zahl wuchs, die eigenen Werte auf meine Kultur
übertragen wollen? Während des Aufruhrs um Rushdies Buch
hatten australische Moslems demonstriert; das war ihr gutes
Recht. Doch die Bilder von Kleinkindern, die Plakate mit der
Aufschrift »Rushdie muß sterben« hochhielten, hatten der Gesellschaft einen Schauder der Angst eingejagt.

Eine iranische Freundin, eine sanfte Frau mittleren Alters, die
als Ärztin in London arbeitet, sagte mir einmal, daß der einzige
Kampf, in dem sie mitkämpfen würde, der Kampf dafür sei, daß
der islamische Fundamentalismus ihr nicht länger vorschreibe,
wie sie ihr Leben zu leben habe. Sie ist eine Zoroastrin, ein
Mitglied jenes alten persischen Glaubens, für den Dunkel und
Licht, Gut und Böse auf ewig im Streit miteinander liegen.

Sollten wir auch darum kämpfen, daß die islamischen Extremisten anderen nicht länger sagen, wie sie ihr Leben zu leben
haben? Als Westler bekennen wir uns zu der Ansicht, daß die
Menschenrechte unabhängig von kulturellen Unterschieden
und politischen Bedingungen eine unveränderliche internatio-

nale Größe sind. Auf einer Konferenz zur Internationalen Erklärung der Menschenrechte 1993 in Genua gehörte der Iran zu jenen Ländern, die anderer Auffassung waren. Abgesandte aus dem Iran, aus Kuba, China und Indonesien hingen ihren Argumenten nur ein modisches Mäntelchen um und behaupteten, daß der Westen seine Menschenrechtsideologie jenen Nationen aufzwinge, deren gänzlich verschiedene religiöse und politische Geschichte ihnen das Recht gebe, sich eine eigene Ideologie zu wählen. Für mich reduzierte sich ihr Argument letztlich auf die haarsträubende und unhaltbare Behauptung, daß Menschenrecht das ist, was der lokale Despot dafür hält.

Auf der Konferenz überwog das Konzept der Universalität der Menschenrechte, und die Charta wurde nicht verändert. Und dennoch hat diese Charta bisher wenig für jene Frauen auf der Welt getan, die geschlechtlich verstümmelt werden, die zu einem zurückgezogenen Leben gezwungen werden und die kein Stimmrecht haben.

Manchmal ist es lehrreich, Geschlecht mit Rasse zu vertauschen. Sagen wir, die Bevölkerung eines Landes, eines engen westlichen Verbündeten und Handelspartners, bestünde zur Hälfte aus Weißen, zur anderen Hälfte aus Schwarzen. Die Herrschaft der Weißen über die Schwarzen ist absolut. Die Weißen können die Schwarzen schlagen, wenn sie ihnen nicht gehorchen. Sie können ihnen das Recht nehmen, das Haus ohne ihre Erlaubnis zu verlassen; ohne die vorgeschriebene Kleidung können sie sich nirgendwo ungehindert sehen lassen; sie können kein öffentliches Amt innehaben und ohne Erlaubnis der Weißen auch keiner anderen Arbeit nachgehen. Wäre es in unseren Ländern nicht inzwischen zu einem Aufschrei der Empörung gekommen? Hätten wir nicht Handelssanktionen erlassen und dieses Land international geächtet? Jede Wette! Doch ein Land wie Saudi-Arabien, das die Hälfte seiner Bevölkerung dieser grundsätzlichen Menschenrechte beraubt, sieht sich mit keinerlei derartigen Maßnahmen konfrontiert.

Es ließe sich womöglich behaupten, daß äußerer Druck kontraproduktiv wirkt, wenn es sich um Traditionen handelt, die für religiös gehalten werden, selbst wenn sie es nicht sind.

Frühe Versuche, genitale Verstümmelung durch Erlaß der Kolonialregierungen zu verbieten, sind kläglich gescheitert. Doch selbst wenn wir es ablehnen, Einfluß auf die Geschehen innerhalb anderer Ländergrenzen zu nehmen, gibt es keine Entschuldigung, nicht gegen das vorzugehen, was innerhalb unserer eigenen Grenzen geschieht.

Auf kulturell neuralgischem Feld müssen wir eindeutig bestimmen, daß gewisse kulturelle Altlasten in unseren Ländern verboten und unzulässig sind. Bei Polygamie haben wir bereits eine Grenze gezogen; wir erkennen keine Scheidung an, wenn nur die Worte »Ich lasse mich von dir scheiden« gesprochen wurden. Wir haben dies verboten, obwohl es der Koran erlaubt. Es sollte daher nicht schwerfallen, gegen Praktiken vorzugehen, die nicht einmal der Koran billigt. »Ehrentode« müssen in unseren Gerichten als solche erkannt und als die vorsätzlichen Morde bestraft werden, die sie nun einmal sind. Junge Frauen müssen vor Ehen geschützt werden, die auf hastigen »Urlauben« für Teenager arrangiert werden, die noch zu jung sind, um ihre wissentliche Zustimmung geben zu können.

1994 gab es in den Vereinigten Staaten noch immer keinerlei Gesetz, das Einwanderer aus Ländern wie Somalia und dem Sudan daran hinderte, die Genitalien ihrer Töchter zu verstümmeln, obwohl die entsprechende Operation in Immigrantenmilieus überall im Land praktiziert wurde. Die allererste Gesetzesvorlage zu diesem Thema wurde dem Kongreß von Patricia Schroeder, der Abgeordneten der Demokraten aus Colorado, vorgelegt. Die Vorlage befaßte sich mit den Bildungsmöglichkeiten für Immigranten und mit Gesetzen gegen Geschlechtsverstümmelungen, die innerhalb der Vereinigten Staaten ausgeführt wurden, gab aber nicht an, wie Mädchen geschützt werden können, die zu dieser Operation außer Landes gebracht werden.

Es gibt noch etwas, das wir tun können: das Recht auf Asyl stärken, da für die Frauen aller Länder, in denen Väter, Männer und Brüder das religiöse Recht für sich beanspruchen, die Freiheit der Frauen beschneiden zu können, ein »begründeter Verdacht auf Verfolgung« vorliegt. Die kanadische Regierung gewährte im Januar 1993 einer saudischen Studentin nach fast zweijährigen Beratungen das Recht auf Asyl aufgrund geschlechtlich bedingter Verfolgung. Es sei, sagte die Regierung, »eine Ausnahme«. Warum muß es das sein? Nada, wie sie genannt werden will, erlebte die gleichen gewalttätigen Schikanen, wie sie jede Frau durch die Behörden eines islamischen Landes erfährt, wenn sie das Verbrechen begeht, sich außer Haus mit unbedecktem Haar aufzuhalten. Wäre Nada in Saudi-Arabien geblieben und hätte sie sich auch weiterhin nicht gefügt, wäre sie im Gefängnis gelandet und gefoltert worden, ohne daß man je eine formelle Anklage gegen sie erhoben hätte.

Es besteht leider keine Hoffnung, daß die bedingungslose Gewährung von Asyl für Frauen, die unter geschlechtlicher Verfolgung leiden, zu einem Flüchtlingsstrom führen könnte. Nur eine verschwindend geringe Minderheit von Frauen besitzt die Mittel, das Land oder auch nur das Haus verlassen zu können, solange die Männer die Schlüssel für Tür und Auto verwahren und sie für den kleinsten Weg seine Vollmacht brauchen. Doch solch ein Schritt wäre ein Signal für jene Regime, deren Gesetze nichts mit jener Religion zu tun haben, die sie damit angeblich aufrechterhalten wollen. Und dieses Signal würde deutlich machen, daß auch für uns gewisse Dinge heilig sind, zu denen Freiheit, Gleichheit, das Recht auf Glück und das Recht auf Zweifel gehören.

Es ist lange her, seit ich mich unter Rafsanjanis Blicken auf einer Pressekonferenz im Iran erhob und sagte, daß ich den Tschador im »Geiste gegenseitigen Respekts« tragen würde. Als ich damals in meinem schwarzen Gewand im heißen Licht der Fernsehkameras stand, sah ich mich vor meinem inneren Auge im Sommer halbnackt am Strand vor dem Haus meiner Eltern liegen. Der »gegenseitige Respekt«, an den ich dachte, forderte Rafsanjani und seinesgleichen auf, mein Recht zu respektieren, an eben diesen australischen Stränden ein Sonnenbad nehmen und mir, wenn mir der Sinn danach stand, die *Satanischen Verse* als Strandlektüre mitnehmen zu können.

Als ich letztes Jahr daheim in Sydney war, lag ich an diesem Strand neben einer moslemischen Familie, die sich in keinster

Weise von der überall zur Schau gestellten nackten Haut gestört zu fühlen schien. Während der Mann im flachen Wasser mit den Kleinen planschte, saß seine Frau im langen, weiten Kleid im Sand. Der Gedanke machte mich traurig, daß man diese kleine Tochter, die so glücklich mit ihrem Vater und dem kleinen Bruder im Wasser herumspritzte, bald um dieses Vergnügen bringen würde. Doch das sollte ihr Kampf sein und nicht meiner. In Australien konnte sie immerhin wählen. Sie konnte sich für die moralischen Werte ihrer Familie oder für eine andere Lebensweise entscheiden.

Manchmal richtete die Mutter des kleinen Mädchens ihr im Wind flatterndes Kopftuch. Diese Frau hatte ihre Wahl getroffen: Sie hatte sich anders entschieden als ich. Doch wie wir da saßen und uns über den warmen Sand und den sanften Wind freuten, akzeptierten wir einander. Als die Frau das Gesicht in die Sonne wandte, lächelte sie.

Anhang

Anmerkung

Die Zitate aus dem Koran sind der im Heyne Verlag, München, erschienenen Ausgabe entnommen, die der Übersetzung von Hazrat Mirza Tahir Ahmad folgt, Imam und Oberhaupt der Ahmadiyya Muslim Jamaat.

Die Zitate aus dem Roman *Zwischen den Palästen* von Nagib Machfuß folgen dem Text der Übersetzung von Doris Kilias, erschienen im Unionsverlag, Zürich.

Da es keine einheitliche Form der Umschrift für die arabischen Worte gibt, wurde für dieses Buch die englische Transliteration beibehalten, da sie die kürzeste, einfachste und wohl auch verbreitetste Form ist. Ausgenommen sind davon nur Worte, die mittlerweile in die deutsche Sprache Eingang gefunden haben, beispielsweise etwa Tschador, Hadsch oder Hidschab, und auch feststehende Eigennamen, wie etwa »Aischa« (statt »Aisha«) und Ortsnamen wie »Dschidda« (statt dem englischen »Jeddah«).

Glossar

Abaya: Schwarzer Überwurf mit Armschlitzen, der den Körper von Kopf bis
Fuß verhüllt. Wird vor allem in den Ländern am Persischen Golf getragen.

Abu: Vater

Allah: Im Zentrum des islamischen Glaubens steht der Monotheismus. *Al Lah*
bedeutet auf arabisch schlicht »der Gott«.

Andarun: Das innere oder auch private, von der Außenwelt abgeschnittene
Quartier der Frauen in traditionellen persischen Häusern.

Anfal: Wörtlich: die (Kriegs-)Beute. Der Name einer Sure des Korans und der
von Saddam Hussein gewählte Kodename für seine Terrorkampagne gegen
die Kurden.

Aqd: Heiratsvertrag

Ayatollah: Wörtlich: Abbild Gottes. Im schiitischen Islam erhalten die gelehrtesten Geistlichen und Gesetzesdeuter diesen Titel.

Burka: Gesichtsmaske, wie sie von Frauen in den Golfländern getragen wird.
Bedeckt bis auf die Augen das gesamte Gesicht.

Dhau: Verbreiteter Bootstyp am Persischen Golf.

Dschihad: Die »Heilige Mühe« oder der »Heilige Kampf« oder der Krieg zur
Verteidigung des Islams, entfernt vergleichbar mit einem Kreuzzug.

Esma: Klausel in einem Heiratsvertrag, die der Frau das Recht auf Scheidung
einräumt.

Farsi: Offizielle Landessprache im Iran

Fatwa: Formelle, rechtsgültige Stellungnahme oder ein entsprechender Entschluß eines religiösen Führers in einer religionsrechtlichen Angelegenheit.

Fest des Opfers: Dreitägiges Fest, mit dem der Ramadan endet. Alle Pilger und
auch alle übrigen Moslems, die es sich leisten können, schlachten ein Schaf
und verteilen das Fleisch an die Armen. Die Kinder werden neu eingekleidet.

Fitna: Chaos, Bürgerkrieg. In manchen arabischen Ländern auch ein Slangwort für eine schöne Frau.

Hadith: Ausspruch des Propheten Mohammed oder ein Ausspruch über ihn oder über seine Lehre durch zeitgenössische Quellen.

Hadsch: Pilgerreise nach Mekka, die alle Moslems wenigstens einmal in ihrem Leben unternehmen sollten, falls sie es sich leisten können. Auch jener Monat im islamischen Kalender, an dem die Pilgerreise stattfindet.

Halal: Von der Religion vorgeschrieben, erlaubt, gestattet.

Hanafi: Eine der Hauptströmungen der sunnitischen Lehre.

Hanbali: Konservativste unter den vier verbreitetsten Richtungen des Islams.

Haram: Von der Religion verboten. Man hat allem zu entsagen, was *haram* ist. Begeht man etwas, das *haram* ist, wird man von einem islamischen Gericht oder im Jenseits dafür bestraft.

Harem: Private Gemächer eines Hauses, das Quartier der Frauen, auch der Frauen einer Familie.

Hidschab: Eigentlich: Vorhang. Gemeinhin jegliche Frauenbekleidung, die den islamischen Vorschriften entspricht.

Hidschra: Flucht Mohammeds und seiner Anhänger von Mekka nach Medina laut christlichem Kalender am 16. Juli des Jahres 622. Das Datum, mit dem der moslemische Kalender beginnt.

Hisbollah: Eigentlich: die Partei Gottes. Die politische/religiöse Partei Khomeinis. Besonders einflußreich unter den libanesischen Schiiten.

Husseiniya: Schiitisches Studien- und Gebetszentrum

Imam: Vorbeter beim Gemeinschaftsgebet. Bei den Schiiten wurde dieser Titel auch den ersten zwölf Anführern ihrer Gemeinschaft verliehen. Viele Iraner haben Khomeini mit diesem Ehrennamen bedacht.

Julabiyya: Knöchellanger, durchgeknöpfter Mantel, der von Frauen getragen wird, oder ein weites, von Männern getragenes Gewand.

Kaffiyeh: Schwarz-weiß oder rot-weiß kariertes Kopftuch, das fast überall in der arabischen Welt von Männern getragen wird, besonders aber von den Palästinensern, für die es zum nationalistischen Symbol wurde.

Kalif: Wörtlich: der, der danach kommt. Mohammeds Nachfolger als Anführer der frühen moslemischen Nation.

Kunya: Sitte, einen Mann oder eine Frau nach dem erstgeborenen Sohn zu benennen. Eine Frau mit dem Namen Umm Walid (Mutter von Walid) hat einen ältesten Sohn mit dem Namen Walid.

Kurden: Nichtarabisches, überwiegend moslemisches Volk, das die gebirgige Region zwischen Irak, Iran, Syrien, der Türkei und der einstigen Sowjetunion bewohnt.

Maalimah: In Ägypten eine Frau, die in Volksmusik und Tanz bewandert ist und ihr Wissen an andere weitergibt.

Madrassa: Schule

Magneh: Eine Art Kapuze, die im Iran vor allem von Frauen getragen wird.

Majlis: Versammlung oder Rat. *Majlis-as-shura* ist eine ratgebende Versammlung und in der islamischen Lehre das, was einem Parlament am nächsten kommt.

Makruh: Aus religiöser Sicht abzuraten, zu mißbilligen. Macht man etwas, das *makruh* ist, wird man zwar nicht bestraft wie bei einer Tat, die *haram* ist, aber man wird belohnt, wenn man es unterläßt.

Maliki: Eine der Hauptströmungen des Islams.

Muezzin: Der Muezzin ruft zum Gebet.

Minarett: Turm der Moschee, von dem aus der Muezzin traditionell die Gläubigen zum Gebet ruft. In neuerer Zeit werden Tonbandaufnahmen über Lautsprecher abgespielt.

Minbar: Kanzel in der Moschee

Moschee: (auf arabisch *masdschid*) Ort der Anbetung für Moslems; kann ebensogut ein einfacher Raum wie ein prächtiges Marmorgebäude sein.

Moslem (Plural: Moslems): Eigentlich: einer, der sich Gottes Gesetzen und Geboten unterwirft. Anhänger des Islams.

Moslime (Plural: Moslimen): Bezeichnung für die weiblichen Anhänger des Islams.

Mujtahid: Religionsgelehrter, Autorität in islamischen Gesetzesfragen.

Mullah: Geistlicher, religiöser Führer

Mutawain: Saudi-arabische Religionspolizei

Muwazzaf: Regierungsangestellter

Nigab: Ein von Frauen getragener Schleier, der das Gesicht vollständig bedeckt.

Roosarie: Iranische Bezeichnung für ein Kopftuch

Salwar Kameez: Schenkellanges Hemd, das über einer Hose getragen wird.

Scharia: Das islamische Gesetz. Eigentlich: Pfad zum Wasserloch.

Schehada: Die erste Säule der islamischen Religion. Eigentlich Glaubensbekenntnis: »Ich bekenne, daß es keinen Gott gibt außer Gott, und Mohammed ist sein Prophet.«

Schiiten: Anhänger einer islamischen Splitterbewegung, die sich im siebten Jahrhundert im Streit um den Kalifen, den Nachfolger Mohammeds, formierte. Die Schiat, also die Partisanen von Ali ibn Abu Taleb, Neffe und Schwiegersohn von Mohammed, hielten Ali für seinen legitimen Nachfolger und beanspruchten die Führung der islamischen Gemeinschaft für die Nachfahren Mohammeds. Weltweit wird die Anzahl der Schiiten auf etwa neunzig Millionen geschätzt, gut neun Prozent aller Moslems. Im Iran bilden sie die überwältigende Mehrheit, in Irak, Dubai und Bahrain eine knappe Mehrheit. In anderen Ländern, wie etwa im Libanon und in Saudi-Arabien, sind sie seit langem eine benachteiligte Minderheit.

Shayla: Arabisches Wort für Kopftuch

Sigheh: Von den Schiiten anerkannte Ehe auf Zeit

Sunna: Die Überlieferungen des Propheten Mohammed. Taten, die er selbst begangen hat oder die von ihm gutgeheißen wurden oder die in seiner Gegenwart geschahen, ohne von ihm mißbilligt zu werden.

Sunnat: Empfohlen, wünschenswert, im Einklang mit Mohammeds Überlieferung. Man wird nicht bestraft, wenn man die Taten des *sunnat* vernachlässigt, aber belohnt, wenn man sie ausführt.

Sunni: Die orthodoxen Moslems. Eigentlich: die, die Mohammeds Überlieferung folgen.

Talaq: Scheidung durch Widerruf. Der Mann wiederholt einfach dreimal den Satz: »Ich lasse mich von dir scheiden.«

Thobe: Langes Gewand, gewöhnlich aus weißer Baumwolle, das die Männer der arabischen Halbinsel tragen.

Tschador: Rechteckiges Stück Tuch, das die Gestalt vom Kopf bis zu den Fußknöcheln bedeckt und unter dem Kinn gehalten oder festgesteckt wird. Wird im Iran und von libanesischen Schiitinnen getragen.

Ulema: Körperschaft von Religionsgelehrten, die das islamische Recht für die Gemeinschaft auslegt.

Umm. Mutter

Ummah: Die weltweite islamische Gemeinschaft

Wadschib: Von der Religion vorgeschriebene Handlungsweise. Wer *wadschib* vernachlässigt, also etwa die täglichen Gebete oder das jährliche Spenden von Almosen, wird im Jenseits bestraft.

Wahabi: Puritanische, ultrakonservative Bewegung, die um 1740 im Gebiet des heutigen Saudi-Arabien von einem Prediger namens Muhammad ibn Abdul Wahab ins Leben gerufen wurde. Im Wahabismus werden den Frauen viele Rechte aberkannt, die ihnen auch nach orthodoxen Lesarten des Korans und der Hadith zugestanden werden. Mit Hilfe des saudi-arabischen Ölreichtums wächst der Einfluß der Lehren Wahabs in der islamischen Welt.

Zakkat: Vorgeschriebene Mildtätigkeit, eine der fünf Säulen des islamischen Glaubens. Alle Moslems sind aufgefordert, an die Armen jedes Jahr einen gewissen Prozentsatz ihres Reichtums zu spenden, der sich gewöhnlich nach dem Nettowert und nicht nach dem tatsächlichen Einkommen errechnet.

Ausgewählte Bibliographie

Abbott, Nabia, *Aishah the Beloved of Mohammed* (London: Al Saqi Books, 1985).

Ahmed, Leila, *Women and Gender in Islam: Historical Roots of a Modern Debate* (New Haven: Yale University Press, 1992).

Akhtar, Shabbir, *Be Careful with Muhammad! The Salman Rushdie Affair* (London: Bellew Publishing, 1989).

Alireza, Marianne, *Leben in Tausendundeiner Nacht* (Bergisch Gladbach: Lübbe, 1992).

Amos, Deborah, *Lines in the Sand. Desert Storm and the Remaking of the Arab World* (New York: Simon & Schuster, 1992).

Armstrong, Karen, *Muhammad: Religionsstifter und Staatsmann* (München: Diedrichs, 1993).

Badran, Margot (Hg.), *Araberinnen über sich selbst* (Reinbek: Rowohlt, 1992).

Bani-Sadr, Abol Hassan, *My Turn to Speak. Iran, the Revolution & Secret Deals with the U.S.* (Washington D.C.: Brassey's, 1991).

Esposito, John L., *Islam. The Straight Path* (Oxford University Press, 1988).

Farmān-Farmā'iȳan, Sattāra, *Schahsades Tochter. Die faszinierende Lebensge-schichte einer Frau im Iran* (München: Heyne 1992).

Fernea, Elizabeth und Basima Qattan Bezirgan (Hg.), *Middle Eastern Muslim Women Speak* (Austin: University of Texas Press, 1990).

French, Marilyn, *Der Krieg gegen die Frauen* (München: Knaus 1992).

Holton, Patricia, *Mother Without a Mask. A Westerner's ᶜtory of Her Arab Family* (London: Kyle Cathie Ltd., 1991).

Kabbani, Rana, *Offener Brief an die Christenheit* (Düsseldorf: Econ 1991).

Lacey, Robert, *The Kingdom* (London: Fontana, 1982).

Lewis, Bernard, *Die politische Sprache des Islam* (Berlin: Rotbuch-Verlag, 1991).

Mahfuz, Nagib, *Zwischen den Palästen* (Zürich: Unionsverlag, 1992).

Mahmoody, Betty, *Nicht ohne meine Tochter* (Zürich: Schweizerisches Ver-lagshaus, 1989).

Minai, Naila, *Schwestern unterm Halbmond. Muslimische Frauen zwischen Tradition und Anpassung* (Stuttgart: Klett-Cotta, 1984).

Mernissi, Fatima, *Die Angst vor der Moderne. Frauen und Männer zwischen Islam und Demokratie* (Hamburg: Luchterhand-Literaturverlag, 1992).

Mernissi, Fatima, *Der Politische Harem. Mohammed und die Frauen* (Frank-furt am Main: Daȳeli, 1989).

Mernissi, Fatima, *Die Sultanin. Die Macht der Frauen in der Welt des Islam* (Frankfurt am Main: Luchterhand-Literaturverlag, 1991).

Mernissi, Fatima, *Geschlecht, Ideologie, Islam* (München: Frauenbuchverlag, 1987).

Naipaul, V.S., *Eine islamische Reise. Unter den Gläubigen* (Köln: Kiepenheuer & Witsch, 1982).

Rahnavard, Zahra, *The Message of Hijab* (London: Al Hoda Publishers, 1990).

Sadat, Jīhān, *Ich bin eine Frau aus Ägypten. Die Autobiographie einer außergewöhnlichen Frau unserer Zeit* (Bern: Scherz 1989).

Sāhibğan', Farīdūn, *Die gesteinigte Frau. Die Geschichte der Soraya Manoutchehri* (Reinbek: Rowohlt, 1992).

Shaarawi, Huda, *Harem Years. The Memoirs of an Egyptian Feminist* (New York: The Feminist Press, 1987).

Tucker, Judith E. (Hg.), *Arab Women: Old Boundaries, New Frontiers* (Bloomington: Indiana University Press, 1993).

Danksagung

Ich möchte Lee Lescaze für seine ruhige Stimme am anderen Ende so manch knatternder Telefonverbindung danken; Paul Steiger, der einen Urlaub genehmigte, der viel zu lange dauerte; Karen House, die mir zutraute, über den Mittleren Osten berichten zu können, lange bevor ich es selbst tat; Mary Ellen Barker, John Fitzgerald und Elinor Lander Horwitz für ihre Anmerkungen zum Manuskript; Melissa Biggs für ihr gewissenhaftes Überprüfen der Details; Michael Lewis für nachbarliche Ratschläge und Anregungen; Deborah Amos, Christiane Armanpour und Jackie Lyden für ihre gute Gesellschaft in so mancher Teufelsküche; und David Chalfant, Agent und Fürsprecher, ohne den es dieses Buch nicht geben würde.

GOLDMANN

Frauen heute

*Mitreißende und spritzige Unterhaltung über Liebe und
Karriere, Familie und Freundschaft – und über Frauen,
die mit beiden Beinen im Leben stehen und dennoch
wagen, Träume zu haben.
Witzig und frech, provokant und poetisch,
selbstironisch und romantisch zugleich.*

Endlich ausatmen   42936

Das ganz große Leben   42626

Tiger im Tank   42630

Pumps und Pampers   42014

Goldmann · Der Taschenbuch-Verlag

GOLDMANN

Frauen heute

Mitreißende und spritzige Unterhaltung über Liebe und Karriere, Familie und Freundschaft – und über Frauen, die mit beiden Beinen im Leben stehen und dennoch wagen, Träume zu haben.
Witzig und frech, provokant und poetisch, selbstironisch und romantisch zugleich.

Liebling,
vergiß die Socken nicht!   42964

Die Putzteufelin   43065

Zucker auf der Fensterbank   42876

Und das nach all den Jahren   43205

Goldmann · Der Taschenbuch-Verlag